무용지물
경제학

ANTIMANUEL D'ÉCONOMIE
by Bernard Maris
Copyright © Éditions Bréal, 2003
Korean Translation Copyright © Changbi Publishers, Inc., 2008
All rights reserved.
This Korean edition is published by arrangement with Éditions Bréal
through Bestun Korea Agency, Co., Seoul.

이 한국어판의 판권은 베스툰 코리아 에이전씨를 통해
저작권자와 독점 계약한 (주)창비에 있습니다.
저작권법에 의해 보호를 받는 저작물이므로 무단 전재와 복제를 금합니다.

정통경제학의 신화를 깨뜨리는 발칙한 안내서

Antimanuel d'économie

베르나르 마리스 지음 | **조홍식** 옮김

창비

평생 자신의 설명이 틀렸음을 다음날 훌륭하게 설명하던
경제전쟁을 위해 죽은 무명의 경제학자에게
무상(無償)이라는 말을 달콤하게 누리며 살아가는 모든 이에게.

"따라서 나는 이런저런 수많은 경제 관련 이야기를 하고 있음에도
경제문제가 곧 자신에게 어울리는 뒷전으로 밀려나게 될 날이
멀지 않았다고 희망하고 또 믿는다."

존 메이너드 케인즈 『설득의 에쎄이』

"자유주의란 투쟁영역의 확장을 의미한다."

미셸 우엘벡 『투쟁영역의 확장』

| 차 례 |

서론 _ 경제학자들을 보고 웃어야 하는가? 010
경제학 이론과 술판 토론 | 인간은 '합리적' 동물이 아니다 | 경제학은 시간을 무시해도 되는가? | 경제학, 무엇을 가르치고 배울 것인가? | 결국 분배가 문제다

1장 _ 경제학은 단단하다, 물렁하다, 후졌다? 026
물리학에 홀리다 | 경제학은 화석화되고, 물리학은 지속된다 | 우리끼리 해먹읍시다 | 경제학의 법칙은 시험 가능한가? | 프리드먼의 반과학적 정신 | 호모 에코노미쿠스는 바보다

2장 _ 경제 속의 정치 056
경제학에 '중립'이란 없다 | 여론을 조작하는 엉터리 예언자들 | 노벨상, 학자, 전문가 그리고 위대한 경제학자

3장 _ 경제 언어는 '파시스트' 다 078
경제의 에스페란토 | 국가의 회계 | 큰 수의 법칙 | 국가회계의 확산 | 여론과 자기인용 | 복지국가 | 경제는 언어적 협상이다 | 권력과 효율성의 원칙 | 효율성 자체가 목적이 되어버릴 때 | 분배와 세력관계 | 왜 국가는 경제를 필요로 하는가? | 예측 모델과 시간에 대한 권력

4장 _ 시장과 경쟁 114
먼저, 경쟁적 시장이란 무엇인가? | 시장이 가격을 결정하는가? | 쎄이의 법칙 | 독실한 후계자들이 발가벗긴 신부 | 시장의 비효율성을 되레 증명한 용의자의 딜레마 | '자기실현적 예언'이 창조하는 현실 | 경쟁과 효율성은 비례하지 않는다 | 정글의 법칙 | 경쟁은 하향평준화를 낳는다 | '보이지 않는 손'의 진짜 의미 | 이타주의가 진보를 이끈다 | 투명성의 신화 | '똥차' 시장의 끔찍한 결말 | 독점과 카르텔 | 희소성, 수확체감법칙, 기회비용 | 우리는 정말 선택권이 있는가?

5장 _ 세계화와 국제무역 170
세계화는 정치적 창조물 | 다국적기업 | 국제무역 | 자유무역 | 보호주의 혹은 자유주의 | 수확체증과 국제무역 | 빈곤의 악순환 | 국제무역은 지구를 부유하게 했는가? | 퇴보? | 남반구를 도와야 하는가?

6장 _ 엔론과 7대 가문 204
사건 개요 | '시장'의 상징, 7대 가문

7장 _ 화폐 — 226

화폐의 중립성 | 채무자의 질서 VS. 채권자의 질서 | 시장경제가 분리해버린 노동과 화폐 | 군주가 화폐의 가치를 결정한다 | 신용화폐 | 돈의 출생지 | 화폐의 창출과 파괴 | 프랑스은행 | 화폐발행권의 재민영화 | 국제통화체계 | 달러, 화폐의 제왕

8장 _ 증권시장과 금융시장 — 266

증권시장은 중고시장이자 투기시장이다 | 자금 공급은 증권시장의 역할이 아니다 | 노동자의 연금기금이 노동자를 해고하는 아이러니 | 뷰티 경연대회 | 시장을 주도하는 10만의 문맹자들 | 유행이 낳은 증시 거품 | 폰지게임 | 스톡옵션, 자본주의의 새로운 국면을 알리는 징후 | 임금노동자가 스스로를 착취하는 신세계

9장 _ 분배 — 294

계약 혹은 절도 | 임금, 이윤, 지대 | 불평등의 폭발, 전쟁 | 사회불평등을 완화하는 의무 부담금 | 행복은 성장순인가 | 공해와 파괴는 국내총생산량을 증가시킨다? | 인간발전지수 | 윤리적 관심도 성장에 포함시켜야 | 부는 오로지 농업에서만 온다 | 노동가치 | 돈은 시간을 지배한다 | 아리스토텔레스가 없었다면 빌 게이츠가 존재했을까?

10장 _ 성장 — 326

지속가능한 발전 | 공해산업은 저발전 국가로 | 성장률과 사랑에 빠지지 마라 | 기술발전이 진정한 성장 동력 | 희소성에 반하는 기술적 발전 | 장기 주기 | 희소성으리 깨뜨린 케인즈의 천재성 | 자기실현적 두 예언자, 케인즈와 프리드먼 | 수확체증을 낳는 '내재적 성장'의 모델들 | 로빈슨 크루쏘우와 프라이데이 | 인간의 인간에 의한 착취 | 참고: 프랑스 경제 계획의 작은 이야기 | IMF가 꿈꾸는 '똥차' 세상 | 연구, 문화, 자유시간은 미래를 창조하는 선택

11장 _ 대안경제 — 362

변호의 말 | 대안경제 | 축적되지 않는 '녹는' 돈과 지역교환체제 | 특정화폐 | 최소한의 보편적 소득 | 소유권을 넘어서

결론 _ 무상의 찬양 — 384

주(註) 388   옮긴이의 말 406   참고문헌 412

| 일러두기 |

1. 외국어는 최대한 현지 발음에 가깝게 적되 우리말로 굳어진 경우는 관용을 존중했다.
2. '원문 읽기'에 수록된 글의 자세한 출처는 국내 번역서와 국외 문헌으로 분류하여 참고문헌으로 일괄정리했다.

서론

경제학자들을 보고 웃어야 하는가?

웃어야 하는가? 절대 아니다! 그들은 너무나도 신중하다! 얼마나 신중한지 대다수 사람들은 "나는 경제를 전혀 모르겠어"라고 말하지 않는가. "아무것도 이해하지 못해." 이것이야말로 경제적 문제에 부닥칠 때마다 들리는 소리가 아닌가? 그리고 연이어서 나오는 질문, "거참, 주식은…… 계속 하락할까요?"

자, 우리는 이해하려고 애쓴다. 경제가 매우 복잡하다는 사실이 경제학의 존엄성을 보증하는 수표처럼 보인다. 그러나 정작 경제학자들은 전문용어 뒤에 숨어버린 건 아닌지. 그렇다면 그들은 진정 무엇을 논의하는가? 예를 들면, 물리학자는 물체의 낙하나 우주의 확장을, 화학자는 폭발 물질을, 생물학자는 유전적 돌연변이나 자신이 창조한 유전자변형체, 클론이나 에이즈 등을 논한다. 그렇다면 경제학자는? 그들은 정말 사회학자나 심리학자, 철학자 들과 다른가? "당연하고 말고!" 경제학자들은 노벨상으로 표상되는, 자신의 학문이 담보하는 과학성의 계보를 들이밀며 주장한다. 내막을 들춰보면, 스웨덴 국립은행이 알프레드 노벨을 기리려고 경제학상을 주는 것이지 노벨재단이 주는 진정한 노벨상은 아니다. 하지만 이런 사실이 무슨 소용인가! 어쨌든 그들은 노벨상 수상자를 보유한다.* 경제학자들 — 대학이나 꼴레주 드 프랑스 교수, 전문가, 분석가, 경제면과 특집을 만드는 기자 — 은 물리학자를 닮고 싶어한다. 하지만 그렇다고 그들이 진정한 과학자인가? 어쨌든 이들은 예산과 노동시간 연장 관련법, 특정인들을 위한 세금 감면, 선거, 파업, 위기를 토론하는 자리에 자주 참석하는 매우 중요한 사람들이다. 게다가 언론의 경제특집 보도나 라디오방송의 폭발적 증가가 방증하듯이 점점 그 영향력을 넓혀가고 있다. 『샤를리 엡도』(*Charlie Hebdo*)** 같은 언론도 경제면이 있을 정도다!

노벨상 메달.
물리학상, 화학상, 생의학상, 문학상, 평화상, 경제학상의 총 여섯 부문이 있는데 스웨덴 왕실이 1968년에 경제학상을 신설했다. 다른 상과 달리 노벨재단이 아닌 스웨덴 국립은행이 경제학상을 수여한다.

경제학 이론과 술판 토론

> 과학이라는 통닭구이 기계를 돌리는 수천마리의 작은 사냥개들
> ―호세 오르떼가 이 가쎄뜨

 그러면 경제학자들은 무엇을 논의하는가? 그리스어로 '오이코스 노모스'(Oikos Nomos) 즉 가정의 관리를 논의한다. 또 프랑스어에서 가정부를 의미하는 '메나제르'(ménagère)에 대해서 논의하는데, 영어의 매니저(manager)란 단어는 여기서 비롯된 것이다. 참고로 앙리 4세 때의 유명한 재상인 쒈리(M. Sully)는 행복한 프랑스 왕국의 '훌륭한 가정부'(bon mesnager)였다.

---

* 물론 수학에도 노벨상은 없다. 그 이유는 질투와 간통의 어두운 냄새를 풍기는데, 알프레드 노벨은 특정 유명 수학자를 증오한 것으로 알려졌다.
** 무정부주의적 극좌 성향을 띠는 프랑스의 대표적인 풍자 주간지―옮긴이.

서론 경제학자들을 보고 웃어야 하는가? 11

경제학과 교수들이 매우 높이 평가하는 유명한 잡지의 사장이자 경제학에 조예가 깊은 내 친구 알랭(Alain)은 늘 경제학 '이론'만큼 재미있는 것은 없다고 이야기한다. 왜냐하면 술 한잔 기울이는 자리에서 주고받는 이야기를 경제학 이론은 수십가지 방정식으로 설명하는데, 그 과정에서 사용하는 전문용어는 사실 전문적 경제학자들의 99%가 이해할 수 없는 것들이기 때문이란다. "만일 더이상 나쁜 일이 발생하지 않는다면, 그리고 경기 전망이 좋아진다면, 또 사람들이 소비를 늘리고 일하고 싶은 마음이 든다면, 내일 경기는 좋아질 거야. 안 그래? 자, 한잔 더 하자고!" 최근에 경제학계에서 가장 성공적으로 발전한 이론 중 하나는 '동기이론'일 것이다.[1] 이 이론은 신비롭고도 어려워서 굉장한 논문들이 이미 여러 도서관을 메워버렸는데 그 내용을 요약하면 이렇다. "더 많이 생산하려면 믿음과 투명성이 필요하다." 이 얼마나 훌륭한 이론인가! 중세에서 계몽기에 이르기까지 여러 세대에 걸쳐 수천명의 학자들이 궤변학이라는 '학문'을 해왔지만 결국 사라져버렸다. 경제학도 어느날 자취를 감추지 않을까? 사실, 이미 사라져버린 것은 아닐까? 가장 훌륭한 경제학자는 다름 아니라 사회분쟁을 해결하고 미래에 대한 시민들의 '믿음'을 확립하는 국가 원수가 아닐까? 드골 장군은 경제학자들의 이런저런 평판에 신경쓰지 않고 자신의 정책을 추진했으며, "사람들의 믿음이 돌아오면 경제는 따라오게 되어 있다!"고 말하고는 했다.

훌륭한 경제학자 자끄 아딸리(Jacques Attali)는 경제학자란 "전날 자신이 말한 것이 왜 틀렸는지 다음날 훌륭하게 설명할 수 있는 사람"이라고 정의내린다. 케인즈(J. M. Keynes)도 대략 비슷한 이야기를 하면서 자기 동료들에게 보다 겸손하고 제한적인 역할을 부여했다. 그는 경제학자의 역할이 다른 사람들이 발명한 도구와 약품과 방법을 활용하여 치료를 하는 치과의사에 비할 만하다고 했다. 그는 내일에 대하여 "단순하게, 우리는 모른다"고 말했다.[2] 경제학자는 현재에도 그리고 미래에도 불확실성의 철벽에 가로막힐 것이다. 만일 경제학자가 다른 사람보다 경제의 미래를 더 잘 알고 더 정확히 예측한다면 그는 이미 백만장자가 되었을 것이다. 하지만 대학에서 또는 신문이나 방송에서 경제학자가 "좋습니다, 하지만 내일은 어떨까요? 괜찮아질까요?"라는 질문을 받았을 때 허둥거리는 모습을 보라. 드디어 우리는 경제학자가 우리를 위해 할 수 있는 일이 별로 없음을 깨달을 수 있다. 다른 경제학자들(꼰드라찌예프, 슈페터, 맑스 또는 역사학자 브로델)은 경제에는 거대한 '파동' 즉 거대한 확대와 축소의 시기들이 존재한다고 믿었다. 하지만 이것 역시 진정한 법칙이라기보다는 믿음에 가까웠다. 왜냐하면 경제에는 법칙이 존재하지 않기 때문이다.

인간은 '합리적' 동물이 아니다

> 돈은 고통과 쾌락의 양을 측정하는 도구다.
> —제러미 벤섬

그럼에도 불구하고 우리는 경제에서 벗어날 수 있는가? 경제의 영향을 받지 않는 사회 부문이 하나라도 있단 말인가? 스포츠? 쎅스? 전쟁? 2003년 1월 4일자 『르몽드』(Le Monde)지는 1면에 "이라크전 비용은 얼마인가?"라는 머리기사를 실었다. 사람들은 스포츠나 쎅스를 이야기할 때도 임금이나 판매량, 삶의 상품화 같은 경제적 측면을 피할 수는 없다. 사회를 형성하고 사는 인간의 삶은 모든 측면에서 언제나 화폐적, 수량적 차원이 수반된다. 요즘의 특징은 이런 차원이 핵심이 되어 다른 모든 측면을 설명하거나 영향을 미친다는 것이다. 모든 일에는 항상 '경제적 요소'가 포함된다. 이라크 석유, 출판계 자금, 텔레비전 광고시장 등 자본주의가 낳은 두가지 거대한 사유체계라고 할 수 있는 사회주의와 자유주의는 모든 것을 이성과 수량의 색깔로 칠한다. 이 둘은 모두 공리주의의 우물을 마시고 자랐다.[3] 계몽주의가 제시한 세계의 '합리화'와 '수량화' 그리고 이에 따른 과학과 연구와 실험의 확장은 세상의 상품화와 함께 춤춘다. 우리의 수량적이고 합리적인 경제학자는 인류 '진보호'의 뱃머리를 장식한다. 그는 설명하고 합리화하고 계산하며 합리적 계산이라는 용어로써 설명한다. 1991년 노벨상 수상자 게리 베커(Gary Becker)는 범죄자가 되는 것과 정직한 사람이 되는 것 중 무엇이 더 유리하냐고 묻는다. 또는 가정에서 자질이 훌륭한 아이 하나를 두는 것과 자질이 떨어지는 아이 둘을 두는 것 중 어느 쪽이 나은가를 따진다. 1986년 노벨상 수상자 제임스 부캐넌(James Buchanan)은 정치인에게 있어 부패하는 것과 정직한 것 중 뭐가 더 이익인가를 저울질한다. 1993년 노벨상 수상자 더글러스 노스(Douglass North)는 특정 국가의 정치적·문화적 경직성을 감안할 때 국경의 개방이 유리한지 혹은 불리한지를 사후적으로 훌륭하게 분석한 바 있다. 그렇다면 중국의 자급자족 경제와 유럽의 확장에 따르는 비용과 이익을 어떻게 합리적으로 설명할 수 있을까? 물론 경제학자들은 "상황에 따라" 또는 "다른 모든 조건이 같을 경우"라는 조건을 붙여서 아프리카의 낙후성이나 미국의 선진성, 치즈 수요의 안정성 등을 언제나 합리적이고 경제학적으로 설명해낸다.

그러나 경제학자들이 생각하는 합리성은 최근 커다란 충격을 받아 흔들리고 있다. 적어도 두가지 확실한 징후가 보인다. 첫째는 세계은행에서 근무한 2001년 노벨상 수상자 조지프 스티글리츠(Joseph Stiglitz)가 세계은행(World Bank)과 국제통화기금(IMF)의 정통경제정책에 대해 실토한 내용이다.[4] 둘째는 2002년 노벨 경제학상이 대니얼 카너먼(Daniel Kahneman)이라는 심리학자에게 수여되었다는 점이다. 그는 내 친구 알랭이나 그의 우상 케인즈가 오래전부터 주장했듯이 인간은 결코 '경제적으로 합리적'이지 않다고 말했다.

경제학, 무엇을 가르치고 배울 것인가?

이같은 생각들은 경제 및 사회과학의 교과과정으로 우리를 이끈다. 사람들은 자주 "당신은 끊임없이 경제학과 경제학자들을 비난하는데, 그러는 본인은 과연 무엇을 가르칠 수 있느냐?"고 묻는다. 나는 "우선 경제사를 가르치겠다"고 답한다. 게다가 경제 현실을 얼마나 즐겁게 가르칠 수 있는지 모른다! 일례로 엔론 사태(제6장 참조)는 두가지 방식으로 설명할 수 있다.

1) 끔찍한 부패, 투명성 확보의 실패, 사실 은폐와 정보 비대칭성 등이 낳은 현상으로 규정해보자. 그러면 무식한 독자들에게 정보이론과 방정식을 한바가지는 퍼부을 수 있을 것이다. 그러면서 '비즈니스 윤리'를 내세우며 징징거릴 수는 있지만 그런 논리는 모순어법이라는 사실은 인식하지 못하는 셈이다.

2) 보다 흥미로운 방법은 미국의 에너지정책 이야기로 풀거나 공화당과 특정 기업의 유착으로 다룰 수도 있고 아니면 투자은행, 재무분석가, 신용평가회사 및 언론의 행위를 역사적 시각에서 살펴볼 수도 있다! 그야말로 풍요로운 이야깃거리가 있는 셈이다!

경제학자는 사회사를 이야기해야 한다. 사회학이나 심리학, 인류학을 무시하고 경제를 논한다는 것은 경제학이 우월한 중요 학문이며 사회적 복합성을 녹여내는 설명의 틀을 제공한다고 믿게 하려는 사기에 불과하다. 다행히도 중등교육의 교과과정은 (아직은) 사회를 분석하는 학문들에 많은 부분을 할애하고 있다. 중등교육에서는 '경제 및 사회과학'을 가르치고 있으며 막스 베버(Max Weber)로 시작하고 맑스(K. Marx)를 잊지 않는다. 또한 사회적 관계와 분쟁, 불평등 등에 많은 시간을 투자한다. 그리고 노동과 부에 대해 깊이 생각한다. 하지만 고등교육으로 오면 이런 단어들은 사라져버리고 기호와 도표와 방정식이 등장한다. 이제는 현실을 말하는 것이 아니라 시장경제라고 하는 당위를 가르치는 것이다. 중등교육에서의 다양한 접근으로 익힌 세련된 사고 방식은, 세상을 이해하기보다는 경제적 계산과 계산의 이데올로기에 따라 세계를 측정하고 규정하는 기하학의 정신으로 뒤바뀐다. 왜 그럴까? 그 이유는 만인의 만인에 대한 '경제전쟁'에 투입되는 모범 병사로 당신을 훈련시켜서 오래도록 노동만하다가 결국 쥐꼬리만한 연금으로 일생을 마치게 하기 위해서다. 물론 일부 젊은 교수들은 (드디어!) 대학교육의 이러한 '자폐증'을 비판하기 시작했다.[5] 그러나 수량경제학자들이 즐겨 말하듯이 이러한 "경향은 막중한 것"이다! 일례로 2003년 교육과정 개편에 따르면(10년 사이 벌써 12번째 개편이다) '질문 제기보다는 학습내용의 규범적 접근'[6]을 강조하면서 삐에르 부르디외(Pierre Bourdieu) 같은 저자는 교육과정에서 제외되었다. 경제학이 현실이 아니라 당위를 말하게 된다는 뜻이다. 그렇다면 우리는 눈을 더욱 크게 떠야 한다. 계산의 세계에서 황당하게 당할 수는 없지 않은가?

결국 분배가 문제다

당신은 정말 고집쟁이군요! 이 아름다운 분석들이 마음에 들지 않는다니! 방정식과 모델들! 당신은 그뒤에 무엇이 있는지 알고 싶어하는군요!

경제학은 무엇을 논하는가? 바로 분배다. 부의 분배 말이다. 누가 떡을 바라보고 있는가, 누가 칼자루를 쥐고 있는가? 이는 이미 위대한 리카도(D. Ricardo)가『정치경제학과 과세의 원리』[7]에서 정치경제학이라는 학문에 제시한 목적이며 그 이후에 누구도 이보다 더 정확하게 말하지 못했다. 경제학은 근본적으로 분배의 문제다. 왜 그런가? 분배는 희소성과 밀접하게 관련되며, 희소성이 존재하지 않는다면 경제문제 역시 존재하지 않기 때문이다. 마셜 쌀린스(Marshall Sahlins)[8]가 묘사한 풍요사회는 진정한 전(前) 경제사회인데, 인간은 다른 존재와 마찬가지로 기생적 존재이며 자연계에서 아주 작은 부분만을 차지한다. 여기서는 희소성의 문제가 존재하지 않으며 따라서 분배의 문제도 없다. 물론 "떡을 어떻게 만드느냐?" 역시 경제학자들의 관심을 끌 만한 훌륭한 질문이기는 하다. 떡의 재료는 무엇인가? 자동차, 공해, 약품, 쏘프트웨어, 책? 토지? 풍경? 우리는 이 책의 말미에서 이런 질문을 다룰 것이다. 어떤 에너지가 이 떡을 만들어내는가? 노동인가, 자본인가, 돈인가, 기술인가 또는 지식인가.

경제학자들은 분배의 문제를 외면해왔다. 그들은 시장과 필요와 써비스, 수요와 공급을 논하지만 이들 상품과 써비스, 필요와 시장이 어디서 오는지, 그리고 왜 만들어졌는지는 묻지 않는다. 그들은 권력의 문제 역시 피한다. 그들은 시장을 언급하면서 계약을 논하지만, 계약은 상호성을 바탕으로 성립한다. 불행히도 세상은 불확실하다. 매우 불확실하다. 따라서 미래의 열쇠를 쥔 소수(내부정보 보유자, 정보 생산자, 통계 보유자, 기업 재정의 정확한 상태를 아는 사람 등)는 다른 사람들에게 권력을 행사할 수 있다. 또한 노동계약으로 다른 사람의 시간을 구매하는 사람도 타인에게 권력이 있는 셈이다. 왜냐하면 텔레비전 배달원은 물건을 전해주고 자유롭게 떠날 수 있지만 노동자는 노동을 고용주 집에 주고 떠나는 게 아니라 거기에 계속 묶여 있기 때문이다. 여기서 자유의 제약 문제가 발생하는데, 특히 노동이 제공자의 삶에서 중요한 부분일수록 자유의 제약은 심해진다. 그렇다면 경제학자들은 왜 분배의 문제를 은폐했을까?[9]

2003년 5~6월, 프랑스에서는 분배의 문제가 첨예하게 대두되었다. 정부는 연금 개혁을 추진하고 있었다. 핵심 쟁점은 임금노동자들의 납부기간 연장이었다. 결국 연금 역시 '노동과 자본 사이 분배의 선택에 관한 잘 알려진 방정식'[10]에 따른 분배의 문제였던 것이다. 물론 연금에는 세대간 분배의 측면도 존재하지만 동시에 임금노동자와 자본가 사이의 분배문제이기도 하다. 연금은 재정적으로 2020년에는 국내총생산의 2%가, 2040년에는 4%가 필요한데 누가 노인들에게 돈을 내놓을지가 문제였다. 이 질문은 무척 예리했다. 왜냐하면 임금노동자들은 지난 1980년 이래 25년이 안되는 기간 동안 국내총생산의 10% 정도를 광범위한 의미의 자본가들(이윤, 이자, 배당금, 금리소득 등의 보유자)에게 양보해왔기 때문이다. 대답은 또다시 임금노동자들이 부담한다는 것이었다.

리카도는 맬서스(T. R. Malthus)와 마찬가지로 떡에 대한 투쟁에 매우 회의적이었다. 그는 인류가 너무 많은 인구수에 시달리면서 삶을 영위하기보다는 겨우 생존할 거라고 예측했다. 리카도 이후 대부분의 경제학자들은 분배문제를 은폐했고, 시장과 수요와 공급 그리고 가격만을 논했다. 그들은 이 문제를 설명할 능력이 없었지만, 다행히도 요즘은 그 무능만큼은 인정한다.[11] 케인즈는 반대로 무척이나 낙관적이었다. 그는 2030~40년에는 경제문제가 해결될 거라고 생각했다. 기본적 필요는 충족되고 케인즈가 고등활동으로 여긴 문화에 사람들이 많은 시간을 보낼 거라고 생각했다. 존 스튜어트 밀(John S. Mill) 역시 안정된 사회 속에서, 사람들이 오로지 더 높은 지성에 도달하려고 노력하는 세상의 도래를 꿈꾸었다.

케인즈와 밀의 질문은 오늘날 '세계화의 대안'을 주장하는 사람들의 질문과 유사하다. 분배할 떡이란 무엇인가? 그것은 무엇으로 구성되어 있는가? 이는 핵심적이고 완전히 새로운 질문이다.[12] 왜냐하면 이 질문을 바탕으로 공중파 텔레비전의 방송과 최고급 오페라하우스의 콘서트를 놓고서 권리의 귀속 문제를 제기할 수 있기 때문이다. 우리는 이 과정에서 경제학자들이 얼마나 경제를 '자연화'시켜서 소위 자연적 또는 필연적 법칙에 종속시켰으며 그 탓에 얼마나 중요한 문제들이 제외되었는지 배울 수 있을 것이다. 예를 들어 인간 생활의 기초인 돈은 누가 만드는가? 누가 시장을 불투명하게 하는가? 왜 시장의 부정적 역할과 비효율성은 은폐되는가? 왜 이타주의와 무상성이 경제과정에서 하는 중요한 역할은 감춰지는가? 경제적 문제 즉 희소성 문제를 해결·극복하여 이젠 이런 문제가 과거 일이 되어버리는, 케인즈가 꿈꾸던 세상은 불가능해지면서 과연 누가 이득을 보고 있는 것일까?

"텔레비전 배달원은 물건을 전해주고 자유롭게 떠날 수 있지만 노동사는 노동을 고용 주 집에 주고 떠나는 게 아니라 거기에 계속 묶여 있다."

| 원문 읽기 |

■ 데이비드 리카도

분배는 정치경제학의 문제다

토지의 생산물 즉 그 표면에서 노동과 기계와 자본의 동시 사용으로 얻을 수 있는 모든 것은 세 계급의 공동체가 분배한다. 첫째는 토지의 소유자 계급이고, 둘째는 토지 활용에 필요한 자금 또는 자본의 소유자 계급이며, 셋째는 토지를 경작하는 노동자 계급이다.

그런데 사회의 발전단계에 따라 상기 세 계급에게 각각 지대, 이윤, 임금이라는 이름으로 분배되는 토지 총생산 부분은 근본적으로 상이하다. 그 주요 변수로는 토지의 실질적 생산성, 축적된 자본, 인구를 들 수 있으며 노하우, 발명 정신, 농업에 사용되는 도구 등을 더할 수 있다.

분배를 지배하는 법칙을 확인하는 것이야말로 정치경제학의 주요 현안이라고 할 수 있다.

—『정치경제학과 과세의 원리』

■ 존 메이너드 케인즈

내일에 대해 우리는 모른다

우리는 대부분의 경우 우리 행동의 가장 직접적인 효과를 제외하고는 그 결과에 대해 아주 어렴풋한 아이디어만을 가진다. (…) 미래에 대한 우리의 지식은 유동적이고 희미하며 불확실한데 그 때문에 고전적 경제이론의 방법은 부의 분석에 적합하지 않게 된다. 이 이론은 경제적 상품이 생산된 즉시 반드시 소비되는 세상에서만 완벽하게 기능할 수 있다. (…)

여기서 '불확실한' 지식이란 단지 확실한 것과 가능성이 높은 것을 구분하기 위해 사용하는 말이 아니라는 점을 강조한다. 예를 들어 룰렛게임은 이런 의미에서 불확실한 것이 아니며 특정 전쟁 관련 부채가 뽑기에 당첨되기를 기대하는 것도 불확실한 것은 아니다. 마찬가지로 평균수명도 단지 약간 불확실할 뿐이다. 또한 일기예보 자체도 조금 불확실하다. 불확실하다는 용어는 유럽 차원의 전쟁 가능성이나 20년 뒤의 구리 가격이나 이자율 또는 최근의 발명이나 부유 계층이 70년대에 사회에서 어떤 위치를 차지할지에 관한 것이다. 이 모든 질문에서는 확률 계산을 가능하게 하는 그 어떤 과학적 기초도 존재하지 않는다. 우리는 단순히 모를 뿐이다.

—「고용의 일반이론」

■ 마르틴 하이데거

무용한 것은 유용한 것만큼 중요하다

혜시(惠施)는 장자를 보고 말했다. "내게는 커다란 나무가 한그루 있습니다. 사람들은 그 나무를 신의 나무라고 부릅니다. 몸통은 너무나 구부러졌고 형태가 없어 똑바로 자를 수 없습니다. 가지들은 얼마나 휘어지고 방향성이 없는지 콤파스나 자로 잴 수도 없습니다. 나무는 길가에 있지만 어떤 목수도 쳐다보지 않지요. 당신의 말도 마찬가지로 거대하고 활용 불가능하며 당신으로부터 단숨에 멀어집니다."

장자는 다음과 같이 답했다. "당신은 몸을 움츠리고 보초를 서면서 무엇인가가 벌어지기를 기다리는 담비를 보지 못했나요? 그는 가지 위를 뛰어다니면서 높은 데서 뛰기를 주저하지 않는데 결국 어느날에 함정에 빠지거나 줄에 묶여 숨지죠. 그리고 야크(티베트산의 들소)도 있습니다. 그녀석은 폭풍의 구름처럼 커다랗고 힘차게 서 있습니다. 그러나 생쥐조차 잡지 못하죠. 이처럼 당신은 큰 나무가 있지만 아무런 소용도 없다고 아쉬워합니다. 그런데 왜 그 나무를 아무것도 없는 땅이나 빈 밭에다 심지 않죠? 그러면 그 주위를 산책하거나 가지 밑에서 마음껏 잠을 잘 수 있을 텐데요. 도끼와 톱이 생명의 종말을 가져오지도 않을 것이고 아무도 그에게 해를 끼치지 못할 것입니다.

어떤 물건이 소용이 없다고 걱정할 필요는 없습니다!"

『장자』의 다른 대목에서 약간의 변화는 있지만 비슷한 두 주장을 발견할 수 있다.

이를 통해 우리는 무용에 대해 걱정할 필요가 없다는 사실을 이해할 수 있다. 무용성이 불가침성과 장기성을 제공한다. 따라서 무용에게 유용의 잣대를 댄다는 것도 넌센스이다. 아무것에도 사용할 수 없기 때문에 무용은 그 독특한 위대함과 결정적인 힘을 얻는 것이기 때문이다.

—『전통의 언어와 기술의 언어』

■ 존 케네스 갤브레이스

과학적 근거의 '믿음'

공식적인 낙관주의자들은 무척 많고 명확했다. 예를 들어 6월에 버나드 배룩(Bernard Baruch)은 『아메리칸 매거진』(*The American Magazine*)과의 인터뷰에서 브루스 바톤(Bruce Barton)에게 "세계의 경제상황이 커다란 약진을 할 싯점에 있다"고 밝혔다. 그는 5번가에는 어떤 경기침체의 경향도 없다고 지적했다. 수

많은 대학교수들에게는 과학적인 근거에 기초한 믿음이 넘쳐났다. 나중에 일어난 일에 비추어보았을 때 아이비리그의 기록은 그야말로 비극적인 것이었다. 프린스턴의 로런스(Lawrence)는 한때 유명세를 탄 발언에서 "증권시장이라고 하는 이 찬양할 만한 시장에 영향을 미치는 수백만명의 평가와 판단의 합의는 현재 주식이 전혀 과대평가되지 않았다는 것"이라고 주장했다. 그는 이에 덧붙여 "이 현명한 대중의 판단에 거부권을 행사할 권리를 가진 보편적 지혜를 가진 사람들은 도대체 어디에 있단 말인가?"라고 되물었다.

그 가을에 예일의 어빙 피셔(Irving Fisher) 교수는 불멸의 판결을 내렸다. "주식의 가격은 영구적인 고원으로 보이는 수준에 도달했다."

—『대폭락 1929』

■ 존 메이너드 케인즈

경제학자란 무엇인가?

경제학 연구는 특별히 높은 수준의 특수한 자질을 요구하는 것 같지는 않다. 경제학은 철학이나 순수과학의 높은 수준에 비교해서 상대적으로 쉬운 학문으로 여겨지지 않는가? 하지만 훌륭한 경제학자 또는 단순하게 능력있는 경제학자는 드문 듯하다. 이같은 역설의 원인은 경제학자가 상당히 드물고도 다양한 자질들을 함께 갖추어야 하기 때문일 것이다. 경제학자는 여러 분야에서 높은 수준에 도달해야 하며 한 사람이 동시에 갖기 어려운 능력들을 종합해야 한다. 어느정도 수준의 수학자이지 역사학자이며 정치가이자 철학자여야 한다. 기호를 이해하고 동시에 단어로 표현해야 한다. 일반적인 관점에서 특수한 것을 들여다보아야 하고 구체적인 것과 추상적인 것을 동시에 생각할 수 있어야 한다. 과거에 비추어 미래를 전망하면서 현재를 연구해야 한다. 인간의 본성이나 제도를 철저히 알아야 한다. 또 관심과 거리를 동시에 가져야 한다. 예술가처럼 거리를 두고 냉정해야 하며 정치가만큼이나 현실적이어야 한다.

—「알프레드 마셜」

■ 알프레드 자리

레옹 발라(Léon Walras) 비판과 경제학 법칙의 검증 불가능성

이것은 발라의 설명 중 하나다. 가격 또는 교환가치의 관계는 교환된 상품량의 역분수와 같다. 이 법칙은 역사적으로 매우 명백하게 증명되었다. '아씨냐'(assignat)*를 300~400억 발행하자 교환매개의 가치는 100에서 2.5 또는 3으로 축소되었다. 발라는 "불행히도 이 훌륭한 실험을 수량법칙의 반대자들을 설득하기 위해서 필요할 때마다 반복할 수는 없다. 하지만 경제학이 실험의 부재나 불확실성을 보충할 수 있는 논리적 사고를 동원할 수 있다는 사실이 다행이다"고 주장한다. 우리는 오히려 그 반대로 경제학자가 단순히 그 결과를 보기 위해서 수백만 장의 지폐를 찍어낸 다음 숙연하게 그 반응을 지켜보기를 기대한다. 그는 이 실험을 통해 보유한 금은의 양에 세배나 되는(이것이 가장 보편적인 관행이다) 지폐를 공개적으로 유통시킨 대규모 금융기관들의 행태를 더욱 완벽하게 재현하는 데 성공하는 셈이기 때문이다.

—『르뷔 블랑슈』 1901년 1월 1일자

---

*18세기 후반 프랑스혁명 당시 정부가 발행한 채권으로 국가가 몰수한 교회의 자산을 담보로 했다. 이 채권은 화폐로 사용되었는데, 정부에서 과다 발행함으로써 그 가치가 폭락하고 사회는 하이퍼인플레이션을 경험하게 되었다.—옮긴이.

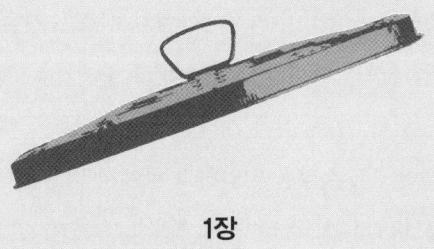

1장

경제학은 단단하다, 물렁하다, 후졌다?

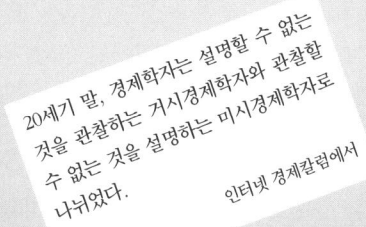

20세기 말, 경제학자는 설명할 수 없는 것을 관찰하는 거시경제학자와 관찰할 수 없는 것을 설명하는 미시경제학자로 나뉘었다.

　　　　　　　　인터넷 경제칼럼에서

10여년 전 빠리에서 프랑스 수리경제학계의 대표 주자들과 미국의 유명 경제학자들이 참가하는 학회가 열렸는데 그 주제가 "경제학은 경성과학이 되어가는가?"[1]였다. 이 학회의 개막연설은 빠리 이공대 출신으로 프랑스 국립통계경제연구소 소장을 역임하고 국제적 명성을 떨치던 에드몽 말랭보(Edmond Malinvaud) 꼴레주 드 프랑스 교수가 맡았다. 그는 경제학이 지금까지는 단단해져왔지만 이제는 포기했다고 주장했다. 경제학은 물리학에 근접했지만 불행히도 완전히 도달하지는 못하고 물렁함과 단단함 사이에서 정지해버렸다는 것이다. '주관적' '심리적' '자연보다 덜 영구적인'[2] 현상들이 제거되기는커녕 오히려 다시 우위를 점하게 되었다. 게다가 국가가 경제에 개입함으로써, 이러한 침입자가 없었다면 제대로 작동할 정직한 기제들을 눈에 띄게 오염시킨다고 말했다. 에드몽 말랭보는 자신의 비관적 시각을 또렷이 드러냈다. 그는 "수학의 남용, 괜히 어렵기만한 수학, 적정한 수준보다 훨씬 높은 단계의 계량경제학적 절차"[3]들을 언급했다. 당시 모든 참가자들은 고개를 끄덕이며 경제학이 너무 수학화됐다는 데 동의했다.

물리학에 홀리다

> 언젠가 문제는 해결된다. 대부분 나쁜 방식으로 말이다.
> ― 프랑스 속담

경제학의 수학화 정도와 과학성 수준은 서로 무관하다. 버트란드 러쎌은 수학이 환원론으로 구성되어 있으며, "네발짐승이란 다리가 넷 달린 동물이다"⁴라는 명제의 증명 이상을 주장하지 못한다고 말했다. 수학은 논리적 담론을 형식화하는데 이는 완전히 헛소리의 형식화일 수도 있다. 중세 스콜라철학을 보라. 훌륭한 논리적 체계를 갖추었지만 비과학적이지 않은가.⁵ 오히려 문학적 담론이 완벽하게 논리적일 수 있다.

수학의 남용은 경제학자들이 가진 물리학에 대한 매료 현상을 반영한다. 프랑스의 레옹 발라(Léon Walras, 1834~1910)⁶ 같은 손꼽히는 엔지니어 출신 경제학자들의 꿈은 19세기와 그 산업적 발전을 지배하는 강력한 물리학 같은 덕목을 자랑하는 '순수한' 사회과학을 만드는 것이었다. 프란씨스 이지드로 에지워스(Francis-Ysidro Edgeworth, 1845~1926)는 인문학에서 출발해 독학한 경제학자인데 수학적으로 돌변한 뒤(이런 경우가 최악이다) 『수리심리학』⁷이라는 책을 썼다. 그는 케인즈를 가르친 근대 경제학의 아버지 중 한명이다. 발라는 명백하게 '사회물리학'을 만들려고 노력했다. 1870년대 그는 영국의 스탠리 제본스(W. Stanley Jevons)와 오스트리아의 카를 멩거(Karl Menger)와 함께 (얼마 후 미국인 어빙 피셔가 가세한다) 주관적 효용이라는 개념을 발견했다. (주관적 효용이란 내가 생각하는 갈대로서 세상의 모든 것들, 즉 빵이나 자동차, 그밖의 다른 사물들에 가치를 부여한다는 의미다.) 그리고 이들은 특히 하나 또는 여러 시장의 경제적 균형이라는 개념도 발견했다. 균형의 개념과 그 근본적 당연 결과로서 균형의 안정성 그리고 균형에서 멀어지면 다시 균형점을 향한다는 사실(그릇 안의 구슬처럼)은 역학이라는 물리학의 최초 형식화와 흡사하다. 발라는 "수요와 공급의 법칙은 수요와 공급의 균형을 향한다"라고 주장했다.

'수요와 공급의 법칙'은 "더 비싸지면 나는 덜 원하고, 하지만 더 비싸지면 더 팔려고 한다"는 것이다. 그리고 가격이 내리면 그 정반대의 현상이 벌어진다. 시장에서 공급자와 수요자는 언젠가는 만족하게 된다. '언젠가는'은 경제학의 중추적인 표현이다. 이것은 그야말로 중대하고 기초적이며 마술적인 표현이다. '언젠가는' 균형에 도달한다. 빵의 공급자와 수요자는 시장에서 교환할 빵의 양과 가격에 대해 동의한다. 그리고 이런 현실은 모든 시장 즉 자동차시장, 쏘프트웨어시장, 주택시장, 김치시장, 그리고 특히 노동시장에서 확인할 수 있다. 최저임금제를 없애면 '언젠가는' 실업이 사라질 것이다. 발라는 다음과 같은 발견도 한다: 균형은 모든 시장에서 동시에 실천될 수 있다.

여기서는 발라와 그뒤를 잇는 모든 경제학자들이 카를 맑스[8]에게 핵심적인 노동가치이론(이 이론에 따르면 특정 물건의 가치는 물건이 내포하는 노동의 가치에 의해 결정된다)이라는 가치의 '본질적' 기초론을 거부한 동기는 중요하지 않다. 다만 발라 같은 학자들이 물리학에 매료되어 이를 통해 부와 소득, 가격, 분배, 교환 같은 사회적 현상들을 설명할 수 있다고 주장했다는 점을 기억해두자. 그렇다면 이들은 혁명가인가 아니면 표절자인가? 이들은 특히 위대한 물리학을 베꼈다. "스탠리 제본스, 레옹 발라, 빌프레도 빠레또(Vilfredo Pareto), 프란씨스 에지워스, 어빙 피셔 등 많은 학자들은 이러한 사실을 숨기지 않았다. 그들이 구상한 효용 개념은 고전역학의 잠재에너지를 베낀 것이고, 그들이 선호하는 수학적 틀은 극한(principe d'extremum)[9]이었다." 그들은 물리학을 멀리서 모방한 것이 아니라. "그들은 모델의 용어와 상징을 낱낱이 모방했다."[10] 이들이 일명 최초의 '과학적' 경제학자들이다. 더 심한 말은 하지 않겠다. 그들은 모방자였다. 그들이 만들어놓은 것은 사회물리학으로, 사회는 자율적이고 합리적이고 '효용'을 극대화하려고 노력하는 개인들로 구성되어 있다는 내용이다(효용이란 상품과 써비스의 소비에 따른 쾌락을

종교재판에 선 갈릴레이, 알베르 체로(A. Chereau)의 1865년 작품.

의미한다). 저런, 저런……

경제학은 시간을 무시해도 되는가?

경제학자들은 뉴턴의 물리학을 수용한 다음 거기서 헤어나지 못하고 있다. 그들은 자신들의 인과관계와 결정론에 만족해 하고, 미분계산을 활용하여 균형을 향해 움직이는 시장의 '자연적 경향'(이 표현은 1972년 노벨상 수상자 존 힉스(John Hicks) 경이 『가치와 자본』에서 제시했다)을 표현한다. 그들은 수학을 통해 '자율조정적 시장'의 신화를 말한다. 흘러가게 내버려두면 만사가 해결될 것이다. 공급자는 수요자를 만나고 수요자는 공급자를 찾아낼 것이다. 발라 이후 논의되었듯이 모두 만족하게 되고 세상은 평화로울 것이다. 그렇다. 발라는 시장의 자율적 조정능력과 '평화를 제공하는 능력'을 굳게 믿었다. 그는 자신의 발견을 근거로 들면서 노벨 평화상에 후보로 자천했고 스스로를 사회주의자로 정의했다.

고전역학의 균형이란 균형으로 다시 돌아가는 균형이다. 이 학문은 시간을 무시하는데 시간의 '화살표'는 존재하지 않으며, 맥스웰(J. C. Maxwell)의 표현을 빌리자면 "과거가 미래와 같은 가치를 가지는" 것이다. 역학의 모든 현상에는 절대적인 대칭성이 존재한다. 모든 현상은 되돌릴 수 있다. 따라서 시간은 존재하지 않는다. 특정 씨스템은 어느 상황에서 시작하지만 나중에는 어떤 방식으로든 그리고 얼마간 시간이 흐르면 그 상황으로 되돌아간다. 균형으로 돌아간 뒤의 에너지는 동일할 것이다. 지속성, 불변성, 시간의 흐름에 대한 독립성. 그리고 핵심적인 '언젠가는'. 어느정도 시간이 지나면, 내버려두세요, 기다리세요, 씨스템은 균형을 되찾을 것입니다. 개입하지 마세요. 아니 개입과 장벽을 없애기 위해 개입하세요. 언젠가 노동시장은 균형을 되찾을 것입니다.

불행히도 대부분의 물리적 현상 특히 온도 변화가 개입되는 현상들은 되돌릴 수 없다. 사람은 젊어지지 않는다. 처녀림은 다시 자라지 않는다. 장작이 타면 다시 나무가 되지 않으며 우리의 용감한 태양도 50억년 뒤에는 꺼질 것이다. 우리는 죽음에서 삶으로 돌아오지 않으며, 시간의 방향은 볼츠만(L. E. Boltzman)[11]이 주장했듯이 우주를 관찰하는 사람들 사이의 단순한 합의가 아니다. 쉽게 말해서 에너지가 상실되는 듯하다. 어떻게 에너지보존법칙 자체를 보존할 것인가? 라쁠라스(P. S. Laplace)[12]의 꿈처럼 완벽하게 결정론적인 우주를 말이다.

경제학은 화석화되고, 물리학은 지속된다

> 과학적 미신은 얼마나 우스꽝스러운 환상과 유아적인 개념 들을 동반하는지
> 그에 비하면 종교적 미신은 고귀해 보일 정도다.
> ─안또니오 그람시

물리학자들은 열역학 제2법칙을 통해 자신들의 과학이 가지는 탈역사적 개념을 걷어차버렸다. 이를 '엔트로피' 법칙이라고 부르는데 특정 씨스템이 열평형상태를 향해 간다는 것이다. 더운 쪽이 차가운 쪽으로 전달되어 둘 다 미지근해진다. 경제학자들은 현상의 불가역성과 엔트로피의 개념을 무시했는가? 그렇다. 모든 경제학자들이 이를 무시했다. 예외가 있다면 루마니아의 경제학자 니콜라스 제오르제스쿠 로에젠(Nicholas Georgescu-Roegen)[13]이 대표적이다. 그는 정말 예외라고 할 수 있다. 역사를 무시하고 페리클레스 시대의 그리스인에게나 2000년 시카고 곡물시장의 투기꾼에게 공통으로 적용되는 탈역사적 논리를 제공하는 것은 얼마나 쉬운 일인가! 역사가 없으면, 문제없어! 경제학자들은 이렇게 말하며 손을 털고 형이상학적이고 영원한 경제의 진리를 보유하게 된다.

향수에 잠긴 에드몽 말랭보는 "왜 경제학자들은 더이상 발견을 하지 못하는가?"[14]라고 질문을 던진다. 문제는 그들이 발견을 해본 적이 없다는 것이다. 그들은 물리학 초기의 짝퉁을 만들면서 스미스의 '보이지 않는 손'을 수학적으로 보여주려고 했지만 아무것도 얻지 못했다. "무엇이 새로운가?"라는 질문에 1976년 노벨상 수상자 밀턴 프리드먼(Milton Friedman)은 "아무것도 새롭지 않다. 아담 스미스(Adam Smith)가 있을

뿐이다"라고 답한다. 아담 스미스 이후 발견한 것이라곤 없다. 물론 현대 경제학자들은 뒤늦게 폰 노이만(von Neuman)과 내쉬(J. F. Nash)[15] 그리고 다른 학자들이 발명한 게임이론(4장 참조)을 가지고 장난을 친다. 하지만 과거에 논의되던 균형은 여전히 존재하며 새로이 '내쉬균형'(4장 참조)이라고 명명되었을 따름이다. 아담 스미스 아버지의 보이지 않는 손이 말하듯이 그것은 탈역사적이고 영원하고 상호연관된 씨스템의 고정된 지점으로서 대립과 이기주의가 낳은 분쟁을 해결한다. 이기주의자가 되시오, 각자를 위해 내버려두시오, 사회 속에서 모든 것이 사회의 최선을 위해 해결될 것이오, 마치 보이지 않는 손이 여러분을 조화와 균형과 행복으로 이끄는 것처럼. 노동자는 일자리를 찾고 고용주는 노동자를 찾으며 캐러멜 장수는 캐러멜 소비자를 찾는다. 말랑말랑하게……

"경제학자들은 발견을 해본 적이 없다. 아무것도 새롭지 않다. 아담 스미스가 있을 뿐이다."

아마 기계에 대한 매료가 없다면 역학에 대한 경외심도 없을 것이다. 자동인형, 시계, 역학은 질서잡힌 세상, 자율적으로 조정되는 세계 속에서 결정론적인 인식을 확산시킨다. 프랑쑤아 께네(François Quesnay)[16] 박사는 자신의 경제순환이론을 펌프와 철강튜브에 빗대어 설명했다. 오늘날에도 예산과 적자, 수입과 지출의 균형을 논의할 때 등장하는 것은 파이프들을 연결하고 구분하는 재정적 배관시설이다. 교육부에서 떼어다가 군부에 주거나 그 반대로 하기도 한다. 발라는 시계에 매료되었다. 그와 동시대인이자 한계효용체감법칙(우유를 많이 마실수록 나의 만족은 줄어든다)을 공동 발견한 윌리엄 스탠리 제본스는 합리적 인간을 기계에

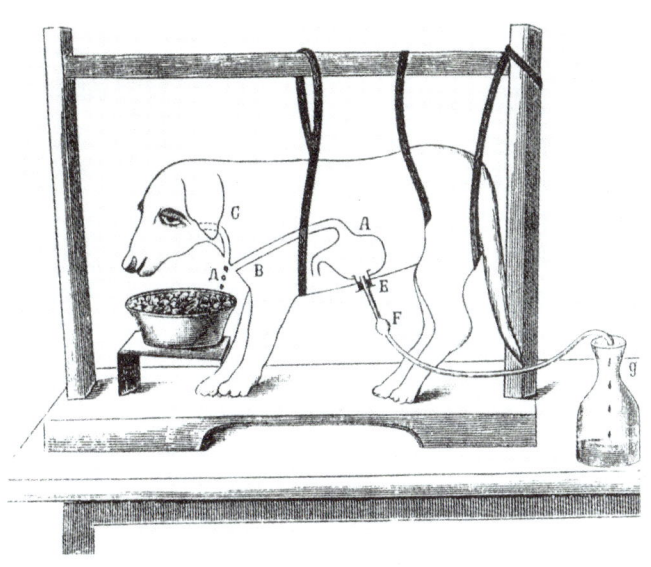

빠블로프의 개 실험 모형도.

비교했다. "세기의 중반까지 수학적 기법을 사용하는 경제이론가들은 이러한 접근법이 인간을 자동인형에 비교하는 것은 아니라고 해명하면서 양해를 구하는 일이 드물지 않았다."[17] 해석하자면 "불행히도 인간은 생각을 한다"는 말이다. 경제학자들은 슬픔에 잠겨 "인간은 정말 인간이야"라고 생각한다. 반면 경제학자들이 상상하는 합리적 행위자로서의 '호모 에코노미쿠스'는, 앞으로 더 자세히 논의하겠지만, 근본적으로 바보이며 빠블로프의 개보다 별로 나을 것이 없다. 가격이 오르면 침을 흘리며 더 원하고, 가격이 내리면 덜 원한다. 그것이 전부다. 삶의 모든 것이 '비싸다／싸다' '비용과 이익'(이것이 내게 무엇을 가져오는가, 내게 무슨 비용을 요구하는가) '원한다／원치 않는다'라는 이분법으로 축소된다. 국수부터 결혼, 자동차, 자녀, 테러 사건, 쎅스 전에 하는 애무, 석양의 아름다운

1장 경제학은 단단하다, 물렁하다, 후졌다? 33

풍경 등 모든 것이 이 양분법을 따른다. 1998년 노벨 경제학상 수상자 아마르티아 쎈(Amartya Sen)은 이들을 '레셔널 풀스(rational fools)'[18] 즉 합리적 바보, 계산하는 바보라고 한숨지으며 불렀다. 그냥 바보, 멍청이, 원시인, 단순한 기계라고 부르면 될 것이다.

이제는 컴퓨터가 동시대의 경제학자에게 거는 최면이 쉽게 이해될 것이다. 근대 경제학자에게 경제 주체는 정보를 삼키는 위(胃)다. 그 주체는 삼키고 처리하고 되씹는다. 19세기의 경제학자는 인간이 '완전한 정보'를 활용해서 계산한다고 상상했다(나는 당대의 소비를 포함해 모든 것에 관한 모든 정보를 알고 있다). 하지만 근대 경제학자들은 비대칭적 정보(나는 너보다 많이 알아), 불완전한 정보(나는 다 알지 못해), 제한된 합리성(나는 모든 것을 계산할 수는 없어) 또는 합리적 예측(나는 모든 것에 대해 전부 알고 있어, 날 속일 생각 마!)을 통해서 생각하고, 완전한 정보의 문제에 대한 이탈의 관점에서 이 모든 '변태' 현상들을 연구한다. 뭐 달리 방법이 있는 것도 아니다. 케인즈처럼 불확실성을 인정하게 되면 그들은 망하고 끝장이기 때문이다. 그러면 그들은 케인즈와 마찬가지로 스스로를 파묻으며 경제 문제는 합리화가 불가능하다는 사실을 인정할 수밖에 없을 것이다.

불행히도 수학의 남용은 우리를 귀먹게 한다. 계산하는 이성에 매료되는 이유 하나는 경제학자들의 출신 학문에서 찾을 수 있다. 그들 상당수는 경성과학 출신이다. 그들은 물리학이나 다른 학문에서 쫓겨난 뒤 경제학에서 성공한 이민자들이다. 첫 이민자 세대는 1870년대에 몰려들었다. 발라와 엔지니어들은 사회 부문에서 자신들의 에너지 비유법을 도입하여 체계화했다. 둘째 시기는 1930년대 공황 이후다. 과학으로는 취업 가능성이 줄어들자 수많은 인문학도들이 떼지어 나타났다. 인문학도들은 멍하니 입을 벌리고 2차방정식을 활용할 줄 아는 사람들을 지켜볼 수밖에 없었다. 개인용컴퓨터 도래에 따라 위기에 처한 컴퓨터 전문가들이 경제학으로 재취업하는 현상도 곧 벌어질 예정이다.[19]

우리끼리 해먹읍시다

> 기하학자들이 우수한 듯 착각하는 이유는 훨씬 쉽게 기하학을 학습할 수 있다는 데 있다. 기하학 공부를 위해 특별한 준비가 필요한 것도 아니요, 그 단순함으로 말미암아 별로 뛰어나지 못한 지능의 수많은 사람들도 접근가능하기 때문이다.
> ─오귀스뜨 꽁뜨

기술과 전문용어, 수학을 활용하는 또다른 이유는 훨씬 악의적이다. 난해한 전문용어를 사용함으로써 경제학의 터전에 성벽을 쌓고 '아무것도 모르는 사람들'을 제거해버리려는 의도이다. 자, 지나가세요! 볼 것 없습니다! 우리끼리 내버려둬요! 이 돈에 관한 일들에 참견할 것 없다고요. 여러분은 이해하지도 못할 것입니다. 이 얼마나 손쉬운 태도인가. 지식인과 대학교수 들 사이에서 수학은 파괴적인 효과를 가진다. 수학은 '인문학도', 사회학자, 심리학자, 비판적 사고의 지성인, 지리학자, 부드러운 심성의 학자, 철학자 들을 제거해버린다. 수학을 통해 형식화되고 우월하며 지배적인 귀족언어가 창조되고, 사투리는 거리의 사람들, 무식한 자, 농부나 쓰는 것이다. 이에 대응하여 불쌍한 인문학도들은 언어학자 끌로드 아제주(Claud Hagège)의 '능력이 떨어지는 자들의 순수주의'라 부르는 행동을 실천하려 노력한다. 국립행정대학원(ENA) 구술시험에서 촌구석 사투리를 숨기기 어렵듯이 경제학계에서 자신의 사회적 우월성을 증명하기 위해 전문용어를 과시하지 않기는 어렵다. 문학적으로 말하는 것은 그래서 무식해 보인다. 수학적으로 말하면 수많은 방정식 속에 바보 같은 생각과 동어반복이 아무리 많이 섞여 있어도 당장은 더 품위있어 보인다. 문학 하다가 수학자의 세상으로 옮겨간 사람들이 최악이다. 개종자가 항상 가장 못되게 행동하는 까닭은 자신의 능력에 자신이 없기 때문이다. 그런데 이같은 환상 제조자들의 힘겨운 방정식이 쓸모없다는 사실을 사람들이 알게 된다면? 미국인들은 수학이라는 쏘스를 뿌린 이런 잡담 같은 주장을 '토이-모델'이라 부른다.[20] 수학은 결국 대중과 여론을 제쳐두고 경제적 행복을 준비한다고 속이는 공포의 도구는 아닐까(예를 들면 노동의 유연성, 부자에게 적은 세금, 공공써비스의 민영화 등). 플라톤은 자신의 철학 및 과학 학교 앞에 '기하학을 모르는 자 여기 들이지 말지어다!'라고 써붙였다. 요즘 전문가들은 '경제학자가 아닌 자는 나랏일에 끼지 말지어다!'라고 외친다. 이들이 방정식에 사용하는 것은 그저 천박한 이데올로기로서 '사회적 다윈주의'라고 할 수 있는데 다행히도 다윈은 이런 이데올로기를 믿지 않았다.

불행히도 "많이, 더 많이 소비하자, 그리고 부자가 되자, 특히 가장 부자들이 더욱 부자가 돼야 해, 그리고 시장이야말로 전부야"라는 단순한 이데올로기를 은폐하려는 의지 이외에 수량경제학과 그 교육의 영향력에는 또다른 어두운 이유가 있다. 순전히 교육적인 이유다. 계량경제학의 기술적 쌜러드를 먹이는 것이 더 쉽고 기초적이기 때문이다. 학생들은 방정식에 질려 고개를 숙인다. 그들은 아무런 내용도 없는 증명의 '혹독함'에 한방 얻어맞고 끌려간다. 그들은 침묵할 뿐 항의하지 않는다. 문학적으로 수업하기는 훨씬 어렵다. 경계를 늦추다보면 위험이 따르기 마련이다. 맑스를 읽히면 학생들을 자극하고 화나게 하며 저항하게 만든다. 프리드먼을 읽히면 숨죽이고, 초기의 힉스 즉 『가치와 자본』[21]의 힉스를 읽히면 숨이 막힌다. 하이에크(F. A. Hayek)[22]를 읽히면 놀라움을 안겨주고 케인즈를 읽히면 빛이 난다. 다른 말이 필요없다. 요즘의 경제학 학술지를 읽으면 대패질한 나무껍질을 씹는 느낌이 든다.

부, 불평등, 고통, 불행, 저항? 아니 도표, 방정식, 자 지나치세요, 더이상 논의하지 맙시다. 학생들의 침묵은 수학 남용의 이유 중 하나다. 그럼 수학은 불필요한가? 물론 수학은 필요하다. 시장이 효율적이지 못하다는 점을 이해하기 위해서라도 평균과 평균값, 내쉬균형은 알아야 한다. 불행히도 현실은 포장지에 하도 신경 쓰다보니 내용물에 의문을 제기하지는 못하게 되었다. 수학적이거나 문학적인 논리의 의미는 이데올로기를 무력화하기에 필요하다는 데 있다. (낮은 균형, 즉 저고용의 비효율적인 내쉬균형은 문학적 용어를 통해 쉽게 규정될 수 있다. 케인즈는 내쉬 이전에 이를 제대로 표현했다.) 논리는 경제학에 넘쳐나는 이데올로기를 제거해야 한다. 경제학은 특히 모델화되었을 경우 이데올로기와 다르다고 하기 어렵다. 경제학은 특권자를 위한 고기와 물이고 소유권자에게 제공되는 지대이며 노동자에게는 착취다. 또는 자발적 노예화의 수단이며 권력의 도구다. 결국 사회생활이라는 말이다. 경제학 교수의 선택은 학생들의 흥미를 유발하거나 이들을 숨막히게 한다. 여기서 '수학은 시적'이라는 말도 안되는 소리를 하지 말라. 수학을 하면서 즐기든지 아니면 진정한 경제학인 시학(詩學)을 하라. 하지만 당신의 수준이 수학도를 미소짓게 할 만큼 낮은데 수학 하는 척은 마시라. 만일 당신이 경제학을 하고 싶다면, 당신의 유용성은 통역자로의 유용성일 뿐이다

예를 들어보자. 어느날 재경부 장관이 "프랑스는 더이상 매력적이지 못하다"고 말했다. "왜?" "다보스(Davos)에 모인 사장님들이 그렇게 말하

니까." 프랑스 최고의 경제학자들이 모인 경제분석위원회는 즉시 그 반대를 주장하는 보고서를 내놓는다. 그런데 경제에서 '매력'은 매우 복잡한 개념이다. 이것이야말로 가짜 경제개념으로서 수천개의 감정적, 민족주의적, 역사적, 심리적, 피부학적, 인종주의적, 우생학적, 마술적 그리고 여러분이 원하는 그 모든 거시기한 편견들을 포괄하고 있지만 결국 객관적이고 명확한 그 무엇으로의 전환을 꿈꿀 수밖에 없는 말이다.

경제학의 법칙은 시험 가능한가?

> 주사위가 우연을 없애지는 못한다.
> ─스떼판 말라르메

버트란드 러쎌은 "물리학은 동화가 아니다"라고 말한다. 왜냐하면 물리학은 실험의 과정을 통과해야 하기 때문이다. 하지만 경제학은 동화다. 특히 부자들에게는 무척 재미있는 동화다. 경제학의 법칙은 시험 가능한가? 전혀 가능하지 않다. 법칙이란 물체의 낙하운동이나 화학반응처럼 실증적인 현상을 예측할 수 있는 규칙성을 담보한다. 경제학은 내 지갑의 내용물이나 나의 노동 같은 무척이나 구체적인 것들을 다루면서도 실증적인 학문은 아니다. 내가 성공적으로 증권시장의 법칙을 시험할 수 있다면 나는 억만장자가 됐을 것이다.[23]

흥미로운 사실은 아주 오래전부터 대부분의 경제학자들이 시험의 불가능성을 인정했다는 점이다. 사람들은 '사후적(事後的)'으로는 항상 왜 틀렸는지 설명할 수 있다. 일반적으로 설명이 너무 상세해서 탈이다. 하지만 "내일 CAC40* 지수가 얼마일 것이다" "경제성장률이 얼마일 것이다" 또는 '큰 수의 법칙'이 실수를 줄여줌에도 불구하고 "실업률이 얼마일 것이다"라고 예측할 수는 없다. 경제학의 모든 정리들은 "서로 뒤엉킨 복합적인 가설들로 구성되어 직접적으로 시험 불가능하고 시험하려면 가설들을 독립시켜야만 한다."[24] 경제학자들은 '다른 모든 조건이 동일할

> **큰 수의 법칙** 어떤 일을 몇번이고 되풀이할 경우, 일정한 사건이 일어날 비율은 횟수를 거듭하면 할수록 일정한 값에 가까워진다는 경험법칙이다.

때'라고 가정하고 생각하는데 이는 특정 현상을 인간의 다른 모든 문제에서 독립적으로 분리시켜 접근한다는 의미다. 하지만 '다른 모든 조건이 동일할 때'라는 것은 너무나도 용감한 가설이다. 그것은 예를 들어 "이라크전쟁이 심각한 결과를 초래하지 않는다면, 프랑스인의 습관이 변하지 않는다면, 내일이 오늘과 똑같다면, 사업가의 정신상태가 변하지 않는다면, 날씨가 좋다면, 중대한 정치적 현상이 없다면, 이 모든 것이 충족된다면 우리는 이성적으로 자동차의 수요가 변치 않을 것이라고 예측할 수 있다"는 말이다. 이것은 전형적인 '다른 모든 조건이 동일할 때'의 사고방식이며 결국 내용 없는 말이라고 하겠다. 경제학자가 직접 설명하면 나을까? 아니다! 전혀 아닐까? 전혀 아니다. 나을 것이라고 주장하는 자들은 사기꾼이거나 전문가 들인데 결국은 그게 그거다.

이자율과 통화량의 관계라는 기초적인 경제법칙의 예를 들어보자. 너무 지당해서 오히려 맥빠지는 이 법칙은 희소성이라는 경제학의 기본적 개념에 기초하고 있다. 풍부하면 싸지고 부족하면 비싸진다. 따라서 통화량을 늘리면 돈의 가격, 즉 이자율은 내려간다. 법칙이 예측한 대로다. 그

---

*프랑스의 대표적 주가지수 ― 옮긴이.

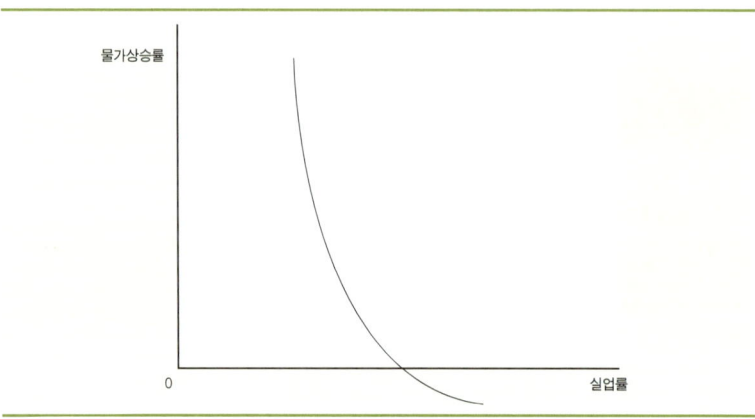

물가상승률과 실업률의 반비례 관계를 보여주는 필립스곡선.

런데 현실은 그게 아니다! 중앙은행이 돈을 발행하여 나누어준다고 상상해보자. 돈을 받은 가계가 즐거운 것은 물론, 추가의 신용수요가 발생하고 따라서 이자율은 상승한다. 또다른 결과도 가능하다. 돈을 경제회로에서 빼내어 땅속에 감추는 현상인데 예를 들면 세금없는 천국으로 빼돌리거나 예술품에 투자하는 것이다. 이럴 경우 유동성에 긴장이 생기고 이자율 상승이 일어난다. 따라서 자금의 공급이 오히려 소비를 축소시킬 가능성도 있다. 오늘날 일본에서 엔화가 풀릴 때마다 일본인들은 더 많은 자금을 해외로 돌리거나 투자에 할당한다. 일본인들은 미래를 두려워하기 때문이다. 아, 미래라! 만일 경제학자들의 삶을 괴롭히는 미래가 존재하지 않는다면 경제학이 얼마나 쉬워질 것인가. 만일 내일이 어떨지 알 수만 있다면 시간이 존재하지 않는 역학에서처럼 경제학에도 완벽한 법칙들이 존재할 텐데 말이다.

두번째 '법칙'은 '필립스곡선'이다. 실업률이 높으면 인플레이션이 낮다. 실제로 실업률이 높으면 임금 하락에 대한 압력이 존재한다. 그리고 임금이 상승하지 않으면 비용과 가격이 안정적이라는 것이다. 그러나 실상은 다르다. 인플레이션과 실업이 동시에 상승할 수 있는 이유는 수천가지다. 고용한 노동자들에게 더 많은 임금을 주기 위한 기업의 예측이나 비용에 따른 실업의 효과를 들 수 있다. 왜냐하면 실업에는 사회적 비용이 따르고 이는 결국 가격에 반영되기 때문이다. 이처럼 때로는 법칙이 '확인'되지만 다른 경우에는 전혀 아니다. 수요 공급도 마찬가지다. 프랑스텔레꼼의 주식이 오르면 오를수록 더 많은 사람들이 그것을 원했고, 이는 더욱 높은 가격을 의미했다! 오늘날에는 내려가면 내려갈수록 더 회피하고 있다.

하지만 이 모든 통계들, 이 모든 계량경제학의 모델들 그리고 국립통계경제연구소, 프랑스무역청, 기업발전 및 경제성장연구소, 국제통화기금, 세계은행, 유엔개발위원회, OECD 등에서 수백명의 사람들에게 일자리를 제공하는 비율의 정도는…… 아, 그것은 또다른 문제인데 나중에 언급할 것이다. 통계학자는 현실을 묘사하는 것이 아니라 현실을 만들어내는데 이는 전혀 다른 작업이다. 그들은 가난한 사람을 한때는 '빈자'라고 불렀다가 다음날에는 '실업자'라고 부르고, 그 다음날에는 '노동 장애인'[25]이라고 부른다. 그들은 이같이 선을 긋고 규격을 정하며 사회를 만들어간다. 하지만 그들이 결과적으로 하는 말이란 '만일 예상치 못한 중대 사건이 지금부터 전혀 발생하지 않는다면, 내일은 대략 오늘과 같을 것'일 따름이다. 통계학자는 현실에 확장·적용하고 경향을 따라갈 뿐이지 그 이상은 아니다. 그들은 보험회시가 사용하는 '큰 수의 법칙'을 가지고 장난칠 뿐이다. 올해 프랑스에서 1만명이 자살했으니 내년에도 그만큼 자살할 것이다. 올해 교통사고가 8000건이면 내년에도 똑같을 것이다. 물론 교통사고 방지 캠페인을 활발히 펼치면 이미 큰 수의 법칙은 증명할 수 없게 된다. 하지만 장기적으로는 큰 수의 법칙도 사라진다! 1950년대 에스빠냐에서 부부 한쌍마다 서너명의 아이를 두던 것이 2000년에 불과 한명으로 줄어들지 누가 예측할 수 있었겠는가?

계량경제학자(쉽게 말해서 국립통계경제연구소 사람들)라 불리는, 통계를 조작하는 경제학자들은 '법칙'들을 시험하려 했다. 그들은 모델을 만들고 시험하고 수용하거나 거부하는 따위의 일들을 하면서 모델이 향상된다고 믿는다. 물론 이런 시험이 유효하기 위해서는 "가설들만을 시험할 수 있어야 하는데, 그러려면 원인과 결과를 완벽하게 구분할 수 있어야 하고, 결과에 대한 평가 방법이 특정 이론을 반영해서도 안된다."[26]

여론조사와 마찬가지로 계량경제학의 모델에는 정답과 특히 이데올로기가 이미 그 구조에 내재한다. 예를 들어 경쟁가설을 보자. 그들은 다양한 경쟁상황을 시험한다. 하지만 경쟁개념 자체가 사회를 묘사하기에는 넌쎈스, 완벽한 넌쎈스이며 종교적 믿음이라는 명백한 사실은 전혀 고려하지 않는다. 달리 말해서 사회가 자유주의 규범 밖에서 정의될 수 있다는 사실은 고려하지 않는다는 것이다.

프리드먼의 반(反)과학적 정신

이런 접근법은 심하게 비판받아왔는데[27] 그 이유는 과학적 발전을 논할 때 '혁명'이나 '단절' '패러다임의 변화' 등과 같은 개념을 활용하기 때문이다. 하지만 경제학자들은 딱하게도 그러한 접근법에 매달렸고 결국은 상상할 수 있는 가장 반과학적이고 신기한 개념들을 만들어냈는데 그 장본인이 바로 밀턴 프리드먼(Milton Friedman)이다. 프리드먼은 가설의 현실성에 대한 논의를 완전히 거부한다. 그는 가설이 중요하지 않다면서 예측을 가능하게 하는 정도로만 기능하면 된다고 말한다. 내가 지구가 평평하다고 믿으면 어떤가, 자전거만 타면 되지. 이같은 반과학적 정신을 칭송하다니 충격적이어서 물론 폭소를 터뜨려야 할지 화를 내야 할지 모르겠다. 불행히도 1995년 노벨상 수상자 로버트 루카스(Robert Lucas)[28]나 미국에서 가장 많이 팔린 교과서의 저자 할 배리언(Hal Varian) 같은 수많은 경제학자들은 프리드먼의 '상식'을 수용했다. "잘못된 이론이 현상을 이해하는 데 도움을 줄 수도 있다."[29] 맞아, 맞아. "지구는 푹 파였다"는 이론을 따르면 자전거 페달을 밟지 않아도 되니까. 에드몽 말랭보는 프리드먼의 원칙과 소위 과학이 "자신의 단점을 자랑"하거나 "어떤 관찰도 설명할 수 있게 된 것"[30]을 아쉬워했다. 그렇다고 그가 대안을 제시한 것은 아니며 다만 공허한 "연구자들의 직업윤리에 호소"했을 뿐이다. 불행하게도 정직성이란 그것이 제약회사 연구실에서 근무하는 사람이건 아니면 국제통화기금에서 일하는 사람이건 연구자들에게 찾아볼 수 있는 가장 대표적인 성격이라고 보기는 어렵다. 올리비에 파브로(Olivier Favereau)는 매우 흥미로운 논문에서 경제학자는 실험할 능력은 없지만 결과적으로 "그들의 모델은 물리학자의 실험을 대체한다"[31]고 보았다. 결국 경제학자의 일이란 이것저것을 조립하는 것이다. 그들은 작은 모델을 만들어 로빈슨 크루쏘우가 무인도에서 벌이는 일을 논리적 담론으로 꾸미고, 로빈슨과 프라이데이의 관계를 통해 자본주의를 설명한다. 그들의 모델은 논리적 대결을 위한 논증도구다. 그것은 파브로가 말하듯이 매우 강력한 '실험적' 유용성을 가질 수 있는데, 주로 지배이데올로기를 파괴시키기 위한 것이다. 우리는 4장에서 협력이 경쟁보다 우수하다는 점을 증명하기 위해 이런 모델들을 사용할 것이다. 이를 제외한다면 경제학자들의 논쟁이야말로 술판 논쟁과 하등 다를 바 없다. 그들은 자신이 떠드는 우화 속에서 행복해한다! 그들은 정말 허구의 세상 속에 있다! 클라워(R. Clower)와 호윗(P. Howitt)은 미국의 뛰어난 연구자들이며 학계에서 전적으로 인정받고 있다. 그들의 말을 빌리자면 "미시경제학이란 대학의 교리문답이라고 할 수 있으며 실증적 문제보다는 학술적 연습문제 해결에 중심을 둔 연구 프로그램이다. 최근 엄청나게 쏟아지는 이론적 작업으로 판단해보면, 우리는 순수한 학술적 수수께끼에 정확한 답을 제공하는 것이 '유의미'하다고 믿게끔 빠블로프 개처럼 훈련되었다. 경제학은 '공상소설'이다."[32]

사후적이라면 계산과 경제적 이성으로 모든 것을 설명할 수 있다. 콩 농사, 여성 일인당 자녀수, 프루스트(M. Proust)보다는 우엘벡(M. Houellebecq)에 대한 선호, 이라크전쟁 등! 이런 설명들은 전혀 흥미롭지 않지만 많은 경제학자들이 불행히도 이런 함정에 빠져든다. 예를 들면 학술지에 '사법시장'[33] 특집을 만들곤 한다. 사법시장이라니! 정말 구역질난다! 할 배리언은 경제학이 결정을 도와주는 기술이라고 실토했다.[34] 이것이야말로 중립적이지 않은 훌륭한 정의가 아닌가. 경제학의 역할은 국가 지도자나 기업 간부를 돕기 위해 존재한다. 특히 국가의 지도자.

현실의 작은 모델을 가지고 놀면서 즐거워하는 경제학자는 마치 장난감 자동차의 페달을 밟으며 페라리를 몬다고 생각하는 어린아이와 비슷하다. 그나마 다행이다! 그래도 즐거움과 재미는 연구자가 느끼는 쾌락의 일부가 아니겠는가. 우리도 재미나게 놀아보자.

호모 에코노미쿠스는 바보다

> 감동은 인과의 사슬을 없앤다.
>
> ─미셸 우엘벡

인간은 합리적이지 않다. 인간은 실제로 약간의 불확실성만 있어도 무척 비이성적으로 행동한다.[35] 인간이 보유한 계산능력은 제한적이다. 결국 우리는 호모 에코노미쿠스의 모델이 바보 같다고 털어놓아야 한다. 모리스 알레(Maurice Allais, 1988년 노벨상 수상)는 이미 1950년대에 유명한 '알레의 패러독스'에서 호모 에코노미쿠스를 비판하면서 불확실성이 존재할 경우 선택은 기대이득에 따르지 않는다는 사실을 증명했다.

이에 관해 에드몽 말랭보는 "다른 많은 경제학자들과 같이 나는 그것이 개인의 선택에서 때로는 합리성이 부족할 수도 있다는 증거라고 생각하며 이러한 부족함이 체계적인 것이라고 본다"고 결론내렸다. 이어서 "하지만 그렇다고 해서 합리성의 이론들이 무가치한 것은 아니다. 이들은 아직도 유효한 넓은 영역을 보유하고 있으며 합리성을 부정했을 때보다 훨씬 명확한 결과들을 도출할 수 있기 때문이다."[36] 이 고백을 들어보라! 인간은 합리적이지 않다, 하지만 합리적인 것으로 생각하자. 또한 눈을 감자, 왜냐하면 아무런 의미도 없는 가설을 활용해 무엇인가 표현하는 것이 경제학자의 생활을 섬기는 것보다는 낫지 않은가. 로버트 루카스는 더 솔직하다. 그는 아조 클래머(Arjo Klamer)[37]에게 "내가 만일 합리성의 가설을 포기해야 한다면 나는 경제학을 포기할 것이다"라고 밝혔다. 자, 그렇다면, 그 경제학은 접읍시다!

2002년 노벨상 수상자 버논 스미스(Vernon Smith)와 대니얼 카네먼(Daniel Kahneman)은 사람들이 원래 알고 있는 사실을 이보다 50년 뒤에야 확인했다. 인간이 언제나 신중하지는 않으며 또 모든 것을 알고 있지도 않다는 사실을 증명했다니, 정말 경제학 노벨상감이었다. 모리스 알레의 말을 다시 들어보자. "지난 45년간 경제학을 지배한 것은 수많은 교조적 이론들이었다. 그 주창자들은 언제나 확신에 차 있었다. 그렇지만 이들은 상호모순적이고 비현실적이었으며 결국은 현실의 압력 아래 하나둘씩 포기했다. 역사연구나 과거의 실책에 대한 심층분석을 단순한 확신, 그것도 너무나 자주 간단한 궤변이나 비현실적 수학 모델, 그때그때의 상황에 기초한 표피적 분석으로 대체했다."[38] 저런! 위대한 경제학자들은 하이에크에서 케인즈까지 모두 '수학경제학자들'을 비판했다. 노벨상을 수상했으며 젊은 시절 '기술적' 경제학의 수장이었던 힉스는 말년에 이를 후회하면서 '실증적' 경제학은 존재하지 않으며 경제학 법칙도 없다고 인정했다. 경제학자는 겸손하게 실제 역사를 관찰하는 데 만족해야 한다. 기술자이자 수학자인 말랭보도 선배 엔지니어 수학자 알레에 이어 곧 고백할 것으로 보인다. 성(聖) 에드몽 배신자여!

| 원문 읽기 |

■ 프리드리히 폰 하이에크

경성과학의 지배

19세기 전반, 새로운 태도가 등장했다. '과학'이라는 용어가 점점 더 축소되어 물리학과 생물학에 붙여지고, 이 학문들은 동시에 자신을 다른 학문과 구분짓는 특별한 견고함과 확신을 보유한다고 주장했다. 그들의 성공이 얼마나 대단했는지 다른 분야에서 일하는 사람들에게 엄청난 매혹으로 작용했다. 이들은 두 학문의 내용과 용어를 재빨리 모방하기에 이르렀다. 이처럼 협소한 의미의 과학이 지니는 방법론과 기술의 전제가 시작되었고 이는 다른 학문에 지속적으로 영향을 미쳤다. 다른 학문들은 자신의 문제에 적합한 방법론을 개발하기보다는 훌륭한 성공을 이룩한 자매 학문과 똑같은 방법론을 채택함으로써 위상의 평등을 주장하는 데 더 많은 노력을 기울였다. 정신보다는 방법론적으로 과학을 모방하려는 욕심이 120여년 동안 인간의 연구를 지배했다. 그러나 사회적 현상의 이해에는 거의 도움을 주지 못했다.

— 『과학주의와 사회과학』

■ 레몽 부동

완벽한 헛소리가 논리로 포장될 때

마담 보바리의 위장 세척에 대해 오메(Homais)는 유식한 척하며 "이유가 없어졌으니 결과도 없어져야 한다"고 말했다.

　이 글에서 제시한 블랙유머는 아마 전혀 적합하지 않은 상황에서 약사가 자신의 과학주의를 주장했다는 데 있을 것이다. 또다른 이유는 약사가 일반적으로 유효한 원칙을 전혀 적합하지 않는 사례에 순진하게 적용한다는 데서도 찾을 수 있다. '만일 독의 효과가 제거될 수 있다면' 결과를 없애기 위해서 적합한 방법은 원인 제거라는 일반적 원칙이 적용될 것이고, 이 경우 오메의 설명은 합당한 것이 된다. 하지만 그는 형식적으로 견고한 논리 전개 속에 특정 상황에는 적절치 않은 일반적 유효성의 정리를 담아넣음으로써 부조리한 느낌을 준다. 하지만 플로베르가 항상 그러듯이 이 페이지를 읽는 독자는 어색하게 미소짓는다. 저자는 독자에게 부바르(Bouvard)와 뻬뀌셰(Pécuchet)와 마찬가지로 오메 역시 '자신'이라고 느끼게 하기 때문이다. 우리는 오메 같은 지적 위험 부담을 항상 지는 것은 아니지만 자주, 상식적으로 플로베르가 오메에게 부여하는 논리 전개와 유사한 구조의 논지체계에 의지하고 있다.

──『자기설득의 기술』

■ 베르나르 게리엥

공포를 자아내기 위한 전문용어

　이처럼 '과학성'과 견고성의 담보로서 시장의 장점을 보여주기 위한 '정리'들을 수립하기 위해 수학을 사용하려는 의지는 시장의 이미지 형성에 깊은 영향을 미쳤다. 이론은 실질세계에 다가가기보다는 계속 멀어졌고 결과적으로 소수의 기초적인 가정이나 정의(소비자나 생산자를 소개하면서 언급했듯이)로부터 '수학적으로' 결과를 도출해내는 순전히 공상적인 씨스템이 되어버렸다. 하지만 그것이 완전히 허구일지라도 장애물 없는 '시장체계'의 조화를 증명한다는 것이 중요하다. 그러나 드브뢰(G. Debreu)를 포함해서 그 이후의 연구들이 도달한 결론은 사람들이 생각하던 것과는 반대로 위의 씨스템에 '수요와 공급의 법칙'의 원리를 적용할 경우 일반적으로 지속적이고 주기적이며 폭발적이고 무질서한 행태가 나타난다는 것이다. 달리 말해서 씨스템은 불안정하다. 따라서 가장 이상적이고 '완벽한' 경우에도 기대하는 결과에 도달하지 못한다. 그것이 도달할 수 없는 것이라면 균형이 존재한다는 사실을 알아서 무엇하는가. 모델은 완전히 막다른 골목에 도달했다. 이 모델은 얼마나 비현실적인지 물리학자처럼 '실제' 세상에서 일어나는 것에 달아맬 수도 없다. 하지만 여기서 끝이 아니다. 한 저명한 신고전주의 이론가가 표현했듯이 '왕은 벌거벗었지만' 경제학자들은 그를 보지 못한 척하며, 특히 이런 사실이 알려지는 것을 최대한 막는다. 왜냐하면 적어도 문외한에게 시장세력의 행동 결과가 자연적 조화를 창출해낸다는 비유를 유지하는 것은 핵심적인 사안이기 때문이다. 거대한 직업집단의 미래가 여기 달려 있다. 특히 통치자는 자신의 결정을 전문가('아는 사람')의 의견을 빙자하며 정당화할 필요가 있다. 이로써 그의 선택은 저항할 수 없는 확고한 법칙에 의해 결정된 필연적인 것처럼 포장된다. 전문가의 입장이나 예측이 매우 유동적이고 심지어 상호모순된다고 해도 큰 문제는 아니다. 중요한 것은 그들이 문외한과 거리를 유지할 정도의 과학성의 이미지를 담보하는 것이고, 다른 자들에게 너무 어려운 일에 참견하지 말도록 이해시키는 것이다.

—『발가벗은 경제학』

■ 로랑 꼬드도니에

경제학자, 자신의 능력을 극복할 수 있는 유연성을 가진 중립적 지식인

경험적으로 증명되었듯이 일반인들은 노동의 개념에 대해 매우 혼란스런 생각을 가지고 있다. 상식적으로 생각하며 살아야 하는 사람들은 혼란스런 개념의 미로에 빠져 중요한 것을 생각할 수 없고 경제학자가 갖고 있는 수준 높은 시각도 가질 수 없다. 경제학자는 중립적이고 자신의 능력을 극복할 수 있는 유연성을 보유하고 있으며, 노동을 하나의 순수한 개념으로 인식하는 데 필요한 추상적인 능력의 튼튼한 전망대에서 사회를 바라보고 있다. 일반인들, 달리 말해서 임금노동자의 3/4은(매달 200만원 이하를 손에 쥐는 사람들) 노동이 운명(운명을 받아들이는 방식은 여러가지겠지만)이라고 확실하게 상상하고 있다. 왜냐하면 그들은 입에 풀칠을 해야 하고 집세를 내거나 할부금을 갚아야 하며, 가족을 먹여살리고 차를 한 대 굴리면서 매일 같이 물건들이 소모되는 데 대해(오늘날의 세탁기는 미래에 고장날 것이다) 일상적으로 투쟁해야 하는 운명을 타고났기 때문이다. 때로는 철학자적인 입장에서 일반인들은 끊임없이 반복되는 '노동-휴식-레저-노동'의 주기적인 움직임 속에서 삶이 소모되어간다고 느끼면서도 이런 주기적인 움직임이 항상 삶을 갱생시키는 생존적 힘의 건강한 반복이라고 생각한다. 일반인들은 기분이 좋은 날에는 공장(혹은 사무실이나 거리)과 자신의 무의미함을 말해주는 장소(슈퍼마켓과 텔레비전, 그리고 스키장 리프트를 타기 위해 줄서는 곳 등등)를 오가면서도 이 반복적인 고통이 나름대로의 장점을 가지고 있다고 인정한다. 사람들은 게으름이 죄악이라고 말하지 않는가? 그러나 그가 피곤에 지쳐 있을 때는 과연 이런 세상이 제대로 된 것인지에 대해 의심을 품기도 한다. 이렇게 실망에 빠져 있는 순간에는 일을 가지고 있다는 것이 얼마나 행복한 것인지조차 잊는다. 그러고는 어두운 생각들을 떠올리기만 한다. 사업에 돈 한푼 대지 않고 자본의 이익분배에 동참하는 특권을 가진 소수의 월급쟁이 계층을 제외한다면 임금노동은 그 누구에게도 부를 제공하지 못했다…… 아니 오히려 남에게 노동을 시키는 사람들이 부를 축적하지 않는가, 이밖에 또……

일반인들은 결국 깊이 사고할 수 있는 가능성을 모두 상실할 수밖에 없다. 그러면서 그들은 이렇게 되뇌일 것이다. '일이란 결코 복잡한 것이 아니야. 일에는 노력과 고통이 따르지. 하지만 일하면서 동료도 만날 수 있고 즐거움도 느낄 수 있어. 위에서 시키는 대로 일을 하고(실은 가끔 시키는 대로 하지 않고 다른 방식으로 하기도 하는데, 만일 시키는 대로만 하면 되는 일이 없을 거야) 실업자가 안 되기 위해서 집착하고, 가끔 따분해하면서도 약간의 보람을 찾고, 기회가 되면 연봉을 올리려고 시도하는 것, 뭐 이런 다양한 것들이 일이 아닐까?'

이와같은 일상적인 이야기들을 접하게 되면 경제학자의 존재 이유는 이런 두서없는 이야기에 약간의 질서를 부여하고 약간의 깊은 생각을 덧붙이는 데 있다고 이해할 수 있다. 그러나 과학은 추상화를 통해서 이뤄지는데, 자연과학에서처럼 사회과학의 여왕이라고 하는 경제학에서도 이는 마찬가지이다. 추상화 작업이란 것이 얼마나 어려운지 이를 얕보아선 안된다. 다음에 소개하는 내용에 도달하는 데 200년 이상이 걸렸으니 말이다.

—『거지를 동정하지 마라: 경제학의 실업이론 비판』

■ 삐에르 뛰이예

'훌륭한' 경제학자들

일부 합리주의자들은 자신들의 '문명화' 사업이 얼마나 파괴적인 효과를 초래하는지 상세하게 묘사한 바 있다. 에른스트 르낭(Ernest Renan)은 19세기 서구의 원대한 꿈을 설명했다. 이성을 통해 과학을 건설하는 것이 가능하고, 과학을 통해 모든 믿음을 파괴하는 것이 가능해졌다.『과학의 미래』에서 르낭은 "과학은 유일하게 정당한 지식 획득의 방법"이라고 소리 높여 외쳤다. 따라서 과학만이 "인간에게 자신의 목적과 법칙을 가르칠 수 있다"는 것이다. '믿는다'라는 동사는 근대 단어에서 지워져야 하는 것이었다. 이제 인간은 자신이 축적한 객관적 지식을 통해서만 움직여야 하는 것이다. "언젠가 인류는 믿는 것이 아니라 아는 날이 올 것이다. 지금 물리적인 세상을 알듯이 형이상학적이고 도덕적인 세상을 아는 날이 올 것이다." 르낭은 이처럼 과학에 도취되어 있었지만 그것이 파괴적 결과를 초래한다는 사실도 잘 알고 있었다. "자연에 적용되었을 때 과학은 대중의 상상력이 삶과 도덕적 표현과 자유를 읽었던 곳에서 수학적 힘을 보여줌으로써 그 매력과 신비함을 파괴한다. 또 인간 정신의 역사에 적용되었을 때 과학은 과거 특권층 사람들이 즐기던 준과학의 찬양과 시적 미신들을 파괴했다."

이것은 무척 훌륭한 글로서 진정 우리가 '거대한 내파(內破, Implosion)'를 이해하는 데 크게 도움을 주었다. 이처럼 서구의 시적·정신적 공허함은 예상된 것이었다. 르낭은 근대성의 뛰어난 개척자로서 달성해야 하는 목표와 이를 위해 치러야 하는 비용을 동시에 정의한 것이다. 그 목표는 과학 덕분에 삶을 완전하게 합리화한다는 것이다. "인류를 과학적으로 조직한다. 이것이야말로 근대 과학의 최종 목표이며 야심차면서도 정당한 주장이다." 새로운 지도자, 새로운 주인 들은 훌륭한 과학자, 엔지니어, 컴퓨터 전문가, 그리고 경제학자 들이 될 것이다.

—『거대한 내파』

■ 미셸 우엘벡

현실이라는 개념은 과학적이지 못하다

1927년부터 닐스 보어(Niels Bohr)는 일명 '코펜하겐 해석'을 제안하게 되었다. 벅찬 그리고 때로는 비극적인 타협의 결과로서 코펜하겐 해석은 도구와 측정 방법을 중요시한다. 그것은 하이젠베르크(W. K. Heisenberg)의 불확정성원리에 전면적인 의미를 부여하면서 지식의 행위를 새로운 기초 위에 설립했다. 만일 한 물리적 씨스템의 모든 변수를 동시에 측정하는 것이 불가능하다면 그것은 단순히

'측정의 문제'이기보다는 더 근본적으로 변수들이 측정과 독립적으로 존재하지 않는다는 뜻이다. 변수들의 이전 상태에 대해서 언급하는 것은 아무런 의미가 없다. 코펜하겐 해석은 가설적 현실세계를 관찰자와 피관찰자 짝으로 대체함으로써 과학적 행위를 해방시켰다. 이로써 과학은 전면 재정립된다. (보어의 용어를 그대로 사용하자면) '우리가 관찰한 것, 그리고 우리가 배운 것'에 대한 인간들 사이의 커뮤니케이션 수단으로 과학이 등장하는 것이다. 전체적으로 지금 세기의 물리학자들은 아주 편한 상태는 아니었지만 코펜하겐 해석에 충실했다. 물론 매일 연구를 실천하는 과정에서 진전하기 위한 가장 효과적 방법은 다음과 같은 강력한 실증주의적 접근법을 고수하는 것이다. "우리는 관찰의 결과, 인간 관찰의 결과를 종합하여 법칙으로 연결하는 것으로 만족한다. 현실이라는 개념은 과학적이지 못하며 우리는 이에 대해 무관심하다."

—『소립자(素粒子)』

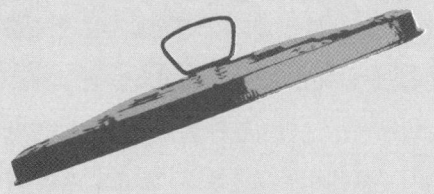

2장

경제 속의 정치

> 악행뿐만 아니라 선행으로도 증오를 받을 수 있다. 군주는 국가를 지키려면 자주 악행을 할 수밖에 없다.
>
> 마끼아벨리 『군주론』

경제는 정치로부터 생겨났다. 게다가 경제학자는 언제나 조용하고 약삭빠르게 정치의 그늘에 숨어왔다. 아담 스미스는 공공지원을 바라는 '민족주의' 산업가에 대항하는 해외지향형 자유주의 산업가의 사도다. 리카도는 지주와 대립하는 산업가를 변호했다. 께네와 구르네(V. Gournay)는 곡물의 자유로운 유통을 주장했다. 쎄이(J. B. Say)는 산업을 대변했다. 리스트(F. List)는 초기 독일 민족의 사도이며 프리드먼은 통화주의를 통해 미국의 세력을 보호했다. 경제학자들은 항상 국가에 "이렇게 하라!"고 명시적으로 또는 간접적으로 명령해왔다. 처음으로 '정치경제학'이라는 용어를 사용한 앙뚜안느 드 몽크레띠엥(Antoine de Montchrestien)[1]은 루이 13세를 위해 1615년에 『정치경제학대전』을 출간했다. 하지만 경제학은 그에게 행복을 가져다주지는 못했다.[2]

경제학에 '중립'이란 없다

경제와 정치의 혼인관계는 언제나 지속되어왔다. 발라나 빠레또 그리고 한참 뒤 알레 등의 결벽증적인 용어를 빌려 '순수 경제학'이라는 것을 만들려는 노력은 오히려 철저한 시장숭배의 신도들이었던 이들이 정치와 경제의 관계를 은폐하려는 음흉한 시도로서, 마치 중립적이고 객관적이고 너무나 당연한 '과학'의 원칙인 '시장'이 사회를 이루고 사는 사람들에게 필연적인 것처럼 속이려는 것이다. 엄청난 음모라고 할 수 있는데 그나마 솔직한 경제학자들은 이같은 사실을 굳이 숨기려 하지 않는다. 하지만 그들도 여전히 자신들이 '과학적 법칙'을 만든다고 믿게끔 한다. 왜 그들은, 뛰르고(J. Turgot)에서 스미스, 쎄이 그리고 오늘날 프리드먼과 루카스까지, 처음부터 통화가 경제에 미치는 영향을 부정하는 것일까? 믿어지지 않는 사실이 아닌가? 그들은 통화가 중립적이며 상품은 상품과 교환된다고 주장한다. 따라서 돈은 어떤 영향도 미치지 않는다고 한다. 눈을 비비고 찾아보라. 케인즈가 나타날 때까지 200여년 동안[3] (맑스를 용감히 경제학자의 명단에서 지운다면) 경제학자들은 돈을 부정하고, 의식에서 밀어냈다. 무슨 이유에서일까?

돈이 정치의 핵심에 존재하기 때문이다. 돈은 전쟁의 실탄이다(제7장). 누가 돈을 만드는가? 누가 돈을 나누어주는가? 누구를 위해서? 경제적 단위는 가치로 나타나는데 가치란 결국 돈이다. 통화는 바로 '사회적인 것'과 '정치적인 것'의 본질이라고 할 수 있다. 통화는 화폐 발행권, 권력, 집단심리, 사회 내의 신뢰나 역학관계 등과 밀접하게 연결되어 있다. 물론 이런 이유로 역학관계나 지배, 종속, 권력, 심리적 의존 같은 것들을 무시하는 '학술적' 경제학은 통화를 싫어한다.

소위 학술적 경제학 또는 시장경제학은 양자적이며 정당하고 상호적인 계약, 의지의 자유, 독립적 개인의 이성에 기반한다. "고용주가 노동자를 고르듯이 노동자도 고용주를 고른다!"고 1970년 노벨상 수상자 폴 쌔뮤얼슨(Paul A. Samuelson)은 말한다. 당신은 여기에 권력관계가 있다고 보나요? 아니오, 자유가 있을 뿐 다른 것은 없지요. 이것이 바로 경제학의 변신이다. 처음에는 군주의 걱정에서 시작되었고 군주를 돕기 위해 만들어졌는데 이제 와서 발라나 빠레또의 말대로 '중립적'이고 '과학적'이며 '순수한' 학문이라고 주장하는 것이다. 경제학은 쉴새없이 현실이 아니라 당위를 말하면서도 자신은 규범적이지 않다고 주장한다.

경제학자는 마음을 비운 사람들인가? 물론 아니다. 그들은 과거에도 군주의 참모였고 오늘날도 군주의 참모다. 그들은 '시장'과 '효율성'의

워싱턴 D.C.에 위치한 신자유주의 첨병 세계은행(World Bank).

깃발을 들고 있다. 1998년 투자에 관한 다자간 협정(MAI)이나 2005년 써비스 무역에 관한 일반 협정(GATS)은 모두 경제학자가 제안한 투자와 써비스의 자유로운 유통에 관한 결정들이다. 국영화나 민영화와 같은 정치적 결정에도 경제학자가 개입한다. 예를 들어 국립통계경제연구소와 같은 예측기관이 제공하는 통계는 정부의 경제정책을 결정하는 데 활용된다. 통계(statistics)란 말은 국가(state)에서 비롯되었다. 통계로써 국가는 영토와 신민들을 규정하고 분할한다. 이로써 두가지 정통성이 동시에 생성되는데 하나는 수치화된 현실의 정통성이며 다른 하나는 정상적인 법칙, 진정한 통계적 법칙 같은 통계 '학문'이 주는 정통성이다. 그러나 여러분이 알다시피 물리 법칙 같은 경제학의 법칙은 존재하지 않는다. 게다가 순수한 경제학의 '법칙' 역시 절대 존재하지 않는다. 모든 경제학의 '법칙'에는 항상 어느정도의 '규범성'이 개입되어 있다. 충고와 이데올로기를 통해 경제학은 항상 당위를 말한다. 예를 들어 이자율이 상승하면 통화 수요가 줄어든다는 '법칙'을 살펴보자. 겉으로는 무척이나 순진해 보이는 평범한 수요의 '법칙'이 아닌가! 그러나 이 법칙은 시장과 통화, 균형과 경쟁이라는 모델에 바탕을 두고 있다. 예를 들어 케인즈는 이자율이 돈 '시장'에 있어서 돈의 가격이라는 시각을 부정한다. 케인즈에게 이자율이란 미래에 대한 '집단적 공포'를 의미한다. 돈 시장에 있어서 경쟁이라는 개념과는 전혀 다른 인식이다! 베버나 프리드리히 하이에크도 경제적 분석의 규범성을 부정한 적은 없다. 막스 베버는 "우리 학문 초기에 유일하고 직접적인 목표는 경제정책의 특정 조치에 대해 가치 판단을 하기 위한 것이었다"고 말했다.[4] 하이에크는 "경제 분석은 사회적 현상을 이해하기 위한 초연한 지적 호기심의 결과가 아니라 세상을 새로 만들기 위한 다급한 필요의 결과"[5]라고 강조했다. 세상을 새로 만든다는 것이야말로 경제학자의 야심이라고 하겠다. 1974년 하이에크와 함께 노벨상을 수상한 군나르 뮈르달(Gunnar Myrdal) 역시 경제'과학'이라는 개념을 거부한다. 왜냐하면 경제에서 "과학적 주장과 가치 판단"을 구분할 수 없으며 "경제학은 중립적 학문이 아니기 때문이다." 통계의 치장 아래 그리고 수학의 치마폭 아래에서 경제학자는 실제로 가치 판단이라는 사실을 은폐하고 있는 셈이다.[6]

그렇다면 경제학자는 신중하지 못하다는 말인가? 절대 그런 주장은 아니다. 우선 그들은 학자 공동체에 소속되어 있으며 따라서 학술적 업적을 통해 판단받고 통제받는다. 학자의 민주주의는 다른 학문에서와 마찬가지로 윤리적이고 과학적인 보호장치다. 게다가 그들은 아무 소리나 해댈 수도 없다. 리쎈코(T. D. Lyssenko)같이 황당한 유전학 이론은 전체주의 러시아에서나 가능한 일이었다. 니콜라에 차우셰스쿠(Nicolae Ceaușescu)가 지배하던 루마니아에서만 영부인이 여러 대학의 명예박사를 수여받을 수 있었다. 스딸린의 러시아만이 스딸린을 '모든 과학의 수석'으로 임명했다! 학자의 직업윤리, 지식인의 민주주의는 야만적 과대망상이나 수정주의, 미친 연구 들을 제약할 수 있다. 문제는 경제학이 과학이 아니기 때문에 에드몽 말랭보가 끊임없이 꼴레주 드 프랑스의 강연에서 떨리는 목소리로 역설하는 '학자의 직업윤리'는—이는 경제학을 시험하는 것이 불가능하다는 고백으로 들리는데—이데올로기를 만들어내는 정치인과 언론인 들의 종교적 직업윤리에 불과하다는 데 있다. 만일 대부분의 연구자가 시장의 이데올로기를 인정한다면 경제학도는 여기에 고개숙일 수밖에 없다. 특히 경제학자로 성공하려면 말이다.[7] 그렇다면 대안은 존재하는가? 경쟁과 시장 속에 대안이 없다면 어디에 있는 것일까? 계급투쟁 속에? 아니면 오이디푸스에? 발라보다는 바따유(G. Bataille)나 모스(M. Mauss)에 있는 것일까?

경제학자는 경우에 따라 현실을 훌륭하게 소개하는 능력도 지녔다. 그들은 부와 빈곤, 불평등, 성장, 부채, 경기침체, 증권 거품 등에 대해 능숙하게 말한다. 그러나 조심해야 할 부분은 그들의 현실 해석이다. 실업을 말하는 것은 중요하다. 그러나 노동시장이 비효율적이라고 하는 것은 또 다른 이야기다. 이것은 노동과 시장을 짝지우는 일인데 그리 명백한 것이 아니다. 경제학자의 경험주의란 대개 자유주의자들이 꿈꾸던 완전경쟁의 이상사회에서 떨어진 거리를 지적하는 것으로 끝난다. 아 얼마나 위험한 유토피아인가! 사회주의도 이런 식의 유토피아였는데 그 결말을 우리는 모두 잘 알고 있다.

여론을 조작하는 엉터리 예언자들

경제학이란 동화인가 '공상소설'인가? 우리가 앞에서 살펴본 미국의 두 정통경제학자들은 그렇다고 대답한다. "현대 경제학이 그리는 경제활동의 초상화는 탄탄하기보다는 희미하고 비현실적인 것이다."[8]

경제학자는 권력의 그늘에서 사람들이 자세히 들여다보지 못하도록 무척 어려운 용어로 모델을 만든다. 그런데 권력이란 여론을 중시한다.

경제학자가 군주 옆에서 발언하게 되면("내년에는 예산적자가 유럽에서 허용한 국내총생산의 3%를 초과하겠지만 안심하세요, 지속되진 않을 것입니다"), 그 역시 '전문가'로서 아무것도 이해하지 못하는 여론을 향해 말하는 셈이다. "당신이 경제학자라고요? 그런데 저는 경제라고 하면 아무것도……" 이에 경제학자는 "그럼 잘됐네요"라고 생각하며 여론에 몇가지 '지당한 말씀'을 전파할 것이다. 공무원은 비효율적이다, 의료비가 너무 많이 든다, 기업가는 부를 창출하는 데 반해 공무원은 경제적 지대를 누린다 등등. 그런데 과학은 전문성과는 달리 여론을 부인한다. "과학은 그 완성이나 원칙에 있어 여론에 절대적으로 대립한다. 만일 과학이 여론의 특수한 부분을 정당화한다면 그것은 여론의 기반 형성과는 전혀 다른 이유에서다. 원칙적으로 여론은 언제나 틀린 것이다. 여론에 기초해서 무엇을 세운다는 것은 불가능하며 우선 여론을 파괴해야 한다"고 바슐라르(G. Bachelard)는 지적했다.[9]

그렇다면 으쌰, 으쌰! 눈을 뜨자! 우리네 학자가 전문가로 변신하여 여론을 향해 발언한다. 그가 어떤 정당성을 가진 것은 아니다. 우리는 그가 정치인 옆에 서서 폼나게 발언할 때 마치 정치인에게 따지듯이 그에게도 도대체 당신의 '이데올로기'는 무엇이냐고 물을 권리가 있다. 어원을 보더라도 이데올로기란 아이디어를 줄세워 가르치는 것이 아닌가? 예를 들어 『리베라씨옹』(*Libération*)에는 매주 월요일 전문가의 경제 관련 글이 실린다. 순서대로 국제통화기금 교수, 제네바 교수, 빠리 이공대 교수, 국

(왼쪽부터) 프랑스 대표 일간지인
리베라씨옹, 르몽드, 피가로.

고관리청 경제부장 등이 나서는데, 이들은 또 『피가로』『르몽드』『레제코』 등의 신문에도 글을 쓴다. 최악은 아니지만 이들은 전문가로서 아무것도 모른다. 2000년 1월, 전문가들은 CAC40 지수가 곧 1만에 도달할 것이라고 강력하게 주장하며 다른 가능성은 보이지 않는다고 했다. 3년 뒤 이 지수는 2500이 되었다. 경제학에서는 아무것도 예측할 수 없다는 것이 증명된 셈이다. 경제학자는 일본의 경기침체나 독일의 불황에 대해서는 잘 설명한다. 이것은 사실이고 경제상황들이다. 그러나 그는 정작 아무것도 예측하지 못한다.

전문가의 이야기를 잘 분석해보면 매우 단순한 방법으로 요약할 수 있다. 그는 "시장, 효율, 신뢰, 무역 만세, 유연성 만세"라고 소리치거나 "딱히 할 이야기가 없네요, 내일은 새로운 하루가 시작됩니다"라고 말한다. 멍청한 사람들 앞에서 폼 재기 위해 사용하는 약간 어려운 수사의 거품을 걷어내고 알맹이를 뜯어보면 믿기 어려운 단순성에 놀라게 된다. 그 속에는 대부분 지독한 무지가 드러나거나 항상 같은 내용이 반복된다. '치열하고 정당한 시장의 법칙' '시장이 제기하는 의문' '걱정스러운 증권시장' '불타오르는 증권시장' '시장의 기대' '앞이 보이는 않는 시장' '불확실성의 지배' '일시적 상승?' '성장의 기미' '기대할 만한 재기' '신뢰 또 신뢰, 곧 모두 좋아질 것이다, 아니면 나빠질 수도 있고.'

전문가는 불확실성의 수사 속에서 헤엄친다. 그는 성직자나 심리분석가처럼 나름의 정직한 사회적 기능을 수행하는가? 미래와 시간이라는 나쁜 세력을 몰아내고 침묵시키는 무당인가? 그는 신탁의 예언자다. 내일 어떤 일이 벌어질지 모르기 때문에 시간은 경제학의 커다란 적이다. 그래서 전문가는 새로운 개념을 만들어낸다. 예를 들어 '신경제학'(new economics)이 그것이다. 그런데 신경제학은 그저 경제학일 뿐이며 '신' 경제학자란 기존의 경제학자보다 더 웃기고 더 반동적이며, 경제학이 그동안 보아온 학자 중에서 가장 구태의연한 자들이다.

정신나간 사람이 아니라면 잡지에 지구가 우주의 중심이며 물에 기억력이 있다고 써대지는 못할 것이다. 그러나 증권시장의 하락이나 상승에 대해서는 어중이떠중이 모두 써대고 있으며 가장 학식이 깊은 사람들도 예외는 아니었다. 1929년 어빙 피셔는 다우존스 지수가 무한대로 성장할 것처럼 보았으며, 케인즈는 1차대전이 몇주면 끝날 것으로 생각했다. 우리는 전문가들을 어디까지 용서해주어야 하는가? 아마 끝이 없을 듯하다. 왜냐하면 우리는 항상 밝은 미래와 증권시장의 상승을 약속하며 나쁜 귀신을 몰아내주는 마녀가 필요하기 때문이다! 전문가 뒤에는 예언자가 있다. 미국 연방은행의 그린스펀(A. Greenspan)은 신탁 예언자다. 고대 그리스의 델피에서 그랬듯이 사람들은 '신호'를 주시한다. 전문가들은 2003년 봄 "이라크전쟁이 종결되면 예측이 명확해질 수 있을 것"이라고 했다. 정말 끝내주지 않는가?

여론이 걱정에 씌이면 어떻게 안심시켜야 할까? 전문가는 자유주의 성수(聖水)를 가지고 준비한다. 불행히도 전문가는 해악을 끼치기도 한다. 하버드 출신[10]에다 착해 보이는 얼굴을 하고 너무나 당연히 자유주의 경제학 입문서를 든 전문가가 러시아를 믿기지 않을 정도의 침체에 빠뜨렸다. 이 나라는 이제서야 서서히 숨을 돌리고 있지만 그 여파로 평균수명이 급격하게 줄어들었고 마피아가 성장하여 공공재산을 나누어가졌으며 그 과정에서 고문들에게 두툼한 빵조각을 빼돌려주었다. 종교적 극단주의자처럼 날뛰며 국제통화기금을 주물러 '구조조정'이라는 명목으로 제3세계의 문제를 악화시키고, 물에 빠진 사람들의 머리를 다시 물속으로 처박는 조치들을 취한 바보 같은 수다쟁이도 역시 전문가였다.[11] 그는 처벌받는 일이 없다(모스끄바에서 근무하던 미국 고문들처럼 국고를 털어 자신들의 탐욕을 채운 게 명백한 경우라도 말이다). 단순하게 말해 전문가는 기아현상이나 경기침체, 환경파괴, 재난의 책임자이지만 유죄를 선고받지 않는다. 다행히도 북반구의 전문가가 북반구에서 소리치면 그 해악의 정도가 조금은 약하다. 북반구에서 그의 권력은 남반구에서보다는 작은 편이어서 그저 아첨하며 시장과 유연성의 찬양가를 부를 뿐이다. 그러나 항상 그런 것은 아니다. 많은 전문가들이 정직하고 균형감 있으며 튼튼한 기반을 가진 진짜 학자이다. 연금에 관한 샤르뺑(J-M. Charpin) 보고서는 좋은 사례다. 반면 프랑스 정부가 2002년에 프랑스가 매력적인 국가가 아니라며 증거로 내세운 다보스 보고서는 거짓으로 가득 찬 창피스러운 급조 보고서의 대명사다. 프랑스 정부는 결국 "프랑스인이여, 당신들은 정말 꽝입니다!"라고 외치며 국가에 반감을 품거나 자학 성향이 있는 사람들에게 만족을 준 꼴이다.

노벨상, 학자, 전문가 그리고 위대한 경제학자

다행히도 슘페터(J. A. Schumpeter), 맑스, 케인즈, 꾸르노(A. A. Cournot)[12] 같이 경제학자인 동시에 위대한 사상가도 있다. 하지만 경제학은 애초부터 과학이 아니기 때문에 노벨상을 수상했다고 해서 과학성이 보장된 것도 아니고 그 업적이 신중하다는 의미도 아니다.

머튼(R. C. Merton)과 숄즈(M. Scholes)는 1997년 노벨상을 수상했다. 불확실성에 빠진 증권시장에 전문가로 나선 그들은 시장이 언젠가는 균형에 도달하며 결국 '효율적'이고(그들은 시장에서 계약을 체결하는 사람들에게 가장 훌륭한 해결책을 제안했다) 합리적인 행위가 시장에 반영된다고 주장했다.[13] 어느날 머튼과 숄즈는 쌜러먼 브라더스(Salomon Brothers) 투자은행에서 석연치 않은 사건으로 사임한 존 메리웨더(John Meriwether)를 만났다. 셋은 함께 '롱텀캐피털매니지먼트'(LTCM)라는 투기펀드를 창립했다. 머튼과 숄즈는 자신들의 표현대로 '위험부담이 없는 포트폴리오를 구성'함으로써 투기시장에 내재하는 위험을 제어할 수 있다고 주장했다. 그들은 언제나 그래왔듯이 투기시장에서 미래를 완벽하게 알 수 있다는 이데올로기를 유통시켰다. 이익이 우연에 대한 게임, 즉 리스크를 통해서 발생할 수밖에 없는 투기시장에서 위험 없는 전략을 팔았던 것이다. 그들은 30억 달러로 시작해서 막판에는 수천억 달러의 사고를 치고 말았다. LTCM은 전세계의 금융시장을 뒤흔들었고 시급히 조성된 은행 컨쏘시엄이 그 손해를 메웠다.

하지만 안심하시라! 대부분의 노벨상 수상자는 정직하고 겸손한데다 '실질'경제에 별 관심이 없으며 발을 들여놓지도 않았다. 그들은 추상적인 가설을 내세우는 작업을 했다. 그리고 거의 모두가 학문의 정상에 도달한 다음에는 경제학이 과학이 아니라는 사실을 알게 되었다고 고백했지만 이를 만천하에 공개할 용기는 없었다. 경제학의 형식주의는 최악의 경우 사람들을 겁에 질리게 하는 수단이었고, 최선의 경우에도 논리의 쾌락에 빠뜨리는 도구였다. 한 사회의 현실을 이해하는 데는 역사와 제도,

정치, 심리, 인류학——그렇다, 인류학 말이다——역시 경제학만큼이나 중요하다. 우리는 젊은 시절 가장 순수하고 가장 강경했던 경제학자 존 힉스 경이 인생의 말기에는 이를 후회했다는 사실을 지적했다. 그는 케인즈의 등에 칼을 꽂은 것을 후회했다. 그는 젊었고 그때만 해도 '실증적 경제학'을 믿고 있었다. 빠레또는 뒤늦게 경제학이란 심리를 이야기하기 위한 쓸데없는 시도라고 인정했다. 마셜은 죽기 얼마 전 케인즈에게 "내가 다시 산다면 심리학을 공부할 텐데"라고 털어놓았다.[14] 하이에크와 노벨상을 공동 수상한 뮈르달은 계량경제학자들을 비판하기 위해 죽을 때까지 기다리지 않았다. 하이에크는 경제학이 정확한 과학이 아니라고 소리쳤는데 이 점에서는 천적 케인즈와 의견을 같이했다. 조지프 스티글리츠는 노벨상을 받은 뒤 전문가들을 공격하는 책을 썼다.[15] 인도에서 태어난 아마르티야 쎈은 1998년 노벨상을 받았는데 젊은 시절 정통경제학의 캐리커처라 할 만큼 '애로우의 불가능성 정리'에 대해 끊임없이 논쟁했다. 애로우의 불가능성 정리는 수학자들이 멸시하는 단순한 수학적 흥미거리인데 논리에 문제가 있는 경제학자들에게서 수천편의 논문을 탄생시켰다. 아마르티야 쎈은 결국 『경제학은 도덕적 과학이다』[16]라는 저서에서 다수의 사람들이 실질적으로 행사할 수 있는 '진정한' 자유를 갖지 못하는 거대한 불평등에 맞서 투쟁해야 한다는 저 옛날 아담 스미스의 생각을 부활시켰다. 만일 평생을 짐승처럼 일해야 한다거나 마실 수 있는 물이 없는 상황이라면 공부할 수 있는 자유란 무슨 의미가 있겠는가. 쎈은 "빈곤을 자유의 부재로 보는 것은 이성적인 선택이며 기본적 윤리의 수많은 성향들과 상합(相合)하는 생각"이라고 주장했다.[17]

경제학에는 빠진 것이 많다. 권력 지향성, 세력 형성의 의지, 착취하거나 경멸하는 데서 오는 쾌락, 자의적 노예화, 욕망 등등. 경제학자는 인간의 삶이, 규칙을 잘 정하고 지나치게 큰 악조건만 없애주면 되는 경쟁게임이라고 믿는다. 물론 쎈 같은 학자에게서 강경한 사상을 찾으려고 해서는 안 될 것이다. 그러나 그는 적어도 베커처럼 폭력적이지는 않다. 베커는 쎅스에서 범죄까지, 예술에서 사법부까지 화폐적 계산이 우리를 지배한다고 믿고 있으며, 부부가 침대에 오르기 전에도 사소한 경제적 계산을 한다고 주장한다[18](물론 올라간 다음에는 다양한 체위에 대해 또다른 득실 계산을 할 것이다). 1986년 노벨상 수상자이자 공공선택학과의 창립자 제임스 부캐넌은 역시 국가의 개입에 대해 무척이나 비판적이다.[19]

노벨상 수상자들은 자기들끼리 노는 경향이 있다.[20] 가장 위험한 것은 여론을 향해 다가서서 여론을 농락하는 경제학자들이다. 경제학은 과학이 아니고, 경제학에 '법칙'은 존재하지 않으며, 경제학자들이 권력의 치마폭에 싸였다는 것을 깨달은 우리가 눈을 떠야 한다. 그래야만 열등감 없이 경제학을 공부할 수 있다. 자, 이제 이곳저곳에서 경제학의 위대한 사상가들을 발견할 수 있을 것이다.

"쎅스에서 범죄까지, 예술에서 사법부까지 화폐적 계산이 우리를 지배한다. 부부가 침대에 오르기 전에도 사소한 경제적 계산을 한다."

| 원문 읽기 |

■ 쎄르주 라뚜슈

합리적으로 행동하는 것이 정말 합리적인가?

경제는 모든 인간에게 공통된 그리고 거의 자연스런운 관행으로 설명된다. 따라서 경제학은 보편적이고 탈역사적이다. 경제학으로 수립되는 관계들은 원칙적으로 모든 시대와 모든 장소에 적용된다. 경제학자들은 물론 이러한 믿음을 강화했지만 위에서 보았듯이 이같은 믿음은 화폐와 시장을 통해 경제라는 영역이 생겨나면서 만들어진 것이다. 경제학이 근대에 와서야 만개하게 된 것은 전혀 이상한 일이 아니다. 왜냐하면 근대성의 계획은 전통과 형이상학에서 해방된 이성이라는 유일한 기초 위에 사회적 삶을 건설하려는 야심이기 때문이다. 계몽주의에서 내려온 시각으로 보면 경제는 이성의 실현이다. 따라서 경제활동의 발전을 합리성의 강화로 설명하는 것은 결코 이상한 일이 아니다. 합리성은 기술과 경제로부터 떼어놓을 수 없는 관계 속에서 구현된다. 결국은 효율을 높이는 작업이고 '항상 더 많이'라는 규범에 따라 최다의 결과를 얻어내기 위해 필요한 수단을 최대한 줄이는 것이다. 이러한 양적 합리성 자체가 하나의 목적이 되는 부조리는 또 다른 이야기이다. 경제학이란 계산적 합리성 원칙의 떠들썩하고 집요한 반복일 뿐이다. 근대성이 처음에는 군사적이고 정치적인 방식을 통해 그리고 점차 문화적인 방법으로 전세계에서 승리함으로써 이제 경제는 실질적인 세계의 실천이자 상상으로 부상했다. 하지만 효율성의 법칙은 극복할 수 없는 패러독스에 부딪힌다. 효율적이기 위해서는 비합리성에 자리를 내주어야 하기 때문이다!

보다 근본적으로 경제는 합리성의 모순에 부딪힌다. 합리적으로 행동하는 것이 정말 합리적인가?

―『발가벗은 경제』

■ 로랑 꼬르도니에

사회복지는 게으름뱅이를 만들어낸다?

　필자와 같은 경제학자들에게는 어쩌면 조금 이상하다고 생각될 일일 수도 있겠지만 이 책은 일반 독자를 대상으로 하고 있다. 이 책은 이를테면『르몽드』(*Le Monde*)지 '관점'란에 실렸던 알랭 맹끄(Alain Minc)의 일부 주장에 대해 놀란 나머지 며칠 뒤에 반박문을 기고한 어떤 독자의 호기심을 충족시켜줄 수 있을 것이다. 알랭 맹끄는 "우리는 합리적으로 실업을 선택한 실업자들이 있다는 사실을 알고 있다. 그들은 실업자 지원제도와 이로 인해서 생기는 노동시장으로의 복귀에 대한 장벽효과 때문에 국립고용쎈터에 실업자로 등록하는 것을 선호하는 사람들이다. 이들은 비공식적인 시장에서 파트타임으로 일을 하기도 한다"고 주장했다. 이에 대해『르몽드』지의 한 독자는 "어떻게 대부분 절망 속에 빠져 있는 사람들에 대해서 이와같이 말할 수 있는가? 이들은 맹끄가 생각하는 것과는 반대로 일자리를 찾기를 원한다"라고 거부감을 표현했다. 또다른 독자는 대통령의 측근들이 마련한 토론회 보도에 대해 반발했다. 이 토론회 보도에 따르면 크리스띠앙 쌩떼띠엔느(Christian Saint-Etienne)는 "구호(救護)는 게으름을 만들어내고 … 최저소득세의 수혜자들은 이익을 극대화하는 자들"이라고 주장했다. 이에 대해 그 독자는 "도대체 한달에 47만원을 받는 사람들에게 어떻게 이런 표현을 사용할 수 있느냐?"며 반발했다. 도대체 쌩떼띠엔느의 이런 주장은 어떻게 가능한 것인가? 노동경제학을 제대로 공부한 사람이라면 이런 주장은 너무나도 당연한 것이다.

—『거지를 동정하지 마라: 경제학의 실업이론 비판』

■ 아르망 파라시

자본주의의 핵심에 비효율성이 있는가?

푸꼬(M. Foucault)가 '생의 정치'라고 부르는 생명의 정치적 관리에서 자유로운 방종을 유인한 결과는 반드시 나타날 것이다. 낭비의 양에 개인 낭비자의 수를 곱하면 놀라운 결과가 도출된다. 도시에서 자동차 이동중 절반 이상은 2킬로미터 미만의 거리를 운행하는데, 자동차가 정상적인 연료를 소비하는 것은 5킬로미터 주행 이후이기 때문에 여기서 무려 15억 리터에 달하는 연료가 낭비된다. 프랑스인의 전기 소비량은 시간당 1650억 킬로와트로, 13000메가와트 핵발전소 두 기의 생산량과 맞먹는다. 만일 모든 가정이 절전형 램프를 사용한다면 발전소 하나로 충분할 것이다. 수도꼭지 하나가 새면 연간 35000리터의 물이 흘러가는데, 아프리카 싸바나에서 50명이 3년 동안 쓸 만한 양이다. 우리가 목욕하는 데 200리터, 화장실 변기에서 11리터가 사용된다. 그야말로 현기증나는 계산들이다. 이처럼 가장 무의미해 보이는 일상적 행위에도 이런 수치를 대입해볼 수 있을 것이다.

"내가 무엇을 할 수 있을까?"라는 질문은 이미 무기력의 전조인지도 모른다. 세상은 너무나도 방대하고 우리를 제외하고 돌아가는 것 같은데다 산업계와 사법부와 국가의 성곽에 비하면 우리는 그 바닥에 있는 무시할 만한 크기의 존재로 느껴지기 때문이다. 하지만 우리가 세상사에 미칠 수 있는 개인적 영향력은 없다고 하더라도 그것이 우리를 통과하는 방식을 조정하거나 우리가 그것을 거부할 수 있는 능력은 막강하다. 불필요하고 부차적인 신제품으로 우리를 숨막히게 하는 제조업자들은 그런 쓰레기들을 사들여 동조하는 소비자들이 없다면 오래 버티지 못할 것이다. 경제적 세뇌교육은 우리 각자가 자신만을 위하도록 또는 만인이 만인을 적대시하도록 훈련했고, 우리의 책임감을 구매력으로 변환시켜놓고는 돈 몇 푼에 우리의 신념을 부정하도록 압력을 가한다. 상업적 권위는 소비자를 메커니즘의 핵심에 앉혀놓음으로써 소비자로 하여금 견제세력으로서 자신의 선택을 내세우고, 싫어하는 것을 거부하며, 선호하는 것을 부추기고, 인정할 수 없는 것을 지나치고, 나사에서 모래알의 지위로 전락시켰다.

시민의 개념은 변화한다. 아테네의 시민은 프랑스혁명의 시민이 아니며 그 시민 또한 오늘날의 시민이 아니다. 친환경적 시민은 인간과 사회의 관계를 무시하지 않으며 자신이 살고 있는 장소와 이웃에 대한 행동과 습관에 책임감을 가져야 한다는 사실을 명심한다. 그러나 개인은 너무나 빈번하게 다른 사람이나 자신으로부터 소외되고 소비주의의 권력으로 찢어진다. 그는 마치 동물이 본능에 반하는 식으로 훈련되듯이 자신의 근본적인 원칙을 거슬러 먹고 입고 살아가도록 조정당한다. 하지만 인간은 선택과 행위와 행동을 통해 스스로의 파편을 다시 모아 박탈 또는 금지당할 뻔한 통일성을 크게 외침으로써, 루쏘가 말한 '부정할 수 없는 개인적 주권'을 되찾고 자신과 화해할 수 있을 것이다. '소비적 인간'은 그 자신 속에 '윤리적 인간'의 선언을 품고 있다.

—『지구의 적들』

■ 조지프 스티글리츠

경제학자가 정치인에게 사문해줄 때

클린턴 행정부에서 벌어지는 논쟁을 나는 무척 즐겼는데, 어느 때는 이기기도 하고 또 질 때도 있었다. 나는 각료회의 멤버로서 어떻게 논쟁이 해결되는지 관찰할 수 있었다. 특히 경제와 관련된 문제에는 직접 참여했다. 나는 이념이 무척 중요하지만 정치도 피할 수 없는 것임을 알았다. 내 역할은 부분적으로 다른 사람들에게 내 주장이 경제적으로 좋을 뿐 아니라 정치적으로도 괜찮다고 설득하는 것이었다. 그런데 국제기구, 특히 국제통화기금에서 일하게 되면서 정책결정이 경제나 정치 두가지 중 그 어떤 요인에도 영향받지 않는다는 사실을 발견했다. 국제기구의 결정은 이데올로기와 부적절한 경제학의 이상한 혼합이었고, 때때로 특정 이익을 노골적으로 대변하는 교리를 포함하는 것이었다. 위기가 발생할 때마다 국제통화기금은 '표준적'(standard) 해결책을 처방했는데 그 조치는 적용되는 나라의 주민에게 미치는 영향을 무시한 구태의연하고 부적절한 해결책들이었다. 나는 이런 조치가 빈곤에 미치는 영향을 예측하는 연구를 거의 보지 못했다. 가능한 다른 방향의 효과에 대한 진지한 논쟁과 분석도 보지 못했다. 하나의 처방전만 존재할 뿐이었다. 사람들은 다른 의견을 구하지 않았다. 솔직하고 개방적인 논쟁은 뒷전으로 밀려 아예 아무런 기회도 없었다. 이데올로기가 처방의 방향을 제시하고 회원국들은 군말 없이 국제통화기금의 지도를 따라야 했다.

—『세계화와 그 불만』

■ 삐에르 뛰이예

범죄로 유인하는 학자들

서구인들이 이 모호함을 완전히 인정한 적은 없다. 그들에게 가장 의미있는 사실을 보여주어도 고려하기를 거부했다. 예를 들어 원자폭탄의 경우 필립 브르똥(Philippe Breton)은 명확하게 말했다. "사람들이 일반적으로 믿는 것과는 달리 정치인이 과학자에게 폭탄을 '주문'한 것이 아니다. 오히려 정반대다. 두 물리학자 레오 씰라르드(Leo Szilard)와 엔리코 페르미(Enrico Fermi)는 연합군 당국에 이 '해방된' 원자가 지니는 잠재적 파괴력을 애써 설득하는 한편, 독일 물리학자들이 이 분야에서 얼마나 많은 업적을 쌓았는지 실제의 또는 추측에 따른 발전 정도를 믿도록 지속적으로 노력했다. (…) 미국정부가 설득당한 뒤 이른바 '맨해튼 프로젝트'는 엄청난 규모로 성장했다. 이 계획은 원자폭탄을 가능한 한 빨리 생산하기 위해 거대한 '연구실-공장'에 과학자와 기술자 수천명(연인원 10만명 규모)을 비밀리에 동원했다." 이해하고자 하는 사람에게 그 메씨지는 쉽게 해석할 수 있는 것이었다. 맨해튼 프로젝트의 '연구실-공장'은 기술과학의 완벽한 상징이었다. 이 계획으로 과학자들의 책임문제가 강하게 제기됐다. 하지만 근대인은 대부분 이 문제를 회피했다. 그들은 물론 걱정이 좀 되고 약간의 지적을 하고 싶었지만 여전히 순수한 학문에 관한 믿을 수 없는 담론을 그대로 받아들여왔다.

―『거대한 내파』

■ 삐에르 까쥑

정치 '시장'의 비효율성 또는 경제학자가 정치에 간섭할 때

관료와 정치인은 특별한 상황이 제공하는 경제적 지대를 누린다. 납세자는 이들을 불완전하게 통제할 뿐이다. 대개 수사로 가득찬 불명확한 공약이 대거 등장하는 선거를 통해 이들을 가끔씩만 통제하기 때문이다. 결국 복지국가 발전은 정치시장 비효율성의 결과다. 이러한 국가기능 개념은 절대적인 경제 자유주의로 귀결된다. 경쟁기제가 경제적 효율성의 유일한 근원이라는 주장은 이 접근법의 규범적 내용을 완벽하게 규정한다. 이처럼 1989년 노벨 경제학상을 수상한 제임스 부캐넌 같은 가장 극단적인 신공공경제 학자들은 부자가 빈자에게 돈을 주고 개입주의의 종말을 약속받는 새로운 사회계약을 수립하자고 제안하면서 복지국가 철폐를 주장했다.

―『신 미시경제학』

■ 자끄 싸삐르

전문가들은 과연 능력이 있는가?

프랑스 경제분석위원회(CAE)는 다양한 의견을 가진 주요 경제학자들이 포진하는데, 정책에 직접적으로 영향을 미치기보다는 종이를 낭비하는 데 더 큰 역할을 했다. 이 경우 전문성의 한계를 벗어난 것은 아니다. 반면 당시 '프랑스 최고의 경제학자'로 소개된 레몽 바르(Raymond Barre) 이래 최근 도미니끄 스트로스깐(Dominique Strauss-Kahn)까지 재경부에는 더 심각한 문제가 있다. 경제학자가 재경부 장관이 될 수도 있다. 하지만 그것은 시민으로서 장관이 되는 것이지 과학자로서가 아니다. 장관이 내리는 결정을 정당화하는 것이 정치적 능력이 아니라 과학적 성격의 지식이라고 믿게 하거나 그렇게 주장하도록 내버려두는 것은 커다란 사기다. 프랑스에서 경제학자의 의견은 토론의 대상이 되는 예측이 아니라 피할 수 없는 과학적 진실로 소개되었다. 1985~86년부터 경쟁적 평가절하의 비효율성을 빙자하여 강한 프랑을 주장한 사례가 그 대표적인 경우다.

전문성과 전문주의를 구별해야

내가 전문주의라고 부르는 것은 두가지를 포함한다. 첫째, 검증할 여지를 주지 않고 의견을 제시하는 것이다. 전문가는 항상 자신의 의견이 무엇에 기초하는지 밝혀야 하고 토론이 가능하도록 어떤 점에서 비판받을 수 있는지 그 요소를 제공해야 한다. 그렇지 않으면 과학적 형식의 용어를 권위적 논지로 사용하는 이데올로기 담론이 되어버린다. 둘째, 실제로는 결정자 역할을 하면서 마치 단순한 의견 제시자처럼 행동하는 것이다. 결국 전문주의는 이중의 무책임성이다. 전문가의 기능과 결정자의 기능을 뒤섞는 것은 정치적 무책임성—이는 정치적 정당성과 과학적 정당성의 혼란을 낳는다——이고, 검증 가능성을 제시하지 않거나 자신의 의견이 토론과 증명보다 우위에 있다고 주장하면서 규범적이고 처방적인 견해를 내세우는 것은 과학적 무책임성이다. 이같은 전문주의와 반대로 전문성은 자신의 성격을 명백히 드러내야 한다. 전문성이 담보된 의견이란 스스로 정당하다고 주장하지 않으며 검증 가능하고 비판 가능한 것이다. 덧붙여야 할 점은 전문주의가 경제학자만의 악습은 아니며——물론 이들 사이에서 가장 심각한 것이 사실이지만——의학에서 지질학까지 다른 학문에서도 나타날 수 있다는 것이다.

—『경제적 대안』 2003년 3월호 인터뷰

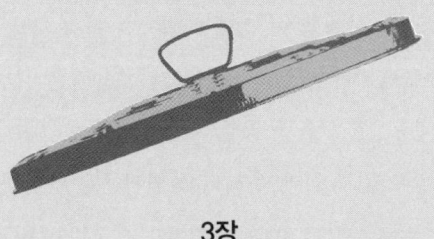

3장

경제 언어는 '파시스트'다

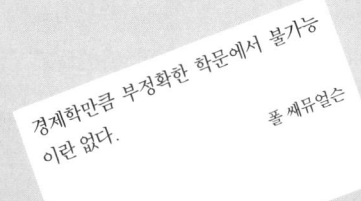

경제학만큼 부정확한 학문에서 불가능이란 없다.   폴 쌔뮤얼슨

경제학에는 '말하는 사람들'이 있다. 전문가, 학자, 언론인, 정치인들이다. 그들은 무엇을 말하는가? 다 알아들으려면 작은 사전이 필요할지 모른다. 대략 "국내총생산, 부, 공공부채, 적자, 주식, 채권, 옵션"[1] 같은 것들이다. 이러한 단어들과 함께 우리의 웅변가들은 복잡한 수치를 퍼부을 것이다. "으악, 공공적자가 3%에 가깝다!" "저런, CAC40 지수가 곧 2500까지 내려갈 것이다!" 그런데 공공적자가 3%라는 것은 그 자체로 좋은 일도 나쁜 일도 아니다. CAC40 지수가 2500이라는 것도 마찬가지다. 예를 들어 1960년대 주식시장은 좋지 않았지만 경제는 아주 잘 돌아갔다. 오늘날에는 주식시장도 안 좋고 경제도 나쁘다. 또다른 사람들은 이렇게 말할 것이다. 국내총생산의 성장이 몇 퍼센트고, 프랑스의 일인당 국민소득은 이딸리아보다 낮고, 투자는 줄어든다 등등. 이를 더 자세히 살펴보려면 공동의 언어가 필요하다. 경제 담론에는 '무슨 일이 벌어지는지'를 표현하기 위한 단어와 문법이 필요하다. 이러한 언어는 국가예산으로 우리에게 제공되었다. 2002년 말 '프랑스는 더이상 매혹적이지 못하다'라든지 '프랑스는 비효율적이다'라는 말들은 무척이나 심각하면서도 허황된 견해에 불과했다. 또한 이런 주장은 정치적인 의도를 품은 완벽한 거짓말로서 공직사회를 '다이어트해야 한다'는 비수를 품고 있다. 요즘은 광견병이 많이 줄어들어 이제는 개가 미쳤다고 말하기는 어렵겠지만, 여전히 공무원은 비효율적이라거나 꼬르시까 사람은 게으르다고 말하기는 식은 죽 먹기다.

경제의 에스페란토

> 언어는 '파시스트'적이다.
>
> ─ 롤랑 바르뜨

 결국 같은 언어를 사용하는 것이 낫다. 국가회계는 일종의 경제 '에스페란토*'를 제시한다. 국가회계는 전간기(戰間期)에 국가경제를 회계적 틀 속에서 전체적이고 상세하면서 숫자로 표시할 수 있도록 체계적인 노력을 기울인 결과 탄생했다. 회계적 틀은 논리적이고 분석적이며, 수입과 지출이라는 개념을 통해 회계균형을 확인할 수 있게 해준다. 예를 들어 한 행위자의 적자는 다른 행위자의 흑자로 표현된다. 경제는 서로 연결된 하나의 회로로 나타난다.

 국가회계는 민간회계와 마찬가지로 수입-지출의 원칙을 지키며 인간 활동에 규율을 부과한다는 특별한 의미에서 불확실성에 대한 투쟁이라고 할 수 있다. 상인들을 규율하고 나아가 노동의 조직과 노동시간의 회계를 통해 노동자를 생산에 종속시키기 위한 것이다.[2] 근본적으로 복식부기(모

복식부기(複式簿記) 모든 거래를 대변(貸邊)과 차변(借邊)으로 나누어 기입한 다음 각 계좌마다 집계하여 장부에 기록하는 방법으로, 재산의 이동과 손익을 정확히 알 수 있고 잘못을 자동적으로 검출할 수 있는 장점이 있다.

든 계산은 두차례 확인되는데 한번은 더하고 한번은 뺀다. 이로써 모든

---

* 국제 보조어 ─ 옮긴이.

바벨탑, 삐에떼 랑씨앵(P. l'Ancien)의 1563년 작품.

자금의 이동은 균형을 이룰 수밖에 없다)는 중세에 자기규율과 감시의 수단으로 상인들이 발명한 방법이다. 그들은 스스로에게 규율을 적용할 뿐 아니라 대리인과 구매자에게도 회계를 요구했다. 대차대조표는 감시의 수단이고 일종의 조종석이다. 여기서도 단어는 무척 중요하다. 무엇을 손실로 계산하고 무엇을 투자로 잡을 것인가? 로비하는 데 든 돈은 손실인가, 투자인가? 이윤에서는 무엇을 빼야 하는가? 최근 엔론 사태(6장 참조)는 회계의 조작보다는 개념을 둘러싼 모호함과 복합성이 기업 건전성과 현실을 은폐하는 데 사용되었다는 사실을 증명했다. '스톡옵션'의 예를 들어보자. 스톡옵션이란 기업이 임금과 사회부담금, 임금에 대한 세금을 피하기 위해 간부들에게 자본소득에 대한 약속을 파는 행위다. 미국에서는 2003년 새로운 법을 통해 이를 비용 또는 부담으로 규정했다. 따라서 다시 임금의 한 부분으로 포함되었다. 지식은 곧 권력이라는 미셸 푸꼬의 말은 특히 회계에 있어 적절한 표현이다. 증권시장 관리위원회마저 복잡한 회계에 지쳐 명확한 용어를 요구하기에 이르렀다. 예를 들어 기업들은 이제 '이윤'이라는 용어를 사용하지 않고 'EBITDA'라고 한다. Earnings Before Interest, Taxes Depreciation and Amortization의 줄임말로서 '이자비용, 법인세, 감가상각비 공제 이전의 영업이익'이라는 의미다. 이런 용어는 이윤이라는 말보다는 더 유식해 보이고 가치중립적으로 보인다.

국가의 회계

기업의 회계가 영리추구의 관습에서 비롯된 행위로서 외부에 개방된 경쟁상태의 기업을 표현한다면 국가회계는 커다란 공동체로서 국가의 생산에 관한 것이다.

우리는 국가회계에 기계적인 면이 있더라도 이를 충분히 존중하고 또 주의해야 한다. 존중해야 하는 이유는 그것이 개인에 대해 언급하는 것이 아니기 때문이다. 국가회계는 기업, 가계, 공공기관, 민간기관('가계에 써비스를 제공하는 비영리기관'으로 아주 작은 부분), 금융기관(은행, 보험, 각종 금고, 펀드 등) 그리고 '나머지 범주'로 한 국가의 국제교역을 정확하게 측정할 수 있는 편리한 종합 범주다. 국가회계는 국가주의적인 개념으로 공공경제정책의 기초를 제공힌다. 예를 들어 메르 재경부 장관은 2002년 7월 기자 간담회에서 "성장률이 2.5%가 될 것"이라고 밝혔는데 실제로 프랑스 경제의 분기별 및 연별 회계를 준비하는 국립통계경제연구소와 재경부에서는 "최대한 잡아도 1%"라고 예측했다. 그는 국민들을 안심시키기 위해 선의의 거짓말을 한 것이다. 하지만 이 '2.5%' 덕분에 그는 프랑스 예산에서 수입과 지출의 균형을 맞출 수 있었다. 프랑스의 정부예산은 국내총생산의 대략 50%에 달하는데 이를 프랑스인들이 일년간 생산해낸 '부(富)'[3]라고 잘못 부르고 있다.

  국가회계는 일년을 단위로 작성된다. 이 회계는 흐름의 회계이지 축적의 회계가 아니다(또는 아주 드물다). 임금이나 소득, 생산과 소비는 흐름이다. 두 날짜 사이의 경제적 크기를 측정하는 것이지(당신의 임금은 매달 1일과 31일 사이다) 주어진 순간의 크기를 재는 것이 아니다. 자본이나 부, 재산, 포트폴리오 등은 축적으로서 순간적 가치를 측정한 것이다. 그리고 축적은 흐름이 쌓여서 형성된다. 달리 표현하자면 흐름은 축적의 변화다. 당신의 부란 특정 일자까지 당신의 소득이 축적된 결과이다. 그리고 당신의 소득은 두 날짜 사이에 당신의 부의 변화다. 이를 통해 경제학자나 보험회사는 당신의 가치를 측정할 수 있다. 당신은 소득의 현실화된 가치를 가지고 있다. 여러분이 흐름과 축적의 개념을 이해한다면 이미 경제학의 절반은 따라잡은 셈이다.[4] 따라서 "국내총생산이 프랑스의 부"라고 말하는 것은 (작은) 실수다. 국내총생산은 프랑스의 부가 일년 동안 늘어난 부분이기에 '부'를 무척이나 정치적이고 이데올로기적이며 특별하게 계산한 것이다.

  왜냐하면 프랑스의 진정한 부는 자산이기 때문이다. 그리고 자산이란 굉장히 많은 것들을 포함하며 그중 다수는 계산하기조차 어렵다. 국가회계는 자산에 관심을 두지 않으며 특히 계산할 수 없는 것에는 관심이 없다(그것은 국가회계의 역할이 아니다). 따라서 국가회계는 환경과 소소한 문제들을 일으킨다. 예를 들어 국가회계는 공해를 포괄하지 못한다. 국가회계는 무국적 기업들[5]이 지배하는 세계화된 경제 속에서 국가경제가 존재한다는 신화를 지지한다. 자본주의는 국가를 좋아하지 않는다. 국경보다는 '오프 쇼어'(off shore; 역외)를 좋아하며 세금없는 천국과 같은 '비영토성'을 선호한다. 그 때문에 국가회계는 정치의 기초인 것이다.

큰 수의 법칙

통계를 활용해서 국가는 분할하고 규정하고 정보를 제공하고 또 측정한다. 측정이란 두가지 의미에서 질서의 요인이다. 첫째, 측정은 현상을 틀이나 통 속에 넣어 개념으로 만든다(극빈자는 착하고 나쁨에 따라 '실업자' 또는 '빈자'가 된다[6]). 또 측정은 온건성의 상징이기도 하다. 국가는 평화와 안정을 필요로 한다. 국가는 국민을 안심시키고 질서를 지키기 위해 존재한다. 통계로 국가 권위의 정당성은 과학의 정당성과 한몸을 이루게 된다.

범주를 정하고 측정을 하는 것은 정치의 역사만큼 길지만 체계화된 것은 18세기 유럽에서였다. 그 과정에서 우연과 불확실성에 대한 투쟁, 미래 또는 예측의 필요가 함께 나타나는 것을 흥미롭게 관찰할 수 있다. 특히 베이스, 빠스깔, 다니엘과 자끄 베르눌리, 무와브르, 라쁠라스, 고스, 르장드르, 께뜰레 등과 함께 확률 계산이 생성되면서 우연을 쫓아버리기 위한 도구가 만들어졌다. 확률이란 주관적인 것으로 특정한 '정신 상태'와 연결되어 있으며, 빠스깔과 베이스는 개인을 초월해서 고찰될 수밖에 없다고 했다. 확률이란 직감이나 믿음, '기대의 이유'들을 측정하여 거기에 '수학적 믿음'을 연결하는 것이다. 물론 자끄 베르눌리(Jacques Bernoulli, 1654~1705)는 사후 1713년에 출판된 『큰 수의 법칙』에서 처음으로 증명한다. 그는 여기서 특정한 결과가 나타나는 빈도(동전의 앞뒤라면 1/2의 확률)는 실험의 수가 늘어날 경우 그 확률로 가는 경향이 있다고 증명한다. 드무아브르(A. de Moivre)는 1734년 통계학의 기초 법칙인 '정상 법칙'(loi normale)을 확인했다. 하지만 통계의 대혁명은 주관적 확률에서 '통계학적 빈도'라고 불리는 객관적 확률로 넘어간 것인데 벨기에의 께뜰레(A. Quételet, 1796~1874)와 밀접하게 연관되어 있다. 그는 평균을 체계화했다. 큰 수의 법칙이라는 연금술을 통해 개인적이고 자유롭고 임의적인 행위들이 빈도와 평균의 반복을 통해 특정하고 안정된 '집합'으로 전환된다. 누구도 언제 교통사고가 날지 모른다. 하지만 큰 수의 법칙에 따라 일어나는 교통사고의 건수를 예측할 수 있다. 그것은 마치 사회적 집단(사고자, 자살자, 신생아의 죽음, 소비자 등)이 개인과는 다른 외부적인 존재로 탄생하는 듯한 현상이다. 이러한 통계학적 혁명을 통해 평균, 평균값, 중앙값 등으로 확인할 수 있는 집단이나 집단적 정체성이 탄생하게 되었다. 께뜰레는 '평균적 인간'을 만든 것이다. 하지만 스콜라철학에서 파생되어 자유주의가 맹렬하게 채택한 철학에서는 개인 위에 사회적 단위를 만드는 것이 불가능하다. 즉 '오컴의 면도날' 원리로, 예를 들어 베네딕토 회원 집단은 독립적인 각각의 베네딕토 회원을 초월해서 존재하지는 않는다고 주장한다.

> **오컴의 면도날(Occam's Razor)** 14세기 영국 철학자 오컴(W. Occam)에서 비롯한 말로, 논리적 구성에서 '필요 이상으로 많은 가설을 사용해서는 안된다'는 원칙이다.

국가회계의 확산

상무성 소속 프랑스 총통계부가 설립된 것은 1833년이다. 1833~1940

년까지 총통계부는 작은 부서에 불과했다. 하지만 르쁠레(F. Le Play), 르바쐬르(É. Levasseur), 아돌프(Adolphe)와 자끄 베르띠용(Jacques Bertillon) 등 유명인사들이 그곳을 거쳐가게 된다. 1946년에 국립인구학연구소를 세운 알프레드 쏘비(Alfred Sauvy)는 1923년에 임용되었다. 국립통계경제연구소는 전쟁 뒤에 만들어졌다. 또한 참고로 물리학이 "동차다항식 역학과 불확실성의 관계와 함께 라쁠라스의 결정주의를 포기"[7]한 것은 1920년대. 경제학이 '단단해'지고 안정적인 관계를 찾아 '영원한' 법칙을 찾아나설 때 물리학은 오래된 결정주의를 포기하고 있던 셈이다! 그런데 계량경제학은 실제로 법칙보다는 단순히 반복되는 관계에만 관심을 가지던 '국가통계학'(이것은 동어반복이다)을 계산과 종합의 평탄한 길에서 끌어내리려고 했다. 진정 프랑스의 통계학을 창설한 것은 비시(Vichy)정권이라고 할 수 있다. 1940년 백여명에 불과하던 정부 통계전문가는 1944년 7천명으로 늘어났는데 지금까지도 그 숫자는 크게 변하지 않았다. 비시정권은 지도를 그리고 코드와 범주를 만들어내고 카드에 구멍을 뚫는 기법을 발명했다. 1940년의 패전과 프랑스 재계의 거의 만장일치로 진행된 나찌 독일과의 협력은 엘리뜨로 하여금 경제를 재건하는 데 재계와 시장 기제는 무능력하다는 사실을 깨닫게 했다. 전쟁 뒤 국가회계는 '경제계획'의 핵심 도구로 등장했다. 이는 1944년부터 레지스땅스 국가위원회의 프로그램을 통해 추진하던 국영화, 기업노사위원회, 사회보장제도 등과 함께 근본적으로 사회주의적인 개념이었다.[8]

> **라쁠라스의 결정주의** 18세기 프랑스 수학자 라쁠라스는 필요한 자료와 계산능력만 있다면 향후 천체 운행을 정확히 예측할 수 있다는 결정론적인 주장을 했다.

아직도 기초적인 또는 신빙성이 낮은 회계를 가진 국가가 많다. 여기에

다 국제통화기금이 또 말썽을 일으킨다. 1976년, 국가회계의 확장 씨스템은 매우 정밀하고 세련된 프랑스의 제도를 유럽의 다른 국가 및 유엔이 1968년에 채택한 제도와 조화시켰다. 1999년 프랑스는 자신의 회계를 국제적 '기준'에 맞게 작성했다.

경제학자가 철학자나 심리학자, 도덕학자 들과 단절된 것은 바로 이 경계에서다. 개인적 현상으로 축소할 수 없는 집단성이란 존재하는가? 예를 들어 개인 행동의 집합으로 축소할 수 없는 군중의 현상이 존재하는가? 경제학자는 아니라고 주장한다. 하지만 인간집단에 적용되는 축소 불가능한 상부구조는 많다. 문화, 민족감정, 법제도 그리고 언어는 틀림없이 집단적이고 대중적으로 형성된 것이 아닌가. 모든 것을 개인으로 축소시킬 수 없다고 생각하는 경제학자는 드물지만 다행히도 가장 위대한 케인즈나 슘페터, 하이에크는 이에 속하며, 경제학자로 언급되는 맑스와 베버 같은 '철학자'도 마찬가지다.

여론과 자기인용

나는 네 수염을 잡고 있고, 너는 내 수염을 잡고 있다.

확률 계산의 발전(소련 수학자 꼴모고로프A. Kolmogorov는 1933년 확률을 수학의 한 부분으로 규정하고 확률론의 정리를 제안했다)은 쎈서스보다 훨씬 저렴한 여론조사 같은 새로운 기술의 발전을 동반했다. 이와 함께 여론은 정치와 경제에서 핵심적인 행위자로 등장했다. 그런데 여론이란 바로 께뜰레의 '평균적 인간'에 다름 아니다. 다듬어지고 조작된 변수로서 여론은 이라크전쟁부터 운동선수의 도핑까지 모든 주제에 대해 의견을 갖게 되며 권력과 상시적인 관계에 놓인다. 정치인이나 기업가 같은 권력자가 준비한 여론조사는 시민과 상시적이고 필수적인 대화를 도입하며, 여기에 여론을 쑤시고 만들고 조사하는 위대한 조작자로서 기자들도 동참한다. 조사자가 만들어놓은 반사작용에 기초한 여론은 과학과는 정반대지만 경제에 있어 중요한 표현수단으로 등장하게 되었다. 경제의 미래와 불확실성, 추세는 여론조사와 여론 분석가들이 널리 스스로를 인용해가며 표현하게 되었다.

경제에서 자기인용은 무척 중요하다. 증권시장은 자기인용의 방식으로 운영된다. 예를 들어 경제 분석가에게 경기 동향에 대해 질문한다. 그는 동료들이 쓰거나 라디오, 텔레비전에서 나오는 말들을 인용한다. 이렇게 경향과 유행 그리고 '개념'들이 만들어지는 것이다. 예를 들어 2003년 봄, 디플레이션이 하나의 '경향'으로 나타난다. 그러면 모두 그 이야기밖에 하지 않는다. 이들 분석가와 전문가의 '양떼근성'과 '추종주의'에는 또다른 원인이 있다. 첫째, 동일한 이데올로기로 구성되었다는 점이다. 이들은 예외 없이 자유주의 교육에 세뇌되었고 경쟁이라는 이미지를 통해서밖에는 세계를 보지 못한다. 둘째, 하나의 통계모델이 제공하는 똑같은 자료들을 사용한다는 점이다. 이같은 자기인용은 군중현상의 흥미로운 표현으로 '자기실현적 예언'이 되기도 한다. 디플레이션을 논의함으로써 디플레이션이 생긴다. 존 오스틴(John Austin)이 말했듯이 말이 실현되는 것이다.[9] 1950년에 프랑스식 경제계획을 통해 '성장'을 만들어냈다면 1980년에는 '경쟁적 반인플레이션 정책'으로 디플레이션을 만들어냈다.

기업이 이윤을 창출하거나 자금을 빌릴 수 있는 능력에 점수를 매기는 신용평가회사(무디스, 스탠다드 앤드 푸어스 등)는 동그라미를 쳐서 다른 회사들이 생각하는 것을 표현한다. 한 회사에서 점수를 내리면 다른 회사들도 무서운 추종력으로 점수를 깎는다. 2001년 엔론과 2002년 비벤디(Vivendi)를 보자. 여론조작회사들은 그전까지 찬양 일색이다가 갑자기 돌아서더니 화형식을 거행했다. 여론이란 예측 불가능하고 위험한 군중의 움직임일 뿐이다. 여론조사자는 웅변가가 그러하듯이 자기 수준에서 군중을 선동할 수 있다. 물론 흥분한 군중이 자신들을 조작하는 사람들을 공격하기도 한다. 군중은 본질적으로 예측 불가능하지만 궤변가는 군중의 감정을 예측해서 이용하려 하기 때문에 이런 본능을 잘 알고 있다.

복지국가

복지국가의 개념은 큰 수의 법칙과 밀접한 관련을 맺고 있다. 통계학적 계산을 통해 국가는 시민을 보호하는 보험회사가 된다. 산재나 질병, 실업, 연금 등 모든 경제적·사회적 사고는 통계에 잡혀 국가가 책임져야 하는 대상이 된다. 국가는 더이상 법관과 경찰과 군인이라는 세 머리를 가진 케르베로스[10] 같은 전통적 국가가 아니다. 국가는 이제 경제적 불확실성과 투쟁하는 사회복지사가 되었다.

반면 반복적이지 않은 선택에서는 주관적 확률이 동원된다. 로켓을 발사해야 하는가? 아리안로켓*의 발사 횟수는 성격상 큰 수의 법칙에 의존하기 어렵다. 그리고 각각의 발사에는 수량화하기 어려운 문제들이 도사리고 있다. 몇사람의 감정에 근거한 개인의 주관적 확률에는 모두 베이스

---

* 유럽우주기구(ESA)가 개발한 위성 발사용 로켓으로 1979년 제1호기 발사에 성공했다—옮긴이.

(T. Bayes)로부터 영향을 받은 케인즈, 램지(F. Ramsey) 그리고 쌔비지(L. Savage)와 피네띠(B. Finetti)의 이름이 관련되어 있다. 케인즈는 '확률에 관한 대전'이 되어버린 자신의 논문에서 주관적 확률과 객관적 확률 사이에 다리를 놓으려고 기운을 다 뺐다. 이 얼마나 완강한 경제학자의 강박관념이란 말인가! 케인즈조차 불확실성과 투쟁했다.* 국가를 위해 봉사하는 '큰 수의 법칙'은 사회적인 것을 창설했다. 그것은 거시적 물리학 법칙이 미시적 불확실성을 추월하는 것과 마찬가지다. 왜냐하면 분자의 위치와 속도라는 미시적 변수를 모른다고 해서 가스를 거시적 차원에서 확실하게 묘사하는 것이 불가능하지는 않기 때문이다. 물론 거시경제적 및 거시사회적 관계를 확립하기 위해서 그리고 사회 전체에 대해서 논의하기 위해서는 사회를 하나의 상자로 보고 거기서 임의로 다양한 색깔의 공을 꺼낸다고 보아야 한다. 그러기 위해서는 상자의 형태나 공의 색깔을 잘 정해놓아야 한다. 여기에 국가의 권위(통계학자의 권위)나 해당 계층과의 협상이 필요하다. 예를 들어 실업자는 실업급여의 지급기간으로 규정되며 이 기간이 끝나면 그는 빈자 또는 구호대상자가 된다. 국가는 결국 사회의 언어를 다른 사회세력과 협상을 통해 결정하는 것이다.

경제는 언어적 협상이다

무슨 언어, 무슨 용어 그리고 무슨 언어적 행위자들인가? 통계학은 어떤 수사학을 활용할 것인가? 국민소득과 실업은 좋은 두 사례다.

---

* 하지만 케인즈는 1934년 자신의 실패를 전적으로 인정했고 오히려 실패를 다행으로 여겼다. 인류 운명은 개미집의 결정주의와는 다르기 때문이다.

1) 국민소득, 즉 일년간 한 국가가 생산하는 소득에 대해서는 여러 시각이 가능하다. 경제 부문별로 보면 농업, 공업, 써비스업으로 나누거나 좀더 세밀하게 군사, 인프라, 교육 등으로 가를 수도 있다. 다른 한편, 분배라는 차원에서 국민소득은 임금과 이윤으로 구성되어 있다. 이럴 경우 소득 불평등이나 사회적 격차, 사회적 분담금 특히 세금의 재분배 또는 반재분배의 효과를 논할 수 있을 것이다. 지금은 완전히 무시하는 시각이지만 1950년대 프랑스식 '계획경제'가 국가 성장과 발전의 요인으로 인식되던 시기에는 강조된 바 있다. 베를린장벽이 붕괴된 이후 계획이라는 단어는 소련의 집단수용소 같은 냉기로 등골을 오싹하게 한다. 하지만 국가라는 집의 관리가 계획이 아니고 무엇이겠는가. 세번째 시각은 지출을 소비와 투자로 구분하고 성격에 따라 공공 또는 민간으로 나누는 것이다. 오늘날 이 대목이 유독 강조되는 까닭은 공공지출이 너무 크고 세금을 지나치게 거둔다고 주장하기 위해서다.

2) 실업의 역사는 구호기관과 공공기관 사이의 '협상'을 잘 보여주는 대표적 사례다. 1880년 영국의 통계학자 부스(C. Booth)는 빈자를 구분하기 시작했다. A 범주에는 게으른자, 거지, 알콜중독자, 범죄자 등 행태가 불량하거나 소득원을 밝히기 어려운, 완전히 소외된 사람들이 포함되었다. 그다음은 B 범주로 거의 만성적 불행을 겪고 있는, 소득이 부정기적이고 매우 가난한 가정들을 묶었다. C 범주에는 계절 실업자나 구조조정의 낙오자로 경쟁의 피해자라고 할 수 있는 빈자들을 넣었다. D 범주에는 정기적인 소득이 있지만 빈곤에서 벗어나기에는 부족한 사람들을 모았다. 우리는 여기서 '착한' 빈자와 '나쁜' 빈자가 나뉘는 것을 볼 수 있다. 노력하고 일하기를 원하는 착한 빈자는 실업자의 지위를 획득하고, 구제불능이거나 자신의 처지에서 헤쳐나오려는 노력을 하지 않는 나쁜

빈자는 영원한 가난뱅이로 간주하고 포기하는 것이다. 1980년대 프랑스 사회에 나타난 '신빈자'들은 단지 완전고용의 시기가 끝나고 실업이 다시 발생한 결과다. 우리가 쉽게 상상할 수 있듯이 착한 빈자들은 실업자의 지위를 얻고 도움을 받아야 하는 반면 나쁜 빈자들은 사회가 도울 필요가 없다는 말이다. 부시가 말하는 동정의 자본주의는 전자에 적용된다. 1987년에 노벨상을 수상한 로버트 쏠로우(Robert Solow)는 미국 사회에 대해 "감옥이 실업 문제의 훌륭한 통계적 처리수단이다"라고 지적했다. 실제로 미국 노동인구의 2%가 감옥에 있다는 사실을 감안하면 실업 문제를 징역으로 푸는 방법을 생각하지 않을 수 없다.

권력과 효율성의 원칙

정치적 언어는 과학적 수사를 활용해서 빈곤, 실업, 인플레이션, 무역수지, 통화량, 출산율, 이민, 세금, 자본수출 등 같은 개념을 만들어낸다. 그리고 이런 것들이 개개인이나 특정 이익집단과는 무관하게 독립하여 존재한다고 가정하며 정책을 편다. 또한 이러한 언어는 유인력, 쇠퇴, 국가의 비중과 같은 '개념'들을 만들어내고 '브레인 드레인'(두뇌 유출) 같은 구호를 생산한다. 권력은 항상 효율성이란 단어를 입에 달고 산다. 하지만 경제학에는 효율성이란 말이 없다.

여기서 수단과 목적의 상호관계에 대해서 살펴볼 필요가 있다. 미시경제학, 경제계획, 공공경제는 모두 최적화 분석에 관한 것이다. 달리 말해서 목적에 적절한 수단을 찾는 과정이다. 비용의 제약 아래 극대화 또는 성과의 제약 아래 극소화. 이것이 최적화이며 경제적 언어의 핵심이다. 최적화란 경제 원리에 따라 정확히 행동한다는 것이며 결국 가장 훌륭하고 효율적인 해결책을 찾는 것이다. 대학에서 가르치는 경제학이란 수단과 목적의 학문이다. 문제는 대상을 정의하는 것인데 예를 들면, 어떤 비용을 극소화하는가? 라는 질문이다. 임금인가 아니면 사장님의 판공비인가? 어떤 소득을 극대화하는가? 공해나 돌이킬 수 없는 손해나 파괴 현상 같은 외부효과를 포함한 것인가, 아니면 오늘날 분석하는 것처럼 투박한 소득만인가? 경제학의 단어와 문법은 적어도 최적화 절차만큼 중요하다. 아니, 어찌보면 최적화 절차 자체는 아무런 의미가 없다. 그것은 계산기가 분수를 계산하거나 최적경로를 찾기 위한 알고리즘을 설정하듯이 기계가 할 수 있는 일이다. 괜찮은 계산기와 좋은 쏘프트웨어만 있으면 최적화는 얼마든지 가능하다. 여기서 그 의미는 효율성이 실현되었다는 말이다.

효율성 자체가 목적이 되어버릴 때

그런데 경제에 기초를 둔 현대 정치권력은 놀라운 바꿔치기를 이루어냈다. 순전히 통계학적 수단이며 계산의 단순한 법칙에 불과한 최적화 원리―달리 말해서 경제성의 원칙, 효율성의 원칙, 또는 효용―이 목적이 되어버렸다. 효율성이란 가령 트럭에 실린 짐을 어떻게 내릴까 또는 광고 예산을 신문과 방송에 얼마씩 분배할까 따져보는 것처럼 아무런 가치와 내용도 없는 수단이었는데 어느날 갑자기 목적이 되어버렸다. 그것은 마치 당신이 "나의 목표는 트럭의 짐을 잘 내리는 것"이라고 말하는 것과 같다. 그러면 그 트럭이 무엇을 실어나르는지, 누구를 위해, 어디로, 어느정도의 속도로, 어떤 경치를 파괴하며, 또는 어떤 지역을 부자로 만들고 어떤 지역을 가난하게 하는지에 상관없이 '효율성'을 추구한 것이다.

효율성을 추구한다는 것은——이 말 자체가 넌쎈스이고 동어반복인데 사람들은 바지를 입을 때도 아스완댐을 건설할 때도 언제나 효율성을 추구한다——'무엇을 하다'와 같은 말이다. 모든 행위는, 그것이 꿈꾸는 것이건 시를 쓰는 것이건, 그 자체로 '효율적'이기 때문이다. 다만 왜 하는지 밝히지 않을 뿐이다. 경제학의 거대한 꾀는 "효율적으로 행동하시오"라고 외침으로써 왜 행동하는지를 모르고 행동하게 만드는 것이다.

그것은 동시에 현대 정치권력의 커다란 꾀이기도 하다. 무엇을 하는지 잊어도 된다, 그저 효율적으로 하면 되니까. 자유주의 이데올로기는 무척이나 훌륭한 방정식을 제시한다. 시장은 효율적이다, 그러니 시장이 작동하게 내버려두라, 왜냐하면 당신도 효율적이 될 테니까. 뭐라고! 당신은 효율적이기를 거부한다고? 정말? 그럼 제3세계가 계속 가난해도 좋단 말이야? 당신은 정말 비효율적이길 원해?

권력이 당신에게 효율성을 들먹이는 목적은, 당신이 시장을 위해 일한다는 것과 시장은 효율적이지 않다는 것을 잊게 만들기 위해서다. 효율성만이 효율적이라는 것은 아무런 의미도 없는 말이다. 목적과 수단이 완전하게 규정된 씨스템에서라면 효율적인 해결책을 찾을 수 있다. 하지만 시장은 전혀 그렇지 않으므로 여기서 효율적인 해결책을 찾기란 불가능하다.

통계는 효율성의 기준을 적용할 수 있는 독립적인 경제적 '현실'을 정의할 수 있다는 가능성, 즉 구체성의 환상을 심어준다. 하지만 통계적 '현실'은 실제의 세력관계를 반영하는 언어적 세력관계일 뿐이다. 예를 들어 '연금의 문제'에는 어떤 세력관계가 개입하는가? 노동인구와 비노동인구라는 두 연령 계층이 국부를 어떻게 분배하는가의 관계이다. 누가 노동인구인가? 대략 임금노동자들이고 채무자 계층이다. 누가 비노동인구인가? 노인과 자본소유자, 채권자 들이다. 또다른 사례는 의료제도의

'효율성'에 관한 논쟁이다. 여기 개입하는 세력은 누구인가? 임금노동자와 사회부담금제도 그리고 민간 보험회사. 경제 문제 뒤에는 항상 분배의 문제가 도사리고 있다!

분배와 세력관계

실제로 사회사는 고용주와 노동자 간의 법적 불평등을 인정하는 법체제(나뽈레옹 법전 1781조에 따르면 "고용주는 담보의 확보나 지난해 임금의 지급 그리고 당해 선불에 관해 주장하는 대로 믿는다"고 규정하고 있다)에서 보편적인 사회보호제도로의 이행 과정이다. 자본주의 초기 과정에서 노동자는 산재나 실업, 노후와 관련된 어떤 보호도 받지 못했다.

민중을 이끄는 자유의 여신, 들라르쿠아(F. Delacroix)의 1831년 작품.

국가가 적극적으로 개입하지 않는 상황에서 그 변화는 장기적인, 초장기적인 것이었다. 프랑스혁명은 달라르드(d'Allarde) 조치(1791년 3월 2~17일, 장인집단에서 직업훈련을 받던 훈련생들을 '해방'시킴)를 통해 장인집단에 대한 보호를 철폐했고, 르샤쁠리에(Le Chapelier) 법(1791년 5월 22일)으로 노조와 집단행동을 금지했는데 이는 "진정한 부르주아 꾸데따"로서(맑스) "모든 연대를 파괴하는 무서운 법"(조레스)이었다. 그것은 국가가 노동자와 고용주의 관계에 개입하지 않는다는 원칙의 표현이었다. 하지만 초기 분쟁이 발생하자마자 노동자들은 국가가 심판으로서 개입하기를 요청했다! 그러나 파업권이 인정된 것은 1864년이고 1884년이 되어서야 노동조합을 구성할 권리를 획득했다. 1890년에는 '노동자 수첩'(이것은 양순한 노동자의 통행증 같은 것이었다)이 철폐되고, 1892년에는 여성과 아동의 노동에 관한 법이 그리고 1898년에는 산재에 관한 법안이 공포되었다. 그리고 2002년에는 '도덕적 추행'에 관한 법이 통과되었다. 노동의 보호는 계속 진보중이다! 그사이에 파업권은 헌법적 권리가 되었고(1946년 헌법 전문에 명시되고 1958년 헌법에서 재확인되었다), 노조의 권리와 기업위원회의 보호가 강화되었으며, 특정 부문의 공동협약이 노동부의 단순 결정으로 모든 임금노동자에게 확대될 수 있는 발판이 마련되었다(1966년).

1900년 연금 혜택을 받을 수 있는 노동자는 3~4%에 불과했다. 앙씨엥 레짐(Ancien Régime) 아래 '혜택'과 보호(빠리 '앵발리드 병원'에서)를 받는 계층은 군인과 선원뿐이었다. 하지만 서내한 분쟁(1936, 1952, 1968년)과 전쟁은 진정한 발전을 초래했다. 프랑스는 1914년 알싸스와 로랭을 회복하면서 독일에 비해 사회보호가 훨씬 미흡하다는 사실을 발견했다. 1870년 이미 독일의 비스마르크(O. Bismarck)는 노동자의 지지를 얻기 위해 최저임금의 조상뻘 되는 '사회적 소득'이라는 것을 규정했다. 1905년 노인에 대한 의무적 구호를 제도화했고, 1910년에는 선택적인 노동자 연금을 제도화했다. 고용주가 노동자를 위해 연금을 부담할 의무는 없었다. 이 시기에 노동자들의 평균수명은 매우 낮아서 45~50세에 불과했다. 1928년의 라발(Laval) 법과 1930년의 따르디외(Tardieu) 법으로 질병과 불구, 노후의 위험이 해결되었고, 1939년에는 가족 지원금이 보편화되었다. 2차세계대전 후 프랑스는 다른 국가에 비해 낙후한 제도를 강화하고, 1945년의 조치로 사회보장제도를 만들어 다른 나라들을 추월했다.

이러한 법의 숲에서 근본적인 법은 산재에 관한 법인데, 고용주의 책임 여부를 떠나 사고가 발생하면 보상금을 보장하는 제도이기 때문이다. 여기서 최초로 위험과 과실의 개념을 구분했는데, 즉 고용주가 어떤 잘못을 하지 않았더라도 기업이라는 '공동체'에서 발생한 사고에 대해 민사적 책임을 지도록 한 것이다. 이처럼 위험과 사고가 개인으로부터 분리되었다. 자유주의 체제의 핵심에는 환경과 상관없이 개인의 책임이 자리잡고 있는데도 말이다.

왜 국가는 경제를 필요로 하는가?

"통계의 산출은 세력관계의 결과다. 통계는 이데올로기적이고 질서유지적이다."[11] 조금 성급한 주장이지만 이 말은 진실의 일부를 표현하고 있다. 반복하지만 '통계학'(statistics)의 어원은 국가(State)에 있고 국가는 무엇보다 보호자이며 안전을 생산하는 기관이다.

1576년 프랑스의 장 보댕(Jean Bodin)은 『공화국론』(*Les Six Livres de*

la République)에서 탈봉건적 국가를 주장하는데, 이는 전체의 이익이 '특권'을 대체하는 국가다. 세금과 전쟁의 문제, 중앙집중화, 언어의 통일(빌레 꼬뜨레 Villers-Cotterêts 칙령은 법률 문서에 라틴어 대신 프랑스어를 사용하도록 했다), 중상주의에 따른 국영공장의 상업적 보호 등은 모두 민족국가의 등장을 의미한다. 이러한 현상은 경찰국가, 어진 국가, 또는 분쟁과 부분이익을 초월한 법치국가 그리고 복지국가 등으로 다양하게 표현될 수 있다. 하지만 맑스주의자에게 국가는 지배계급을 대표하는 국가다. 법과 법체계는 대부분 강자의 이성일 뿐이다. 국가 이성이란 그 이유를 대기 어려운 이성이고 군주의 행위다. '선'이란 지배계급이 자신에게 좋다고 판단하는 것이며, 비스마르크의 세련된 표현처럼 "힘이 법을 앞선다." 어쨌든 국가는 모든 국민에게 정의와 중립성의 이미지를 보여주어야 하는데 그런 용도로는 경제학이 완벽하다. 경제학에는 명확한 '법칙'들이 있고 시장의 법칙은 '객관적'이며 원한다면 통계적 '현실'로 뒷받침할 수도 있기 때문이다.

복지국가와 함께 안전은 강한 경제적 의미를 내포하게 되었다. 분쟁을 평화적으로 해결하는 경찰이나 군대, 사법부보다 대중의 경제적 복지가 핵심적인 문제로 부상했다. 국가는 전진하는 군대에서 돈을 나누어주는 조직으로 바뀌었다. 과거에는 경찰이었는데 이제 사회복지사가 되었다. 과거에는 해적과 도적으로 구성된 거대 집단이었는데 이제는 보험회사가 되었다. 국가는 위험을 부담하고, 살아가는 데 발생하는 사고를 없애고, 불행을 축소하며, 우연을 지배힌다. 바로 이 때문에 사전예방 원칙(precautionary principle)은 무척이나 정치적인 것이다. 과학이 확실하게 말하지 못할 경우(유전자 변형 조작이 해로운지, 핵발전이 위험한지, 아니면 지구의 기온이 오르는지) 사전예방은 전문성이나 측정 가능성과 상관없이 권력이 결정내릴 수 있는 국가의 특권이다. 반대로 사전예방의 거부도(핵발전은 아무런 위험도 없다는 데 더 큰 비중을 둔다) 마찬가지로 국가적 특권이다. 사전예방을 채택하거나 거부함으로써 권력은 미래를 판단하고 스스로 결정한다. 곧 전문성이나 과학성을 초월한 군주의 권한인 셈이다.

> **사전예방의 원칙** 보건, 환경 등과 같이 국민 안녕에 직접적인 위험의 소지가 있는 문제들에 미리 법적·행정적 조치를 취하는 원칙이다. 이는 어떤 행동이 어떤 결과를 낳을지에 관한 인과관계가 불확실하고 그 결과가 치명적이고 되돌릴 수 없을수록 그 행동을 하지 않는 것이 지금 당장으로서 가장 현명한 선택이라는 논리를 담고 있다.

하지만 요즘 경제학과 경제정책에 대해 말하는 국가는 복지국가가 아니다. 부자, 강자, 기업, 상인 들을 대표하는 권력이고 자신이 권력이라는 사실을 잊도록 만들고 싶어하는 권력이다. 권력은 항상 이미지와 연출기법을 즐겨 동원한다. 독재자는 거대한 제의를 조직한다. 그리고 공포와 신비, 입문식이나 비밀스러움을 애용한다. 미디어의 영향력이 중대한 민주주의 사회에서 쇼와 정치적 언어의 연출은 무척 중요하다. 권력은 단어를 가지고 장난친다. "경제전쟁"이라거나 "고용을 위한 투쟁" "민족의 첨병산업"[12]이라고 말한다. 모든 담론은 커뮤니케이션을 가능하게 하지만 동시에 "강요하고 강제한다."[13] 그것은 대개 이해하기 위한 기호의 집합이라기보다 "믿거나 복종해야 하는 부의 기호"[14]다. 권력은 부의 외부적 상징을 찾는다. 그런데 경제학보다 이를 더 잘 나타내는 것이 또 있을까? 경제학의 난해함과 신비함에 놀라지 않는 사람이 어디 있는가? 경제학의 기술적 포장과 과학적 객관성에 기죽지 않는 자가 어디 있던가? 그리고 여기서 매니저 국가라는 새로운 국가 이미지가 떠오른다. 매니저 국가는 양의 탈을 쓴 늑대로서 지식인 부대를 동원하여 국민의 행복을 보장할 경제학 법칙을 설명한다. 우리는 부자들의 세금을 줄일 것이고 이로써 자본이 프랑스를 떠나는 것을 막을 것이며, 그로써 고용과 부를 창출하는 기업들이 잘 돌아가게 할 것이다. 이 얼마나 완벽한 논리인가. 하지만 단언컨대, 우리가 부자들의 세금을 줄이는 이유는 부자가 더 부자가 되도록 하기 위해서며 이로써 공공써비스는 죽고 국가는 빈곤해질 것이다. 물론 이런 이야기를 크게 떠들기는 곤란하다. 이제 복지국가는 죽었다. 매니저 국가의 옷을 입은 편파적 국가가 우리 앞에서 되살아나고 있다.

예측 모델과 시간에 대한 권력

국가는 보호해야 하며 미래를 밝힐 책임이 있다. 미래를 읽을 수 있는 능력이 없다면 권력도 없다. 그렇다면 예측은 어떻게 하는 것일까? 가계와 기업이라는 경제 행위자를 대상으로 앙께뜨와 여론조사를 하고 그 결과를 바탕으로 재경부나 국립통계경제연구소에서 '거시경제학' 모델들을 '돌리면' 나온다. 문제는 예측의 기한이다.[15] 단기적으로 볼 때 이런 예측은 '모델 이외의'(국가회계의 균형법칙 이외의) 판단, 즉 예측자들의 '본능'에 기초하는데, 이것은 다시 다른 예측자의 본능에 기반을 두고 있다. 증권시장에서와 마찬가지로 미래의 예측은 원을 그리며 이루어진다. 나는, 내가 예측하는 것을 네가 보고 예측하기 때문에, 너와 같이 예측한다. 일년이 넘어가면 이 '단순한' 기술을 초월하는 계량경제학적 모델을 돌리기 시작할 수 있다. 그런데 모든 모델은 민간기관(주요 은행과 대기업, 재계 연구소 등)이건 공공기관이건 재경부에서 사용하는 기본 모델을 바탕으로 같은 구조로 만들어졌다. 그래서 공공예측기관이나 민간예측기관 사이에 진정한 경쟁은 존재하지 않는다. 모두 재경부의 노래를 베껴 같은 노래를 부를 뿐이다. 재경부 외에 경제동향분석연구소(OFCE), 기업발전을 위한 경제·재정적 예측 연구소(IPECODE)가 있다. 기업발전 및 경제성장연구소(REXECODE)는 재계에 가깝고 OFCE는 더 '중립적'이다. 국제기구들도 자신만의 노래를 부르는데 매우 자유주의적인 국제통화기금, 자유주의적인 OECD,[16] 온건 자유주의적인 세계은행이 있으며, 회원국들을 가르치려 든다. 끝으로 프랑스은행이나 주요 은행, 대기업 들은 재경부 모델을 모방한 자신만의 예측 모델을 돌린다. 바로 이런 이유로 경제의 미래 분석은 무서운 일관성을 보여준다. 긴축의 시기에는 모두가 긴축을 원하고 '신경제'의 시대에는 누구나 신경제를 찬양한다. 증권시장이 활황이면 모든 예측자가 영원한 상승을 예측한다. 따라서 독자와 정상적인 사람은 예측자의 주장을 정말 조심스럽게 받아들여야 한다. 간단히 말해서, 경제학자가 자기는 정치에 대해 논하지 않는다고 주장하면 할수록 정치를 말하는 것이며, 군주가 자기는 경제학의 법칙을 적용하는 것일 뿐이라고 주장하면 할수록 사실은 정치를 하고 있다는 것이다. 우리는 경제전쟁에서 전사하기 전에 이 사실을 알아두는 편이 낫다.

"경제학자가 자기는 정치에 대해 논하지 않는다고 주장하면 할수록 정치를 말하는 것이다. 우리는 경제전쟁에서 전사하기 전에 이 사실을 알아두는 편이 낫다."

| 원문 읽기 |

■ 조지 오웰

대단한 통계

동지들! 우렁찬 젊은 목소리가 들렸다. 동지들, 경청하세요! 빅 뉴스가 있습니다. 우리는 생산투쟁에 성공했습니다! 모든 소비재의 생산성과 관련된 통계가 드디어 완성되었는데 지난해에 비해 올해의 생활수준이 20%나 상승했다고 합니다. 오늘 아침 오세아니아 전역에서는 공장과 사무실을 자발적으로 뛰쳐나온 노동자들이 거대한 시위를 벌이며 깃발을 들고 거리를 행진했습니다. 그들은 빅 브라더가 훌륭한 지도력으로 우리에게 제공한 새롭고 행복한 삶에 감사해 하는 마음으로 소리쳤습니다. 몇가지 통계수치를 말씀드리면, 식료품은……

'새롭고 행복한 삶'이라는 문장이 여러번 반복되었다. 그것은 얼마 전부터 풍요성(省)이 좋아하는 문장이었다. 파슨스는 나팔 소리에 정신이 들어 입을 벌리고 조금 엄숙하나 짜증스러운 표정으로 듣고 있었다. 그는 무슨 숫자인지 알 수 없었지만, 그것이 만족을 가져다주는 숫자라는 것을 모르지 않았다. (…)

화면에는 대단한 통계 수치들이 쏟아지고 있었다.

—『1984』

■ 존 메이너드 케인즈

잘못된 계산법

사람들은 보유한 물질적·기술적 자원을 동원하여 화려한 도시를 짓기보다는 초라한 판잣집을 지었다. 그리고 이것이 적절하고 잘하는 일이라고 생각했다. 초라한 판잣집을 짓는다는 것은 민간기업의 기준에 따르면 '득이 되는' 일이었지만, 화려한 도시를 만드는 것은 분별없는 낭비이기 때문이다. 바보스러운 금융 용어로 말하자면, 그것은 '미래를 담보하는' 짓이었을 것이다. 오늘날 커다랗고 멋진 건물을 짓는 것이 어떻게 미래를 빈곤하게 만드는지 우리는 알 수 없다. 전혀 적절치 못한 회계 계산으로 잘못된 비유에 대해 강박관념을 발휘해서가 유일하게 가능한 대답이다. (…) 이 세대는 잘못된 계산법에 얼마나 정신이 오염되었는지, 당연한 결론에도 이의를 제기한다. 그들은 어떤 일이 '득이 되는가'라는 질문을 던지는 금융회계제도에 의존하여 당연한 것도 외면하는 꼴이다. 우리가 계속 가난해야 하는 이유는 부자가 되는 것이 '득이 되지' 않기 때문이라고 말하는 셈이다. 우리가 초라한 판잣집에 살아야 하는 이유는 훌륭한 궁전을 짓지 못해서가 아니라 '그런 사치를 부릴 수 없기 때문'이라는 것이다.

똑같은 금융적 계산의 자괴적 규칙이 존재의 모든 면을 지배한다. 우리가 시골의 아름다운 풍경을 파괴하는 이유는 자연의 아름다움에는 주인이 없어서 경제적 가치도 없기 때문이다. 우리는 아마도 이윤이 없다는 이유로 태양과 별들의 빛을 꺼버릴 수도 있는 사람들이다. 런던은 문명의 역사에서 가장 부유한 도시 중 하나인데도 실현 가능한 야심찬 계획들을 '감히' 실천하지 못한다. 왜냐하면 그것이 경제적으로 '득이 되지 않기' 때문이다.

—「고용의 일반이론」

■ 조지프 스티글리츠

시장이 비효율적인 수천가지 경우

지난 50여년간 경제학은 어떤 경우에 어떤 이유로 시장이 잘 기능하거나 기능하지 못한다고 설명했다. 특히 무슨 까닭에 기초연구 같은 특정 요인들을 적게 생산할 수밖에 없고, 반대로 공해 같은 요인들은 과다하게 생산해내는지를 보여주었다. 최악의 시장실패는 주기적 공황이나 침체, 불황 등인데 이것들은 지난 2백여년간 자본주의의 영광에 먹칠한 현상들이다. 공황기에 수많은 노동자는 직업을 잃고 자본의 많은 부분은 제대로 활용되지 못한다. 하지만 이는 가장 눈앞에 드러나는 시장실패일 뿐이다. 실제로는 보다 소리없이 시장이 효율적인 결과나 사회적으로 적절한 결과를 도출해내는 데 실패하는 수천가지 경우가 있다.

국가는 시장의 실패를 완화할 뿐만 아니라 과거에 그랬듯이 사회정의를 확보하기 위해 중요한 역할을 할 수 있다. 시장 메커니즘 자체는 때때로 생존에 필요한 자원이 없는 상황에 수많은 사람들을 처하게 할 수 있기 때문이다. 가장 성공한 미국이나 동아시아 같은 지역의 국가들은 이런 역할을 자임했고 대부분 성공적으로 수행했다.

─『세계화와 그 불만』

■ 삐에르 뛰이예

새로운 숭배 대상, 효율성·생산성·수익성

그들이 생활하는 문화는 이제 돈의 언어로만 말할 뿐이었다. 어떤 문제 해결에 지원금, 자금, 금융 등의 단어만이 등장했다. 아주 명백하게 공인된 유일한 도덕은 수익성과 수지타산이었다. 어찌하여 서구는 이같은 정신적 퇴락을 맞게 되었는가?

　공식적으로는 신이 사라졌다. 하지만 실제로는 돈이 신격화되고 효율성, 생산성, 수익성 같은 여러 작은 악마들이 각각 지속적인 숭배의 대상이 되었다. 우리 연구팀의 역할은 12세기경 부르주아의 등장이 어떻게 모든 가치의 경제적 변화를 초래했는지를 이해하는 것이었다. 이를 위해서는 상인의 얼굴을 분석해야 했고, 어떻게 상업활동이 점진적으로 서구문화 전체를 삼키게 되었는지를 살펴보아야 했다.

—『거대한 내파』

■ 프레데릭 벡베데르

최악의 씨스템
　인류 노예화를 위해 광고가 선택한 방법은 겸손하고 유연한 설득의 방법이다. 우리는 자유조차 무기력한, 인간이 낳은 첫번째 인간지배 씨스템에 살고 있다. 오히려 모든 것을 해방하는 이 씨스템에서 뜻밖의 가장 위대한 발견을 할 수도 있다. 모든 비판은 씨스템의 아름다운 모습을 보여주며, 비판 서적이 출판될 때마다 사람들은 이 씨스템의 부드러운 관용에 대한 환상을 품게 된다. 씨스템은 당신을 세련되게 복종으로 유도한다. 모든 것이 허용되며 당신이 개판을 치더라도 아무도 야단치지 않는다. 이로써 씨스템은 목적을 달성하는데 불복종마저 복종의 한 형태가 되기 때문이다. 우리의 부서진 운명조차 아름답게 잡지에 실린다. 이 책을 읽고 있는 당신도 이런 생각을 할 것이다. "그 녀석 참 귀엽네. 여기저기 비판을 해대지만 결국 너도 다른 사람과 마찬가지로 여기에 쳐박혀 있잖아. 결국 너도 다른 사람처럼 세금을 내야 할걸." 여기서 탈출할 방법은 없다. 모든 문은 미소띤 얼굴이 잠가버렸다. 당신은 계속 갚아야 하는 빚이나 할부금, 월세로 완전히 막혀 있다. 뭐, 불만이 있다고? 밖에는 수백만의 실업자들이 당신의 자리를 노리고 있다. 당신은 원하는 만큼 투덜거릴 수는 있지만 처칠(Churchill)이 이미 대답한 바 있다. "다른 모든 씨스템을 제외하고 최악의 씨스템"이라고. 그는 우리를 속이지 않았다. 가장 훌륭한 씨스템이라고 하지 않았고 최악이라고 말했다.

—『9,900원』

■ 아르망 파라시

종신형 소비라는 고통

단떼(Dante)가 서술한 지옥의 일곱번째 권역(圈域)에는 정신을 폭행하는 자들이 이미 자연을 폭행하는 자들과 짝짜꿍하고 있었다. 경제적 검열은 제거함으로써 정보를 중화시키는 것이 아니라 무차별적이고 지속적인 정보의 흐름 속에 정보를 익사시킴으로써 없앤다. 따라서 경제적 검열은 수익성의 원칙에 반하는 작품들을 금지하기 위해 가위를 필요로 하거나 상자에 담아 거두어들이지 않는다. 다만 이미 사전에 존재하는 독자층이 없는 정보들을 방치하는 것으로 충분하다. 이런 세상에서 작품은 관객을 창출할 필요가 없고 다만 이미 시장이 '만들어놓은' 관객의 수요에 답하면 된다. 빈 공간이 생기면 엘리베이터나 대기실 그리고 슈퍼마켓에서 흘러나오는 음악의 모델에 맞춰 전파만 흘리면 된다. 그것은 듣기 위해서 틀어놓았다기보다는 물건이 잘 팔리도록, 얌전히 줄서서 기다리도록 하는 음악으로서 피리로 뱀을 불러내는 곡예나 노예들의 오락의 기능을 한다. 이런 세뇌 속에 우리는 횡흘헤헤야 하며 시청률은 이런 예술의 평가기준이다. 그들은 자기들끼리 박수치고 있지만 고백하건대 우리는 정말 지루하고 대단히 무료하다.

우리는 10년, 15년 또는 20년간 빚을 갚아야 하는 감방에 쪼그리고 앉아 가난하다는 죄로 매달 이자라는 형식의 벌금을 내야 하고, 종신형 소비라는 고통을 참아야 하지만 다만 매일 텔레비전을 볼 수 있는 산책은 허용되었다. 도망치거나 투쟁은 생각도 못하고 약한 자들은 기관에서 직접 판매하는 우울증 약에 의존할 수밖에 없다. 외출하게 되면 가장 모범적인 죄수들은 주인의 행태를 다시 연출하는데, 공동의 적을 괴롭히는 것과 그 일당까지 가장 야만적인 방식으로 공격한다. 이 외출에는 지원자가 많아 대개 집단적 폭행사고가 일어난다.

사도 요한은 물질적 욕심으로부터 제자들을 격리시키기 위해 "세상이나 세상의 것들을 사랑하지 말라"고 가르쳤다. 상품의 사도들은 제자들을 자신의 종교로 개종시키기 위해 "지구나 지구의 것들을 사랑하지 말라"고 가르친다.

—『지구의 적들』

■ 도미니끄 메다

복지의 측정은 가능한가?

행복이나 복지는 기본적으로 주관적이다. 효용이란 개인 각자의 효용일 뿐이며 프랑스 국가회계 전문가가 설명하듯이 "효용이란 오로지 주관적 판단일 뿐이며, 개인의 선호 크기를 종합하여 국가의 선호 크기를 도출하는 것은 명백히 불가능하다는 것을 증명했다. 따라서 이론적으로 볼 때 국가복지라는 개념은 근거가 없는 말이다." 이보다 더 명확할 수는 없다. 그리고 근본적인 문제가 바로 여기 있다. 수많은 재화—그리고 가장 중요한 재화—는 곧 집단적인 것이다. 다시 말해 이는 우리 모두에게, 우리 사회에 그리고 복지와 발전에 좋은 재화이고 특정한 사람이 소유할 수 없는 것이다.

여기서 잠깐 국내총생산과 복지의 관계를 살펴보자. 오래전부터 경제학자들은 국내총생산을 복지의 지수로 사용하는 데 합의하지 못했다. 1949년 뻬루(F.

Perroux)는 『국가회계』에서 이렇게 썼다. "특정 주민들의 복지를 잘 반영하는 가장 적절한 지수가 시장가격으로 표현된 국민총생산이라는 사실은 부정하기 어렵다. 하지만 정말 복지를 측정하려면 1) 특정 기간 동안 개인들이 혜택을 보는 모든 재화와 써비스가 기록되어야 하며 2) 이를 얻기 위한 노력이 정확하게 평가되어야 하고 3) 가격이 재화와 써비스의 모든 한계효용을 반영해야 한다. 하지만 이런 조건들은 전혀 충족되지 못하고 있다."

씨몽 노라(Simon Nora)는 1953년 프랑스 국립행정대학원 강의록 『국가회계와 국가예산에 관한 고찰』에서 이렇게 지적했다. "국가의 복지를 측정하기 위해서는, 이 개념이 많은 문제를 안고 있음에도 불구하고, 아마 시장가격의 국민 순익이 가장 적합한 지수일 것이다. 국민 순익이나 총수익은 민간의 재건 노력이나 전쟁 같은 경우 국가의 잠재적 동원력을 평가하는 데 기초로 사용될 수 있기 때문이다." 두 저자는 모두 경제재건이라는 관점에서 복지를 논하고 있는데 이것은 위에서 살펴본 공리주의적 관점이라고 하겠다. 그런데 1970년대부터는 물질적 자원의 증가와 함께 복지의 정의가 변해서 이제 더이상 물질적인 것에 한정될 수 없다. 이 문제에 관심있는 대부분의 경제학자들은 국내총생산을 복지의 기준으로 보기를 거부한다.

—『부란 무엇인가?』

■ 조지 오웰

신언어가 지배하는 멋진 신세계

"단어의 파괴는 좋은 일이죠. 물론 쓰레기가 가장 많은 것은 동사와 형용사입니다. 하지만 내다버릴 수 있는 명사도 수백개나 되지요. 유의어뿐 아니라 반의어도 말입니다. 결국 다른 단어의 반대말이 존재해야 하는 이유가 있나요? 단어들은 스스로 그 반대 의미를 내포하고 있는데 말이죠. 예를 들면 '좋다'를 보세요. '좋다'라는 단어가 있는데 굳이 '나쁘다'라는 단어가 있을 필요가 있나요? '좋지 않다'라는 단어면 충분하며 '좋다'의 정확한 반대라는 점에서 기존의 '나쁘다'보다 더 훌륭한 셈이죠. 그리고 '좋다'라는 단어보다 더 강한 의미를 전달하고 싶다면 굳이 '훌륭하다' '굉장하다'와 기타등등의 수많은 불명확하고 불필요한 단어를 가질 필요가 있나요? '아주 좋다'가 이런 모든 단어의 의미를 포괄하고, 만일 더 강한 단어를 원한다면 '곱절로 아주 좋다'라고 하면 될 것을 말입니다. 당연히 우리는 이미 이러한 형태의 단어들을 쓰고 있지만 신언어의 최종적 단계에서는 다른 단어는 모두 삭제해야겠지요. 요약하자면, 좋은 것과 나쁜 것은 여섯 단어만으로 가능하며 실제로는 단어 하나라고도 할 수 있습니다. 윈스턴, 이제는 신언어의 독창성을 알겠죠? 그러고는 맨 나중에 덧붙였다. 물론 아이디어는 빅 브라더에게서 나온 것이에요."(…)

"당신은 신언어의 진정한 목적이 사고범위의 축소임을 정말 모른단 말인가요? 결국 표현할 수 있는 단어가 없어서 생각을 통한 범죄란 말 그대로 불가능해질 것입니다. 필요한 모든 개념은 각각 그 의미가 명확하게 규정된 단 하나의 단어로 표현될 것입니다. 모든 부차적인 의미는 제거되고 잊힐 테죠. 제11판에서, 이미 우리는 그 결과에서 멀지 않습니다. 하지만 이 과정은 당신과 내가 죽은 다음에도 오랫동안 지속될 것입니다. 매년 단어의 수는 줄어들고 생각할 수 있는 범위도 축소될 것입니다. 이미 생각을 통한 범죄에는 핑계나 이유가 존재하지 않습니다. 그것은 다만 자기통제의 문제이고 자기규율의 문제일 뿐이죠. 결국은 이런 규율도 불필요하게 될 것입니다. 언어가 완벽해지면 혁명은 완수되는 것이죠. 그는 일종의 의미심장한 만족감을 나타내며, 신언어는 영국사회주의이고 영국사회주의는 신언어라고 덧붙였다. 윈스턴, 아무리 늦어도 2050년에는 지금 우리의 대화를 이해할 수 있는 인간이 한명도 살아 있지 않을 것이라는 사실을 상상해본 적이 있나요?"

—『1984』

■ 자끄 싸삐르

경제학자들이 초래한 주검들

현재 러시아의 과다 사망률은 사회 및 보건 체제의 파괴에서 일부 비롯되는데, 이는 제프리 싹스(Jeffrey Sachs)에서 스탠리 피셔(Stanley Fischer)까지 러시아 정부의 자문을 담당한 경제학자들이 강요한 예산삭감의 결과라고 할 수 있다. 이 경제학자들은 자신의 잘못된 자문이 초래한 절망적 상황과 막다른 골목 같은 현실을 책임져야 한다. 청소년의 자살률은 치솟고 매춘이나 범죄의 상승을 촉진하는 행위 역시 보편화되었다. 이들 전문가들이 라틴아메리카, 구체적으로 오늘날 아르헨띠나에서 주창된 정책들이 일상생활의 틀을 얼마나 심하게 악화했는지의 사례는 헤아릴 수조차 없다. 국제통화기금의 처방으로 인도네시아의 경제는 침체했고 사회는 종족간 분쟁과 내전으로 분열 직전까지 갔는데, 그 반대로, 특히 외환통제 같은 조치를 채택하여 국제통화기금과 정반대의 정책을 편 말레이시아는 1997년의 위기를 상당히 잘 극복했다. 물론 책임있는 경제학자들이 우리가 언급한 다양한 재앙을 원한 것은 아니다. 그들 대부분은 최대한 좋은 의도로 경제적인 자문에 응했다. 우리는 윌헬름(Wilhelm) 2세가 제1차 세계대전의 참상을 보고 한 말을 기억해보자. "내가 이것을 원한 것이 아닌데"라고 말했다. 그리고 전(前) 국제통화기금 총재 미셸 껑드쒸(Michel Candessus)가 국제통화기금의 정책으로 러시아가 "거짓의 문화 속에 제도적 사막"이 되어버렸다고 한 고백을 상기할 필요가 있다. 중요한 것은 의도가 아니라 결과다.

—『경제적 대안』 2003년 3월호 인터뷰

■ 아르망 파라시

통계는 부와 빈곤 그리고 성장과 파괴를 혼동한다

　육개월 전부터 월급을 받지 못하고 대륙간 미사일과 수륙양용 장갑차가 있는 시베리아의 부대에서 추위에 떨며 밤을 새는 러시아 군인이 눈앞에 보이는 호랑이를 잡아 뼈와 가죽을 국경에 갖다 팔면 3년 생활비가 생긴다고 했을 때, 이 유혹을 극복하려면 그는 강철 같은 양심을 지닌 사람이어야 할 것이다. 자연에 대한 폭력은 부자가 되려고 자연을 파괴하는 부자들의 짓이기도 하지만 생존하기 위해서 투쟁하는 가난한 사람들의 짓이기도 하다. 따라서 자연을 보호하려면 빈곤과 낭비에 대한 양면의 투쟁을 전개해야 한다. 이들은 대립적이라기보다는 보완적인 문제이기 때문이다.

　우리 사회는 부족과 낭비를 동시에 안고 발전하며, 재화와 필수품을 동시에 생산한다. 그것은 기름진 음식을 만들어내면서 동시에 다이어트에 대한 강박관념을 생산하는 것과 마찬가지다. 어떤 의미에서는 부와 빈곤의 차이 그리고 성장과 파괴의 차이가 사라져버린다. 경제학자나 통계학자의 눈에는 자동차의 병목현상이 일으키는 소음이나 과잉설비, 의료지출 등도 모두 부의 상징으로 계산된다. 또한 광천수를 판매하는 물장수가 부자가 되면 그것은 도시 수돗물의 공해로 인한 비용이 아니라 삶의 질이 향상된 결과로 계산된다. 마찬가지로 부정적 변화의 상처를 치료하기 위해 낭비된 자금도 긍정적 변화의 요인으로 계산된다.

　그렇다면 대중소비와 그 큰언니뻘인 산업화의 꿈은 무엇인가? 그들이 꿈꾸는 것은 상품으로 만들어진 백마 탄 왕자님이고, 생산 기계가 뱉어내는 재화를 다시 소비해대는 기계들이다. 생산자가 자연에서 빼앗아온 것을 소비자는 쓰레기로 돌려준다. 이 과정에서 소비자는 엄청난 진정제 효력을 지닌 조직적 낭비의 일꾼이 된다. 이처럼 무서운 마취에 취해버린 정상적 정신의 소유자라면 신호등에서 다른 신호등으로 이동하는 것을 빼고는 다른 자유를 상상해서는 안된다. 그렇지 않으면 커다란 비용을 치르게 된다. 이런 훌륭한 결과는 사람들의 지혜와 분별력에 미리 손쓰지 않고서는 불가능하다. 또한 자연 파괴의 모습으로 대표되는 지구 파괴와 인간적·사회적·정신적 부패를 하나로 묶지 않고서는 이런 결과를 얻기 힘들다.

—『지구의 적들』

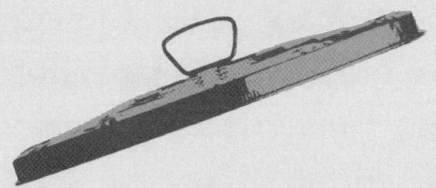

4장

시장과 경쟁

> 경쟁이라는 이름을 지닌 영원한 전쟁.
>
> 카를 맑스

이로써 우리는 경제전쟁을 치를 준비가 된 셈이다. 아니면 적어도 "군인들이여, 전쟁이다! 우리의 시장점유율을 향해 돌진하라"고 외치는 지도자의 선동을 이해할 준비가 되었다. 우리는 공격하기에 앞서 '경쟁' '시장의 법칙' '세계화' '개방의 필요성' '정글의 법칙' 등과 같이 눈에 띄는 개념들을 이해해보도록 하자. 시장을 향한 돌진은 좋다, 그런데 시장이란 무엇인가?

프랑스어에서 시장을 의미하는 마르셰(marché)는 marched에서 marchié 혹은 marcié라는 형식을 거쳐 형성되었고, 고맙다는 의미의 메르씨(merci) 또는 중개자이자 달변의 신(神) 메르퀴르(Mercure)로 변했다.[1] 시장이란 결국 중개상과 궤변학자의 영역인 셈이다! 헤르메스[2]의 첫 등장은 암소 도둑의 모습으로 신통치 않았다. 하지만 도둑질을 잘 감추었다. 그가 아폴로에게 들켜 일이 들통 나자 제우스는 그에게 소유권을 존중해야 한다고 경고했으며, 그와 계약을 맺어 교역을 활성화하고, 메씨지를 전달하며 여행자들의 자유로운 이동을 보살피는 날랜 발을 지닌 전달자로 임명했다. 그는 제우스에게 거짓말을 하지 않겠다고 약속했지만 "모든 진실을 반드시 말하겠다고 약속하지는 않았다."[3] 결국 시장이란 불투명성과 거짓으로 시작되었다.

먼저, 경쟁적 시장이란 무엇인가?

위대한 전문가의 말을 들어보자. "완전경쟁시장은 네가지 조건하에서 성립하며, 조건이 충족되면 시장 내부에서 활동하는 행위자들의 '전략적 고립'이 실현되는 것을 보장한다. 달리 말해서, 이들이 내리는 결정들 사이에는 어떠한 의식적 상호관계도 존재하지 않는 상황을 의미한다."[4]

첫째 조건: 파는 사람과 사는 사람의 수가 무척 많다. 개인적 교환의 양은 전체 교환량과 비교했을 때 무시해도 좋을 정도로 적다.

둘째 조건: 자유교환의 조건으로 시장에 참여하려는 사람들에게 어떤 장벽도 존재하지 않으며 따라서 담합은 불가능하다.

셋째 조건: 교환되는 물건들은 동질적이다. 달리 말해서, 물건의 종류만큼 많은 시장이 존재한다. 그리고 파는 사람은 사는 사람이 누구인지에 아무런 관심이 없고, 그 반대도 마찬가지다.

넷째 조건: 경제적 행위자는 완전한 실가격 정보를 보유하고 있다. 다른 가격의 공존은 불가능하다. 왜냐하면 사는 사람은 가장 낮은 가격으로 몰릴 것이고, 이로 인해 파는 사람도 여기에 가격을 맞출 수밖에 없기 때문이다. 이것이 그 유명한 투명성의 가정이다.[5] 아! '투명성이라!' 이것이야말로 경제학자뿐 아니라 일반적으로 모든 거짓말쟁이의 정신 속에 가장 굳건히 뿌리내린 신화 중 하나다! 모든 것을 전부 안다! 이야말로 불확실성이 사라진 행복과 편안한 세상이 아닌가!

물론 이런 조건들은 완전히 유토피아적이고 이상적이며, 더욱이 단순히 이데올로기적이다. 즉 하나의 꿈이나 교리를 나타낼 뿐이다. 하지만 모든 경제학자가 즐겨 반복적으로 주장하듯이 이들은 하나의 '출발점'이다. 이상에서 출발하여 '불완전한 경쟁'이라는 현실을 향해 접근해가자는 것이다. 1970년대까지 긴 기간 동안 경제학자는 완전경쟁의 꿈이라는 이상 속에 머물렀다. 이제서야 그들은 석유, 설탕, 자동차, 주식시장 등 불완전하지만 실질적인 시장에서의 가격을 설명하려는 노력을 펼치고 있다.

시장이 가격을 결정하는가?

네!라고 당신은 소리친다. 당신은 하이에크, 프리드먼 그리고 자유주의자들과 함께, 사회에 관한 수백만 정보를 가격이라는 '진실'로 종합할 수 있는 능력이 시장의 효율성에 있다고 소리친다. 정보는 소비자의 취향이나 필요, 욕망과 계산에 관한 것이자 기업의 기술과 계산에 관한 것이다. 자유주의 사상가 프리드리히 폰 하이에크(Friedrich von Hayek, 1899~1992)는, 시장은 정보를 수집, 처리, 종합하는 데 무한한 능력을 지녔다고 본다. "우리가 아는 모든 것과 모르는 모든 것을 가격은 말하고 있다." 시장이란 거대한 컴퓨터처럼 기능한다. "시장이란 강력한 계산기구로서 컴퓨터이자 쏘프트웨어이며 알고리즘으로서 따라갈 수 없는 결과를 만들어낸다. 시장은 수많은 신호를 만들어내며 이는 질서와 효율을 창출한다."[6] 이것이야말로 하나의 망상을 현실화하고 도구화하는 것이 아니고 무엇이겠는가. 경제학자들은 자주 시장을 전지전능하고 모든 것을 통제할 수 있으며 동시에 국민을 보호하려는 독재자에 비교하곤 한다. 하지만 우리는 가장 성능이 뛰어난 컴퓨터라 할지라도 기하급수로 증가하는 가능성을 계산하기에는 한계가 있다[7]는 사실과 전지적인 계획자를 꿈꾸는 것이 얼마나 부질없는지도 알고 있다. 전지전능한 시장의 손은 아마도 신의 손이라 말할 수 있으며, 이 둘은 모두 보이지 않는다.

장 갑쎄비츠(Jean Gabszewicz) 교수의 의견을 들어보자. 갑쎄비츠 교수는 매우 솔직하게도 앞의 네가지 조건을 하나하나 느슨하게 만들어 불완전한 경쟁이라는 현실에 가깝게 접근한다. 그의 책의 결론으로 달려가 살펴보면 "이 분석의 결과 이들이 시장의 작용을 설명하는 능력에 대해 어떻게 일말의 의심을 나타내지 않을 수 있겠는가? 완전경쟁의 이론에 비해 불완전경쟁의 이론은 어느정도 세련되기는 하지만 그래도 특정한 다수의 모델, 상황에 따라 또는 특정한 모델의 설명을 위해 선택된 즉각적 모델들을 '짜깁기'한 것으로밖에는 보이지 않는다. (…) 불완전경쟁의 연구는 게다가 미시경제학 이론의 주요 질문 중 하나인 가격이 어떻게 형성되는가에 답하지 못했다. (…) 이 이론들은 개인적으로 내린 결정이 어떻게 가격으로 조정되는지의 문제를 설명하지 못한다. 특히 행위자의 수가 적을 경우 조정의 문제가 단순화된다는 사실에 대해서 말이다. (…) 또한 이들은 수확체증 효과나 가격을 통한 개별적 결정의 조정 문제와 같은 질문에 만족할 만한 답변을 제공하지 못한다."[8]

이렇게 길게 인용하여 미안하지만, 그의 결론은 무섭다. 여기서 우리는 『무용지물 경제학』을 덮고 담론으로서 경제학은 아무런 의미가 없다고 선언할 수 있을 것이다. 갑쎄비츠는 급진좌파도 아니고 모자라는 맑시스트도 아니며, 진보를 거부하는 공동체주의 종교집단의 미치광이도 아니다. 그는 전통적 경제학 교육을 받은 완벽한 자유주의자다. 그는 다른 시나 주문을 반복적으로 외우는 것과 마찬가지로 완전경쟁이라는 '신화'를 되뇌이는 것 외에는 아무것도 말할 수 없다고 주장한다. 가장 위대한 경제학자들이 만들어놓은 경제학이 어떻게 가격이 형성되는지조차 설명할 수 없다니, 정말 '아무것도 말할 수 없는 것'은 아닌가? 눈을 비벼보아도 좋다. 여러분은 꿈을 꾸는 것이 아니다. 그렇다고 모든 정통 경제학자가 갑쎄비츠처럼 생각하는 것은 아니라고 생각하는가? 틀렸다. 정말 모두? 그렇다, 정말 모두. 물론 50년 전부터 경제학 책을 펴보지 않은 경제학자들 몇명이 예외일 수는 있겠다. 왜냐하면 가장 대표적이고 완벽한 정통경제학자들이 경쟁의 개념을 분해하기 시작한 것이 50여년 정도 되었기 때문이다.

"경제학자에게 연말 에너지 가격이 정확히 어느 수준이 될 것이냐고 예측하라는 것은 진화를 전공하는 학자에게 다음번에 진화할 종은 어떤 것이냐고 묻는 것과 마찬가지다."

정직한 경제학자에게는 가격형성 이론이 없다. 여러분은 내가 과장한다고 생각할 것이다. 그러나 아니다. 여러분이 갑쎄비츠나 까웍(Pierre Cahuc)을 믿지 않는다면 노벨상 수상자 애로우(K. Arrow)의 말에 귀 기울여보라.[9] "경제학자에게 연말 에너지 가격이 정확히 어느 수준이 될 것이냐고 예측하라는 것은 진화를 전공하는 학자에게 다음번에 진화할 좋은 어떤 것이냐고 묻는 것과 마찬가지다."[10] 이 인용문의 엄청난 의미는 생물학을 기준으로 비교한다는 점과 무기력함의 토로라는 점이다. 그렇다면 당신은 경제학자가 목수나 치과의사로 직업을 바꿀 것이라고 생각할 것이다.[11] 물론 아니다. 그러면 우리 경제학자는 무엇을 할까? 그는 신화로 돌아간다! 이상으로! 유토피아로! 맑시스트가 만일 부르주아 계급의 악의적인 저항만 없었다면 실현했을, 인간에 대한 인간의 수탈을 폐지시키고 요리사가 오전에는 프루스트(M. Proust)를 읽고 저녁때는 플룻을 연주하는, 지구상의 영원한 행복의 완벽한 사회주의로 돌아가듯이 말이다. 어휴! 하지만 영원한 행복은 요원한 반면 사회주의에 대한 저항으로 인해 정치범 수용소는 넘쳐날 수밖에 없었다. 완전한 경쟁은 많은 나라를 빈곤하게 만들고 지구를 파괴한다. 후자가 조금 쏘프트해 보인다. 이『무용지물 경제학』에서 경쟁의 신화를 파헤쳐서 어쩌자는 말인가? 하는 김에 씨시포스(Sisyphos) 신화나 호메로스를 다시 읽어야 하나? 그것은 아니다. 왜냐하면 완전경쟁의 신화는 우리에게 강요하고 세뇌하는 경제학의 교리에 눈뜨게 해줄 것이기 때문이다. 이를 통해 우리는 가능할 뿐 아니라 실질적이면서도 매우 빈번하게 나타나는, 예를 들면 증여에 기초한, 경쟁과는 다른 종류의 경제관계를 생각할 기회가 생길 수 있다. 따라서 경쟁과 균형이라는 궤변의 향기에 잠시 취해볼 필요가 있다.

쎄이의 법칙

쎄이(J. B. Say)[12]는 자동적 균형의 법칙을 제안했는데, "공급은 스스로의 수요를 창출한다"로 요약할 수 있다. 만일 공급이 있다면 이에 정확하게 해당하는 수요가 나타날 것이고 따라서 균형과 조화가 지배한다는 것이다. 쎄이의 법칙은 상식에 기초한 무척이나 강력하고 설득력있는 원칙이다. 나는 자동차를 만든다. 따라서 노동력에 임금을 지불한다. 노동자는 빵과 자동차를 산다. 그런데 빵을 파는 사람 역시 노동자에게 임금을 주고, 이들 또한 빵과 자동차를 산다. 노동의 측면에서 보면 이 법칙은, '나는 내 노동을 공급한다, 따라서 빵과 자동차를 만들려는 노동의 수요자를 만나게 된다'고 할 수 있다. 결국에는 빵, 자동차, 노동 등 모든 시장에서 공급자가 수요자를 만나게 된다. 쎄이의 법칙은 발라의 일반균형(general equilibrium)을 묘사하며 경제 흐름의 근본적인 원을 그린다. 나는 자동차를 만들었으니 그것을 팔아야 한다. 아니면 위기와 도산이 나를 기다린다. 내가 노동자들에게 임금을 주면 그들은 내 자동차를 살 것이다. 공급과 수요다. 존 포드(John Ford)가 주장한 "나는 내 노동자들이 내 T-4를 사도록 높은 임금을 주는데, 그들은 차가 검은색이라는 조건만 충족한다면 자신들이 원하는 색의 T-4를 살 수 있을 것"이라는 말도 바로 이런 법칙을 반영한다. 그는 경제의 건전한 균형을 묘사했는데, 공급은 소비되어야 하고 수요는 만족되어야 한다는 것이다.

케인즈는 그의 주요 저작 『고용, 이자 및 화폐의 일반이론』(1936)을 쎄이의 법칙과 일전을 벌이기 위해 썼다. 그는 실업의 존재가 쎄이의 법칙이 기능하지 않다는 반증이라고 주장했다. 이런 반론에 쎄이와 그의 후예들은 완벽한 답을 가지고 있는데, 그냥 내버려두면 **언젠가는** 법칙이 제대로 기능하리라는 말이다. 언젠가는 다른 기업이 실업자를 원하게 될 것이다. 왜냐하면 임금은 하락할 것이고, 따라서 노동력은 저렴해질 것이며, 따라서…… 그리고 만일 임금이 하락하지 않는다면 이는 노동조합, 마피아, 최저임금, 해고금지 조항, 국가간 노동력의 자유로운 이동 방해 같은 자유 노동시장의 유연성에 장애들이 존재하기 때문이다. 내버려두고, 통과하게 놓아두면, 언젠가는 정상을 찾을 것이다. 이에 대해 케인즈는 "언젠가는 나는 죽을 것이다"라고 답변했다. 장기적으로 보면 우리는 모두 죽을 것이다.

> **쎄이의 법칙** '공급은 스스로의 수요를 창조한다'는 고전학파의 오래된 명제. 생산(공급)하면 생산물 가치만큼 소득이 창출되고 이 소득이 수요(구매)로 이어지므로, 과잉생산은 발생하지 않는다. 따라서 국민소득은 전적으로 공급에 의해 결정되며 수요는 전혀 영향을 주지 못한다.

쎄이의 법칙은 특히 금융과 관련될 때 잘 확인된다. 나는 융자를 얻으면 언젠가는 갚을 것이다. 수요와 공급이 일치한다. 균형이다. 모든 융자는 상환되기 마련이다. 맞는 이야기지만 만일 그사이에 융자받은 사람이 죽어버리면, 만일 고리대금업의 나라에서처럼 융자가 세대에서 세대로 이전된다면…… 거참, 조용하라니까. '언젠가는'이라고 말하지 않았는가.

쎄이의 법칙에 대해 뭐라 말할 수 있겠는가? 아무 말도 할 수 없다. 만일 당신이 실업이 존재한다고 지적하기라도 하면 곧바로 노동시장이 충분히 유연하고 효율적이지 못하기 때문이라고, 사회적 경직성이 균형을 방해한다는 대답이 돌아온다. 자, 이 모든 장애물을 없애버리고 사회적 법이니 뭐니 다 치워버린 다음에 한번 살펴보라고 그들은 말한다. 이것이야말로 공산주의자의 논지와 꼭 닮았다. 제대로 되지 않는다고? 그 이유는 공산주의가 충분히 도입되지 않았기 때문이야! 신화에 대한 현실의 저항이 너무 크다는 말이다! 결국 자유주의란 현실을 신화에 끼워맞추려는 시도다. 신화는 잘못될 수 없기 때문에 현실이 잘못되었다는 말이다. 어느날 모리스 알레(Maurice Allais)는, 여기서 이름을 밝히지는 않겠지만, 노벨상 수상자를 상대로 장난쳤다. 그는 불확실성의 상황에서는 경제적 행위자들이 비합리적이라는 사실을 증명하는 실험을 하도록 했다. 이에 경제학자는 뭐라고 했겠는가? "이론이 틀린 것이 아니라 현실이 틀린 것이죠."[13]

독실한 후계자들이 발가벗긴 신부(新婦)

다행히도 필연적 균형의 법칙인 '쎄이의 법칙'은 이를 최고의 자리까지 올려놓은 자유주의 경제학자들이 스스로 파괴했다.[14] 그들은 끊임없이 1) 시장은 효율적이지 않다 2) 시장이 균형이나 조화로 이끈다는 것은 사실이 아니다 3) 수요와 공급의 법칙은 의미가 없고 존재하지 않는다 4) (적어도 경제학자라는 이름을 제대로 단 사람이라면) 자유주의시장이라는 개념을 기초로 해서는 경제정책을 수립할 수 없다는 점을 지적해왔다. 이 문제에서 가장 흥미로운 사실은 각종 모임에 등장하는, 수염 기르고 모자란 극좌파들이 아니라 드브뢰, 알레, 애로우 및 그 제자들이 이 성곽을 집중적으로 공격했다는 점이다.

쎄이의 법칙이란 노동, 토마토, 보험계약 등 경제의 각종 시장에서 동시에 균형을 창출해내는 수요와 공급의 법칙에 대한 직관적인 표현이다. 다른 법칙들도 마찬가지다. '상식적'인 사람들은 발라처럼 특정 품목의 가격이 올라가면 덜 팔릴 것이고, 그 반대도 마찬가지라고 생각한다. 문제는 사람들의 욕구가 상호의존적이라는 점이며, 개인에게 있어서도 모든 것이 상호의존적이라는 점이다. 달리 말해서, 하나의 시장이 고립된 경우는 없다. 내 휘발유 수요는 내 토마토나 CD, 보험계약, 자동차 수요, 그리고 노동 공급과 연결된다. 하지만 자유주의자에게 양보해서 개인들이 고립되었다고 가정해보자. 그러면 그들은 가격밖에 보지 못한다.

수요와 공급이 고립된 방식으로 자유롭게 모든 시장에서 작동한다고 할지라도 이것이 하나의 균형을 향한다고 설명하지는 못한다. 결과는 수많은 균형점이 존재할 수도 있고, 전혀 균형이 없을 수도 있다. 케인즈는 아주 오래된 수요와 공급의 법칙이 적용되는 증권시장(나는 증권시장에서 주식 가격이 올라가면 주식을 사고, 채권가격이 내려가면 채권을 판다)에서조차 균형은 존재하지 않는다는 대단한 직관을 가졌었다. 1970년대에 드브뢰, 존넨샤인(Sonnenschein)과 다른 수많은 학자들은[15] 전반적으로 시장은 아무런 균형에도 도달하지 않는다고 증명했다. 이들이 유명한 존넨샤인 정리[16]에서 수요자의 정상적인 행동으로부터 수요와 공급의 '정상적' 법칙을 도출할 수 없다는 증명이 더욱 의미심장하다. 더욱 몸서리칠 사실은 수요자와 공급자의 미친 듯한 또는 무의미한 그 어떤 행위에서도 가격체계가 형성될 수 있다는 점이다. 부연하자면 수요와 공급의 '법칙'은 형태가 없다. 수요와 공급의 '법칙'도 퇴출되어야 하고, 균형과 그 유일성, 균형을 향한 수렴도 퇴출되어야 한다. 시장을 통한 조화도 퇴출되어야 한다. 결론은 누구나 "그것은 수요와 공급의 법칙이다"라고 말할 수 있지만 경제학자만은 그런 말을 해서는 안된다.

시장의 비효율성을 되레 증명한 용의자의 딜레마

그냥 내버려둔 사회의 사회적 조화, 즉 '보이지 않는 손'은 자동조정되는 시장의 효율성을 강조한다. 하지만 용의자의 딜레마를 통해 자유주의 경제학자들은 스스로 시장의 비효율성을 증명했다. 이것이야말로 흥미로운 사실이 아닌가?

1994년 노벨상 수상자이자 소설도 쓰고 영화도 만드는 별난 수학자 존 내쉬(John Nash)는 1951년 경제학에 무척이나 중요한 결과[17]를 발표하여 경쟁이라는 개념을 날려버렸다. 두 용의자가 한 건물에 수감되었다. 그중 한명은 엄청난 범죄를 저질렀는데 그가 누구인지는 모른다. 이들은 서로 완전히 떨어져 있으며 상호소통할 방법은 없다. 교도소장은 이들을 차례로 만나 이렇게 제안한다. "너는 범행을 자백했는데 곧 만날 다른 사람이 자백하지 않으면 너는 종신형을 선고받고 다른 사람은 석방될 것이다. 또는 네가 결백하다고 맹세하며 자백하지 않고 상대방도 자백하지 않으면 너희 둘은 모두 20년 형을 선고받을 것이다. 또는 너도 자백하고 상대방도 자백한다! 그러면 나 교도소장은 여전히 누가 범인인지 모를 것이다. 하지만 그래도 범인이 자백을 했으니 나는 이를 참작하여 각자에게 10년 형을 줄 것이다. 요약하자면 1) 네가 자백하고 상대방이 하지 않으면 너는 종신형이고 상대방은 석방된다. 2) 너도 상대방도 자백하지 않으면 둘 다 20년 형이다. 3) 둘 다 자백하면 모두 10년 형이다. 어쩔 것이냐?"

딜레마다. 자백할 것인가, 자백하지 않을 것인가? 내가 자백하고 다른 녀석이 하지 않으면 나는 평생을 감옥에서 보낸다. 나도 그녀석도 자백하지 않으면 우린 모두 20년을 썩는데, 그놈이 자백하면 나는 석방될 수도 있다! 우리 둘 다 자백하게 되면 10년만 보내면 되는데…… 유일한 가능성은 자백하지 않는 것이다. 왜냐하면 자백하지 않을 때의 결과인 0 또는 20년이 자백할 경우의 10년이나 종신형보다 낫기 때문이다.

나는 나 자신만을 위한 전략을 택한 셈이다. 이것이 바로 경쟁이다. 상대방도 나처럼 행동할 것이기 때문에 결국 둘 다 20년 형을 받을 것이다. 만일 자신만을 위한 전략이 아니라 집단에 대한 믿음을 지니고 상대방이 마찬가지일 것이라는 확신이 있었다면 둘은 각자 10년 형만 받았을 것이다. 이는 '협력'의 방법이었다. 만일 둘이 협력할 수 있었더라면, 결정하기 전에 서로 귓속말을 주고받을 수 있었더라면 우리는 둘 다 자백을 선택했을 것이다. 물론 상대를 무한히 믿어야 가능한 일이다. 우리의 행복은 상대방의 이기주의에서 오는 것이 아니라 반대로 그의 착한 마음에서 비롯된다고 생각해야만 가능하다는 것이다!

이제는 더 교육적인 용의자의 딜레마의 둘째 버전을 살펴보자. 두 사람에게 종이에 '네' 또는 '아니요'를 쓰라고 제안한다. 그들의 보수표(matrix of gain)는 다음과 같다. 각 칸에서 왼쪽의 수는 '가'의 보수이고 오른쪽은 '나'의 보수다. 예를 들어 '가'도 '네'이고 '나'도 '네'이면 '가'는 2, '나'도 2를 획득한다.

이런 게임에서 합리적 개인은 상대방이 '아니요'를 쓸 수 있기 때문에 '네'라고 쓰는 위험을 감수할 수 없다. 그는 결국 '아니요-아니요'라는 균형을 선택하게 되는데 이는 좋은 결과가 아니다. "각 행위자는 상대방의 선택과 상관없이 자신에게 가장 높은 수확을 안겨주는 지배적인 전략

나 \ 가	네	아니요
네	2 \ 2	3 \ 0
아니요	0 \ 3	1 \ 1

을 선택하는 것이 이롭다. 협력을 만들어내는 조정이 이루어져야만 낭비를 피할 수 있는 것이다. 전통적인 미시경제학은 경쟁적 시장이 효율적일 수 있다는 직관을 이론화하는 목적을 가졌다. 게임이론은 반대로 분권화된 결정이 내포하는 조정의 필연적 부재가 낳는 문제점을 지적했다."[18]

물론 '용의자의 딜레마'가 완전경쟁의 핵심 가설인 결정의 독립성에 문제제기를 한 것은 아니라는 점을 충분히 이해해야 한다. 절대적 고독의 개인, 그의 완전한 자율성 그리고 그가 자신의 단순한 책임하에 완벽한 자유 속에서 스스로 결정을 내린다는 사실은 그대로 남아 있다. 문제는 다른 사람의 미래 행동을 고려하는 것 자체가 이미 한 사람의 결정에 영향을 준다는 데 있다. 누구나 전투에서는—경제는 전투라고 귀에 대고 소리치는 세상에 살고 있다—적이 어떻게 행동할지를 간파하려고 애쓴다. 내가 다른 사람의 행동을 예상한다는 면에서 우리네 사고영역은 '전략적'이라 할 수 있다.

'과잉생산의 위기'를 예로 들어보자. 나는 내 이웃이 시장에 내다 팔기 위해 돼지를 많이 생산해낼 것으로 예상한다. 그리고 나는 그들보다 돼지를 더 많이 생산하기로 결심한다. 따라서 집중적 암퇘지 축산에 돌입한다 (이것은 현재 브르따뉴 지방의 현실이다)! 내 이웃은 내가 과잉생산할 것을 예상하고 자신도 축산의 규모를 늘린다. 결과는 우리 모두 돼지 홍수를 만들어내고, 돼지의 가격은 폭락하며, 결국 모두 망하게 된다.

국제무역의 예를 들자. 나는 유럽인의 입장에서 미국이 지원금을 통해 세계시장에 식량을 대거 수출할 것이라고 예상한다. 그럼 나는 어떻게 하는가? 우리 농민에게 지원금을 더 많이 지불한다. 미국은 나의 지원정책을 예상하고 지원을 더 많이 해준다. 결과는 과잉생산이며, 개도국에 과잉농산물 퍼붓기이며, 현지농업의 파탄과 도시를 향한 이농현상, 그리고 도시 빈곤지역의 양산이다.

이로써 보이지 않는 손 이론은 완벽하게 침몰한다. 경쟁은 나쁜 결과를 낳고 반대로 협력은 좋은 결과를 잉태한다. 자유주의 사고와 자율적 조정 능력이 있다는 시장의 개념에 용의자의 딜레마는 재앙이다. 이것은 단순히 작은 모델이 아니라 정치경제학의 근본 축이라는 사실을 우리는 잘 이해해야 한다.[19] 게임이론은 발라의 모델, 수요공급의 법칙 모델 그리고 모든 시장의 상호의존성 모델의 개념적 틀이기 때문이다.

> **게임이론** 경쟁 주체가 상대편의 대처를 고려하면서 자기 이익을 효과적으로 달성하기 위해 수단을 합리적으로 선택하는 행동을 분석하는 이론.

'자기실현적 예언'이 창조하는 현실

용의자의 딜레마 모델이 너무 추상적으로 느껴지는가? 실제로는 전혀 그렇지 않다. 우리는 '이기적' 개인과 '집단적' 개인의 게임을 상상해보았다. 브뤼노 방뜰루(Bruno Ventelou)는 재미있는 책[20]에서 서로 무척 다른 사람들이 참여하는 게임을 제안했다. 첫 집단은 비즈니스 스쿨의 학생들로서 경쟁과 이기심으로 훈련받은 합리적이고 이기적이며 자신의 효용을 극대화하는 사람들이다. 다른 집단은 교외의 한 농구팀에 소속된 상당히 연대의식을 지닌 사람들이다. 쉽게 말해서 '경영자'들과 '농구선수'들이라고 하겠다. 첫 집단은 두번째 집단과는 달리 서로를 믿지 않는다. 이제 그들에게 돈놀이를 시킨다.[21] 그들 각 팀은 여덟명씩이다. 각자에게 32장의 카드 중 4장을 준다. 매번 이들은 카드 두장은 계속 가지고 있고 다른 두장을 바구니에 넣는다. 이들은 붉은 카드(모든 붉은 카드는 그것이 하트 킹이건 또는 다이아몬드 7이건 같은 가치를 갖는다, 즉 총 16장)를 가지고 있으면 4유로를 받는다. 반면 바구니에 붉은 카드가 한장 있으면 모두들 1유로씩 받는다. 나는 내 붉은 카드를 바구니에 넣을 수도 있고(집단적 게임), 내가 가지고 있을 수도 있다. 예를 들어 내게 붉은 카드가 두장 있다면, 그리고 이들을 계속 들고 있다면 나는 8유로를 벌 수 있다. 만일 내가 이 두장을 바구니에 던지고 다른 모든 사람들이 나같이 행동한다면 8곱하기 2유로로 16유로를 벌 수 있다. 딜레마다. 이기적이어야 하나, 집단적이어야 하나?

결과는 놀랍다. 경영자들은 이기적으로 행동하고 농구선수들은 집단적으로 행동한다. 그리고 당연히 농구선수들이 이긴다.

그런데 게임이 반복되고 반복되면, 일부 농구선수는 이기적으로 행동하기 시작한다. 이들은 자신은 이기적으로 행동하고 다른 사람들은 바보처럼 계속 집단적으로 행동할 것이기 때문에 다른 사람들이 바구니에 던지는 카드의 보수와 내 손에 쥐고 있는 카드의 보수를 모두 누릴 수 있을 것이라고 생각한다.* 예를 들어 계속 붉은 카드와 검은 카드가 2 대 2로

---

* 자신은 이기적으로 행동하는데 남들은 모두 집단적으로 행동할 것이라고 생각하는 이것이야말로 자유주의의 참혹상을 그대로 보여주는 것이다. 내 쓰레기를 자연이라고 하는 집단에 던져버리는 꼴이다.

분포되어 있다고 할 경우, 나는 내 붉은 카드 두장을 계속 쥐고 있고(8유로) 상대방은 모두 붉은 카드를 바구니에 넣는다(14유로). 나는 합계 8 더하기 14로 22유로를 벌 수 있다! 모두가 집단적인 게임을 하는 경우보다 더 낫다. 하지만 이런 배반은 무서운 결과를 낳는다. 다른 사람들이 이런 술수를 알아차린다. 그다음에는 어떻게 행동할 것인가? 모두 서로를 배반한다. 따라서 점진적으로 경쟁의 상황으로 가게 된다. 결국 '이기심'이라는 경쟁의 아이디어가 게임을 조금씩 좀먹어들어가면서, 결국에는 이기적이고 합리적이며 계산적이어서 조금밖에 얻을 수 없는 '경영자'들과 같은 상황에 도달하게 된다.

이야말로 현대경제에 대한 묘사와 같다. 합리적 예상이 나쁜 균형을 창출한다. 나는 다른 사람들이 이기적일 것이라고 예상하고 다른 사람들도 마찬가지다. 그래서 모두 이기적으로 행동하고 모두가 손해를 본다.

경제가 어떻게 돌아가는지를 설명하는 두번째 근본적인 아이디어는 자기실현이다. 내가 "이기심이야말로 좋은 것이고 훌륭한 것이야"라고 외치기 시작한다면 다른 농구선수들 머릿속에선 어떤 생각이 들겠는가? 그들은 나를 믿고 "그래 경쟁이 좋은 구석이 있어"라고 생각할 것이다. 따라서 그들 사이에 존재하지 않던 경쟁은 스스로를 실현하면서 효과를 발휘할 것이다. 나의 예언은 자기실현적이다. 나는 경쟁을 예상하고 경쟁의 덕목을 찬양한다. 그리고 경쟁을 일부 도입하면 경쟁적인 사회가 되어버린다.

경제에는 경제학의 예언자나 대가 들이 떠들어댄 내용과 예측 들이 만들어낸 '자기실현적 예언'들로 넘쳐난다. "강한 프랑이 필요하다! 프랑은 강해져야 한다"(이러한 1980년대의 자기실현적 예언은 1990년대에 실현되었다). "노동의 유연성이 필요하다!" 그후 불행히도 유연성은 상당부분

실현되었다. "증권시장 만세!" 그리고 사람들은 증권시장으로 몰려갔다. 우리는 앞으로도 다시 이 부분에 대해서 살펴볼 기회가 있을 것이다. "성장 만세! 성장을 만들어내는 계획 만세!" 이것은 영광의 30년을 만들어낸 전후 시기의 자기실현적 예언이다.

결론은 명확하다. 모든 경제적 결정 또는 대부분의 경제적 결정은 다른 사람의 행동이 내 행동에 영향을 미치는 '전략적' 결정의 세계에서 내려지는 결정들이다. 한 방송에서 『로프트』라는, 대중을 대상으로 하는 저속한 프로그램을 만들게 되면 모든 방송이 『로프트』류의 프로그램을 만들게 되어 방송의 전체 질은 떨어진다. 경쟁은 항상 나쁜 결과를 낳는다. 그리고 경쟁은 비효율적이다.

경쟁과 효율성은 비례하지 않는다

1972년 노벨상 수상자 애로우(Kenneth J. Arrow)는 1951년 '불가능성'이라 불리는 정리를 증명했다.[22] 그 내용은 대략 개인적 행위자들이 표현하는 선호를 바탕으로 국가 수준의 경제적 선택에 관한 사회적 질서를 수립하는 것이 불가능하다는 것이다. 물론 독재자가 자신의 비전을 강요하는 경우를 제외한다면 말이다. 개인에서 집단으로 가는 불가능성, 즉 '애로우의 불가능성 정리'는 많은 경제학자들의 관심을 끌었는데, 특히 1998년 노벨상 수상자 아마르티야 쎈(Amartya Sen)은 이에 관해 많은 논의를 하여 그 불가능성을 확인했다. 그것은 개인의 '수요'라는 선택을 통해서 집단적인 '수요'라는 선택을 도출해낼 수 없다는 것이다. 결과는 개인적 선택을 바탕으로 집단적 경제 논리를 도출해내기가 불가능하다면 결국 선택은 정치적이라는 것이다. 모든 사회적 문제에 있어 자유경제는 그 어떤 일관된 결론도 제시하지 못한다. 따라서 경제는 뒷전에 남아 있어야 하고 정치가 전면에 나서야 한다.[23]

> **애로우의 불가능성정리** '투표의 역설'이라고도 불린다. 어떠한 사회적(집단적) 의사결정도 민주적(비독재적)인 동시에 효율적(합리적)일 수는 없다는 뜻이다.

사람들은 애로우의 결과에 많은 중요성을 부여했지만, 이는 무엇보다 하나의 '호기심'을 자극하는 결과라고 할 수 있다. 경제정책에서 가장 파괴적인 결과는 잘 알려지지 않았다. 그것은 '립쎄·랜캐스터(Lipsey-Lancaster) 패러독스'로 1956년 앞 이름의 두 영국인이 발견한 것이다.

문제는 내쉬가 말했듯이 우리가 비효율성 속에 있다는 점이다. 우리에게 커다란 문제는 경쟁을 통해서 조금씩 효율성을 향해 갈 수 있는가, 라는 것이다. 이는 브뤼셀의 모든 정책에 관한 문제이고 북반구 선진국의 모든 경제정책에 관한 문제다(물론 불지르는 소방관 국제통화기금이 개입하는 남반구의 문제이기도 하다). 나는 여러분이 이 문제가 얼마나 중요한지를 이해하기 바란다. 다른 방식으로 문제를 제기한다면 그것은 예를 들어 효율성의 이름으로 분권화를 추진해야 하는가의 문제일 것이다. 답은 물론 결코 아니라는 것이다.

왜냐하면 점진적으로 차근차근 자유화를 한다고 해서 더 효율적이라고 말할 수 있는 경제이론은 존재하지 않기 때문이다. 자유주의 이론은 (강조하지만 자유주의 이론이지 씨애틀이나 제노아의 쾌락주의자들의 이론이 아니다) 바로 그 반대를 이야기한다.

립쎄와 랜캐스터는 완전한 시장이 존재하고 (이전에 드브뢰나 존넨샤인 등이 주장한 것에 비추었을 때 이는 정말 영웅적인 가설이라고 할 수 있다) 사람들은 그 상태를 향해 가기를 원한다고 가정한다. 노동이나 자본의 시장을 점차 자유화하고 그다음에는 민영화하고, 유연화하고, 독점을 없애며, 과거에는 없던 곳에 통행권이나 보호권을 설정하고, 쉽게 말해서 유럽연합이 해온 것을 원할 수 있다고 가정한다. 물론 공공독점 같은 비경쟁의 섬이 존재하기는 한다. 나는 완전히 경쟁을 도입하지 못했기 때문에 내 경제는 완전히 효율적이지 못하다고 가정해보자. 그러면 어떻게 해야 하는가? 나는 유럽의 경쟁담당 집행위원으로서 우체국, 항공, 담배, 주류 등의 독점체제, 교육과 의료의 공공써비스 독점 등이 경쟁의 방해물이 된다고 판단한다. 그래서 이들을 해체시킨다. 그러면 어떤 일이 벌어지는가?

상식적으로 생각하면 경쟁에 가까워질수록 체계는 효율적으로 변해야 한다. 예를 들어 한 국가에 시장이 셋 있는데 그중 둘이 독점시장이고 하나가 경쟁시장이라면 당연한 상식이나 경제학자의 뇌에서 뚝뚝 떨어지는 생각에 의하면 세 시장이 모두 독점적인 나라보다 더 '효율적'이어야 할 것이다. 그리고 한 시장만 독점적인 나라는 이들보다 더욱 효율적이어야 하고 말이다. 그런데 그게 아니다.

립쎄·랜캐스터의 정리는 위의 사고가 틀렸다는 것을 증명한다. 만일 특정 경제의 반경쟁적 부분을 어딘가 건드리게 되면 결과는 **자동적으로 출발점보다 더 나쁜 상황으로 향하게 된다**. 달리 말해서 경쟁은 하나의 전체이기 때문에, 점진적으로 경쟁으로 갈 수는 없다. 모든 것이 경쟁적이거나, 아니면 유럽이 하듯이 '점진적인' 정책으로 갈 필요는 없다는 말이다. 이는 파괴적인 결과를 낳는다. 예를 들어 민영화는 아무런 경제적 정당성을 갖지 못한다. 정치적 정당성은 가능할지 모르지만 경제적인 것은 아니다. 애로우의 불가능성의 정리와 마찬가지로 립쎄와 랜캐스터의 '차선'의 정리는 다시 한번 경제에 대한 정치의 절대적인 우선성을 증명한다.

예를 들어 만일 두개의 독점 상황이 있을 때 그중 하나의 독점을 없애고 다른 독점은 일단 그대로 놓아둔다면, 그것은 상황이 향상되었다는 것을 의미하는가? 경제학의 술판에 참여하는 모든 사람들, 모든 자유주의자들, 브뤼셀의 모든 관료들은 "그렇다!"고 대답한다. 경제학자들, 모든 진정한 경제학자들은 립쎄와 랜캐스터와 함께 "아니다!"고 대답한다. 만일 당신이 하나의 독점을 없애고 다른 것은 놓아둔다면 상황은 오히려 악화될 뿐 당신은 경쟁적 상황으로 다가간 것이 아니다. 아니, 더 멀어졌다고 말해야 한다. 립쎄·랜캐스터의 패러독스는 바로 모든 것, 정말 절대적으로 모든 것——마을의 학교에서부터 세계 석유시장까지 세금, 부과금, 관세, 독점상황, 유행의 효과, 씨너지 효과, 체증의 법칙, 공해, 담합, 기분, 조작, 모방 등이 모두 없는 상황——이 경쟁적이거나 그렇지 않으면 아무것도 아니라는 점이다. 따라서 경쟁상황으로 점차 이행한다는 것은 어불성설이며 '조금씩' 다가갈 수 없는 것이 경쟁이라는 말이다.

립쎄·랜캐스터의 패러독스는 철학적으로 그리고 정치적으로 대단히 중요하다. '점진적 자유화'라는 것은 유토피아이며 순수한 이데올로기적 의지이고 관료나 광신도의 꿈이고 강자의 경제적 계산이며, 자유로운 닭장에 들어간 자유로운 여우의 계산으로서 경제적 효율성에 있어서는 아무런 의미가 없는 말이다. 그렇다면 브뤼셀의 정책은 어떻게 된 것인가? 공공의 독점상황을 하나하나 없애는 것은 전체적으로 더 악화된 상황으로 가는 것이기 때문에 바보 같은 정책일 뿐이다. 우편제도를 '합리화'했다고? 너무나 비용이 많이 드는 작은 마을의 우체국은 문을 닫는다고? 그러면 사람들은 도시로 갈 것이고, 도시에는 폭력이 난무하고, 따라서 효율성이 상실되는 효과가 나타날 것이다. 교외를 다니며 적자만 내는 작은 기차를 없애고 항공기와 경쟁할 수 있고 이윤을 창출하는 고속열차만 남겨두었다고? 그러면 지역경제는 황폐해지고, 또다시 도시로 인구집중, 빈곤층 확산, 자동차의 과용, 공해 등이 발생하게 된다. 립쎄·랜캐스터의 정리 또는 패러독스의 의미는 "모든 것이 서로를 지탱하고 있다. 따라서 하나의 사회적 고리를 절단하면 모든 것이 악화되거나 붕괴되어버릴 수 있다"는 뜻이다. 베를린장벽 붕괴 뒤에 이루어진 러시아의 민영화는 아주 좋은 사례다. 점진적인 경쟁을 추진했고 결국은 모든 것이 파괴된 결과를 초래했다.[24]

"'점진적 자유화'라는 것은 유토피아이며 순수한 이데올로기적 의지이고 관료나 광신도의 꿈이고 강자의 경제적 계산이며, 자유로운 닭장에 들어간 자유로운 여우의 계산으로서 경제적 효율성에 있어서는 아무런 의미가 없는 말이다."

우리가 여기서 경쟁에 대해 너무 많은 시간을 보낼 필요는 없다. 제대로 된 경제학자들은 오래전부터 이 문제에 별 관심을 보이지 않는 대신 광신도와 이데올로기적인 자들만이 여기에 미쳐 있다. 이미 무시무시한 것들로 가득 찬 박물관에 마지막으로 립쎄·랜캐스터 정리를 보완하는 한 가지 부정적인 결과를 덧붙인다면, 바로 그로스먼·스티글리츠(Grossman-Stiglitz)의 정리(또는 패러독스, 1980년)다. 이에 따르면 **시장의 메커니즘은 절대 시장의 기능을 향상시킬 수 없다.**[25] 즉흥적으로 시장이 시장을 창출해내는 것이 결코 아니다. 보다 정치적으로 이 정리를 해석한다면, 시장이라는 것은 절대로 즉흥적으로 생겨나는 것이 아니라 언제나 비경제적으로 만들어진 것이다.[26] 1987년 무(無)에서 주식관련 옵션시장을 세운 발라뒤르(Édouard Balladur)씨나 1969년 외환시장을 다시 설립한 닉슨(Richard Nixon)씨에게 물어보면 알 수 있을 것이다.

그렇지만 '균형'이 있지 않은가. 하지만 '사회적 조화'가 존재하지 않는가. 그 이유는 무엇일까? 그 이유는 물론 비경제적인 다른 관계들이 있기 때문이다. 그냥 경제적 관계들만 내버려둔다면 그것은 단순히 파괴적이다. 이런 사회적 관계에는 사랑과 우정, 봉건적 관계, 복종, 이타주의, 협력, 선물, 신뢰, 무료, 제도, 관습, 법, 약탈 등이 있다. 그러나 특히 이 책 마지막 부분에서 볼 수 있듯이 인간의 행동에는 순수한 무상의 원칙이 엄청나게 많다.

쎄이의 법칙은 높은 균형의 직감이다. 내쉬의 균형은 낮은 균형의 현실이다. 쎄이의 법칙은 노동의 공급이 자신의 수요를 창출하기 때문에 실업

> **내쉬균형(Nash equilibrium)** 경기 참여자가 상대방의 전략이 결정된 것으로 가정하고 자신의 최적 전략을 선택할 때 형성되는 균형 지점을 뜻한다.

이 있을 수 없다고 말한다. 낮은 균형은 기업의 합리적 계산이 소비자들의 합리적 계산과 대립적일 경우 오늘날 우리가 보는 것과 같이 10%의 실업률을 만들어내기도 하며, 국가 같은 조정자가 개입하여 확장정책과 재화의 재분배정책을 통해 이를 극복할 수 있다고 본다. 실업의 설명이 수요의 부족이건 또는 일부 임금의 과다책정이건간에[27] 경쟁은 효율적이지 못하다. '자유화' 주창자들과 국경의 문을 열려는 사람들, 관세를 없애자는 사람들과 그밖의 사람들도 잘 기억해야 할 것이다.

정글의 법칙

> 흉악한 맬서스
> ─귀스따브 플로베르

약간 다르지만 경쟁의 두번째 이미지는 경제가 정글이라는 것이다. 하지만 정글이라면 좋은 일이 아닌가, 약자는 사라지고 강자만 남으니 말이다. 사슴을 보면 약하고 절룩거리는 것은 사자에게 먹힌다. 사자로부터 가장 빨리 도망가는 사슴이 생존하므로써 사슴의 종(種)은 향상되는 것이 아닌가? 기업을 봐도 절룩거리는 기업은 제거되고 아름다운 깃털을 자랑하는 기업들만 살아남듯이 말이다. 실업이 임금노동자의 종을 향상시키듯이 공황은 기업의 종을 향상시킨다.

다윈은 맬서스를 읽었다. 그리고 공간을 확보하기 위한 주민들의 투쟁에서 또는 그들이 기아와 전쟁, 질병에 처참하게 시달리는 과정에서 '삶을 위한 투쟁'이라는 아이디어를 활용했다. 1798년 맬서스는 『인구론』(An Essay on the Principle of Population)에서 "동물 종은 식물 종보다 빠른 속도로 성장한다"며, 전자는 기하급수적으로 늘어나고 후자는 산술급수적으로 늘어난다고 주장했다. 맬서스는 경제학자이고 따라서 희소성의 사상가다. 희소성의 압력으로 선별이 이루어지는 것이다.

자연선택(natural selection)은 모방이나 종의 적응을 가능케 하는데, 물론 수천년의 단위에서 본다면 높은 나무의 잎을 뜯기 위해 기린의 목을 길게 하거나 일부 원숭이들이 두발로 서 있게 하는 데 기여했을 것이다. 그런데 인간은 사지처럼 사용할 수 있는 꼬리를 왜 잃게 된 것일까? 적응의 시각에서 본다면 지하철에 서서 스포츠 신문을 읽으려면 꼬리가 아주 유용했을 텐데 말이다. 하지만 근대 생물학은 좀더 겸손해졌다. "오늘날 돌연변이를 일으킬 수 있는 능력과 진화의 경향 사이에 관계가 있다고 보기는 어렵다."[28] 다윈의 자연선택설은 복잡하고 특수한 기관의 생성을 설명하지 못한다. 왜냐하면 기관이 아직 효율적이지 못한 상황에서는 장점보다는 단점으로 작용했을 것이기 때문이다. 다윈 자신도 "눈[目]의 문제는 나를 열나게 한다"고 말했다. 게다가 "다윈의 구상은 기본적으로 획일화의 결과를 낳는데, 장기적으로는 모든 개인이 우수한 성격을 모두 가진 표본과 동일한 인물이 될 것이기 때문이다."[29] 그런데 집단유전학 (population genetics)은 엄청난 다양성을 보여준다. 이러한 패러독스를 어떻게 설명할 것인가? 자끄 뤼피에(Jacques Ruffié)는 말한다. "자연선택 대상은 개인이나 유전자가 아니라 집단이다. 그런데 특정 집단이 놓인 환경적 제약조건은 시간과 공간에 따라 변화한다. 특정 집단이 유전자적으로 동일하다면 모든 개인은 같은 능력을 보유할 것이다. 그들은 같은 시기에 일할 것이고, 같은 식량을 찾을 것이며, 똑같은 장소에 자리잡을 것이다. 따라서 무척이나 비좁은 삶의 공간에서 제한된 자원을 놓고 심각한 경쟁이 벌어질 것이다. 그렇다면 이 동질적 집단은 잘하면 근근이 생존하며, 최악의 경우에는 사라지게 되는데 이런 상황의 단점은 명약관화하다. 오히려 유전자적 다양성은 능력과 활동의 다양성을 보장한다. 따라서 환경적 장소의 경계를 확산시키고 획득 가능한 자원의 양을 증가시킨다. 동시에 경쟁은 줄어든다."[30] 다양성은 경쟁을 약화시키고, 경쟁은 다양성을 없애버린다. 다시 한번 확인하지만, 경쟁은 비효율적이다.

자 이제는 멘델, 다윈 또는 순전히 우연에 기초한 진화론을 내세운 키무라 등을 잊자. 이런 '사회적 다위니즘'이 여러 세대의 사장님들을 매료시킨 것은 당연하다. 그들은 약자의 제거라는 관점에서 자신들의 성공이 신의 계시라고 생각하곤 했다. 특히 보다 일상적으로 약자를 포기하는 행위를 정당화시켜주었다. 자유주의가 원조를 거부하는 이유는 자연선택설에 기초한다. 맬서스는 "빈곤법은 빈자를 도움으로써 빈자를 양산한다"고 말했다. 가난한 사람을 많이 만들어내고 싶으면 신이 내린 자연선택을 포기하고 그들을 도우라는 것이다.

불행히도 경쟁과 약자의 제거는 우생학적이고 인종차별주의적인 내용을 담고 있다. 예를 들어 영국에서 다윈의 사촌이자 통계학자인 갤튼(Francis Galton)은 선택론을 인간에게 적용할 수 있다고 주장했다. 프랑스의 바셰 드 라뿌주(Vacher de Lapouge)는 정신이상자들은 프롤레타리아로, 그것은 마치 흑인들이 노예인 것과 같다고 주장했다. "가난한 자들은 게으름으로 인해 선택에서 제외된 원시적 존재들이다."[31] 갤튼은 원시적 존재가 아니라 '원치 않는 사람들'이라고 표현했다. 인프라 건설업체 말고 누가 이민자들을 원할 것인가? 하지만 또다른 차원에서 반성할 필요도 있다. 프롤레타리아란 무엇인가? 부르주아가 귀족을 몰아냈듯이, 부르주아를 몰아낼 우월한 계급이라고 하지 않았는가. 맑스는 다윈의 업적에 놀라워했고 맬서스를 '뛰어난 두뇌'라고 부르며 존경했다. 또 슘페터는 어떠한가! 그의 '창조적 파괴'란 다위니즘의 잘못된 아류가 아니겠는가? 우수한 자들의 선별, 부적합한 자들의 낙오, 더 경쟁적인 자들의 생존. 경제적 전쟁은 종국에는 인류의 행복을 가져온다. 마치 진짜 전쟁이 "최고로 중요한 생물학적 필요이며 생물학적 법칙일 뿐 아니라 도덕적

"불행히도 경쟁과 약자의 제거는 우생학적이고 인종차별주의적인 내용을 담고 있다."

의무이고 그 자체로 문명의 요인이듯이"[32] 말이다. 둘 다 우수한 자들을 선별해낸다. 그러면 사람들은 어떻게 되는가? "인간 떼의 향상이 극복 못할 어려움은 하나도 없다"고 우생학자이자 통계학자인 갤튼이 말했다.

경쟁이 정글의 법칙이라면 인간은 동물이다. 그런데 '정글의 법칙'은 사실상 위대한 균형이며 부동의 현실이다. 훌륭한 경제학자 알프레드 쏘비(Alfred Sauvy)는, 늑대가 염소와 풀과 조화를 이루고 있는데, 만일 불행히도 늑대가 다 잡아먹어 염소가 사라진다면 늑대도 사라지게 된다!고 말했다. 그렇지 않아도 늑대의 종은 수천년 전부터 변하지 않았고, 염소의 종도 마찬가지다. '정글의 법칙'과 선택은 수세기 동안 종을 안정시킨 셈이다. 여기에 그 어떤 '향상'도 없었다.

경쟁은 하향평준화를 낳는다

'역사의 종말'은 인간과 인간사에 있어 시장과 경쟁이 영원히 지배를 의미한다. 푸꾸야마는 인류의 진보라는 아이디어를 제시했다. 계몽주의에서 영감을 찾았고, 구성하는 조직체와 생각하는 이성의 비극적 결과물인 공산주의와 오늘날 계산하고 조직하는 이성의 또다른 모습인 시장에서 진보를 볼 수 있다고 한다. 그러면 인류는 어디로 가고 있는가? 푸꾸야마에 의하면[33] "프랑스혁명으로 촉발된 시대에는 여러 다양한 논리들이 확산되었는데, 그 논리들은 과거의 편견과 제약에서 해방된 새로운 유형의 존재를 창조함으로써 인간 본성의 한계를 초월하려 했다. 20세기 후반의 이런 실패한 실험들로 사회구성주의 한계가 여실히 드러났다. 역설적이게도 이런 실패는, 시장에 기초한 자유주의 질서가 자연 혹은 자연의 신처럼 진리임을 증명하는 역할을 했다." 경제적 사상은 언제나 '상식',

'자연', '명백한 진실'에 기반한 사상이고 그 때문에 연구나 증명이 필요 없다고 말한다. "현대 자연과학의 개방적 성격은 지금부터 두 세대 뒤를 점칠 수 있게 해주는데, 생명기술이, 지금까지 사회연구 전문가들이 성공하지 못한 것을 실현할 수 있는 도구를 얻을 수 있도록 해줄 것이다. 그 단계가 되면 인간의 역사는 완전히 종결될 것이다. 왜냐하면 우리는 인간이라는 존재 그 자체를 제거할 것이기 때문이다. 그리고 인간 이후의 새로운 역사를 시작할 것이다." 이 길고 중요한 인용문에서 우리는 일부 상업적 자유주의가 내포한 반인문주의를 발견할 수 있다.[34] '자연'이 작동하도록 내버려두라는 것이다. 다른 한편, 경쟁은 어쨌든 일종의 진화론을 동반한다. 어쨌든 우리는 무엇인가를 향해 가고 있다. 그것이 무엇인가?

우리는 획일성을 향해 나아가고 있다. 뤼피에 교수를 인용하면서 "다윈의 구상은 본질적으로 획일화"의 결과를 초래한다고 보았다. 자유주의자들이 원하는 대로 경쟁이 작동한다면 우리는 획일적이 될 것이다. 종들은 사라지고 행동은 똑같아진다. 어디나 코카콜라가 있고 영어는 의무적이다. 언어 같은 핵심적인 보물들은 사라지고[35] 곡식의 다양성이나 동물 종의 다양성도 모두 사라져, 우리는 쎄르주 라뚜슈[36]가 말하는 '획일적 위성'에 살게 된다. 그곳에서는 모든 것이 평균적 인간, 평균적 소비자의 회색빛에 녹아들어 같은 음식을 먹고 동일한 사고를 하며 최소한의 단어

> "자유주의자들이 원하는 대로 경쟁이 작동한다면 우리는 획일적이 될 것이다. 어디나 코카콜라가 있고 영어는 의부적이나. 모든 것이 평균적 인간, 평균적 소비자의 회색빛에 녹아들어 같은 음식을 먹고 동일한 사고를 하며 최소한의 단어만을 지닌 신언어를 사용한다. 경쟁은 하향평준화다."

만을 지닌 신언어를 사용한다. 경쟁은 하향평준화다. 정말 프랑스와 중국의 노동자 사이에서 경쟁이 펼쳐지면 프랑스 노동자가 중국 노동자의 월급을 받게 되지 그 반대는 아니다. 경쟁이란 아래를 향한 지속적인 압력이다. 비용의 하락, 임금의 하락, 슈퍼마켓에서 제공하는 대중소비와 관련된 품질의 하락. 패스트푸드가 상징하는 '불량 음식'의 원리는 비닐하우스의 토마토나 서적 또는 텔레비전 프로그램에 모두 적용된다.

그렇지만 오늘날 병원에서 받을 수 있는 치료는 자본주의 초기에 받던 치료보다 훨씬 발전하지 않았는가. 그러면 무엇이 잘못된 것인가? 우선 품질의 추구, 발명, 발견, 예술, 사고 등은 경쟁에서 탈출하는 방식이고, 하향평준화라는 지옥 같은 압력을 벗어나는 방법이다. 예를 들어 내 공장 인력에 임금 압력이 있다면 나는 외국으로 공장을 이전하거나 더 훌륭한 품질의 물건을 만들어야 한다. 그런데 품질의 추구—이 두 단어 품질과 추구(연구)는 서로 밀접하게 연관되어 있다—에서는 경쟁과는 전혀 다른 협력이라는 현상이 개입한다. 경쟁의 세번째 이미지는 아담 스미스의 '보이지 않는 손'이다.

'보이지 않는 손'의 진짜 의미

다행히도 경제학자들은 아담 스미스를 읽지 않는다. 만일 읽는다면 사표를 낼 것이다. "모든 새로운 법안이나 무역 조약은 (…) 자신의 이익이 공중의 이익과 정확하게 합치되는 일이 없는 사람들이 만들며, 이들은 많은 경우 공중을 속이고 탄압했다."[37] 아담 스미스는 사업가를 더 존중하는 것도 아니다. "무역은 자연스럽게 개인과 국가들 간의 연결고리로서 우정의 관계여야 하는데, 가장 심각한 불화와 적대감의 원인이 되어버렸다. 지난 세기와 금세기에 왕이나 장관 들의 변덕스런 야심이 상인과 제조업자 들의 잘못된 시기심보다 유럽의 평화를 깨는 데 더 결정적이었다고 할 수는 없다. 인간을 통치하는 자들의 폭력과 부당함은 오래된 악이며 불행히도 인간사의 성격을 고려할 때 처방을 예측하기 어렵다. 하지만 인간을 통치하지도 않고 또 통치해서도 안될 상인과 제조업자들의 평범한 탐욕과 독점 정신은, 아마 고쳐지지는 않겠지만, 다른 사람 또는 스스로의 평온을 방해하지 못하도록 쉽게 방지할 수 있다."[38] 꽝! 몽떼스끼외(Montesquieu) 식 '부드러운 교역'에 대한 스미스의 견해다.

물론 아담 스미스는 상업적 교역과 관련된 사회적 조화에 대해 보이지 않는 손이라는 훌륭한 비유법을 발견했다.

내가 행복을 찾을 수 있는 것은 "양조업자나 빵집 주인의 착한 마음"[39]이 아니라 그의 이기주의이며, 인간이 자신의 탐욕스럽고 이기적인 목적을 초월하는 조화를 이룩하는 것은 마치 '보이지 않는 손'이 만들어낸 결과로 보인다.[40] 보이지 않는 손은 '이성의 간지(奸智)'이며 인간의 의지를 초월한다.

스미스는 이 비유를 망드빌에서 따왔는데, 맑스와 슈페터 같은 저자들은 정치경제학의 아버지가 얼마나 많은 생각을 이전의 사상가들에게서

"인간을 통치하지도 않고 또 통치해서도 안될 상인과 제조업자들의 평범한 탐욕과 독점 정신은, 아마 고쳐지지는 않겠지만, 다른 사람 또는 스스로의 평온을 방해하지 못하도록 쉽게 방지할 수 있다."

아담 스미스의 초상화.

4장 시장과 경쟁 141

빌려왔는지를 강조했다. 특히 1714년 『벌의 우화』를 출판한 베르나르 드 망드빌(Bernard de Mandeville)을 들 수 있다. 이야기는 이렇다. 탐욕스럽게 이윤을 추구하는 벌들이 죄악 속에서 즐겁고 행복하게 살고 있었다. 그런데 설교자가 나타나 덕성과 근검절약을 설교했다. 그러자 벌집은 사라지고 벌들은 죽었다. 이야기의 핵심은 개인적 악이 공공의 선이 된다는 것이다. 한마디로 사람들이 경쟁적 이기주의로 행동하도록 내버려두면 사회는 모두 잘될 것이라는 주장이다. 이 굉장히 중요한 벌의 우화는 보다 광범위하게 케인즈의 주요 저작 『일반이론』에 설명되어 있다.

보이지 않는 손은 자연의 손 또는 신의 손이다. 그냥 내버려두라, 자연은 뭐든 잘하지 않는가. 여기서 벌집의 비유는 잠깐 멈추자. 벌집은 원래 경쟁의 이미지라기보다는 조화로운 노동분업의 이미지다(개미집이나 그 어떤 곤충의 사회도 마찬가지다). 꽃봉오리 사이에서 채집자들이 춤을 추며 황금색 꿀을 생산해내는 이 멋진 분업을 감상하라! 얼마나 아름다운 작업의 광경인가! 들어가고 나오는 자동차들을 보고, 돌아가는 기계를 보고, 인간의 부를 창조하는 이 즐겁고 세심한 노동을 보라! 경쟁은 각자 자신을 위해 일하지만 '보이지 않는 손'이 우리에게 말해주는 것은 '각자 자신을 위함'은 국가의 노동분업(나는 동시에 빵장수이자 구두수선공이 될 수는 없다)과 연결되며 '마치 보이지 않는 손에 의해 조정되는 것처럼' 집단이익의 방향으로 초월되고 있다는 사실이다. 따라서 보이지 않는 손은 각자 자신을 위하는 경쟁과 각자 모두를 위해 일하는 노동분업의 모순을 극복하게 해주는 것이고, 종국에는 공동체를 위해 봉사한다.

다시 벌집으로 돌아가보자. 벌집도 경쟁의 좋은 이미지를 보여준다. 벌집의 각 개인은 벌집이라는 집단적 생물조직에 복종하고 봉사하도록 완전히 연결되었고, 완벽하게 역할지어졌다. 벌에게는 그 어떤 자율성도 없다. 경제적 계산만으로 행동하는 인간 역시 무슨 자율성이 있겠는가? 가격이 내리면 "더 원해!"라고 말하고 가격이 오르면 "덜 원해!"라고 말하는 것이 유일한 자유 아닌가? 수요와 공급의 철칙에 지배당하는 인간들은 수요와 공급이 정하는 가격에 즉각 반응하는 빠블로프의 개들과 다르지 않다.

수요·공급의 법칙에 의해서만 움직이자. 그리고 지구적 차원의 훌륭한 벌집을 우리도 모르는 사이에 만들자. 사실 사회적 다위니즘과 자연선택이 끝까지 진행되면 세계적 싸이버 슈퍼마켓이 될 것이다. 이것은 오래된 이야기인데 자끄 뤼피에는 에쉐리히(Escherich)의 이야기를 상기시킨다. 이 훌륭한 곤충학자는 사회생물학에 빠져 개미집[41]을 통해 이상적 국가를 묘사하는데, 약자와 하등인종이 모두 제거된 국가다. 곤충사회의 역사는 8천만년으로 1~2백만년 정도의 인간 역사보다 길고 따라서 더 **많이 진화했을** 것이다. 안 그런가요, 자연선택의 신봉자들이여? 다윈주의가 보다 긴 시간 동안 작동했다. 개미집은 푸꾸야마가 이야기하듯이 우리의 운명이란 말인가? 개미집에는 종의 동질성이 완벽하며 다양성이 사라졌는데, 이것이 선택과정 뒤에 나타나는 자본주의의 최종적 단계란 말인가?[42]

『1984』는 훌륭한 작품이다. 오웰은 거기서 통계에 대한 강박관념이나 언어와 단어의 실종 그리고 매일 수백 단어를 파괴함으로써 '살이 모두 제거되고 뼈만 남은 언어'로서 '신언어'(Newspeak) 수립을 묘사했다. 무시무시한 모순어법("전쟁은 평화다, 감옥은 자유다")은 빅 브라더로 상징되는 전제성에 인간이 완전히 복종된 상황을 반영한다. 무척 비관적인 이 책은 "그는 빅 브라더를 사랑했다"로 끝난다. 빅 브라더는 또한 개미집의 이미지이며, "철굽이 우리를 짓누르는 시장"[43]의 이미지다. 다행히도 모든 것이 끝장나지는 않았다!

이타주의가 진보를 이끈다

경쟁이 하향평준을 가져오고, 대중화와 모든 것이 돈의 슬픈 색으로 칠해져 회색 분위기를 연출하는데도 불구하고도 인류는 적어도 기술에 있어서만큼은 어떻게 그토록 대단한 발전을 성취한 것일까? 호메로스는 문학에는 진보가 없었음을, 아리스토텔레스는 철학에 진보가 부재했음을 보여주는 증거다. 그러나 게놈의 해부와 그 조각을 특허내기 위한 작업은 '경쟁'이 인류를 항상 아래로 끌어내리는 것만은 아니라는 사실을 보여준다. 과학은(경제학 말고 진정한 과학 말이다) 위험하고 때로는 미친 듯하지만 특정한 지식이 발전해왔다는 증거다.

"인간성의 기준은 인류가 약자를 보호한다는 것이다. 인류는 유일하게 약자를 보호하는 종이다."

이 진보는 어디서 오는 것인가? 다윈으로부터 온다. 하지만 경제학이 경쟁의 사회적 다윈주의에서 우스꽝스럽게 바꿔버린 다윈이 아니라 다른 다윈, 진정한 다윈이다. "반대로 우리는 문명인으로서 약자 제거의 행진을 정지시키기 위해 모든 노력을 다한다. 우리는 백치와 장애인과 환자를 위해 병원을 짓는다. 우리는 필요한 사람들을 돕기 위해서 법을 만든다. 또 우리 의사들은 가능한 한 각자의 삶을 연장시키기 위해 자신의 지식을 총동원한다……" 누가, 우생주의와 사회적 다윈주의의 신봉자라면 화를 낼 만한 이런 글을 쓰는가? 다윈 자신이다. 그에게 인간성의 기준은 인류가 약자를 보호한다는 것이다. 인류는 유일하게 약자를 보호하는 종이다.

백신접종은 과거 질병으로 죽어갔을, 체질이 약한 수많은 사람들을 보호했다. 의학은 고통을 줄이기 위해 노력하고(고통도 '자연스러운' 것이라고 할 수 있는데 말이다), 노인처럼 필요없는 사람들의 삶을 연장하려고 노력한다. 얼마나 비경제적이란 말인가! 담배산업의 대규모 다국적기업 필립 모리스는 2001년 7월 26일 다른 선진국처럼 흡연자 수를 줄이려는 법안을 통과시키지 말라고 체코 공화국에 주문했다. 그 이유는 법안이 비경제적이었기 때문이다. 흡연자는 젊어서 죽지만 평생 부담금을 낸다. 필립 모리스의 계산에 의하면 반흡연 법안은 체코 공화국에 1740만 유로의 비용을 초래하는데, 이는 실업자 한명당 1227달러에 해당하는 금액이었다. 그리고 이 다국적기업은 경제적 유머를 잔뜩 구사하며, 시체실의 시체가 발에 '1227달러'라는 가격표를 단 그림을 보여주었다!

노인들의 생명을 연장하는 것은 비경제적이다. 수학자이자 경제학자인 노벨상 수상자 제라르 드브뢰(Gérard Debreu)는 1988년 1월 텔레비전 인터뷰에서 프랑스 경제 상황에 대해 질문을 받고(당시에 누가, 그는 '이론'만 연구하기 때문에 실물경제에 대해서는 아무것도 모르는 사람이라고 상상이나 했겠는가?) 다음과 같은 답변을 했다. "경제학자의 의무는 생명권이 비용의 이유 때문에 항상 보장될 수 있는 것은 아니라는 사실을 밝히는 것이다." 얼마나 아름다운 경제학자의 의무인가. 필립 모리스사도 조기사망과 관련된 보건경제학을 연구했다. 그런데 인류는 항상 필립 모리스사와는 정반대로 작동했다. 인류는 불필요한 사람들을 항상 보호했다.

인류는 이타적이다. 그리고 이것이 언어와 함께 인간을 순전히 이기적이고 본능적인 다른 대부분의 종과 구분하는 점이다. 따라서 경쟁의 부정적 영향을 없애는 이타주의가 진보, 특히 의학의 진보를 가져온다는 가설을 제안해야 한다. 경쟁은 사회를 아래로 끌어내리고 이타주의는 위로 끌어올린다. 결국 훌륭한 원칙이 이긴다! 인류가 어떻게 다양한 재앙이나 전쟁, 페스트를 이겨냈는가? 인간은 "지혜를 통해 사회성과 커뮤니케이션이라는 놀라운 능력을 보유하게 되었고, 그 덕분에 취약한 체질에도 불구하고 모두의 힘을 같은 목적으로 조정하여 역사의 가장 위험한 단계들을 뛰어넘을 수 있었다. 이러한 진보는 고독한 군중이었다면 아마 불가능했을 것이다."[44] 우리는 여기서 사회적 작동원리의 핵심을 지적할 수 있다. 인간은 한손으로는 이기적이지만 다른 손으로는 이타적이다. 개인적이며 집단적인 것이다.

"경쟁은 사회를 아래로 끌어내리고 이타주의는 위로 끌어올린다."

여기서 연구, 즉 학술연구의 사례를 들어보자. 학회가 열리면 연구자는 자신의 연구 결과를 발표하고 다른 학자들은 그것을 경청한 뒤 자신의 의견을 말한다. 이 모든 행위는 순전히 공짜다. 물론 학회가 끝난 뒤 자신의 지식을 제약회사에 팔 수는 있다. 가능성이 있다. 하지만 핵심은 학회의 발표 행위 자체인데, 그것은 반경제적인데다 경제학으로서는 이해할 수 없다. 나는 내 소유물인 내 지식을 남에게 준다, 그런데도 잃는 것은 없다! 그리고 그 역으로 아무것도 잃지 않는 사람으로부터 무엇인가를 얻는다. 이 공짜 교환을 통해 우리는 모두 시작 전에 비해 더 부자가 된다. 내 것은 네것이 될 수 없는 시장에서는 생각할 수 없는 일이다. 내 석유는 네 석유가 아니야. 게다가 내 차란 말이야. **내** 차에는 **내** 기름이 있어. 하지만 언어, 사고, 연구, 발견, 발명은 모두에게 속한다. 물론 시장은 발견에도 돈을 받으려고 달려들지만 말이다.

우리는 또다시 경제학의 핵심으로 들어간다. 왜냐하면 이 핵심에서 희소성의 문제가 제기되기 때문이다. 경제학의 문제는 분배해야 하는 희소한 부, 즉 희소성과 소유권에서 비롯된다. 경제학자는 이런 것들을 폭력적으로 분배하는 것보다는 시장과 계약으로 분배하는 것이 낫다고 말한다. 맞는 말이지만 계약이 맹수스럽지 않고 교역이 전쟁을 일으키지 않는다는 조건에서 말이다. 이 문제는 국제무역에서 다시 다룰 것이다. 그러나 희소성은 확실히 경쟁과 투쟁을 초래한다. 그런데 인간은 지식이나 이타적 교환, 지혜 등을 통해 '희소성을 넘을' 수 있는 능력이 있다. 우리는 이 『무용지물 경제학』 말미에서 낙관적 출구의 문을 열 것이다. 희소성과 이에 따른 경제학, 경쟁과 하향평준화는 우리의 운명이 아닐 수도 있다.

투명성의 신화

> 비즈니스에서는 모든 것이 검거나 하얗다고 할 수는 없다.
> —조지 부시

보이지 않는 손은 조화와 균형의 이미지다. 그것은 시간을 무시하고 그로써 경제적 현실에서 불확실성이라고 하는 가설을 잊어버린다. 이 가설은 용의자의 딜레마에서 발생하는 부정적 결과들을 가중시키고 립쎄·랜캐스터 정리의 부정적 결과들을 더 심각하게 만든다. 이는 마치 술의 효과가 마약을 먹으면 더 강력해지는 것과 같다! 그런데 경제학자들은 불확실성을 무시한다. 순수하고 완선한 경쟁은 모든 것이 알려졌고 예측가능하며 확실한 기대의 대상이 될 수 있다고 가정한다. 어떻게 이렇게 바보같고 무의미하며 우스꽝스러운 가설을 제시할 수 있단 말인가? 어떻게 경제학자들이 하듯이 미래를 알고 있다고 상상할 수 있는가?

우리는 속아서는 안된다. 경제학자나 정치인이 "투명성을 높여야 해!"라고 외치면 너무나 당연한 소리처럼 들리는데, 사실 그들이 단순히 생각하는 것은 "경쟁을 더 늘려야 돼!"라는 것이다. 이것은 같은 이야기다. 실질경제는 경쟁이나 투명성을 다 싫어한다. 만일 모든 사람이 나에 대한 모든 것을 안다면 기업가인 나는 어떻게 될까? 정말 경쟁이 존재한다면 나는 어떻게 할 것인가? 내가 돈 좀 벌려면 나는 불투명성을 만들어내야 하고, 다른 사람들이 가지지 못한 특허의 혜택을 누려야 하며, 시장을 지배해야 하고, 내통자들만 아는 정보를 가져야 한다. 엔론이나 비벤디는 경우가 좀 심하긴 했지만 이와 같은 은폐의 원칙이 적용된 사례다.

경제학자들은 경쟁의 신화를 도입했듯이 투명성의 신화를 내세웠다. 경쟁이 존재하지 않듯이 투명성도 존재하지 않는다. 물론 거짓말이나 조작, 은폐 등은 독점보다 더 해악한 것처럼 보인다. 그러나 문제는 그것이 아니다. 정말 거짓말을 하는 것과는 조금 다르다는 이야기다. 시장에서 성공하기 위해서는 노골적인 거짓말보다는 자신의 이익을 위해 언제나 불확실하며 불투명한 현실을 활용하는 것이 관건이다.

'똥차' 시장의 끔찍한 결말

> 마술은 성공했다. 돈 없는 사람들이 10분 전만 해도
> 필요 없던 것을 사고 싶게하는 마술 말이다.
> 매번 처음인 듯 나는 이 기적을 볼 때마다 감격의 눈물이 난다.
> ―프레데릭 벡베데르

내가 증권시장의 흐름을 확신한다면 나는 확실히 백만장자가 될 것이

다. 가격이 오를 때 살 것이고 가격이 내릴 때 팔 것이다. 미국 속담은 "네가 그렇게 똑똑하다면 왜 그렇게 부자가 아닌가!"(If you are so smart, why ain't you so rich!)라고 한다.

약간의 불확실성만 존재하더라도 시장은 더이상 효율성의 기미를 보이지 않는다. 그 대표적인 사례를 1970년 노벨상 수상자 애컬로프(Akerlof)가 제공했다.[45] 중고차시장을 상상해보자. 그곳에서 팔리는 자동차 중에는 똥차(lemons)도 있고 좋은 차도 있다. 구매자는 물건의 품질을 완벽하게 관찰하지 못하고, 판매자는 가능한 한 가장 높은 가격에 팔기 위해 자기 물건의 질을 과대평가한다. 따라서 구매자는 높은 가격이 좋은 품질을 의미한다고 결론지을 수 없다. 이럴 경우 '반(反)선택' 또는 '역(逆)선택'이라고 하는데, 이는 잘못된 선택이다.

> **역(逆)선택** 정보가 비대칭적으로 분포한 상황에서, 정보가 없는 입장에서는 바람직하지 못한 상대와 거래할 가능성이 높다. 이런 현상을 역선택이 일어났다고 말한다.

그러면 중고차시장에서는 어떤 일이 벌어지는가? 구매자는 가장 높은 가격을 지불하고 싶어하지 않는다. 왜냐하면 그들은 일부 자동차의 품질이 나쁘다는 것을 알고 있기 때문이다. 그러나 이런 행위를 통해 구매자는, 좋은 자동차를 그 가치보다 낮은 가격에 팔면 손해를 볼 수밖에 없는 좋은 판매자를 시장 밖으로 밀어낸다. 결국 시장에서 교환되는 차는 '똥차'밖에 없다. 불확실성으로 인해 좋지 못한 균형, 낮은 균형이 만들어진다. "애컬로프의 모델은 아주 많은 상황에 적용될 수 있다. 이 모델은 방임주의가 좋은 물건의 제거 또는 교환의 제거라는 끔찍한 결과를 초래할 수 있음을 보여준다"고 까윅은 설명한다.[46] 그렇다면 '애컬로프류'의 상황에서 어떻게 탈출할 것인가? 법이나 규칙을 도입하고, 자유시장에서 탈출하고, 법이 시장에 우선하게 만든다.

게다가 애컬로프 모델은 파괴적이다. 정보의 시각에서 문제를 접근하기 때문에 경쟁이 좋은 결과를 낳는다는 생각을 깨뜨려버린다. 이런 부정적 효과는 용의자의 딜레마와 같은 전략적 상호관계가 내포하는 파괴적 효과에 추가된다.*

경쟁은 경제 행위자들로 하여금 스스로를 초월하여 다른 시장이나 다른 제품을 발견하고 변화를 추구하도록 한다고 사람들은 대답할 것이다. 물론 자본주의의 생존은 새로운 시장을 개척함으로써 가능하다. 물시장을 예로 들어보자. 리오네즈데조(Lyonnaise des eaux)사가 라바(Rabat) 시(市)를 차지하면, 베올리아(Veolia)사는 까라치(Karachi) 시(市)를 차지한다. 또는 반대로 한다. 한 회사가 남미로 가면 다른 회사는 중국으로 간다. 일시적으로 희소성을 극복했기 때문에 확장이 가능하다. 반대로 희소성이 존재할 경우 지위나 렌트(rente)를 나누어갖는다. 불행히도 경쟁이 벌어지게 되면(예를 들어 빠리 쎈느강 왼쪽을 차지한 리오네즈가 강 오른쪽에서 편하게 돈을 벌고 있는 베올리아를 공격한다면) 임금은 하락할 것이고 '계약위반' 현상이 나타날 것이다(건설 부문에서 사용하는 용어인데 공사를 진행하면서 인위적으로 점차 계약의 비용을 부풀리는 수법이다). 따라서 제공하는 물은 점점 비싸질 것이고 품질은 점점 떨어질 것이다. 결국 이것도 낮은 균형점이다.

---

* 보험회사가 잘 아는 또다른 불완전한 정보 문제는 '도덕적 위험'이다. '도덕적 위험'은 피해의 위험 정도에 영향을 미칠 수 있는 행위자의 특정 행동이 보험회사에게는 관찰할 수 없는 상황에서 발생한다. 보험회사 입장에서는 초기 운전자를 보장해줄 때 난폭한 젊은이인지 책임있는 젊은이인지 알 수가 없다. 어떻게 알겠는가?

경쟁이 경쟁을 향상시키지는 않는다. 경쟁은 더 많은 경쟁을 초래하는 것이 아니라 반대로 독점이나 경제적 지대, 부당한 가치의 점유, 사기나 도둑질을 향해 움직인다. 사업가가 가장 바라는 것은 경제적 지대나 독점의 상황이고 특별한 정보를 누리는 것이다. 증거는 바로 이것이다. 만일 경제학 이론이 맞다면 그래서 기업들이 정말 경쟁을 한다면, 이윤은 사라지고 기업의 매출액은 전부 비용, 특히 노동비용으로 들어갈 것이다. 그런데 현실에서 대규모 다국적기업들을 보면 이윤이 엄청나다. 끝내준다. 마이크로쏘프트, 인텔, 대기업, 제약회사, 거대 투자은행 등 모두 막대한 이윤을 내고 있다. 따라서 이들은 어떤 방식으로든 가치를 부당하게 점유하고 있으며, 경제적 지대의 혜택을 누린다. 이들은 고의적으로 안개와 불투명성을 만들고 희소성과 반경쟁 상황을 조장한다. 달리 그들의 이윤을 설명할 길이 없다.

독점과 카르텔

과거 프랑스 공산당은 국가나 공공기관이 무기구매, 고속도로 건설 계약, 건축, 철도공사 등을 통해 지원하는 대규모 독점 기업들을 가리켜 '국가독점자본주의'라고 불렀다. 이 표현은 무척 적절했다. 경제사는 국가가 지원하는 대규모 독점기업들의 역사이기도 하다.

철도정책은 아주 좋은 사례다. 이 정책은 고정비용이 높고 사업의 규모가 크며 투자에 대한 이윤이 처음에는 매우 작은 경우에 국가의 개입이 필요하다는 아이디어를 반영한다(아직도 핵이나 아리안로켓 같은 대규모 에너지 및 우주 프로그램은 이런 사고의 적용 대상이다). 국가는 이윤을 창출하지 못하는 거대한 인프라를 맡고, 사업을 맡은 부르주아에게는 제품 생산권과 운영권을 준다. 프랑스 철도망은 1950년대에 주로 건설되었다. 1859년 정부는 지역 중심의 두번째 철도망 건설을 유도하면서 작은 회사들을 지원했다. 국가가 채권의 이자를 담당하고 몽스니(Mont-Cenis)나 땅제페즈(Tanger-Fez) 같은 전략적 노선에 자금을 댔다. 그리고 작은 회사들이 적자를 내자 철도공동기금을 설립하여 이윤을 나누도록 했다. 1930년이 되자 기금은 만성적자에 시달리게 되었다. 따라서 정부는 남부 철도망과 오를레앙 철도망을 합병하여 비용절감과 '씨너지' 효과를 노렸다. 1937년에는 전국철도공사(SNCF)가 창설되어 실질적으로 철도를 국영화했다. 똑같은 과정이 해운(대서양횡단총공사 창설)이나 항공산업에서 반복되었다. 라떼꼬에르(Latécoère)사는 1927년 항공우편총공사가 되었다가 1932년 에어프랑스가 되었는데, 전국철도공사와 마찬가지로 공사의 형태를 띠었다.

'손실의 사회화, 이윤의 민간화'라는 기본적 구호가 증명하듯이, 독점 경향은 어느 사업에서나 나타난다. 특정 회사가 적자에 시달리는데 국가적 이익과 결부되어 있을 경우(예를 들어 국방이나 통신 같이 국가이익과 관련된 분야라고 생각할 경우) 정부는 지원을 해주거나 그 기업을 사버린다. 그리고 기업이 이윤을 남기면 다시 민간에 돌려준다. 1981년의 국영화 프로그램과 1986년의 민영화 정책 역시 이 원칙에서 벗어나지 않았다. 쌩고뱅(Saint-Gobain)은 국영화되어 자금지원을 받은 다음 다시 민영화되었다. 톰슨(Thomson)과 다른 기업들도 마찬가지였고, 빠리바(Paribas) 같은 대규모 은행도 같았다. 1988년에 커다란 적자를 안고 있던 르노(Renault)도 자금지원을 받고 부분적으로 민영화되었다.

독점 옆에는 '카르텔'이 자리잡고 있는데, 카르텔이란 가격을 높이고 소비자에게 물건을 제한적으로 배급하기 위한 기업들의 담합이다. OPEC

같은 카르텔이 대표적이다. 이 기구는 1973년 욤키푸르(Yom Kippour) 전쟁 시기에 석유가격 상승을 주도하려고 결성되었으나 그후 많은 회원국의 탈퇴와 배반을 겪었다. 대부분의 국제적 (또는 국내적) 법이 반경쟁적인 행위를 일반적으로 금지하므로, 카르텔은 암묵적(다시 한번 불투명성이 나타난다!) 약속에 근거하고 있다. 예를 들어 로마조약 85조와 프랑스의 1986년 12월 1일 법령은 각각 유럽과 프랑스의 경쟁에 대한 규칙이며, 유럽 집행위원회 경쟁국과 프랑스 경쟁위원회가 정책을 담당한다. 미국의 제도도 강력한 반트러스트법을 보유하고 있지만, 이 나라의 경제사를 보면 그것이 주로 석유의 경제적 지대를 누리는 텍사스 석유업자들에게 방해가 되는—예를 들면 록펠러 같은—경쟁자들을 제거하기 위해 사용되었다는 것을 알 수 있다.

> **반(反)트러스트법** 시장을 지배하려는 독점행위나 담합을 시도하는 기업합동을 금지 또는 제한하는 법률의 총칭.

희소성, 수확체감법칙, 기회비용

경쟁은 경제학의 핵심 개념인 희소성을 다시 생각하게 한다. 희소성이 없다면 경제적 문제는 존재하지 않는다. 공기는 공짜인데다 풍요로운 만큼 배급도 비용도 없고, 시장이나 경쟁, 공기의 소유화도 없다. 하지만 공기가 희소해지면 공기의 소유화와 시상이 나타닌다.

희소성에는 경제학의 또다른 중요한 개념인 수확체감의 법칙이라는 동반자가 있다는 사실을 이해하는 것도 중요하다. 1970년 노벨상 수상자 쌔뮤얼슨의 경제학 교과서는 모든 시대를 통틀어 가장 많이 팔린 책 중

하나인데, 그 책이 바로 '수확체감법칙'으로 시작한다. 내가 토지를 사용하면 할수록 비옥함은 줄어든다. 왜냐하면 나는 점점 강에서 먼 곳으로 가게 되며, 산으로 올라가 돌로 축대를 만들기 때문이다. 노동을 사용하면 할수록 생산성은 떨어진다. 왜냐하면 힘이 떨어지고 점점 더 질이 나빠지기 때문이다. 자본을 사용하면 할수록 위험은 커지고 비용 즉 이자는 높아진다. 이것은 수확이 체감한다는 것을 달리 표현하는 방식이다.

   수확체감의 법칙의 또다른 버전이자 희소성의 근본적 제약을 나타내는 개념은 '기회비용'이다. '현대 대학교육의 절대적 베스트셀러'[47]인 그레고리 맨큐(Gregory Mankiw)의 책은 경제학의 중심으로 간주되는 이 개념으로 시작된다. 투자나 소비 같은 결정의 기회비용은 그 결정으로 인해 우리가 포기하는 다른 것들의 집합이다. 여기서도 경제학의 기본적 원칙인 희소성이 나타난다. 모든 행동에서 우리는 무엇인가를 포기한다. 경제학이란 선택의 학문, 즉 댓가를 치르는 선택의 학문이며 희소성의 세상에서 대안을 고려하는 학문이다. 어떤 필요를 만족시키는 선택을 하는데, 만일 이 선택이 경제적이라면 나는 희소한 자원을 사용한다. 그러면 자원은 점점 희소해지고, 그로 인한 나의 만족은 점점 줄어들 것이다. 달리 말해서 나의 만족을 위한 비용은 점점 커질 것이다. 이 또한 수확체감의 법칙이다.

   원래 수확체감법칙은 사회를 정지시킨다. 나는 주어진 토지를 사용한 다음에는 정지한다. 나의 노동과 자본을 사용한 다음에도 마찬가지다. 그런데 내가 시장을 창출하기 위해서는 어떤 방식으로든 희소성을 만들어야 한다. 희소성 만들기는 긴축 정책을 통해서(돈이 점점 희소하고 비싸진다), 저축을 통해서(자본도 희소하고 비싸야 한다) 또는 새로운 욕구를 통해서 이루어지는데, 광고는 새로운 욕구불만과 새로운 희소성 현상을 창출하기 위해 새로운 욕구를 끊임없이 자극해야 한다.

그런데 희소성에도 불구하고 성장은 이루어진다. 왜일까? 그 이유는 자본가들이 끊임없이 새로운 시장, 새로운 불만과 새로운 욕구를 창출하기 때문이며, 기술의 발전이나 발명을 통해 인간의 에너지와 토지를 보다 효율적으로 사용할 수 있기 때문이고, 따라서 성장 요인의 고갈과 노동의 고갈을 늦출 수 있기 때문이다. 그러나 무엇보다 중요한 이유는 사적이고 부분적인 수확과 한계수확은 체감하지만 반대로 집단적 또는 규모있는 수확은 성장하기 때문이다. 예를 들면 기술적 발전, 사람들의 교육, 노동의 조직, 새로운 언어의 교육 그리고 컴퓨터 같은 생산성의 요소 등을 들 수 있다. **집단의 풍요가 사적인 희소성을 극복하도록 한다.** 다시 한번 말하지만 '무상'의 원칙은 인류를 위로 끌어올리고 시장과 경쟁은 아래로 끌어내린다.

우리는 정말 선택권이 있는가?

> 작가라는 직업은 돈을 벌지 않아도 우스꽝스럽지 않은 유일한 직업이다.
> —쥘 르나르

모스가 주로 연구한 증여 같은 몇몇 의례적인 부의 유통 방식을 빼고 생각하면, 자기 소유물을 포기하려는 자발적 욕구는 시장에서 나타난다. 자발적 거래의 우월성은 도둑질, 강도질, 점유, 빼앗기, 털기, 때려부수기, 노예제 등에 비해 상당히 명확하다. 또한 최소한의 경쟁이 없는 구체적이거나 추상적인 시장을 상상하기는 불가능하다. 나에게 선택권이 없다면 나는 진정한 의미에서 시장에 참여하는 것이 아니고 노예일 뿐이다.

그 때문에 '경매'와 '협상'이라는 단어는 '시장'이라는 단어와 연관된다. 농노제나 노예제에 비해 자유로운 노동은 인류의 역사에서 더 나은 시기다. 하지만 시장 담론의 가장 중요한 계략은 계약과 경매라는 겉모양으로 임금노동자의 부가가치 착취를 감춘다는 데 있다. 시장의 신화는 자발적 노예화를 은폐한다.

우리는 정말 선택권이 있는가? 어쩌면 청소부가 될지 트럭 기사가 될지의 선택권은 있을지 모르겠다. 예를 들어 굶어죽을 각오 없이 노동하지 않는 삶을 선택할 수 있겠는가? 이런 간단한 질문들은 '시장'이라는 단어의 내용을 완전히 비워버린다. 아니면 시장은 일시적 현상의 일시적 개념일 뿐이다. 예를 들어 요즘 빠리의 부동산시장에 대해 말할 수 있다. 하지만 무척이나 제한된 시간에 매우 지역적으로 한정된 시장밖에는 뭐라고 말할 수 없다. 토지와 건물의 희소성과 구매자의 수와 소득이 가격을 결정할 가능성이 높다. 그런데 이런 소득과 건물과 구매자들 자체는 어디에서 나오는가? 나는 어떤 상점을 출입하듯이 특정 시장에 마음대로 들어가거나 나오는 것이 가능한가? 모든 것이 자동차를 중심으로 조직된 세상에서 나는 자동차를 거부할 선택권이 정말 있는가? 휴대전화가 보편화될 때 나는 휴대전화의 소유여부를 결정할 선택권이 있었는가? 수요란 대부분 기업이 발명하고 창조한 것이 아닌가? 이 가짜 자유와 강요된 필요에 관한 이론은 많은 경제학자들이 주장했는데, 일례로 쎄르주 라뚜슈나 존 케네스 갤브레이스를 들 수 있다.

시장이란 조작되거나 강요된 희소성의 다른 이름에 불과하며 그 이윤은 소수가 빼돌린다. 시장 고유의 비효율성을 밝히기 위해서는 시장의 자유주의 이론을 분석이 중요하다. 그리고 모방이나 '군중' 같은 개념들이 증권시장 같은 상업적 현실을 잘 묘사한다는 사실을 알게 될 것이다. 하지만 시장경제 비판에서 희소성에 대한 고찰을 빼놓을 수는 없다.

결론적으로 다음 세 질문에 모두 '아니'라고 답할 수 있다. 시장은 자율적으로 조정되는가? 시장이 자본주의인가? 시장이 민주주의인가? 시장은 하이에크의 주장과는 반대로 자신을 조정할 수 있는 법을 생산해내지 못한다. 오히려 시장은 법과 사회사와 정치의 산물이다. 시장은 자본주의와 일치하지 않으며 사회주의제도에도 존재할 수 있고 과거 자본주의 이전에도 존재했다. 요컨대 특히 시장은 민주주의와는 별 상관이 없다. 불행히도 오늘날 중국의 역사나 독재체제의 역사가 보여주듯이 돈이 오가는 상업교역은 인간의 자유에 아무런 관심이 없다. 반대로 모든 것과 모든 이들을 상품화하게 되면 그것은 일종의 부드러운 노예화를 초래한다.

"우리는 정말 선택권이 있는가? 어쩌면 청소부가 될지 트럭 기사가 될지의 선택권은 있을지 모르겠다. 예를 들어 굶어죽을 각오 없이 노동하지 않는 삶을 선택할 수 있겠는가?"

| 원문 읽기 |

■ 도미니끄 메다

경제씨스템의 본질적 비효율성

소비자의 필요에 반응하는 전통적 생산체계 속에서는 사람들이 일자리를 찾을 수 없으니, 국가가 지원하고 충족되지 못한 다양한 사회적 필요에 반응하는 분야를 만들어 활용케 하자. 그러면 패러독스는 명확하다. 다음 둘 중에 하나다. 우리 체계가 소비자의 필요를 충족시키고 거기서 정당성을 획득하는데, 이 체계는 시장 주도하에 잘 작동하고 있다. 즉 생산자는 소비자의 필요를 만족시키는 데 충실하다는 뜻이다. 이럴 경우 실업자에게는 그들에게 소득을 제공해주는 용도밖에 없는 일들을 제공하게 된다. 사회적 효용은 경제적 효용과 구분되며 바로 이것 하나로 축소된다. 다른 하나의 가능성은 충족되지 못하는 사회적 필요가 정말로 존재하며, 이런 분야의 창설은 절대적으로 필요하고 급하기까지 하다는 것이다. 그런데 이 경우에는 가장 중요한 사회적 필요에 대해 책임질 능력이 없는 체계의 효율성에 관해 의문을 제기해보아야 한다.

—『부란 무엇인가?』

■ 도오겐(道元) 선사(禪師)

경제적 효율성의 핵심은 부친(父親) 살해

세포(Seppo)는 눈 덮인 산을 의미한다. 겐샤(Gensha)는 어부의 아들이었다.

그가 고기를 잡으러 갈 때는 항상 아버지와 함께 갔다. 그는 가족의 업보에서 벗어날 수 없었다. 그는 식구들의 생존을 책임져야 했다.

어느날 저녁, 고기를 잡고 있는데 아버지가 물에 빠졌다. 그는 아버지를 구하려 했다. 그러나 아버지에게 손을 내미는 순간 그의 머릿속에서는 히시료(hishiryo) 의식이 생겼다. 그는 배를 멀리했다. 그리고 육지로 와서 산에 들어가 세포 도사의 주도 아래 선불교에 입문했다.

아버지를 익사에서 구했다면 그는 죽을 때까지 살아가기 위해 그리고 가족을 먹여살리기 위해 매일같이 끊임없이 생선을 죽여야 했을 것이다. 그는 결혼을 했을 것이고 아들이 그의 뒤를 이었을 것이고 그렇게 그의 인생은 의미없이 흘러갔을 것이다. 겐샤의 개종이라는 위대한 행위 실현을 위해 그의 아버지는 희생될 수밖에 없었다.

—『선불교의 보물』

■ 빠트릭 베쏭

진정한 자유주의 또는 삶을 위한 투쟁

대량살상무기는 찾기 어렵다. 하지만 모두가 그것을 찾는다. 미국인도 그리고 영국인도. 며칠 전 그들은 의심가는 가방을 발견했는데 실제로는 석회가 들어 있었다. 뭐 그런 비슷한 것이었다. 화학적인 것은 아니었다는 말이다. 그래서 연합군은 스트레스를 좀 받고 있다. 적어도 처음에는 바로 그것 때문에 이라크에 온 것이 아니었는가. 조지 W. 부시 자신의 표현을 빌리자면 '화산'되고 있는 대량살상무기를 찾으러 말이다. 그래서 군인들은 즐기기 위해 몇가지 놀이를 고안했다. 텔레비전에 방영된 프로에 따르면 그중 하나는 아주 흥미롭다. 바로 배고픈 이라크 군중에게 군인 트럭에서 음식 던지기다. 대략 이렇게 진행된다. 재미있는 장면

이 벌어질 것을 미리 알고 벌써부터 낄낄거리는 동료들 사이에서 군인 한명이 먹을거리를 집어든다. 밀가루일 때도 있고, 통조림 깡통이나 물일 때도 있다. 물이면 더 재미있는데 물은 이라크 사람들이 가장 필요로 하는 것이며, 따라서 더 커다란 동기를 가지고 싸우게 되고 그 광경은 더욱 즐길 만하기 때문이다. 군인은 손에 든 것을 군중에게 던지고 그들은 달려든다. 뚱보가 마른 사람을 밟고 키 큰 사람이 작은 사람을 짓밟는다. 이것이야말로 인간의 조건을 잘 요약해주는 광경이기에 감동스럽다. 삶을 위한 투쟁! 거기에는 사회의 진보를 방해하는 관료들이나 노조가 하나도 없다. 그저 진정한 자유주의다. 각자가 자신밖에 믿을 수 없다. 빵 한조각 한조각, 정어리깡통 하나하나. 물론 끝에는 부상자도 생기고 죽는 사람도 있다. 자연에서도 거의 비슷하다. 가장 약한 자들이 얻어맞지 않는가. 우리는 아무것도 발명한 것이 아니다.

—「기자들의 대량학살」

■ 크리스띠앙 오띠에

너는 즐겨야 하고, 경쟁에 참여해야 한다

이 폭력은 훨씬 덜 야만적인 수준으로 무대에서 다시 찾아볼 수 있는데, 미셸과 발레리가 처음으로 친구들에 끌려 가학-자학 나이트클럽에 구경갔을 때를 길게 묘사하는 부분에서다. 고문실, 철책 안에 묶여 있는 '노예들', 수갑을 차거나 목줄로 끌려다니는 사람들, 피가 흐르는 모습. 발레리는 이 엄청난 멸시와 고통에 화를 냈다. 그런데 손님 중 한 여자가 이것은 '계약'이라며 자신의 입장을 변호했다. ""내가 성인으로서 자원했는데, 그리고 고통받으며 내 성생활의 자학적 차원을 탐험하고 싶은 것이 내 환상인데 누가 나를 하지 못하게 막는단 말이야. 우린 민주주의 아닌가……" 그녀도 화를 냈고 나는 그녀가 곧 인권이야기를 꺼낼 것

같았다." 쾌락의 권리, 고통의 권리, 학대의 권리, 이런 것은 인권이나 권리 자체의 확대다. "나토의 꼬소보 개입 이후로 권리의 개념이 다시 유행을 타고 있다고, 알 수 없다는 듯한 표정으로 장이브(Jean-Yves)는 내게 설명했다. 하지만 그는 심각했다. 바로 얼마 전 『전략』(Stratégies)지에서 그것에 관한 기사를 읽었던 것이다. 권리라는 주제를 바탕으로 한 최근의 모든 광고 캠페인들은 성공했다. 혁신의 권리, 위대함의 권리 등등. 쾌락의 권리는 새로운 주제라고 그는 슬픈 표정으로 결론지었다." 상업제도가 관대하게 베풀어준 이 새로운 권리들은 광고가 주로 명령하는 의무와 짝을 이룬다.

—『성의 신(新)질서』

■ 장 보드리야르

소비의 가짜 자유

다시 한번 우리는 소비자의 자유와 주권은 신화일 뿐이라는 갤브레이스 (그리고 여럿)의 주장에 동의할 수밖에 없다. 무엇보다 경제학자들이 잘 관리하고 있는 이 신화는 만족과 개인적 선택의 신화이며 '자유'의 문명이 정상에 다다르는 신화다. 또한 산업 씨스템의 이데올로기로서 쓰레기, 공해, 문화적 퇴보 같은 모든 집단적 폐해와 임의성을 정당화한다. 결국 소비자는 선택의 자유를 강요받는 추한 정글 속에서 자율적인 존재일 뿐이다. 뒤바뀐 체계인 소비체계는 선거체계를 이데올로기적으로 보완하고 연장한다. 슈퍼마켓과 투표소는 개인적 자유의 현장이자 체계의 두 젖줄이다. (…)

'경제적 원칙'에 대해 갤브레이스는 "사람들이 경제발전이라고 부르는 것은 대부분 인간이 자신의 소득 목표, 즉 노력을 적당한 수준에서 제한하려는 경향을 없애기 위한 전략을 상상하는 것이라고 할 수 있다"고 말했다. 그리고 그는 캘리포니아의 필리핀 노동자의 사례를 든다. "채무의 압력과 옷의 유행은 이 행복하고 한가한 사람들을 근대적 노동력으로 급격하게 변화시켰다." 그리고 모든 저개발 국가에서 서구적 물품의 등장은 경제적 자극의 가장 효율적인 수단이 되었다. 이 이론은 소비의 '스트레스' 이론 또는 소비에 대한 경제적 훈련 이론이라고 할 수 있는데 성장을 강요하는 모양을 띠고 있지만 매력적이다. 이 이론은 산업 씨스템의 진화에 있어 노동자를 산업생산 과정에 훈련시키기 위해 19세기부터 시간과 행동에 제약을 가했듯이, 그 논리적 귀결로서 소비과정에 나타나는 강요된 문화이식 현상을 보여준다.

—『소비의 사회』

■ 아담 스미스

독점 정신과 상인들의 탐욕

지난 세기와 금세기에 왕이나 장관 들의 변덕스런 야심이 상인과 제조업자 들의 잘못된 시기심보다 유럽의 평화를 깨는 데 더 결정적이었다고 할 수는 없다. 인간을 통치하는 자들의 폭력과 부당함은 오래된 악이며, 불행히도 인간사의 성격을 고려할 때 처방을 예측하기 어렵다. 하지만 인간을 통치하지도 않으며 또 통치해서도 안될 상인과 제조업자 들의 평범한 탐욕과 독점 정신은, 아마 고쳐지지 않겠지만, 쉽게 다른 사람들의 평온 또는 스스로의 평온을 방해하지 못하도록 방지할 수 있다. 처음에 이 이론을 발명하고 확산시킨 것은 바로 독점 정신이었다는 사실은 확실하다. 처음 이론을 가르친 사람들은 그것을 믿는 사람들만큼 멍청하지는 않았던 것이 틀림없다. 어느 나라에서나 필요로 하는 모든 것을 가장 싸게 파는 사람에게서 사는 것은 대다수 사람들에게 이익이며 또 이익이어야 한다. 이 제안은 너무나도 당연해서 이를 증명하려는 것 자체가 우스워 보일 정도다. 만일 상인과 제조업자 들의 이익이 걸린 교묘한 수법이 사람들의 상식을 흐리게 하지 않았더라면 절대 의문시되지 않았을 것이다. 그들의 이익은 이런 점에서 대다수의 이익과 직접적으로 대립한다.

—『국부론』

■ 조지 오웰

전쟁은 평화다, 자유는 노예화다

달리 말해서 그는 전쟁 상태에 적합한 사고를 해야 한다. 전쟁이 실제로 선포되었는지의 여부는 중요하지 않다. 그리고 결정적인 승리는 불가능하기에 전쟁에서 승패 역시 중요하지 않다. 필요한 모든 것은 전쟁의 상태가 존재한다는 것이다. (…)

따라서 전쟁은 이전의 전쟁 모델에 비추어 판단한다면 단순한 사기일 뿐이다. 전쟁은 서로를 해치지 못하도록 각도를 조정하여 뿔을 배치한 짐승들 사이의 싸움과 비슷하다. 전쟁은 이처럼 실질적이지 않지만 그렇다고 의미가 없는 것은 아니다. 전쟁은 소비재의 잉여를 집어삼키며 위계화된 사회가 필요로 하는 특수한 분위기를 유지시켜준다.

앞으로 알게 되겠지만 전쟁은 순수하게 내부적인 일이다. 과거에는 모든 나라의 지도자집단이 자신들의 공통 이익을 확인할 수 있는데도 불구하고, 또 따라서 전쟁의 피해를 제약할 수 있는데도 불구하고 서로 실제 싸웠으며 승자는 언제나 패자를 약탈했다. 오늘날 이들은 절대 서로 싸우지 않는다. 전쟁은 지도자집단과 자신의 신민들 사이에서 벌어지고 있으며 전쟁의 목표는 영토를 정복하거나 이를 막기 위한 것이 아니라 사회의 구조를 유지시키는 것이다.

'전쟁'이라는 단어 자체가 틀렸다. 아마도 지속적인 것으로 변함으로써 전쟁은 더이상 존재하지 않는다고 말하는 것이 더 정확할 것이다.

—『1984』

■ 뽈 배록

경쟁에서 승자는 규칙을 지키지 않은 자다

전후 자유화에 따른 서구의 성공은 또다른 한계를 안고 있다. 우리는 무역 정책이 어떤 의미에서 서구에 이로웠는지(적어도 산업부문과 관련하여) 문제를 제기할 수 있다. 서구 선진국들이 자유주의를 채택한 것은 1960년대 초반이다. 하지만 주지하다시피 산업제품의 수입 자유화는 모든 나라에서 동일하지 않았으며, 같은 기간 동안 일본은 비관세 장벽을 통해 다른 거대한 세력들보다 더 제한적인 정책을 폈다.

잊지 말아야 할 것은 일본이 1960년대 초반, 전쟁 전 수준에 비해 1인당 산업화 수준은 두배가 되었지만 여전히 서구 선진국에 비해서는 산업화가 덜 되었다는 사실이다. 1963년 일본의 1인당 산업화율은 서유럽의 2/3에 못 미치고 독일에 비해서는 절반 수준이었다. 하지만 이딸리아와 비슷한 수준이고 에스빠냐보다는 확실히 앞서 있었다. 서구에서 가장 산업화가 덜 된 국가와 비교했을 때 일본 시장의 보호 정도는 훨씬 강했다.

—『경제사의 신화와 패러독스』

■ 미셸 우엘벡

강요된 활동으로서의 소비

광고는 이런 시도 중 가장 최근의 것이다. 광고는 자극하고 설득하고 욕망의 대상이 되는 것을 목표로 하지만, 그 방식은 결국 과거 도덕을 특징짓던 방식과 아주 비슷하다. 광고는 실제로 기존에 존재하던 것보다 훨씬 무자비하고 무섭고 강력한 초자아를 동원하여 개인의 옆에 달라붙어서는 끊임없이 "너는 원해야 해. 남들이 너를 원해야 해. 너는 경쟁과 투쟁, 세상살이에 동참해야 해. 중단하면 너는 더이상 존재하지 못해. 뒤처지면 너는 죽어"하고 반복해서 말한다. 광고는 불변의 개념을 모조리 부정하며 자신을 재생의 지속적 과정으로 정의한다. 광고는 인간을 변화에 복종하는 유령으로 바꾸려고 기체화시켜 버리려고 한다. 그리고 세상살이에 대한 피상적인 이 참여는 존재의 욕망을 대체하려 한다.

광고는 밀려올라오고, 우울증은 만연하며, 방황은 심화된다. 그래도 광고는 자신의 메씨지를 수용하도록 인프라를 계속 구축한다. 어디 가도 자기 집이라고 느낄 수 없어서 갈 곳이 없는 존재들을 위해 광고는 이동수단을 계속 개발한다. 서로 할말이 없는 존재들을 위해 의사소통 수단을 발전시킨다. 그 누구하고도 관계를 맺고 싶지 않은 사람들을 위해 상호관계의 가능성을 넓힌다.

—『소립자(素粒子)』

■ 장 보드리야르

소비의 비극적 패러독스

이것이 바로 소비의 비극적 패러독스다. 소유하거나 소비한 각각의 물건 그리고 자유시간의 매분마다 사람들은 자신의 욕망을 통과시키려 하거나 통과시켰다고 믿는다. 하지만 소유한 각각의 물건, 완결한 매번의 만족 그리고 '사용가능한' 매분에 욕망은 존재하지 않는다. 필연적으로 존재하지 않는다. 남는 것은 욕망의 '소비'일 뿐이다.

원시사회에서는 시간이 존재하지 않는다. 시간이 있다 없다를 알고자 하는 물음은 무의미하다. 거기서 시간은 단지 노동의 의식이나 축제 같은 반복적 집단활동의 리듬일 뿐이다. 시간을 이 활동에서 격리하여 미래로 투영하거나 예측하고 조작할 수 없다. 시간은 개인적인 것이 아니라 교환이자 리듬이다. 이것은 축제라는 행위 속에서 정점에 다다른다. 시간을 지칭하는 이름도 없다. 시간은 교환이라는 동사와 함께 인간과 자연의 주기 속에 스며들어 있다. 시간은 '연결'되어 있지만 강요된 것이 아니며, 이 '연계성'(Gebundenheit)은 그 어떤 '자유'와도 대립하지 않는다. 그것은 순수하게 상징적이며 추상적으로 따로 떼어놓을 수 없다. "시간은 상징적이다"라고 말하는 것 자체가 의미 없다. 그것은 단지 돈이 존재하지 않듯이 존재하지 않을 뿐이다.

—『소비의 사회』

■ 자끄 제네로

홍정의 기쁨

나는 1980년대 초반 카메룬에서 군복무를 하면서 홍정의 기쁨을 발견했다. 상인들이, 자기가 말한 가격을 말없이 지불하는 사람보다 홍정하는 손님을 더 좋아한다는 사실을 재빨리 알게 되었다. 왜냐하면 사람들은 교환을 위해 서로 관계를 맺기도 하지만, 어떤 때는 관계를 맺으려고 교환을 하기 때문이다. 두알라(Douala)의 시장이나 월말이 되면 경찰의 검문이 심해지는 도로에서 하는 대화는 원래의 목적과는 별개로 그 자체가 가치를 지니고 있었다. 나는 워낙 대화를 좋아해서 지폐 한장 꺼내지 않고 모든 경찰의 검문을 통과했는데, 이 과정에서 경제학의 역설적인 법칙을 실험할 수 있었다. 홍정에서는 가격이 내려갈수록 물건의 가치가 높아진다! 실제로 홍정을 하면 할수록 가격이 내려가기 마련인데 홍정에서 말하는 즐거움과 교환으로 얽인 사회적 관계의 온정이 쌓여 물건은 점점 주관적 가치를 더해간다. 어떤 의미에서 이미 거래가 끝난 다음에 상인이 친절하게 한두개 더 얹어주는 토마토가 상인이나 손님이나 두 사람 모두에게 가장 소중한 물건이 되어버린다.

—『경제학의 진정한 법칙』

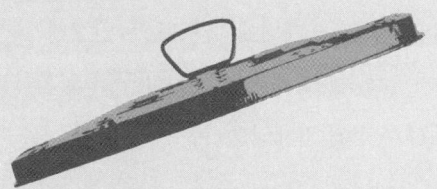

5장

세계화와 국제무역

모든 것의 가격은 알면서 그 어떤 것의 가치도 모르는 자가 냉소주의자다.
오스카 와일드

너무나도 일반화되어 있는 개념에 따르면, 국민경제는 지역경제의 통합과 아담 스미스가 말하는 "물건과 물건을 바꾸고 교환하고 교역하려는 인간의 성향"에 의해 형성된 경제인데, 국제무역의 발전은 이러한 국민경제 발전의 연장선상에 있다. 그러나 이것은 틀린 생각이다.[1] 분업이 교역을 활발하게 하는 것은 국민경제가 아니라 국제무역의 차원에서다. 카를 폴라니(Karl Polanyi)는 『거대한 변환』[2]에서 시장제도는 무척 오래되었지만 국제적인 부분에 제한되었으며 인간관계에 있어서도 작은 역할만을 담당해왔다는 사실을 보여주었다. 경제는 사회적 생활의 독립적인 영역이라고 할 수 없으며, 생산의 분배는 이윤의 논리가 아니라 정치적 관계나 친족관계 및 종교적 관계 같은 비경제적 동기에 따라 이루어진다. 스미스의 주장과는 반대로 대부분의 전(前)자본주의적 사회는 이득을 추구하는 미시경제적 교환을 지양하는 반면, 상호성의 관계나 부의 중앙화에 따른 재분배를 선호한다.

국내시장의 건설 역시 수공업자나 길드 같은 생산자의 권리를 철폐하고 상인에게 이득을 주려는 정치적 의도를 반영한다. 예를 들어 '중상주의' 이론은 국제시장보다는 국내시장을 중시하는 의지를 반영하는데, "이는 지역교역과 국제무역을 더욱 명확하게 구분하려는 시도로서, 도시의 제도를 파괴할 위험이 있는 유동적 자본에 대한 도시민들의 대응이었다."[3]

세계화는 정치적 창조물

> 법이 없었기 때문에 불법도 전혀 없었다.
>
> —조지 오웰

세계화는 기술적 발전이 무척 빠르게 확산하는 과정처럼 보인다. 그러나 이것은 정확한 관점인가? 엔진 관련 특허는 1877년에 등록되었다. 그런데 미국인 절반이 자동차를 보유하게 된 것은 50년 뒤인 1930년이다. 조지프 폰 노이만(Joseph von Neuman)이 컴퓨터를 발명한 것은 1945년이었다. 미국 가정의 절반이 컴퓨터를 보유하게 된 것은 55년 뒤인 2000년이다. 텔레비전이나 전화의 확산 속도도 비슷한 차원이라고 생각하면 된다. 이런 주기를 발견한 사람은 꼰드라찌예프(Kondratieff)로 그 이름을 이어받은 이 장기적인 일종의 꼰드라찌예프 파동이라는 '50년 주기의 확산'들을 여기저기서 발견할 수 있다. 50년이라면 대략 두 세대에 해당하는데 한 세대는 신나게 상승하는 성장의 세대이고, 다른 세대는 실

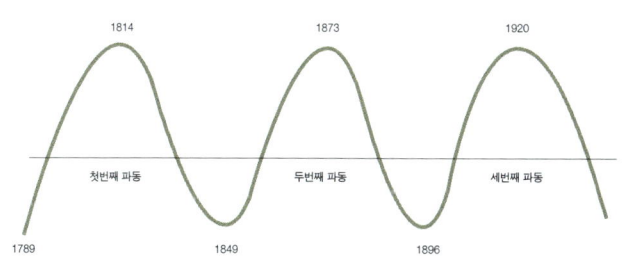

꼰드라찌예프 파동.

망스러운 하락과 침체의 세대다.

　여기다 덧붙여야 하는 것은 50%에 달하는 국제무역의 엄청난 부분이 사실은 기업내 교역이라는 사실이다. 기업내 교역은 같은 다국적기업의 내부에서 자회사나 공장, 대리점 사이에 발생하는 무역이다. 이것이 진정한 '국제'무역인가, 아니면 동일한 기업이 바로 사회정책이나 세금 차원에 있어서 민족국가의 제약으로부터 벗어나기 위해 국제적으로 분업을 조직한 결과인가? 그것은 예를 들면, 노동법이 존재하지 않는 곳에서 노동을 시키고, 미국 법이 허용하는 것처럼 세금이 낮거나 다른 세금없는 천국으로 이윤을 빼돌리는 것이 허용된 나라로 이윤을 이전시키는 것이다.

　1969년 닉슨 대통령이 달러의 환율변동을 허용한다는 결정이 세계화의 출발점이었으며, 그다음 1971년의 달러화의 평가절하, 그리고 1976년 주요 선진국들이 자메이카에서 달러의 금태환성 포기를 인정한 사실에서 찾을 수 있다. 통화시장의 자유화는 동시에 자본시장의 자유화를 가져왔고, 이는 또 전세계에 노동의 유연성을 초래했다. 선진국에서는 세계화가 단지 복지국가의 붕괴를 의미할 뿐이다.

　정치적으로 창설되지 않은 시장은 존재하지 않으며 '세계화'도 예외가 아니다. 증권시장은 통화시장의 부활을 따라갔다. 프랑스에서 이자율과 주식에 대한 파생상품시장이라는 투기적 시장이 베레고부아(Bérégovoy) 장관 시절에 설립된 뒤 이들 시장은 강력한 확장기를 맞았다. 물론 최초의 주도권을 민간에서 행사했을 수는 있다. 예를 들어 위험부담을 줄이기 위한 파생상품시장은 1960년대 농산품에 대해 시카고에서 탄생했고, 모든 종류의 생산품과 써비스로 확산되었다. 그러나 국가가 유도, 강화하며 경쟁을 도입시켰다. 때로 국가는 자신이 양보했던 것을 다시 차지하기도 한다. 자금시장은 원래 완전히 민간이 운영했는데, 대부분 민간은행이 발행한 화폐에 대한 보장을 대규모 금은 광업회사가 생산하는 금과 은으로 담보하는 양식이었다. 그러나 두 차례의 세계대전 후 프랑스 정부는 화폐발행을 국영화했다. 프랑스은행은 원래 민법의 주식회사였는데 1945년 국영화되었다. 그리고 1993년에는 다시 프랑스은행을 국가의 권위로부터 독립시키는 법이 통과되었다. 이로써 화폐발행은 거대한 민간은행들의 의지에 종속되며, 국가로부터 독립적인 기관인 유럽중앙은행의 규제를 받는다.

자본주의의 변화를 주도하는 국가와 시장의 역학내에서 약자, 즉 노동으로 삶을 영위하는 자들을 보호하는 기능이 있는 민족(nation)국가의 파괴가 바로 우리가 '세계화'라 부르는 영역이다. 국가란 장기적인 단위이지만 순간의 세력관계를 반영하는 것도 사실이다. 복지국가는 강력한 노동자운동에서 탄생했다. 따라서 복지국가의 약화는 노동운동과 사회적 투쟁의 붕괴를 의미한다.

다국적기업

ABB의 회장 퍼씨 바느빅(Percy Barnevik)에 따르면 다국적기업은 '원하는 곳에서 무엇이든 하기' 위해 조직되었으며, 각국이 제공하는 법률과 지원금과 혜택을 최대한으로 누린다는 것을 의미한다. 즉 사회제도가 가장 약한 곳에 가서 공장을 세우고, 세금제도가 가장 느슨하고 관대한 곳으로 이윤을 옮긴다는 뜻이다. 다국적기업들은 미국이나 유럽의 회사들이다. 자본의 규모로 100대 기업을 살펴보면 54개가 미국 회사이고, 27개가 유럽연합 소속이며, 5개의 일본 기업과 5개의 스위스 기업이 있다. 해외투자를 살펴보면 유럽의 공세가 놀랍다. 서유럽의 해외직접투자는 지역내 국내총생산의 41% 수준인데, 미국의 경우는 14%에 불과하다.[4] 규모로 본다면 미국 회사들의 지배가 절대적이다. 가장 대규모 회사 중 여덟 곳은 미국 회사이며(제네럴 일렉트릭, 마이크로쏘프트, 엑쏜, 월마트, 씨티그룹, 파이저, 인텔, 존슨앤드존슨) 유럽의 셸과 브리티시 페트롤리엄이 뒤를 잇는다. 다국적기업의 부가가치와 다른 국가들의 국내총생산(이는 모든 기업과 기관의 부가가치의 합이다)을 비교해보면, 엑쏜의 부가가치(부가가치는 다국적기업의 '국내총생산'과 같은 것인데 대략 매출액의 절반 정도 수준이다)가 칠레나 파키스탄의 국내총생산과 비슷하며 헝가리의 국내총생산보다 월등히 많다. 그런데 다국적기업의 부가가치와 국가의 공공지출(대부분 국내총생산의 절반 이하다)을 비교해보면 더욱 놀라운 결과를 얻게 된다.

따라서 다국적기업이란 국가의 권위 옆에 우뚝 서 있는 자율적 주체이며 봉건영토다. 여기서 국가 권위 옆에 '우뚝 서다'라고 했는데 적절한 표현이다! 실제로 시장이란 국가가 자신의 권위 밖에 내버려둔 것이고, 이곳에서는 민간 계약의 법이 적용된다. 물론 궁극적으로 이 계약들도 공적인 법에 종속되지만 말이다. 과거에도 상인들은 성벽 밖에서 모이곤 했다. 헤르메스는 시장의 신이자 동시에 도시 성문의 신이기도 했다. 시장의 창설은 집단과 공익을 대변하는 국가와 사적인 이익을 대변하는 다국적기업 및 로비 사이의 지속적인 모순에서 생겨난 것이다. 엔론은 이 분야의 대표적 사례다(6장 참조).

국제무역

국제무역은 경쟁이론을 직접적으로 적용할 수 있는 영역으로 보인다.

세계는 거대한 시장이고 국가들은 국제무역을 통해 무시무시한 경쟁을 벌인다. 이 국민국가기업론(국가란 결국 다른 국가들과 경쟁하는 다양한 효율성의 기업일 뿐이다)은 모든 정치인이 보편적으로 인정하는 이론이다. 프랑쑤아 미떼랑(François Mitterrand)은 자신의 재임기에 이를 주장했고, 자끄 시락(Jacques Chirac)도 프랑스의 '유인력'이라는 주제로 똑같이 행동한다. 한 국가가 국제무역에서 성공을 거두면 그것은 국가의 성공 즉 국민의 행복을 의미한다는 아이디어는 너무나 당연해 보인다. "하지만 실제로 이것은 틀린 생각이다. 달리 표현하자면 강대국들이 세계적 차원에서 진행되는 거대한 경쟁 관계에 있다는 주장은 틀렸다. 선진국들은 국제경쟁력이라는 개념을 강박적이다시피 당연한 걱정거리로 생각한다. 그러나 사실 이런 걱정과 강박관념은 근거가 부족하다. 경제학에서는 국제경쟁력의 개념은 존재하지 않는다는 증거가 풍부함에도 일부만이 치열하게 이런 이론을 주장하기 때문이다."[5]

이론적으로나 실질적으로 특정 경제의 무역수지는 '효율성'을 측정하는 것이 아니다. 흑자가 약점을 드러낼 수도 있고, 적자가 장점을 표현하기도 한다. 1985년경 멕시코는 외채의 이자를 지불하기 위해 무역수지 흑자를 유지해야 했다. 빚쟁이들이 새로운 자본을 빌려주려 하지 않았기 때문이다. 1990년대에는 신뢰가 회복되고 자본도 돌아왔다. 기업들은 돈을 빌리고 투자하고 수입해서 무역수지는 적자가 되었다. 이는 멕시코의 경제가 좋아졌다는 신호였다. 게다가 이 나라는 상대적으로 개방된 국가였다. 국내총생산 대비 수출 비중이 10%를 넘는다. 대외무역이 국내총생산의 10% 미만을 차지하는 미국이나 유럽연합의 경우 복지를 규정하는 데 무역은 작은 비중을 차지할 뿐이다.

실제로 특정 국가 시민들의 복지의 조건은 대부분 세계시장이 아니라 국내에 있다. 하지만 모든 국가 원수와 지도자 들에게 경쟁의 비유는 핑곗거리로 무척 요긴하다. 예를 들어 1994년 코펜하겐에서 자끄 들로르(Jacques Delors)는 미국에 비해 매우 높은 유럽의 실업률을 언급하면서,[6] 이 현상의 구조적 원인을 강조하기보다는(화폐의 높은 가치, 노동시장에 있어서 부족한 이동성, 실업자들이 질 낮은 고용을 거부한다는 점, 기업에서 너무 많은 자금을 활용하지 않는다는 사실 등) 실제로 고용의 미미한 부분(1% 미만)만을 차지하는 국제경쟁을 강조했다. 경쟁의 담론은 또한 긴축정책을 정당화하는 데 사용된다. 빌 클린턴(Bill Clinton)은 첫 임기 때 이런 논리를 활용하여 적자를 줄였다. 1950년대에는 소련의 경제성장에 두려움을 느낀 미국인들이 공공써비스와 인프라에 투자한 바 있다.

국제경쟁 신화의 또다른 버전은 남부가 북부에 대해 '불공정한' 경쟁을 한다는 주장이다. 남부의 노동자들은 아주 낮은 임금을 받고 엄청난 양의 일을 장시간 한다. 이런 상황에서 복지제도를 운영하고 높은 임금을 지불하는 북부의 기업들이 견뎌낼 수 있겠는가? 게다가 남부의 낮은 노동수준은 경쟁을 통해 북부의 노동수준까지 끌어내린다. 그로 인하여 북부에는 더 커다란 불평등이 발생한다. 낮은 수준의 노동은 늘어나고 고급 노동력은 줄어드는 불평등의 심화라는 말이다. 그런데 사실은 매우 간단하다. 북부와 남부의 교역은 양과 가치에서 무시할 만한 것이다. 북부의 국가에서 불평등의 심화는 국제무역과 아무런 관계가 없다. 그 불평등은 고소득자에게 세금면에서 특권을 부여하고 기업의 이윤에 기초한 스톡옵션—자체로서 세금혜택을 받는—같은 새로운 임금의 형태가 나타나게 하는 공급정책에서 비롯된 것이다.[7]

자유무역

> 경제사가 경제학에 기여할 수 있는 부분을 요약하자면,
> 역사의 모든 시기에 적용될 수 있거나 다양한 경제체제에 모두 적용될 수 있는
> '법칙'이나 규칙은 경제에 존재하지 않는다는 사실이다.
> ―뽈 베록

왜 자유무역 이론은 '국부론' 이후 그토록 성공을 거두었는가? 왜냐하면 부자들에게 보호와 안전, 가족, 국가 그리고 움직이지 않으려는 의지를 구성하는 그 모든 일반적 생각들을 깨트릴 수 있기 때문이다. 자유무역 이론으로써 거대 사업가와 정치인을 무역 발전과 기득권의 취약성으로 대립시킬 수 있다. 유연성·운동성의 효율과 경직성·특권의 구태의연함을 말이다. 쉬나이더(Schneider)사의 전 회장 드 브리싹(de Brissac) 공작은 "거미들이 바위에 매달리듯이 직장에 달라붙어 있는" 노동자들을 힐책하곤 했다. 자유무역 안에는 이동성, 이민, 쉽게 해고할 수 있는 가능성, 즉 경제의 유동성이 포함된다.

1817년 리카도는 자유무역론의 기초가 되는 국제무역 이론이 담긴 『정치경제학과 과세의 원리』를 출판했다.

리카도의 이론은 완전히 정태적인 것이며 재배치와 전문화의 단순한 이론이다. 이 이론은, 모든 교역은 교역 참여지에게 이득을 가져오며, 이득이 없다면 교역이 이루어지지 않을 것이라고 말한다. 또한 교역은 생산 요소가 보다 효율적으로 사용되도록 재배치한다고 주장한다. 예를 들어 뽀르뚜갈과 영국에서 잘못 활용되는 노동은 교역 이후에 효율적으로 재

배치된다는 것이다. 여기서 이 이론의 완전히 정태적인 내용을 강조해야 한다. 차이가 존재하기 때문에 전문화의 가능성이 존재한다는 것이다. 그렇다면 왜 한쪽에는 다른 쪽에 비해 노동사용의 기술이 더 발달된 것일까? 여기에는 답이 없다. 어쨌든 이 이론은 교역에 있어서 노동의 중요성을 강조하며, 교역은 국제노동의 재조정이라는 사실을 보여준다. 이런 의미에서 매우 근대적이라고 할 수 있는데, '세계화'란 국제노동의 새롭고 특별한 재조직인 셈이다. 중심, 두뇌, 위장은 북부에 있고, 주변과 사지는 남부나 중국이나 다른 개발도상국에 있다. 그러나 자유주의 경제학의 정통 적자로서 이 이론은 생산의 중요한 측면을 은폐한다. 소위 수확체증법칙이라 칭하는데, 생산하면 할수록 싸진다는 원리다.

불행히도 일부 국가에 있어 수확의 체증은 체감이 되기도 한다. 생산하면 할수록 가난해지는 것이다. '빈곤화의 성장'이라는 이 패러독스는 일부 천연자원이나, 농산물 같은 1차산업 제품에 전문화하는 실수를 저지른 남부의 몇몇 국가들의 경우다. 이들은 자신의 경제를 수출과 관련된 외화획득에 모두 걸었고, 이로써 기존의 수공업과 식량생산 부문을 황폐화시켰으며, 결국 국제자원시장에서 가치없는 물품만을 잔뜩 떠안게 되었다.

리카도 이후의 이론들은 교역되는 상품에 포함된 노동을 강조했다. 헥셔·올린·쌔뮤얼슨(Hecksher-Ohlin-Samuelson) 정리[8]는 국가들이 토지, 노동, 천연자원 같은 생산요소를 불평등하게 보유하고 있다는 사실을 강조하면서 이들 생산요소의 부동성에 주목했다. 국가들은 이런 부동성을 극복하기 위해 다양한 생산요소를 포함하는 상품의 이동으로 보완한다는 것이다. 남부처럼 '기계'가 부족한 국가들은 자신이 풍요롭게 가지고 있는 노동을 내포한 상품을 수출할 것이다. 그런데 정말 "수출할 것"

이라고 가정법으로 표현해야지 실제로는 부국들이 고급 노동이 담긴 무역을 하고 가난한 국가들은 그저 자국 토지와 지하자원을 수탈당할 뿐이다. 가정부를 원하는 사람 말고 누가 아프리카의 노동력을 필요로 하는가?

> **헥셔·올린·쌔뮤얼슨(HOS) 정리** 한 경제활동에서 방출된 자본과 노동이 아무런 추가비용 없이 다른 경제에 흡수될 수 있다는 이론으로, 현대 자유무역론의 기초가 되었다.

이 이론은 리카도의 이론과 같은 철학을 공유하는데, 생산에 있어서 수확체증의 현상이 존재한다는 사실을 부정한다. 이 이론은 특정 국가가 생산하면 할수록 생산비용이 절감되기 때문에 결국 다른 경제체제의 경쟁을 기본적으로 불가능하게 하여 외국에 물건을 쏟아붓게 된다는 사실을 부정한다. 마이크로쏘프트사는 자사가 외국 경제를 점령하면 할수록 규모와 이윤을 누적하고 비용을 줄인다는 국제적 독점의 좋은 사례다. 바로 이 부분에서 국가, 정책, 그리고 보호주의가 개입할 수 있다.

보호주의 혹은 자유주의

오래전부터 경제학자는 정치인 옆에서 자국 보호를 연구해왔다. 독일의 프리드리히 리스트(Friedich List)는 1841년 출판한 『정치경제의 국가체계』(*The National System of Political Economy*)에서 이 문제를 고려했으며 미국에는 캐리(Carey)가 있다. 이들은 자유주의자임에도 불구하고, 산업 분야에서 엄청나게 앞섰으면서도 타국의 관세가 자신의 상품을 판매하는 데 장애가 되지 않도록 수출을 증진시키려는 영국의 절대적인 권력에 대응했다. 리스트는 초기의 산업은 국제경쟁에 노출되기 전에 보호받을 필요가 있다고 주장했다. 서로 비슷한 세력의 산업들만이 상호 이로운 방식으로 경쟁할 수 있다는 것이다. 영국은 1843년 완전히 자유무역으로 개종했다. 프랑스는 1860년 1월 23일, 의회와 산업계 다수의 반대에도 불구하고 영국과 자유무역협정을 체결했다. 그것은 영국인들에게 엄청난 선물이었다. 독일은 자국의 산업이 성장하도록 보호했다. 또한 오늘날의 한국은 대표적인 사례다. 1970년대 한국 초유의 자동차는 전혀 경쟁력이 없어 보였다! 만일 아무런 상업적 보호조치도 없었다면 자동차 생산은 수지타산이 맞지 않는다고 포기했을 것이다. 그런데 국가산업의 보호와 국가의 지원은 놀라운 씨너지를 이루고 학습효과를 창출했으며, 그 덕분에 한국 자동차는 매우 빨리 이윤을 창출하여 거대한 산업을 일으켰다. 미국의 역사도 대표적인 사례다. 처음에 미국은 순수하게 농업국가였다. 그러나 남북전쟁 이후 국가가 강화되고 관세보호가 수립되었으며, 미국의 노동생산성을 높이기 위한 교육에 관한 엄청난 정책은 경제적 거인을 낳게 한 반자유무역 현상들이다. 오늘날까지도 공공 및 군사 부문이나 정보통신 분야의 연구에 관한 막대한 투자는——인터넷은 1958년 국무성이 출자한 아르파(ARPA) 즉 첨단연구기획국(Advanced Research Project Agency)에서 탄생했는데, 어떤 즉각적 결과를 목표로 한 것은 아니었다——의지적이고 보호주의적이며 국가중심적인 정책을 반영한다.

수확체증과 국제무역

국제적 노동분업의 원인이 불평등한 생산요소의 분포와 서로 다른 생산 기술이라는 두 가지 요인만으로 구성된 것은 아니다. 무척 중요한 세번째 요인은 '수확체증' 현상이다. 수확체증법칙은 매우 단순한만큼 자유주의 이론에 매우 방해가 된다. 이것은 반경쟁적인 원리이고 불평등하고 사자 같은 약육강식의 교리다.

확장하는 과정에서 수확성을 높여가는 마이크로쏘프트사 같은 회사를 상상해보자. 이런 회사는 새로운 시장을 발견하면 다시 새로운 기술을 개발하고 모든 경쟁의 가능성을 제거하면서 새로운 특허를 통해 품질을 향상시키고 가격을 내린다. 수확체증은 필연적으로 적을 말살시키며 독점으로 귀결된다. 미국의 유명한 경제학자 폴 크루그먼(Paul Krugman)[9]은 자유주의자로서 국제적 경쟁에서 중요한 역할을 하는 수확체증 현상을 포괄해야 한다고 강조한다. 시장의 규모와 크기는 승자를 강화하고 다음 승리도 차지하게 만든다는 사실을 인정해야 한다. '내재적 성장'의 현상과 성장을 통한 유용한 학습의 현상은 더 많은 노하우와 시장 정복의 능력을 부가시켜준다. "신국제무역 이론은 무역이 대부분 비교우위보다는 규모의 경제에 의해 발생하며, 국제시장이 일반적으로 불완전한 경쟁 상태에 있다는 사실을 보여준다."[10] 수확이 체증하는 기업은 경쟁자를 제거하고 가격과 이윤을 결정함으로써 엄청난 과다이윤을 남긴다. 반면 경쟁상태에서 활동하는 기업은 경쟁자들 때문에 간신히 물 위로 머리를 내밀고 숨을 쉴 수밖에 없는 적은 이윤만을 남길 뿐이다. 이런 상황이라면 적극적인 국가정책은 국내시장에 들어오는 외국 독점기업을 저지할 수 있다. 그러나 그것은 공기업인 에어프랑스(Air France)가 보잉(Boeing)보다는 에어버스(Airbus)를 사겠다는 것과 같은 말이다. 그러면 익구이 독점 정복자에게 돌아갔을 과다이윤을 정부가 선정한 기업이 차지할 수 있게 된다.

동시에 정부의 적극적인 정책은 외부적 효과를 창출하는 데 강한 능력을 보이는 기업들을 지원할 수 있다. 특히 지식과 연구에 관련된 외부효과가 중요한데, 이 효과는 같은 분야의 모든 국내기업에 혜택을 준다. 우주산업을 지원함으로써 아리안로켓 산업을 지원하고, 아리안로켓 산업은 다시 CNES에 영향을 미치는데, 예를 들면 관찰용 인공위성 스팟을 개발하는 데 기여한다. 세금이나 관세, 연구지원금이 과거에 없던 산업을 탄생시키는 것이다. 보잉과 에어버스의 사례를 들어보자. 이들이 여객기시장에서 경쟁관계에 있다고 할 때 다음과 같은 결정도표가 나온다.

		에어버스	
		p	n
보잉	P	(-5, -5)	(100, 0)
	N	(0, 100)	(0, 0)

여기서 대문자 P는 '보잉이 생산하기로 결정한다'이고 소문자 p는 '에어버스가 생산하기로 결정한다'를 의미하며 N과 n은 각각 그 반대를 뜻한다.

보잉과 에어버스가 경쟁에 돌입하여 모두 생산하게 되면 양쪽 모두 적자(-5)다. 보잉은 생산하고 에어버스는 생산하지 않으면 보잉이 100을 벌고 에어버스는 0이다. 그 반대도 마찬가지다.

자 이제 유럽이 에어버스에 10이라는 지원금을 제공한다고 가정하자. 이윤에 대한 결정도표는 다음과 같다.

		에어버스	
		p	n
보잉	P	(-5, +5)	(100, 0)
	N	(0, 110)	(0, 0)

이번에는 어떤 경우라도 결과가 이윤을 창출하기 때문에 에어버스는 생산을 결정하여 경쟁에 돌입한다. 보잉은, 에어버스가 경쟁에 돌입하고 자신은 적자(-5)를 볼 것을 알기 때문에 포기한다. 놀라운 결과는 에어버스가 승리하는 것은 물론, 위의 경우보다 훨씬 많은 이윤을 남긴다는 것이다.

또다른 흥미로운 사례가 있다. 예를 들어 정부가 자국 시장을 외국과의 경쟁으로부터 보호한다고 가정하자. 대규모 자국 기업이 외국의 위협적인 경쟁 기업에게 돌아갔을 이윤을 챙긴다. 같은 분야의 다른 국내기업들은 '긍정적 외부효과'를 누리게 되어(학습 효과, 특허, 분야내 정보교환, 씰리콘 밸리에서 같은 씨너지효과 등) 이들은 다시 외부 시장을 정복한다! **따라서 국내시장의 보호가 해외시장의 개척을 지원할 수도 있다.** 미국은 매우 개입적이고 보호주의적인 정책으로 이런 종류의 조치를 취했는데, 일례로 자국 기업이 외국 활동에서 얻은 이윤에 대해서는 면세혜택을 주었다.

하지만 약간 다른 경우를 상상해볼 수도 있다. 예를 들어 국내 자동차 시장이 서로 경쟁 상태에 있는 네댓 개의 기업을 살리기 위해 보호받고 있다. 경쟁 상황이기에 그 어떤 기업도 과다이윤을 내지는 못한다. 이들의 낮은 비용 즉 '경쟁력'은 해외시장에 자동차를 수출했을 때 외국 소비자들로 하여금 낮은 가격의 혜택을 누리도록 한다. **이럴 경우 국내 소비자가 누려야 할 혜택을 외국인들이 누리는 셈이다!** 반대로 한 기업이 높은 독점가격을 확보할 수 있다면 외국에서도 높은 가격을 받을 것이고 국내에서 독점 이익의 수혜를 누릴 것이다. 따라서 독점산업을 보호하는 것이 이로운 만큼 이미 국내에서 경쟁 상황에 있는 산업을 보호하는 것은 바람직하지 못하다. 이것은 연구개발에 대한 지원정책에 있어서도 마찬가지다. 어떻게 이런 지원으로 만든 제품이 해외에서 분해되어 모방되는 것을 막을 것인가? 어떻게 지원금이 자국 기업의 경쟁자들에게 도움이 되고 결국 이들이 외국에서 낮은 가격에 제품 공세를 취하여 최종적으로 다른 나라의 소비자들이 자국 연구개발 지원금의 혜택을 누리는 것을 막을 것인가? 자, "국경개방 만세!"라고 외치는 것은 좀 너무 단순하다고 느껴지지 않는가?

빈곤의 악순환

신생 산업의 보호가 없는데다 우리가 면밀히 관찰한 수확체증 현상으로 인해 반대편의 남반구 국가들은 재앙을 만나게 된다. 이들은 고급 인력을 양성할 수 없으며 천연자원이나 과일, 채소 같은 기초적 상품 판매에 전문화할 수밖에 없으므로 경제학자 자딕 바그와티(Jadig Baghwati)가 '빈곤의 증가'라 부른 악순환에 빠지게 된다. 이 악순환은 나의 경제 성장률이 높을수록 나는 빈곤해지는 현상이다. 예를 들어 국가의 수출경제를 발전시키기 위해 외화를 벌어들어야 하므로 자국의 수출산업을 수단을 가리지 않고 지원한다고 가정하자. 특정 수출 부문의 성장을 인위적으로 자극함으로써 외국 경쟁자에 비해 전략적 우위를 점할 수는 있지만 (프랑스가 꼬뜨디부아르에 가서 바나나를 생산하겠다고 굳이 나서지는 않을 테니까), 동시에 국내 자원의 가격을 상승시킴으로써 경제의 다른 부문들을 어렵게 만든다. 그렇게 석유나 빵, 노동의 가격이 상승한다. 다른 부문은(인도의 섬유산업, 아프리카의 제철 수공업) 망해버리고 이제 국내 농산물 가격보다 낮은 식량을 외국에서 수입하게 된다. 농민들은 고향을 버리고 떠난다. 도시로 몰려든 이들을 먹여살리기 위해서는 외채를 빌려 식량을 수입해야 한다. 처음에 집중적으로 지원했던 수출 부문에서 번 돈으로는 외채의 이자도 갚을 수 없다. 그래서 더 많은 외채를 빌린다. 그렇게 훌륭한 수출 전략으로 나라는 망했다. 수출 부문의 과다이윤은 다른 부문의 실패를 은폐한다. 아무도 이것을 발견하지 못하는 이유는 자립경제는 회계화되지 않고, 수출은 회계화되기 때문이다. 어느날엔가는 외채를 갚지 못해 수출산업 자체가 정지하게 된다. 재미있는 현상이 아닌가?

이 이야기가 더 황당하게 돌변하는 것은 1973년 석유 가격이 3배로 뛴 다음에 북반구의 은행가들이 남부 국가들에게 더 많은 빚을 가져가라고 유인했을 때다. 그들은 "자, 빌려가세요! 생산성 만세!"라고 외쳤다.

어떤 경우에는 일들이 폭력적으로 진행된다. 영국은 인도의 섬유산업을 휩쓸어버렸다. 영국은 영국 제품을 사도록 강요하며 인도의 생산을 금지했다. 영국은 거대한 대륙의 섬유산업을 자신을 위해 멸망시켰고, 100년 뒤 자신에게 별 의미가 없어지자 다시 돌려주었다. 왜 영국은 그렇게 행동했는가? 영국은 다만 섬유산업의 로비가 결정한 것을 따랐을 뿐이다. 리카도는 나뽈레옹전쟁으로 인한 해상봉쇄가 끝나자 당시 농업 로비의 의지와는 반대로 저렴한 밀을 수입하고자 하는 영국 산업의 목소리를 대변했다. 오늘날 유럽과 미국은 목구멍까지 지원금으로 가득 찬 로비를 대표하여 아프리카와 다른 지역의 경제를 파괴하는 정책을 펴고 있다. 이것 역시 '무역의 자유'의 이름으로다.

국제무역에 대한 일고(一考)는 뚜르 드 프랑스(Tour de France, 프랑스 일주 자전거 대회)에 대해서 언급하지 않고 끝낼 수 없다. 이 대회는 경쟁의 훌륭한 비유다. 한 참가자가 마약을 복용한다고 가정하자. 다른 경쟁자들은 어떻게 할 것인가? 그들 역시 마약을 복용할 것이다. 아니면 어디 경쟁이 되겠는가? 그렇다면 대회에서 마약을 없애려면 어떻게 해야 하는가? 우선 모두에게 적용되는 규칙을 만들어서 마약의 추방을 보장해야 하며, 특히 자유시장을 내버려두어서는 안된다. 국제경쟁의 규모에서 본다면, 낮은 비용을 추구하고 저임금의 노동력을 착취하는 것과 중국에서 소녀들이 일주일에 70시간이나 그 이상을 일하는 현상은 마약쟁이들의 자전거대회와 같다. 우리는 노동법이 누구에게나 똑같이 적용되는 공정한 경쟁, 아동은 보호되고 노동의 착취만이 아닌 노동의 품질이 성장을 만들어내는 경쟁을 상상할 수 있다. '공평한' 무역이라는 개념은 이 방향으로 나아가며, 제품 구상단계에서부터 최소한의 사회적 보호와 환경 존중을 담은 제품들만을 교환하는 무역이다.

국제무역은 지구를 부유하게 했는가?

세상은 부유해지고 있는가? 이것은 철학 숙제로 좋은 주제라고 하겠다! 경제학자는 망설이지 않고 그렇다고, 세상은, 인류는 15만년 전 라스꼬 동굴시대에 비해 부유하게 되었다고 대답한다. 채집과 수렵을 하던 유목민은 황소떼와 야생마떼에 기생하면서 살았는데 이제 정착하지 않았는가? 인간은 종교와 국가를 창조했고, 화폐 그리고 자본주의를 만들지 않았는가. 세계 인구는 많이 증가했고, 인간의 평균수명도 크게 늘어났다. 나는 율리우스가 이타카에서 석양을 바라보며 보낸 시간과 비만한 관광객이 버스에서 내릴 때 걸린 시간 중 누구의 시간이 더 가치가 있는지 알 수 없다. 빠스깔이 자신의 절친한 친구이자 게임을 즐기던 기사 메레가 내놓은 확률게임 문제를 풀며 보낸 시간은 국립과학연구소의 연구원이 새로운 분자를 발견하기 위해 보낸 시간만큼 흥미로운 시간이다. 하지만 확실한 것은 오늘날 프랑스에서 사람들은 가까운 18세기의 조상들보다 훌륭한 삶의 조건—예를 들면 물이나 약품에 대한 접근에 있어서—을 누리고 있다는 사실이다. 그래서 그들은 더 행복한가? 그것은 다른 이야기다. 경제학자는 그렇다고 대답할 텐데, '복지'를 양적으로 측정하기 때문이다. 경제학자의 설명에 따르면 자동차를 두 대 가진 사람은 한 대 가진 사람보다 반드시 더 행복하다. 우리의 자동차 소유주는 맑은 하늘이나 동물들을 바라보는 즐거움을 느끼지 못할 수도 있고, 휘발유 냄새 말고는 별로 향기를 즐기지 못할 수도 있다. 하지만 이런 것들은 그저 '부정적 외부효과'이고 부수적 피해(collateral damage)이며 자동차라는 원래 상품과 불가분하게 결합된 질적 산물로서 측정할 수 없는 요인들이므로(자동차가 가져오는 행복은 차의 가격으로 측정되지만) 결국 경제학 밖의 문제다. 경제학자는 이렇게 말할 것이다. "중국을 보세요! 얼마나 높은 성장률입니까! 일인당 소득의 성장률은 또 어떻구요! 자본주의의 기적이 진행되고 있네요!" 물론 복지는 행복이 아니라면서 우리 경제학자는 갑자기 꿈꾸듯 상상에 빠진다. 그는 지난번 관광여행을 갔던 아프리카의 흑인이나 원주민, 인디언, '야만인'이 가졌다고 여기는 거대한 행복을 언급하며 구두수선공과 금융가의 이야기를 들려줄 것이다. 그는 자신의 냉장고를 열면서 "그는 삶을 알고 있어, 석양의 아름다움이 은행계좌보다 중요하다는 것을 알고 있단 말이야"라고 중얼댄다.

"나는 율리우스가 이타카에서 석양을 바라보며 보낸 시간과 비만한 관광객이 버스에서 내릴 때 걸린 시간 중 누구의 시간이 더 가치가 있는지 알 수 없다."

그런데 문제는 오늘날 남반구의 수많은 국가에서 빈민촌과 공해로 인해 석양은커녕 아무것도 보기 어려운 경우가 많으며, 평균수명은 늘어나지 않고 전염병이 주민들을 강타하고 있다. 그리고 물에 대한 접근 같은 문제에서 새로운 위험한 상황들이 발생하고 있다. 누가 어찌 냉소하지 않고, 언젠가 세계의 모든 사람들이 수도꼭지를 틀어 거기서 나오는 물을 마시리라 꿈꿀 수 있겠는가.

퇴보?

2001년 OECD는 지난 2천여년간 세계의 성장에 관한 회고를 제시했다. 이에 의하면 지구의 인구는 굉장히 오랫동안 정체되고 출생의 효과는 대개 사망으로 상쇄되었으며, 일인당 생산량도 매우 천천히 그것도 장기의 정체나 퇴보를 거치면서 증가한 것으로 나타났다. 국가들 사이의 불평등 정도는 매우 작은 것이었지만 산업혁명, 자본주의와 함께 이 모든 것이 변했다.

1820년부터는 세계대전 시기를 제외하면 성장이 지속되었고, 국내총생산은 매년 1.7%씩 성장했다. 동시에 국가들간의 불평등은 강화되었다. 즉 소수의 부국끼리 서로 무역하는 경향을 보이고, 반대편에는 다수의 빈곤한 국가들이 집합을 이루고 있다.

한 세기 반이 지난 뒤 변화가 생겼다. 1973~95년에 소련 국가들의 소득은 40%나 줄었다. 중동 17개국의 소득은 12% 줄었다. 동구 12개국에서도 소득이 줄었고, 라틴아메리카의 44개국에서는 약간 줄었다. 아프리카의 감소는 더 심한 정도였다. 전체적으로 세계 국내총생산의 28%를 차지하는 144개국에서 일인당 국민소득은 1973년 이후 0.8% 줄어들었다.

이제는 부자 쪽을 보자. 북반구의 두 나라 미국과 영국에서 부는 증가했지만 불평등은 폭발했다. 미국의 통계는 1973년 이후 시간당 임금의 축소를 보여주었다. 그로 인해 노동자의 구매력은 심각하게 악화되었다. 1973~95년에 미국의 일인당 국민소득은 36% 증가했지만[11] 노동자의 시간당 임금은 14% 감소했다. "지난 세기말에 비간부 노동자의 실질 임금은 50년 전 수준으로 내려갔는데, 그사이 국내총생산은 두배가 되었다."[12] 북반구에서 빈곤의 성격이 변화했다. 과거의 빈자는 재원이 없는 노인들이었는데 오늘날의 빈자는 교육받지 못한 젊은이들이다. 프랑스의 경우 1970년에 최저 사회지원을 받는 사람이 3백만명이었는데 오늘날에는 6백만명이다. "자본주의 역사상 처음으로 한 세대가 그 부모의 세대보다 악화된 조건에 놓였음을 발견하게 되었다. 직업적 상황도 악화되었고, 소득은 줄었으며, 환경은 손실되었고, 음식은 독성을 담았으며, 새로운 병이 생겨났다"고 필립 라바르드(Philippe Labarde)는 썼다.[13] 그리고 마지막으로 우리에게 충격을 주는 것은 불평등, 금리생활자들, 엄청난 부를 축적한 사람들이 다시 돌아온다는 사실이다. 20세기 초 미국에서 가장 잘 사는 부자 가정 2천세대는 평균보다 300배가 많은 소득을 누렸다. 이들의 소득은 1950년대 평균보다 60배나 더 많았다. 오늘날에는 다시 불평등이 다섯배나 증가하여 1900년의 상황으로 돌아갔다! 기업체 사장의 수입은 제2차 세계대전 이후에는 노동자의 소득보다 40배가 더 많았는데, 지금은 400배가 더 많다.

남반구를 도와야 하는가?

사하라 이남의 아프리카는 20년 전보다 훨씬 빈곤하다. 유엔개발위원회(CNUCED)에 따르면 그곳으로 1달러가 들어가면 1.6달러가 다시 나온다!¹⁴ 왜 그런가? 그것은 빈약한 수준의 지원금 때문이 아니라(미국은 국내총생산의 0.2%, 프랑스는 0.5%를 개발원조에 사용한다) 이들 국가의 지도자들이 자본을 수출하기 때문이다. 아르헨띠나는 자본을 엄청나게 수출하는 망한 나라다. 그렇다면 이들 국가가 다시 부유해지기 위해서는 어떻게 해야 하는가? 여기서 국제통화기금과 세계은행이 개입하는데, 이들은 오히려 불지르는 소방수이자 사람 죽이는 응급차로서, 아마도 선행을 하려는 것 같지만 실제로 많은 고통을 주는 기관들이다.

이 두 기관에게 선이란 수출 지향적 시장경제다. 국제통화기금(IMF)과 세계은행(World Bank)은 경제의 기능에 관해 매우 원초적인 생각을 가지고 있으며, 아직도 아담 스미스 수준에 머물러 있다. 이들은 자신의 확신과 단순성 속에 빠져 마치 도자기 가게를 어슬렁거리는 소의 멍청한 눈빛과 태연함으로 위기를 공황으로 그리고 공황을 재앙으로 만든다. 이제 끝내기 전에 국가의 부라는 개념을 생각하면서 한 나라가 외부세계로부터 독립되어 있다고 가정해보자. 그 나라의 생산은 시장이 가치를 부여하지 않기 때문에 제로다. 옆의 국가는 수출을 선택한다. 첫번째 나라에서와 마찬가지로 농업부문은 자립을 가능하게 하고 지역의 산업은 이제 수출을 위해 종사한다(예를 들면 바나나). 따라서 두번째 나라는 소비재의 일부를 수입하게 된다. 이 나라의 표면적 부는 국제시장에서 가치를 부여받기 때문에 증가한다. 하지만 식량생산이 사라지면서 빈민촌이 늘어난다. 만일 빈민촌의 노동력이 일자리를 찾지 못한다면 정부가 외채를 도입하여 산업을 '만들어낼' 것이라고 상상할 수 있다. 만일 이 산업이 성공을 거두지 못한다면 이 국가는 국제적 게임에 끼여 더 많은 외채를 져야 할 것이고, 수입을 늘려야 할 것이며, 자국의 농업을 더 망하도록 해야 할 것이다. 바로 이순간 국제통화기금은 문제를 악화시키기 위해 등장한다.

국제통화기금은 구조조정──그나마 사회를 유지하는 사회적 관계를 파괴하는 것이다──을 위해 서두를 것이고, 공공써비스를 제거하고, 민영화 가능한 것을 팔아치우며(마피아로 넘어가기도 한다), 임금을 낮추고, 적자를 줄이는 한편 무조건 외화를 벌라고 할 것이며, 수출을 위한 상품 생산을 장려할 것이다. 아르헨띠나와 러시아는 이처럼 해서는 안될 정책을 적용한 실질적 두 사례. 게다가 아프리카는 이야기도 꺼내지 말자. 이제는 그 시체에서 국제통화기금조차 관심을 돌렸다.[15]

"국제통화기금과 세계은행은 오히려 불지르는 소방수이자 사람 죽이는 응급차로서, 아마도 선행을 하려는 것 같지만 실제로 많은 고통을 주는 기관들이다."

| 원문 읽기 |

■ 미셸 우엘벡

경제와 쎅스의 자유주의는 투쟁영역의 확장을 의미한다.

나는 물론 아무런 대답도 할 수 없었다. 하지만 생각에 잠겨 호텔로 돌아왔다. 그리고 중얼거렸다. 우리 사회에서 쎅스란 정말 돈과는 전혀 상관이 없는 구별짓기의 두번째 제도임에 틀림없어. 그리고 이 구별짓기 제도는 처음 것만큼이나 악착같이 작동된단 말이지. 게다가 이 두 제도의 효과는 정확하게 유사하다고. 브레이크 없는 경제적 자유주의와 마찬가지로, 그리고 비슷한 이유로 성의 자유주의는 절대적 빈곤화의 현상을 초래한다구. 어떤 사람은 매일 쎅스를 하고, 다른 사람은 평생에 대여섯번 하거나 한번도 못하기도 하지. 잘난 사람은 수십명의 여자와 자보고, 못난 사람은 아무하고도 자보지 못한단 말이야. 이걸 '시장의 법칙'이라고 부르지. 해고가 금지된 경제제도라면 각자 웬만한 자리를 찾는다구. 마찬가지로 간통이 금지된 성 제도라면 각자가 침대 파트너를 찾을 만한 거야. 완전히 자유로운 경제제도라면 일부가 엄청난 부를 축적하지. 다른 사람들은 실업과 빈곤에서 허덕이지만 말이야. 또 완전히 자유로운 성 제도에서는, 일부는 다양하고 자극적인 성생활을 영위하지만 다른 이들은 고독한 자위에 만족해야지. 경제적 자유주의는 투쟁영역의 확장이야. 모든 세대로 그리고 사회의 모든 계급으로의 확장 말이야. 마찬가지로 성의 자유주의도 투쟁영역의 확장이고, 모든 세대 모든 사회계급으로 확장하는 것이지. 경제적으로 볼 때 라파엘 띠스랑(Raphaël Tisserand)은 승자의 편에 서 있어. 성적으로 보면 패자 쪽이지. 어떤 사람은 두 방면에서 모두 승자이고 또 어떤 사람은 양쪽에서 모두 패자야. 기업이 일부 유능한 대졸자를 모시려고 경쟁하듯이 여자들은 일부 젊은 남자를 차지하려고 하지. 남자들도 일부 젊은 여자를 대상으로 경쟁을 하고. 이로 인한 혼란과 성가심이 엄청나다구.

─『투쟁영역의 확장』

■ 뽈 베록

무역은 경제성장의 동력이었는가?

나는 아래의 일곱가지 신화를 다룰 것이다.

1. 일반적으로 대외무역은 경제성장의 동력으로 인정받고 있다. 그러나 역사는 그렇지 않다는 사실을 보여준다.

2. 제1차 세계대전 이전의 시기는 자주 위기의 시기로 묘사되었다. 현재 가지고 있는 총괄적 자료에 의하면 이런 묘사는 진실에서 멀다고 하겠다.

3. 제3세계 국가들 대부분의 수출이 거의 전부 1차산업 제품으로 구성되었다는 사실 때문에 경제학자들은 1차산업 제품의 수출이 저개발을 가져온다고 결론지었다. 그러나 현실은 조금 더 복잡하다. 왜냐하면 현재 선진국 중에서 일부는 과거에 1차산업 제품의 수출국이었기 때문이다.

4. 19세기가 선진국에 있어 강력한 경제성장의 시기였다는 신화는 10~20년전에 비해 줄어든 것이 사실이다. 하지만 아직도 이 성장이 얼마나 느린 것이었는가는 완전히 인식하지 못하는 듯하다.

5. 많은 연구는 전통사회의 도시화가 낮은 수준이었다고 묘사한다. 최근의 연구에 의하면 이런 인식은 잘못된 것이다. 실질적으로 산업혁명 이전의 수세기 동안 세계의 도시화 정도는 우리가 생각한 것보다 2~3배 높았다.

6. 제3세계가 대부분 과거 유럽의 식민지였기 때문에 유럽만이 거대한 식민세

력이었다는 (잘못된) 생각이 확산되었다.

7. 마지막으로 유럽 식민지에 노예로 보내진 아프리카인들의 비극적 운명으로 인해 우리는 유럽이 노예무역에 있어서 유일하지도 않았으며 가장 중요한 세력도 아니었다는 사실을 잊는 경향이 있다. 우리는 적어도 또하나 규모가 더 큰 노예무역의 사례를 잘 알고 있다. (…)

—『경제사의 신화와 패러독스』

■ 조너선 스위프트

풍요 속의 빈곤

나의 조국 영국은 어떤 계산에 의하면 주민들이 소비할 수 있는 것보다 3배나 많은 식량을 생산하고 있었으며, 동시에 곡식이나 과일을 으깨서 만든 훌륭한 음료수를 만드는 것은 물론, 삶에 필요한 모든 재화를 풍족하게 갖고 있었다. 하지만 남자들의 쾌락과 방탕함 그리고 여성들의 허영심을 충족시키기 위해 우리는 필요한 재화의 대부분을 다른 나라로 보내고, 대신 질병과 어리석음과 타락을 우리에게 확산시킬 물건들을 대량으로 사들였다. 따라서 우리나라의 수많은 사람들이 생존하기 위해 거지나 강도, 도둑, 소매치기, 뚜쟁이, 위증범, 기식자, 인신매매범, 위조지폐발행범, 위법자, 사기꾼, 아첨꾼, 허풍쟁이, 가짜 투표인, 엉터리 작가, 무당, 독살범, 기둥서방, 밀고자, 무신론자와 그 비슷한 부류의 일을 하는 사람이 될 수밖에 없었다.

—『걸리버 여행기』

■ 몽떼스끼외

경쟁은 도덕심을 약화시킨다

무역의 자연스러운 결과는 평화를 가져오는 것이다. 두 국가가 서로 무역한다는 것은 상호의존적이 된다는 의미다. 한쪽에서 사는 것이 이득이 된다면 다른 쪽에서는 파는 것이 이득이 된다. 그리고 모든 연합은 상호필요에 기초한다. 하지만 무역의 정신이 국가들을 통합하지만 같은 방식으로 개인들을 통합하는 것은 아니다. 우리는 무역의 정신만이 지배하는 국가에서 흔히 인간의 모든 행위와 도덕적 덕목 들을 사고파는 것을 발견할 수 있다. 인간이라면 행해야 하는 아주 작은 일들도 그곳에서는 돈으로 행하고 돈으로 교환된다.

무역의 정신은 사람들에게 어떤 정확한 정의감을 제공하는데, 그것은 한편으로는 강도질과 대립하며 다른 한편으로는 도덕적 덕목과 대립한다. 따라서 사람들은 자신의 이익을 항상 강력하게 주장하지는 않으며, 다른 사람의 이익을 위해 자신의 이익을 무시할 수도 있다.

반대로 무역을 완전히 제거하면 아리스토텔레스가 획득의 방법으로 분류했던 약탈이 일어난다. 약탈 정신은 특정한 도덕적 덕목과 전혀 상충하지 않는다. 예를 들어 손님에 대한 관대함을 무역하는 나라에서는 찾아보기가 어렵지만 반면에 약탈적 민족에게서는 멋지게 발견되기 때문이다.

—『법의 정신』

■ 조지프 스티글리츠

충고자가 충고의 결과를 책임지지 않을 때

러시아는 시장경제에 대해서 집중 훈련을 받고 있었고 우리는 그 선생님이었다. 말도 말자! 우리는 러시아인에게 집중적으로 자유시장의 영광이 담긴 경제학 교과서를 가르쳤다. 하지만 그들이 자신의 선생님들이 하는 행동을 보니 그것은 이상형에서 완전히 벗어나는 것이었다. 우리는 그들에게 시장경제의 성공에 있어 상업의 자유화는 필요하다고 말했지만, 그들이 미국으로 알루미늄이나 우라늄(다른 상품도 마찬가지였다)을 수출하려고 할 때 문은 닫혀 있었다. 분명히 미국은 상업을 자유화하지 않고도 성공했다. 혹은 '무역은 좋지만 수입은 나쁘다'라는, 가끔 들리는 이야기를 실천했다. 우리는 그들에게 경쟁이 결정적이라고 가르쳤지만(물론 이 주제에 대해 특별히 강조하지는 않았다), 미국 정부는 세계적 알루미늄 카르텔 창설의 핵심에 자리잡고 있었으며, 독점적 지위를 가진 미국 생산자에게 농축 우라늄 수입 독점권을 준 상태였다. 우리는 그들에게 급속히 그리고 청렴하게 민영화를 해야 한다고 가르쳤지만, 미국은 그들이 시도한 유일한 민영화를 실현하는 데 몇년이나 걸렸으며, 결국 그 과정이 깨끗하지만은 않았다는 점이 지적되었다. 미국은 세계를 가르치려들었고 특히 아시아 위기 이후 부패한 자본주의의 위험에 대해 이야기했지만, 이 장에서 논의한 사건들의 핵심과 전면에는 항상 검은 영향력의 행사가 있었다.

—『세계화와 그 불만』

■ 뿔 베록

미국: 근대 보호주의의 조국이자 보루(1791~1860)
내가 위에서 지적했듯이 근대 보호주의가 미국에서 탄생했다는 사실을 잊어서는 안된다. 미국 첫 정부의 재무장관 알렉산더 해밀턴(Alexander Hamilton, 1789~95년 동안 역임)은 1791년 자신의 유명한 산업관련 보고서에서 보호주의의 근대적 이론을 표명하는 첫 글을 작성했다. 나는 제2장에서, 프리드리히 리스트의 주

장 중에서 가장 핵심적인 부분을 소개한 바 있다. 해밀턴의 가장 중요한 기여는 산업화가 관세보호의 장벽 아래에서만 가능하다는 생각이다. 아마 '유치산업 (infant Tndustry)'이라는 용어를 처음 사용한 것도 해밀턴인 듯하다. 물론 이런 논지는 중상주의에도 있었지만 해밀턴은 이를 경제사상의 첫 페이지에 올려놓았다.

—『경제사의 신화와 패러독스』

■ 1998년 유엔개발계획(UNDP) 보고서

세계의 사회적 균열

세계 최대 부호 225명의 부는 도합 1조 달러에 달하는데 이는 세계 인구 중 가장 가난한 사람들 47%의 연간 소득에 해당한다.

세계에서 가장 부자인 사람 세명이 가장 가난한 나라 48개국의 국내총생산 총계보다 많은 부를 소유하고 있다.

사회적 써비스에 대한 접근권이라는 측면에서 보자. 누구나 기초적 교육, 기초적 의료, 적절한 식량, 마실 수 있는 물과 의료 인프라 등을 누리고 이를 유지하는 데 드는 비용은 일년에 400억 달러로 추정된다. 광고업의 지출은 이의 10배 이상으로 연간 4000억 달러를 넘어선다.

모든 인간이 사회적 써비스와 생존을 위한 기초적 소비를 할 수 있도록 하는 데 드는 추가비용과 이를 비교했을 때 인간 삶의 발전을 위해 사용될 수 있는 자원은 풍부하다는 것을 알 수 있다.

이런 비교는 단지 몇몇 예들이지만, 그럼에도 지구의 자원이 어떤 방식으로 사용되고 있는지 충격적으로 보여준다.

세계는 무엇을 우선시하는가?

(연간지출, 단위: 억 달러)

보편적 교육: 60

미국의 화장품 구입: 80

보편적인 물과 위생 제공: 90

유럽의 아이스크림 구입: 110

여성의 보편적 산부인과 치료: 120

유럽과 미국의 향수 소비: 120

기초적 식량 소비와 의료: 130

유럽과 미국의 동물 사료 구입: 170

일본 기업들의 레저 예산: 350

유럽의 담배 소비: 500

유럽의 주류 소비: 1050

세계에서 마약 소비: 4000

세계의 군비 지출: 7800

—「1998년 UNDP 보고서」

■ 몽떼스끼외

부의 과잉이 무역의 정신을 파괴할 때

　민주주의가 무역에 기초하고 있는 경우, 개인이 거대한 부를 가질 수 있으며 관습이 부패하지 않을 수도 있다는 것은 사실이다. 왜냐하면 무역의 정신은 자신과 함께 근검, 절약, 자제, 노동, 지혜, 안정, 질서, 규칙의 정신을 동반하기 때문이다. 따라서 이러한 정신이 유지되는 한 생산되는 부는 어떤 부정적 효과도 없다. 하지만 부의 과잉이 무역의 정신을 파괴하면 악이 달려온다. 갑자기 그동안 느끼지 못하던 불평등의 무질서가 나타나기 시작한다.

무역의 정신을 유지하기 위해서는 주요 시민들이 스스로 이를 실천해야 한다. 이 정신은 단독으로 지배해야 하며 다른 정신과 혼합되어서는 안된다. 모든 법률이 이 정신을 장려해야 한다. 그리고 법률은 상세조항을 통해 무역이 부풀려준 재산을 분배하여 각각의 가난한 시민이 다른 사람들과 마찬가지로 일할 수 있는 충분한 편리함을 갖도록 해야 한다. 그리고 중산층의 부유한 시민도 자신의 지위를 유지하거나 새로운 재산을 획득하기 위해서는 노동을 해야만 하는 상황이 펼쳐진다.

—『법의 정신』

■ 장 마리 아리베

구조조정계획

구조조정계획의 목적은 뚜렷하다. 전통적 공동체의 삶에 있어 양식의 잔재를 완벽하게 제거하는 것이며, 발전이 비상업적 관계나 집단적 조절에 의존하는 것을 방지하는 것이다. 국제통화기금과 세계은행은 멕시코로 하여금 공동자산(에히도스)을 보호하는 헌법 조항을 변경하도록 했다. 이들은 사하라 이남의 아프리카에서도 공동의 또는 국가의 토지를 민영화하기 위해 열심히 노력하고 있다. 그것이 어느 대륙이건간에 구조조정계획의 결과는 파괴적이다. 어느곳에서나 가장 소득이 적은 계층이 긴축정책에 가상 심각한 타격을 받고, 재산이 많거나 높은 소득을 올리는 사람들은 평가절하 이전이나 이후에 많은 돈을 쉽게 환전함으로써 자산을 보호하기 때문에 결국 불평등은 더 심각해진다. 아프리카의 8개국에서는 구조조정계획의 적용기간 동안 아동의 영양섭취 상태가 악화되었다. 1965~80년 아동의 초등학교 취학률은 41%에서 79%로 증가했다. 그러나 1988년 이 비율은 67%로 다시 떨어졌다. 잠비아의 영아 사망률은 1990년대 54%나 증가했다. 1985~95년 잠비아의 일인당 교육비 지출은 1/6로 줄어들었다. 1990~93년 잠비아의 초등교육 예산은 3700만 달러였는데 같은 시기 외채상환에 들어간 원금과 이자는 130억 달러였다.

그리고 이 기간 동안 외채는 계속 불어났다. 1968~80년 제3세계의 외채는 12배로 늘어났고, 그때부터 오늘날까지 다시 4배나 늘어났다. 30년 만에 외채는 500억 달러에서 2조 5천억 달러로 50배가 늘어났다. 외채상환금도 6배로 불어났다. 그리하여 1999년에는 다시 3조 5천억 달러까지 불어났다. 차관 형식의 공공개발 지원금은 연간 500억 달러를 넘지 않으며, 유엔개발계획이 계산한 바에 따르면 모든 빈곤국의 식량과 물, 교육, 산부인과 치료를 보장하기 위한 비용은 연간 800억 달러면 충분한데도 말이다.

브라질 연방정부는 이자로만 1997년에 450억 레알, 1998년 725억 레알, 1999년 950억 레알을 지불했는데, 1999년 공공의료 예산은 195억 달러에 불과했다. 사하라 이남의 아프리카 국가들은 매년 150억 달러를 상환하는데, 이는 이들 국가의 의료와 교육 예산의 4배 이상이 되는 액수다.

외채상환과 새로운 차관의 흐름을 비교해보면 남부에서 북부로 자금이 이전되는 현상을 발견할 수 있다. 1998년에는 450억 달러, 1999년에는 1146억 달러다. 1998년 외채가 가장 많은 41개국은 자신들이 받은 금액보다 1조 6800억 달러를 더 많이 북부 국가들에게 이전했다.

외채는 대부분 가난한 국가에 있는 가장 빈곤한 사회계급의 부를 선진국에 있는 부유한 사회계급으로 이전시키는 씨스템을 은폐하는 역할을 한다.

—『자본의 치매』

■ 미셸 우엘벡

지구 파괴와 인류의 임무

그는 텔레비전에는 별 관심이 없었다. 하지만 매주 방영되는 동물의 왕국만은 가슴을 졸이며 보곤 했다. 영양이나 사슴 같은 아름다운 모습의 포유동물들은 공포의 시간을 보냈다. 사자와 표범은 심드렁하게 살다가 어느 순간에는 잔인성을 폭발하곤 했다. 그들은 가장 약하고 늙거나 병든 동물을 공격하여 갈기갈기 찢어 삼키곤 했다. 그리고 그들은 다시 바보 같은 잠 속으로 빠져들었다. 그들을 공격하는 것은 내부로부터 좀먹어들어가는 기생충뿐이었다. 이런 기생충은 다시 더 작은 기생충의 공격을 받고 이들 또한 바이러스의 재생산 영역이 되었다. 파충류는 나무 사이로 기어다니며 독을 품은 이빨로 새와 포유동물을 공격했다. 물론 이들이 맹금류의 부리에 갈기갈기 찢기기도 하지만 말이다. 끌로드 다르제(Claude Darget)의 허영스럽고 바보 같은 목소리는 일종의 설명할 수 없는 찬양의 톤으로 이 비참한 모습을 논했다. 미셸은 거부감에 몸을 부르르 떨었고, 여기서도 그는 자신 안에 뿌리깊은 신념이 생기는 것을 느꼈다. 전체적으로 보았을 때 야만적 자연이란 구역질나는 개똥일 뿐이라는 신념, 전체적으로 보았을 때 야만적 자연이란 전체적인 파괴, 보편적인 홀로코스트를 정당화하고 있다는 신념, 그리고 지구상에서 인류의 임무란 아마도 이 홀로코스트를 완성하는 것일 거라는 신념 말이다.

—『소립자(素粒子)』

6장

엔론과 7대 가문

> 우리는 착한 사람들, 천사들 편에 있다.
> 엔론 전(前)회장 제프 스킬링

자 이제 구체적인 경제학, 즉 학생들에게 제대로 가르쳐야 하는 경제학 좀 공부해보자. 그것은 이데올로기를 파괴하기 위한 역사와 사실의 경제학이다.

2001년 12월 2일 파산한 엔론의 이야기는(미국 역사상 월드컴 파산 전까지는 가장 거대한 파산의 사례) 자본주의 작동법을 모범적으로 보여주는 일종의 경제학 적용사례다. 이 이야기는 경제적 여론이라는 것이 어떻게 형성되고 재단되는가를 보여주기도 하고, 국가가 자신의 품속에 시장을 얼마나 꼭 안고 있는지도 보여준다.[1] 여론의 조작은 7대 가문의 관계자들에 의해 자행된다. 기업간부, 금융분석가, 회계 및 감사 전문 회사, 투자은행, 신용평가사, 기자, 그리고 담당 기관과 정치인 들이다. 이 관계자들의 7대 가문은 소수이며 정보를 가진 특권층으로 근대 엘리뜨라고 할 수 있다. 어떤 측면에서 보면, '시장'이라는 것에 무엇인가 구체적인 형태를 부여해야 한다면 이들 7대 가문은 '시장'을 상징한다고 할 수 있다. 그들은 시장이란 이름으로 정치인(예를 들어 브라질의 '룰라'는 시장의 마음에 들게 행동해야 한다)과 기업인(알까뗄 회장은 츄룩은 예상보다 이윤이 적을 것이라고 발표한 뒤 '시장'의 반응으로 회사 주식의 가치가 하루에 30%나 폭락하는 경험을 했다)을 감시한다.

사건 개요

1984년, 42세의 케네스 레이(Kenneth Lay)는 텍사스의 작은 가스 유통회사인 휴스턴천연가스(HNG)를 맡게 되었다.[2] 그는 레이건 정부 당시 에너지 담당 차관보 출신으로 석유업자 가문인 부시가와 역시 석유업계

인물인 딕 체니(Dick Cheney)와 가까웠다. 그는 15년간 에너지 부문의 탈규제 법안에 영향력을 미쳤다.

1994년, 엔론은 전기 중개업에 진입하여 미국의 텍사스 및 캘리포니아 시장을 공략했고 결국 미국 가스 및 전기 시장의 1/4을 통제하게 되었다. 이어서 독일, 영국, 스칸디나비아 등 유럽시장을 공략했다. 그러고는 알루미늄과 석탄 등의 매매에 참여했고 결국에는 미디어, 통신, 쏘프트웨어, 보험, 파생상품의 매매, 그리고 평가하기 어려운 각종 활동에 개입하기에 이르렀다. 손님을 확보하기 위해 이 기업은 손님의 위험부담까지 파생상품을 활용하여 자신이 책임지는 경향을 보였다.

1999년, 『포춘』(Fortune)은 엔론을 미국 기업 중 7번째 기업으로 선정하고 2년 연속 미국에서 가장 혁신적인 기업이라는 타이틀을 부여했다. 엔론은 1천억 달러의 매출액과 엄청난 이윤을 발표했다. 1991년 12월 21일 주가는 21.5달러였다. 2000년 8월 17일에는 90달러, 그리고 파산 후 3일째인 2001년 12월 5일에는 1.01달러였다. 성공하는 엔론은 자신에게 강력한 '지렛대 효과'를 주었다. 엔론은 자사 가치의 상승을 통해 다른 기업을 살 수 있는 자금을 확보했다(이런 관행은 신경제 하에서 모든 기업이 합병할 때 사용하는 수단으로 예를 들어 AOL과 타임워너의 합병에서도 나타났다). 2001년 엔론이 자사 간부들에게 임금으로 지불한 돈은 7억 4500만 달러였다.

엔론이 활동하던 마지막 5년 동안 이 회사는 이윤을 세금없는 천국에 유치했기 때문에 이윤에 관한 세금을 단 한푼도 내지 않았다. 미국 정부는 이를 알고 있었나? 물론이다! 게다가 허용하기까지 했다. 게다가 투자가를 끌어들이려고 엔론은 매출액과 이윤을 발표했다. 2001년 7월 말, 전년에 비해 40%가 늘어난 4억 달러 이상의 이윤을 발표했다. 9월 말에는 6

텍사스주 휴스턴에 위치한 엔론사 건물.

개월간의 캐시 플로우(cash-flow)가 10억 달러에 이른다고 발표했다.

사실상 엔론은 10여년 동안 사기를 치면서 앞을 향해 달려왔지만 카지노의 도박꾼처럼 언젠가는 손해를 '메울' 수 있을 것이라는 희망의 표현일 뿐이었다. 가격을 높이기 위해 캘리포니아의 전기 부족 상황을 초래한 뒤 엔론은 스스로의 함정에 빠졌다. 고객이 요구한 고정가격정책에 발목이 잡혔기 때문이다. 돈이 들어오게 하려고 엔론은 많은 기업의 주식을 사들이고 이들 기업에 점점 더 많은 계약을 맺도록 했다. 이 과정에서 자신의 채무는 세금없는 천국으로 돌려 은폐하는 식의 점점 기발한 금융 기법을 활용했다. 특수목적기구(SPE, Special Purpose Entities)로 존재하는 이런 기법은 자금을 빌려주는 은행의 협조로 가능한 것이었다. 엔론은 기이한 이름의 자회사가 881개나 되었는데 그중 711개는 세금없는 천국에 있었다.

2001년 1월, 케네스 레이는 부하 직원 제프 스킬링(Jeff Skilling)에게 회장 자리를 넘겨주고 자신은 이사회 대표로만 남았다. 2001년 딕 체니는 케네스 레이를 만나 알래스카 등지의 석유개발을 가능케 하는 미국의 대규모 에너지 계획을 전달했다. 이 강한 신호는 시장에 영향을 미치며 엔론의 주가에 힘을 실어주었다.

8월 14일, 제프 스킬링은 270억 달러어치 엔론 주식을 판 뒤 사임했다. 케네스 레이가 돌아와서는 370억 달러어치 주식을 팔았다.『피가로』지와『비즈니스 위크』지가 종합한 바에 의하면, 그는 폭락 이전에 1조 달러 상당의 주식을 처분했다고 한다.

8월 21일, UBS 페인 웨버(Paine Webber) 은행의 한 금융 컨설턴트가 엔론 주식에 대해 매도평가를 내렸다. 그러나 그는 해고당했다. 이튿날 은행 간부들은 같은 평가를 '강한 매입평가'로 수정했다.

10월 9일, 골드만 쌕스(Goldman Sachs)는 세계 두번째 규모의 투자은행으로서 엔론을 '최고 중에 최고'(best of the best)로 평가했다. 10월 16일, 엔론은 6억 1800만 달러의 손실을 발표했다. 10월 26일, 금융 담당 이사 앤드류 패스토우(Andrew Fastow)가 해고되었는데 그는 해고 직전 자신이 관리하는 개인 펀드에 엔론 주식거래를 통해 10억 달러의 자금을 입금시키는 데 성공했다. 같은 때에 퇴직연금예금을 통해 투자한 사람들에게는 연금 펀드의 관리자가 바뀌었는데 그 과도기에는 주식을 팔 수 없다는 거짓말로 매도를 금지시켰다.

11월 8일, 엔론은 보다 작은 규모의 경쟁 회사 디너지(Dynegy)가 100억 달러에 자사를 인수하는 안을 수용했다. 하지만 디너지는 28일, 평가 결과 엔론의 채무가 300~400억 달러에 달한다는 사실을 알고 인수안을 취소했다.

이 순간까지도 『월스트리트저널』지가 동원한 금융분석가 16명 중에서 엔론의 주식에 대해 매도를 주문하는 사람은 2명에 불과했다. 5명은 아주 강력한 매입 주문, 3명은 강력한 매입 주문, 6명은 포트폴리오로 보유하라는 주문을 내렸다.

11월 29일, 100여명에 달하는 엔론의 간부진에게 5500만 달러에 이르는 보너스가 지급되었다. 같은 날 디너지가 인수안을 취소하자 무디스(Moody's)사는 엔론의 평가를 낮추었다. 다음날 모든 평가사가 잇따라 평가 수준을 낮추고 엔론 주식을 '썩은 채권'으로 발표했다. 12월 2일, 엔론은 파산을 선포했다. 그 피해는 엄청났다. 주식 보유자들은 260억 달러를 손해보았고 은행들은 310억 달러, 그리고 연금 관련으로 수십억 달러가 연기처럼 날아가고 일자리 5천개가 사라졌다.

'시장'의 상징, 7대 가문

이러한 조작이 어떻게 17년 동안이나 가능했을까? 어떻게 '회계 조작'이 경제적 성공으로 돌변할 수 있었을까? 일곱 부류의 사람들이 서로에게 확신을 심어주었다. 이 일곱은 자본주의 엘리뜨이거나 단순히 '시장'이라고 할 수 있다.

기업간부

기업이 크면 클수록 은폐와 사기의 가능성은 높아지는데 이는 기업의 거대 규모가 인수를 통한 간부 교체를 어렵게 하기 때문이다. 간부들은 이사회와 이사회에서 투표권을 장악하고 있다. 그들의 로비 능력은 더욱 강력하다. 새로운 간부는 스스로 스톡옵션을 선택하는 한편, 미국이나 영국에서는 불평등의 폭증을 유발하면서도 자신이 되레 주식소유자를 보호한다고 주장한다. 이들은 과거 경영자자본주의가 소비자의 지배 시대였다면 신자본주의(주주자본주의)는 주식소유자 지배 시대라고 주장한다. '기업 거버넌스'(corporate governance)는 출자(出資)하지 않고 기업의 자원을 '낭비'하면서 자신의 권력욕만 강조하는 갤브레이스식의 경영자

독재나 경영진 중심의 기업이 야기하는 단점을 극복하여 주주들을 보호한다는 것이다. 주주자본주의(이 개념은 대부분의 위대한 경제학자들이 수용했다)에서는 권력이 투자의 기회('시장의 효율성')를 활용하는 주주들에게 돌아간다고 한다.

자끄 제네뢰(Jacques Généreux)의 말을 들어보자. "투자 펀드의 관리자는 자본 이윤의 극대화를 보장하도록 기업의 새로운 경영을 강요한다. 투명한 경영 규칙에 종속되었으며 금융시장과 신용평가회사, 외부이사와 회계를 확인하는 외부 감사기관의 지속적인 감시 속에서 간부는 활동하게 된다. 그리고 주주와 간부가 공동의 수익을 창출하도록 간부에게는 엄청난 자본 이익이 예상되는 스톡옵션이 보상으로 제공된다."[3] 이런 생각에는 간부와 주주 사이의 이익 조화라는 논리가 밑바탕에 깔려 있다. 전자는 스톡옵션을 챙기고 후자는 주식의 가치를 보장받는다. 2차 세계대전 당시 생겨나서 로우즈벨트의 '뉴딜'이나 복지국가 개념에서나 등장하는, 오래전 축적체제인 포디즘이 구상한 경영진과 노동자-소비자의 이익 조화는 이러한 간부와 주주의 이익 개념으로 대체되었다.

금융분석가 또는 '주인의 목소리'

이들은 기업이나 회계감사 회사, 투자은행 또는 신용평가사에 소속되어 일한다. 이들에게 임금을 지불하는 곳은 기업이나 투자은행이다.

분석가는 무엇을 자문하는가? 매입을 주문한다. 그들이 자문하면서 매도를 추천하는 것은 1%에 불과하다.[4] 분석가의 소득은 인수합병의 성공과 밀접히 연관되어 있다. 그들의 존재 이유는 추종주의이자 따라하기다. 따라서 그들은 돈을 벌기 위해 말도 안되는 주문을 하곤 한다.

특정 정보를 공개하기에 앞서 분석가는 자신의 고객에게 특권을 제공한다. 사장은 자신의 기업 주식에 불리한 연구를 하는 것을 이해 못한다. 만일 나쁜 결과가 나온다면 사장은 손쉽게 해당 투자은행과의 계약을 취소하면 그만이다. 또다른 관행은 '만장일치의 조정'이라 불리는데, 분석가가 자신의 분석 결과를 매번 해당 기업으로 하여금 읽어보게 하는 것이다. 프랑스 금융분석협회에서는 이를 당당하게 '예의의 제스처'라고 부르는데 이 과정에서 필연적인 몇몇 수정이 이루어진다.*

회계 전문가 또는 불투명성 제조기

여기서는 '회계 및 감사 회사를 위해 일하는 분석가'라고 부르는 것이 정확할 것이다. 대규모 다섯 회사가 있다. 프라이스워터하우스·쿠퍼스, KPMG, 들루아뜨 뚜슈 또마츠, 언스트 앤 영, 그리고 오늘날은 해체된 앤더슨. 2000년 현재 950억 달러의 매출액을 자랑하며 8만 5천명의 직원을 보유하던 앤더슨은 14년 동안 엔론의 회계를 조작했을 뿐 아니라 많은 자료를 폐기했다. 2000년에 앤더슨은 매주 엔론으로부터 1백만 달러의 수임료를 받았다.

모든 회사는 사기를 친다.[5] 그런데 정말 이런 행위를 사기라고 할 수 있는가? 그들의 역할은 세무 관련 절세와 탈세를 하고 매혹적인 결과를 만들어내는 것이다. 감리회사에는 다시 금융분석가가 등장하는데 이들은 기업으로부터 돈을 받으며 주식을 보유한 사람들이다. 감리회사는 기업에 금융 전략에 대한 자문을 하며 회계에 덧칠을 한다. 그들의 '윤리' 원칙은 '만리장성'의 원칙이다. 분석가는 자신을 고용한 기업으로부터 받은

---

* 분석가의 사례를 들어보자. 모건 스탠리의 스타 분석가 매리 미커는 네트의 교황이라는 별명을 가지고 있는데 기술 부문의 증권들에 대한 매입 카운슬링으로 1999년 1500만 달러의 커미션을 챙겼다.

정보를 투자자문 같은 목적에 이용해서는 안된다. 그는 양심을 걸고 당사자이자 동시에 판사의 역할을 해서는 안된다. 프랑스에서도 증권감독원은 분석가가 자신의 직업과 관련된 특권적 정보를 이용해서는 안된다고 못박고 있다.[6]

분석가는 특정 가격을 뒷받침하기 위해 주식의 매입을 주문할 수 있다. 미국 증권시장의 '경찰'인 증권거래위원회(SEC, Securities Exchange Commission)의 개혁안에는 무척 의미심장한 경고가 있다. 분석가는 자기 이익을 위해서 자신의 주문과 반대되는 행동을 금지한다는 경고다. 실제로 분석가는 특정 주식을 '뜨겁게 데울' 수 있다. 그는 기업의 인수합병 전에 주식을 사고 주식의 매입을 주문한 뒤 가격이 오르면 그 기회를 타서 매도해버린다. 그리고 가격이 오르도록 회계를 조작한다.

『비즈니스 위크』지는 다양한 기법의 복잡성이 관찰자('시장')에게는 능력의 표시로 작동한다고 매우 적절하게 지적했다. 쉽게 말해서 아무것도 이해할 수 없으니까 대단한 사람들이 만들었을 것으로 결론짓는다는 말이다(이것이야말로 경제학의 기본이다). 그런데 모든 것이 불투명한 것은 아니다. 고등상업대학(HEC, Hautes Etudes Commerciales) 에르베 스톨로비(Hervé Stolowy) 교수는 기업이 인터넷에 제공하는 자료를 바탕으로 엔론의 1996~2000년 이윤율을 계산했다. 이 수치는 21.2%에서 6.2%로 줄어들었다.[7] 하지만 회계사들은 이런 계산은 쳐다보지도 않는다. 다만 사람들이 자신의 결론을 집어삼키게 하는 데 열중일 뿐이다.

세계화의 심장부에 있는 투자은행

이들의 책임은 무척 중대하다. 투자은행은 차관으로 돈을 벌기도 하지만 특히 그들이 조직하는 인수합병에서 이익을 올린다. 인수합병은 1996

년 4950억 달러, 1998년 6600억 달러, 1999년 1조 4260억 달러, 2000년 1조 7400억 달러, 2001년 8190억 달러, 그리고 2002년에는 전반기에만 890억 달러에 달했다.[8] 투자은행은 투자를 한다. 그리고 기업과 자본의 관계(또 분석가를 통해 상업적 관계)를 맺고 있다. "일부 은행은 자신의 투자를 조정하기 위해 일부 기업에 대해서 적어도 일년 동안 매입 주문을 보장해주는 데 서슴지 않는다."[9] 엔론의 경우 투자은행은 황당한 조항의 혜택을 누렸다. 엔론은 만일 일정선 이하로 자사 주식이 내려가거나 신용평가회사의 평가가 퇴보할 경우 앞당겨서 빚을 갚겠다고 약속했다.

합병의 규모가 클수록 은행은 돈을 많이 벌 수 있다. '프로 포르마'(pro forma)라고 불리는 형식 위주의 회계방식을 따르면 합병된 회사의 가치는 합병 이전 회사들의 가치를 합한 것보다 더 커지는데, 이로써 거대한 회사를 향한 달리기가 시작되고 엔론이나 비벤디의 경우처럼 인수를 통한 '외부적' 성장에 몰두하게 된다. 이같은 인수를 통한 가치의 차이를 초과수익(excess return) 또는 영업권(goodwill)이라고 부른다. 예를 들어 비벤디는 씨그램(seagram)을 인수하는 데 253억 유로의 영업권을 제공했는데 이로써 합병을 추진한 투자은행은 무척 달콤한 초과수익을 챙길 수 있었다. 특히 자신의 개인적 재산이 과다평가되는 기업간부에게 있어 영업권은 무척 흥미로운 제도다. 레만 브라더스(Lehman Brothers) 투자은행의 계산에 의하면 미국 기업들은 2002년 말 이전에 1조 달러 상당의

> **프로 포르마(pro forma)** 일회성 비용이나 특별손익(特別損益)을 임의로 제거하는 회계방식으로 기업들이 실제보다 실적을 돋보이게 하려는 목적으로 악용된다.
> **영업권(goodwill)** 기업자산을 인수했을 때 개별자산이 창출하는 정상수익을 넘는 초과수익의 원천을 말한다. 예컨대 널리 알려진 브랜드, 탄탄한 고객기반, 종업원들의 높은 사기 등 무형의 자산에서 산출되는 초과수익을 뜻한다.

초과수익을 흡수해야 하는 것으로 나타났다.[10]

골드만 싹스와 마찬가지로 엔론 스캔들에 깊숙이 개입된 투자은행으로는 메릴 린치(Merril Lynch)가 있다. 메릴 린치의 간부들은 엔론의 오프 쇼어 및 회계 이외의 활동에 많이 투자했다. 2002년 1월 21일자 『뉴스위크』지는 100여명의 간부들이 엔론 회계 외의 특정 회사에 1600만 달러를 투자한 사례를 들었다.

첫째, 20세기 초 미국 은행가 모건(J. P. Morgan)은 대규모 회사의 사장이 직원 평균임금보다 20배 이상 벌어서는 안된다고 했다. 오늘날의 사장은 직원 평균의 200배 가까운 정도까지 소득을 올린다.

둘째, 오늘날 미국이나 프랑스에서는 은행이 자신이 돈을 빌려준 회사의 가치를 무조건 부풀리는 것을 방지하기 위해 일반은행과 투자은행의 기능을 구분해야 한다는 주장이 등장했다. 미국에서 은행의 전문화는 1999년에 1930년 스티걸(Steagall) 법안이 폐기되기 전까지 존재했으며, 프랑스에서도 1980년대에 강화된 1966년 법안 이전에는 유효했다. 그런데 크레디 리오네(Crédit Lyonnais, 프랑스에서 가장 큰 국책은행─옮긴이)는 전문성의 폐기와 함께 금융시장에 투자함으로써 투자은행처럼 행동할 수 있었다.

신용평가회사

분석가가 돈을 받는 곳은 자신이 분석하는 기업들로부터다. 신용평가 회사들은 끌려가는 존재다. 이들은 못을 박는 역할밖에는 다시 못하는데 그로써 다시 한번 주식시장의 양떼 근성을 반영할 뿐이다. 다만 평가는 집중의 효과와 확산의 효과가 있다. 엔론의 경우, 2001년 11월 29일 무디스사가 처음으로 엔론의 평가를 낮춘 이유는 단지 디너지사가 엔론의 인수를 거부했기 때문이다. 그리고 다른 회사들은 그저 따라했을 뿐이다. 비벤디의 경우도 똑같다. 6월 24일 스탠다드 앤드 푸어스(Standard & Poor's)는 아무 문제가 없다고 발표했다가 7월 2일 주식이 하락하는 것을 보고 무디스가 비벤디 주를 '정크본드'(junk bond)로 평가했다. 7월 3일 스탠다드 앤 푸어스도 비벤디가 유동성의 문제를 안게 될 것이라며 점수를 낮추었다. 다시 한번 확인하지만 기업과 투자은행은 점수를 나쁘게 매기는 신용평가회사와 함께 일하기를 거부한다.

비즈니스 비밀을 유지하는 언론

미국의 모든 언론은 엔론을 찬양했다. 하지만 지금은 왜 그토록 스캔들을 이해하는 데 늦었는지 스스로 의문을 제기한다. 『비즈니스 위크』의 편집장 스티브 미어드(Steve Myard)는 "이것은 전체적인 문제이며 우리는 모두 실패했다"고 털어놓았다. 텍사스 언론은 물론 엔론이라는 거대한 자선기업을 칭찬했는데 실제로 엔론은 휴스턴 축구 경기장을 짓기도 했다.

기업은 자신이 언론을 필요로 한다는 사실을 확실하게 이해했다. 기업은 언론을 위해서 로드 쇼를 한다. 로드 쇼에서 사장은 새로운 회계 기준을 도입하여 세계 금융시장에 새로운 활동지수를 소개한다. 기성고분석(EVA, Earned Value Analysis), 세전·이자지급전 이익(EBITDA, Earnings Before Interest, Taxes, Depreciation and Amortization, 영업이익에 순금융비용과 감가상각비를 더해서 계산—옮긴이), EBITDAR(EBITDA에서 구조조정Reconstructing이나 임대Rent 비용을 뺀 지표이다—옮긴이), 자본이

> **기성고분석(EVA)** 원가와 일정을 따로따로 보지 않고 통합하여 분석하는 방법으로 예산과 비용을 프로젝트 진척 상황에 맞게 관리가 가능하다.

익률(Roce, Return On Capital Employed), 시장부가가치(MVA, Market Value Added) 등이 그것이다. 물론 이 교육적 세뇌의 환상적인 작업이 시장으로 하여금 평판 좋은 회사들에 대해 판단이나 평가를 더 잘하도록 한 것은 아니지만 말이다. 언론인은 기업을 위해 뒤치다꺼리를 하며 분석가들은 전문용어를 사용하는 토론에 참여하려고 애쓴다.[11] 2001년 1월, 『포춘』지 기자 베타니 맥린(Bethany McLean)은 엔론 성공의 실제를 신중히 조사한 뒤 제프리 스킬링에게 몇가지 질문을 던지자 스킬링은 그의 '반윤리적 태도'를 문제삼았다. 프랑스 언론의 경우 가장 커다란 문제는 '신(新)경제'에 대해 찬양 일변도였다는 점과, 퇴직금을 투자하는 사람들에게 대표이사들을 과신하게 만드는 '기업 거버넌스' 같은 잘못된 개념을 확산시켰다는 점이다. 게다가 프랑스 언론은 미국의 경우를 마치 투명한 자본주의의 모델인 양 끊임없이 소개하면서, 앵글로쌕슨이 정실(croy) 자본주의라 일컫는 부패한 자본주의로 프랑스 자본주의를 평가했다.[12]

결국 언론은 경제에서 주요한 역할을 담당한다. 언론은 학자나 기업인 그리고 다음에서 볼 수 있듯이 정치인과 마찬가지로 나름의 '경제적 법칙'과 '개념'들을 만들어내기 때문이다.

정치인과 담당 부서

엔론은 다시 한번, 언제나 그랬듯이 정치와 경제의 혼인관계를 잘 보여준다.

조지 W. 부시와 케네스 레이는 20년이 넘는 친구다. 케네스 레이는 대통령 취임식을 위해 10만 달러를 기부했으며, 부시의 다양한 선거 캠페인에 백만 달러 이상을 기부했다. 그가 대통령 선거에 기부한 돈만도 31만

4000달러다. 그는 부시로 하여금 자신의 텍사스 친구 팻 우드(Pat Wood)를 미 연방에너지규제위원회(FERC, Federal Energy Regulatory Commission) 위원장으로 임명케 했다.

폴 오닐(Paul O'Neill) 재무부 장관은 케네스 레이로부터 엔론을 구하기 위한 도움을 직접 요청받았다.

돈 에반스(Don Evans) 상무부 장관 역시 케네스 레이의 개인적 친구다.

조지 부시의 경제 보좌관 로런스 린지(Lawrence Lindsey)는 과거 엔론에서 돈을 받던 컨설턴트였다.

존 애슈크로프트(John Ashcroft) 법무부 장관은 상원의원 선거에 출마했을 때 선거 기부금으로 엔론으로부터 5만 7499달러를 받았다.

조지 W. 부시의 정치 보좌관 칼 로브(Karl Rove)는 엔론의 거대 주주 중 한명이다. 그는 미국 에너지정책결정회의에 참석하여 상황을 파악한 로브 자신의 엔론 주식을 재빨리 팔았다.

마크 레씨콧(Marc Racicot) 공화당 의장은 과거 엔론을 위한 막후 교섭자로서 많은 돈을 챙겼다.

토머스 화이트(Thomas White) 국방부 장관은 엔론의 부회장 출신이고 역시 대주주였다. 그는 엔론의 간부로 10년간 재직했으며 엔론이 파산하기 전에 주식을 팔아 3100만 달러를 챙겼다.

상원에서 은행위원회 책임을 맡고 있던 상원의원 필 그램(Phil Gramm)의 부인 웬디 그램(Wendy Gramm)은 엔론의 이사이자 대주주였다. 그녀는 1993년 1월 클린턴이 선출되기 직전 파생상품시장 관리위원회 위원장이었는데, 신임 대통령에게 파생상품 계약에 대해 국가의 통제를 없애달라는 엔론의 요청을 전달해 수용되도록 했다. 물론 그 직후 그녀는 엔론 이사회에서 근무하면서 1백만 달러를 받았다.

로버트 졸릭(Robert Zoellick)은 미국의 상무위원장으로 세계무역기구에서 미국을 대표하는데 그 역시 엔론의 자문을 맡은바 있다.

엔론은 구체적이고 멋진 경제학이다. 물론 프랑스에서도 마찬가지 일들이 벌어진다. 2003년 6월, 프랑스 정부는 공공시장을 '더 효율적'으로 만들기 위해 관련 법률을 개정했다. 투명성은 축소되었고, 공개하지 않아도 되는 공공시장의 규모를 대폭 상향조정했으며, 그리고 이를 통해 기업과 행정부가 모의할 가능성이 줄어든다는 내용이었다. 쉽게 말해서 부패와 불평등한 계약체결을 축소시키던 절차의 '느린 속도'와 '막중함'이 제거되었다. 결국 '투명성'과 '윤리'의 깃발을 가장 높이 든 사람은 흐린 물에서 낚시를 해온 자들이고 도덕이라고는 탐욕밖에 없는 사람들이다. 독재자는 '자유'라는 단어를 사랑하고 마피아는 '명예'를 금과옥조로 여기지 않던가?

"언론은 경제에서 중요 역할을 담당한다. 그들은 학자나 기업인 그리고 정치인과 마찬가지로 나름의 '경제적 법칙'과 '개념'들을 창조한다."

| 원문 읽기 |

■ 존 케네스 갤브레이스

투기 뒤에는 항상 투자은행이 있다

 내가 이 책을 쓰던 지난 몇달 사이 캐나다에서 집중적으로 지렛대를 사용하던 로베르 깡뽀(Robert Campeau)의 투기 거품이 꺼졌다는 소식이 전해졌다. 그는 북미 전역에 가장 거대한 소매 사업자들로 하여금 막대한 채무를 안게 했다. 이들이 실제로 팔아야 할 물건을 살 돈이 있는지 의문이 갈 정도였다. 진실이 밝혀지기 전까지 그는 소위 청룡열차 같은 커리어를 가진 전형적인 캐나다의 부동산 투기꾼이었는데, 그가 예를 들면 블루밍데일스 같은 회사에 어떤 써비스를 제공할 수 있는지 아무도 알 수 없었다. 소매업을 전문적으로 다루는 뉴욕의 컨설턴트 하워드 다비도비츠(Howard Davidowitz)는 맥린스에 다음과 같이 쓴 적이 있다. "그는 주먹으로 테이블을 치면서 "이 거지 같은 서류에 서명하란 말이야"라고 소리치던 사람이다. 아무도 그를 막지 못했을 것이다." 직업적 평가치고는 그리 훌륭한 평판이라고 할 수 없다. 『포춘』은 평소와 마찬가지로 핵심을 꿰뚫었다. "모든 시대를 불문하고 가장 거대하고 가장 미친 거래: 정신나간 로베르 깡뽀와 커미션에 눈이 먼 금융가들이 결국 재빨리 망해버린 엄청난 인수작전을 편 방법."

 그를 도운 금융가들은, 굳이 밝혀야 하는지 모르겠지만, 북미 대륙에서 가장 유명한 기관들이다. 도날드 트럼프(Donald Trump)가 항공 분야에서 쌓아올린 어지러운 모험 역시 마찬가지 경우다. 하지만 우리가 객관적이려면 깡뽀와 트럼프에게 친절한 말 한마디는 덧붙여야 한다. 언론과 여론은 일반적으로 화려하게 축복받는 천재들이(트럼프의 경우 자기 자신이 가장 축복한 것 같지만) 갑자기 지탄의 대상으로 돌변한 데 대해 확실히 즐거워했다. 이런 태도는 무척이나 선별적인 것이다. 사람들은 이들에게 자금을 대준 은행의 심각하게 잘못된 판단에 대해 거의 아무런 언급도 하지 않았다.

—『갤브레이스가 들려주는 경제학의 역사』

■ 조지프 스티글리츠

경제학에서 비밀의 취향

국제통화기금에서 비밀의 취향은 아주 자연스럽다. 우리는 중앙은행이 공공기관임에도 불구하고 전통적으로 얼마나 비밀스러운지 잘 안다. 금융계에서는 비밀이 당연한 것으로 통한다. 이것은 학술계에서 인정된 규범이 개방이라는 것과는 정반대다. 2001년 9·11 이전, 재무부 장관은 심지어 '해외' 금융쎈터의 비밀까지 보호하곤 했다. 수십억 달러가 케이만이나 다른 세금없는 천국으로 가는 이유는 그곳의 금융 써비스가 월가나 런던, 프랑크푸르트보다 좋기 때문이 아니다. 그곳에는 비밀이 존재하고 따라서 탈세를 하고 더러운 돈을 세탁하고 기타 부정적 활동을 마음껏 할 수 있기 때문이다. 9·11 이후에야 '기타 부정적 활동'에 테러리즘에 돈대기도 있다는 사실을 이해하게 되었다.

하지만 국제통화기금은 민간은행이 아니라 공적 기관이다.

이전 시기에 내가 경제자문회의에 있을 때 비밀을 지향하는 거대한 세력들을 봐서 이해할 수 있다. 비밀은 통치자들에세 조심스러운 안정감을 제공해주는데, 만일 그들의 행동과 조치가 공개되어 검토된다면 이런 안정을 누릴 수 없을 것이다. 비밀은 그들의 삶을 편하게 해줄 뿐 아니라 개별적 이익이 충분히 영향력을 미칠 수 있도록 한다. 게다가 의도적이거나 아니거나, 너무 표면적이거나 또는 아닐 수도 있지만, 아무튼 그들의 실수를 감춰준다. 사람들이 말하듯이 '태양이야 말로 가장 강력한 방부제'다.

—『세계화와 그 불만』

■ 존 케네스 갤브레이스

금융 담당 기자들의 혼란스러운 역할

1929년 대부분의 신문과 잡지 들은 시장의 상승기세에 대해 찬양과 존경을 표명하며 걱정없이 논하곤 했다. 그들은 현재와 미래를 윤택하게 상상했다. 게다가 1929년경 많은 기자들은 대부분의 사람들이 좋아할 것이라고 믿었던 세련된 칭찬과 아부에 심각하게 저항했다. 그 대신 기자들은 시장에 좋은 소식들을 만들어내기 위해 싱싱한 현찰을 요구했다. '중개인'이라는 필명을 쓰던 『데일리 뉴스』의 한 금융 담당 칼럼니스트는 프리랜서 투자가 존 레빈슨(John L. Levenson)으로부터 1929년과 1930년 초 19,000달러를 받았다. 여러 차례에 걸쳐 레벤슨이 관심 있는 종목들에 대해 칭찬을 늘어놓았다. 나중에 레벤슨은 그것은 우연이었을 뿐이며 돈을 지급한 것은 다만 자신이 평소에 가지고 있던 관대함의 표시라고 주장했다. 라디오 해설자 윌리엄 맥매혼(William J. MacMahon)은 맥매혼 경제연구소장이었는데, 그 조직은 그냥 맥매혼 혼자뿐이었다. 그는 자신의 방송에서 가격상승을 노리는 작전 세력에 대해 훌륭한 전망을 내놓곤 했다. 나중에 밝혀진 사실이지만, 그는 매주 데이비드 라이언(David M. Lion)으로부터 250달러씩 받았다. 라이언은 적절한 시기에 필요한 만큼 유리한 보도를 구매하여 주식투자를 한 사람으로, 페코라 위원회에 의해 발각되었다.

—『대폭락 1929』

■ 삐에르 뛰이예

거짓말 속의 상인

상인이 성공하기 위해서는 공급자들의 적극적인 협력이 필요했다. "상인에 있어서 관건은 구매자를 속이는 데 공급자의 도움을 받는 것이고, 작은 사기를 서슴지 않으며 큰 사기 앞에서 뒷걸음질하지 않는 것이다. 나는 공급자들이 자신에게 요구하는 일들이 명예를 더럽히는 것이라고 소리치는 것을 들었다. 그들은 사업을 그만두든지 용기있는 사기의 공범이 되든지 선택해야 했다." 미슐레(Michelet)는 상인의 초상화를 그리기 시작하면서 '사기' '꾀' '위반' 등의 핵심적인 단어를 사용했다. '고대의 고귀한 공화국'과 '중세의 영예로운 백작'들은 공업과 상업에 대해 거부감을 나타냈다. 미슐레는 이런 태도가 "그다지 이성적이지 못했다"고 인정했다. 왜냐하면 공업이나 상업의 활동들은 다양한 능력을 요구했기 때문이다. 하지만 이러한 거부감은 "상업의 일상적 습관, 즉 상인이 거짓말하고 법을 위반하고 가짜를 만들어내야 하는 고약한 필요"에 적용되면 아주 이해할 만한 것이었다.

(…) 미슐레는 상인이 명예에 대한 개념이 있으며 그 나름대로 이를 실천했다고 썼다. "아주 특이한 사실은 바로 상인이 자신이 하는 일의 명예를 지키기 위해 매일 명예롭게 거짓말을 한다는 것이다. 그에게 있어서 불명예는 거짓말을 하는 것이 아니라 도산하는 것이다. 그는 망해버리기보다는 법칙 위반이 도둑질이 되고 가짜 만들기가 독살이 되는 순간까지 상업적 명예를 지키려고 할 것이다."

(…) 서슷말하기, 위반하기, 가짜 만들기는 '상업의 일상적 습관'의 한 부분이다. 이런 상황이라면 점점 상업화되어가는 사회가 점점 더 부패의 늪에 빠지는 것은 당연한 일이 아닌가?

그런데 과연 미슐레 같은 시인의 말은 믿을 만한가? 그는 자신의 로맨틱한 편견으로 그런 헛소리를 한 것은 아닌지? 우리는 참 운도 좋게 매혹적이면서 부정할 수 없는 다른 증언을 들을 수 있었다. 영국인 허버트 스펜써(Herbert Spencer, 1820~1903)라는 가장 대표적 부르주아 철학가의 말이다.

—『거대한 내파』

■ 기 드 모빠쌍

'은행, 언론과 정치' 또는 내부자거래의 핵심에 자리한 뒤 루아(du Roy) 기자

"아니…… 내가 온 것은…… 너에게 소식을 알리기 위해서…… 정치 소식 말이야…… 5만 프랑을 벌 수 있는…… 더 될 수도 있고…… 원한다면."

그는 갑자기 부드럽게 되물었다.

"어떻게? 무슨 이야기야 도대체?" (…)

어쨌든 그전날 그녀는 이해했다. 그것은 거대한 일, 즉 어두운 곳에서 만들어진 무척이나 거대한 사업이었다. 그녀는 이제 자신의 능력에 행복감을 느끼며 미소지었다. 그녀는 금융가의 여자로서 떠들어대면서 화려하게 빛을 발했다. 마치 시장의 움직임과 주식가치의 변화에 익숙한듯, 소시민과 연금쟁이 수천명이 유명하고 존경받는 정치인과 은행가 들의 이름이 보장하는 기금에 자신의 저축을 투자했다가 두시간 만에 오르고 내림에 날아가버리는 것을 잘 아는 사람처럼 말했다.

그녀는 되풀이했다.

"아! 그 사람들은 정말 세. 아주 세다구. 발테르가 그 모든 것을 주도했는데 참 똑똑한 친구야. 정말 최고의 수준이지."

그는 이러한 준비과정을 참지 못했다.

"자, 빨리 말해봐."

"그게 말이야, 바로 이렇지! 라로슈(Laroche)가 외무성을 접수한 날 그들은 땅

제(Tanger) 파병을 결정했어. 그러고는 64~65프랑 정도로 떨어진 모로코의 채권을 점차 모두 사들였지. 그들은 아주 교묘하게 아무런 의심을 받지 않고 숨어 있는 은밀한 증권 중개인들을 통해 사들인 거야. 로스차일드(Rothschild)가에서는 왜 그리 모로코 채권을 사가는지 궁금해했지만 아무것도 눈치채지 못했어. 그 중개인들을 가리키며 다들 미친데다 뭐가 뭔지 모르는 녀석들이라고 이야기했지. 덕분에 거대 은행들도 관심을 껐고 말이야. 자 이제는 파병이 될 거고 우리가 거기 도착하자마자 프랑스 정부는 채권을 보증할 것이란 말이지. 우리 친구들은 5~6000만 프랑은 벌어들일 거야. 이제 어떤 사업인지 알겠지. 우린 모두에 대해 그리고 아주 작은 누설에 대해서도 얼마나 겁내고 있는지 이제 이해할 거야."

―『두 친구』

7장

화폐

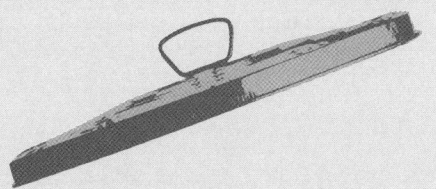

자연은 금은을 만들고, 왕은 화폐를 만든다.

장 보댕

자 이제 전사는 기업이고 전쟁의 장소는 세계시장이다. 그럼 전쟁의 도구가 남았다. 바로 돈이다. 돈은 어디서 오는가? 누가 만들고, 누구를 위해 만드는가?

우선 이 신기한 것 또는 이상한 물건, 아니 황당한 물건을 생각해보자. 경제학자들은 아주 오랫동안 돈을 무시했다. 물론 자유주의 정통 경제학자를 의미한다. 오늘날까지도 많은 경제학자들은 돈, 화폐가 그 자체로는 문제가 없다고 생각한다. 화폐는 중립적이기 때문이다. 화폐는 실질경제에 영향을 미치지 못한다(이 문장은 열번 이상 밑줄쳐도 된다). 여기서 실질경제란 진정하고 심각하며, 상품과 써비스와 고용과 가격을 논하는 경제를 말한다. 훌륭한 고전주의 경제학자 리카도, 쎄이, 스미스, 맬서스, 그리고 뒤를 이은 오늘날의 훌륭한 통화주의자 프리드먼, 파틴킨(Patin Kin), 루카스 등은 경제에 두가지 측면이 있다고 말한다. 첫째 교환의 경제다. 예를 들면 상품들간의 교환 그리고 노동과 상품의 교환이 이루어진다. 둘째 통화다. 통화는 하나의 추가영역이다. 통화는 가격의 수준을 결정하지만 근본적으로 생산이나 교역, 고용의 수준에는 영향을 미치지 못한다. 조금 황당해 보이지만 그런 것을 어쩌랴! 오늘날 2003년까지도 대학에서는 실질경기순환(Real Business Cycle)[1]론을 가르친다. 실질경기순환론은 경기의 주기적 변화가 소비자의 취향이나 기술 발전 등에 의해 설명될 수 있으며, 돈은 존재하지 않거나 존재하더라도 경제주기에 아무런 영향을 미치지 못한다고 설명한다. 거품, 폭락, 신용위기, 채무위기, 투기 뭐 이런 데 전혀 화폐적 내용이 없다는 말이다.

화폐의 중립성

히브리어에서 돈을 지칭하는 가장 일상적인 단어는 '케쎄프'(kessef)라고 하는데 '열망하다'라는 단어와 어원이 같다. 케인즈는 자신의 화폐론을 프로이트를 생각하며 개발했다.[2] 빈의 대가 프로이트의 용어를 빌리자면, 다른 정통경제학자들은 정말 억제력이 강한 사람들이다!

경제를 설명하면서 돈에 대해 눈을 감다니 대단한 일이 아닌가! 경제학의 역사에서 아담 스미스 이후 2백여년이 지났는데 그동안 경제학자들은 화폐의 문제를 억제했다. 노벨상 수상자 밀턴 프리드먼처럼 스스로 통화론자라고 주장한 사람들도 자신의 현학을 화폐를 없애기 위해 사용했고, 화폐는 생산과 교역 현실에는 전혀 영향을 미치지 못하고 가격에만 영향을 미친다고 주장했다. 이렇게 황당한 화폐의 중립적 개념만을 가지고도 정통경제학 이론은 이데올로기적 쓰레기로 버려져야 하는 것이 아닌가? 그렇다. 하지만 그 전에 이러한 화폐의 체계적 부정이 감추는 것이 무엇인지 이해해야 한다.

이 존재부정의 이름은 '화폐의 중립성'이다. 우리는 이미 경제학자들이 시간을 생각하기를 거부한다는 점을 지적했다. 그들은 '미래가 확실'하다고 생각하고 '투명성'의 가설을 택하며 미래의 완벽한 합리화를 수용한다. 이 기대의 신화와 완벽한 '합리화'의 신화는 '합리적 기대론'의 패러독스에서 찾아볼 수 있다. 이 이론에 의하면 모든 경제정책, 특히 통화정책은 행위자에게 영향을 미치지 못하는데, 그 이유는 이들이 특정 경제정책의 결과를 미리 예측하기 때문이다. 일례로 채권을 통해 임금을 올린다고 가정하자. 그런데 소비자들은 통화량의 증가가 가격상승을 가져올 것이라는 사실을 안다. 그들은 프리드먼을 읽었다. 그들은 통화주의자들이다. 바보가 아니다. 그들은 화폐의 환상에 절대 속지 않는다. 그들은 꼼짝하지 않는다. 그래서 통화정책의 결과는 제로다. 시간과 돈을 생각한다는 것은 불가능하다.[3]

왜 고전주의, 신고전주의, 정통주의, 통화주의 경제학자들은 돈을 부정하는가? 왜냐하면 그들은 화폐를 만들어내는 권력, 군주의 권력, 화폐 제조권, 화폐에 새겨진 까이싸르(Caesar)의 초상이 상징하는 정치 그리고 돈이 내포하는 모든 '사회적'인 것들을 부정하기 때문이다. 이 '사회성'은 모스부터 짐멜까지 많은 인류학자와 철학자 들을 매료시켰다. 돈이야말로 사회적 관계의 최고의 상징이 아닌가? 독일 바이마르 공화국에서 같은 대규모 정치 위기 때 사람들은 돈을 대량으로 실어나르고, 패닉이 일어나면 돈을 향해 달려가며, 전쟁 같은 시기에는 돈을 감추고 축재하지 않던가.

리카도와 고전주의자들은 노동이 사물의 가치를 측정한다고 보았다. 그렇다면 상품과 써비스의 상대적인 가치는 노동으로 표현된다는 것은 명확하다. 예를 들어 책상을 생산하는 데 의자보다 두배의 노동 시간이 필요하다면 책상 하나의 가치는 의자 두개와 같다. 그리고 경제에서 모든 것은 의자를 통해 측정할 수 있다. 결국 '의자'가 단위가 되고 자동차나 변호사 비용까지 모두 의자로 표현할 수 있다. 경제란 상품과 써비스를 다른 상품과 써비스로 교환하는 것이며, 각각은 특정한 노동의 양을 포함한다.

그렇다면 화폐나 금화는 어디에 필요한가? 아무 소용 없다. 그냥 교환을 쉽게 해줄 뿐이다. "화폐는 교환 위에 덮인 베일이다"라고 고전주의자들은 말했다. 그것은 액체나 기체 같이 사물의 유통을 쉽게 하지만 사물에 가치를 주지는 못하며, 그 자체로도 가치를 가지지 못한다. 금의 가치란 금을 생산하기 위해 필요한 노동의 양이다. 물론 교환하는 데에는 금이 의자보다 사용하기 쉽다. 조개껍데기나 담배를 화폐의 단위로 사용할 수도 있다.

예를 들어 1유로짜리 동전이 소비자들 사이에서 하루에 10번 유통된다고 가정하자. 10은 화폐의 순환속도로 V다. 그러면 교환된 상품의 가격 P는 2고 500개의 상품이 교환되었다고 하자(교환량 Q). 그러면 하루의 교환가치는 $2 \times 500 = 1000$이 된다. 그렇다면 교환을 가능하게 하는 1유로짜리 동전 몇개가 필요한가(M)? 100개면 된다. 동전 100개를 10번 사용하면 1000유로어치의 교환이 가능하기 때문이다. 우리는 결국 '화폐 방정식'($MV = PQ$)이라고 이름붙일 수 있는 단순한 관계 또는 환원적 관계를 얻게 된다.

이 방정식은 화폐이론을 전부 요약한다. 화폐량을 유통속도로 곱하면 가격의 일반적 수준을 거래량으로 곱한 수와 같다고 설명한다. 밀턴 프리드먼은 이로써 노벨 경제학상을 받았다. 따라서 화폐는 가격의 일반적 수준을 결정한다. 유통되는 화폐가 많을수록 가격이 상승한다. 하지만 실질경제는 움직이지 않는다. 화폐는 단순히 물가상승을 결정할 뿐이다. 통화량이 10% 증가하면 가격은 10% 증가할 것이다. 아주 기계적이다. 계산을 위한 방정식을 가지고 화폐가 경제에 미치는 영향을 부정하는 이론으로 만들었다. 모든 것은 마치 경제에 두 부문이 있는 것처럼 돌아간다. 한편은 실질 부문으로 기업과 공장, 노동, 소비자 등이 있고, 다른 한편은 통화 부문으로 은행이 화폐를 공급하고 가격을 결정한다.

작은 비밀을 이야기한다면, 정치권력으로부터 독립적이고 정부의 명령받기를 거부하는 중앙은행에 대한 유럽의 구상은 모두 화폐의 '중립성'에 기초한다. 중앙은행의 역할은 화폐의 가치를 보존하고 너무 많은 인플레이션이 생기지 않도록 하는 것이다. 따라서 화폐의 공급을 너무 늘리지 않는 것이 경제적이다. 더 많은 화폐는 가격의 상승을 의미하니까. 강하고 희소한 화폐에 대한 이러한 강박관념은 리카도와 프리드먼의 고전주의 이론인 화폐의 중립성에서 유래한다.

채무자의 질서 VS. 채권자의 질서

하지만 왜 돈이 희소해야 하는가? 우리는 경제적 문제는 희소성의 문제라는 오랜 친구를 만나게 된다. 경제학자들은 사방에서 희소성을 강화한다. 돈이 희소해지면 비싸지고 어쩌면 과대평가될 수도 있다. 누가 돈이 있는가? 부자, 예금자, 축적하거나 유산을 받은 사람 들이다. 만일 이자율이 높으면, 이자율은 돈의 가격이므로 돈에 대한 수요가 높아지고 돈의 가치가 올라간다. 자본은 희소해지고 비싸진다. 돈을 가진 채권자는 만족하고, 돈을 빌려준 사람과 금리생활자도 기뻐한다. 금리생활자는 집세를 올린다. 채권자는 특정한 경제질서에 대한 희망을 가진다.

'채권자'란 누구인가? 나이가 많은 부자들이다. 그들은 누구에게 돈을 빌려주는가? 돈이 없는 사람, 세입자 또는 기업을 하기 위해 돈을 빌리는 사업가에게 빌려준다. 이들은 채무자로서 돈의 가격이 싸기를 기대하며, 심지어 돈의 가치가 떨어지면 더 좋아한다. 인플레이션이 나타나면 채권자는 망하고 채무자는 돈을 번다. 돈을 빌린 사람은 가격이 상승하고 자신의 임금이 동반상승하면 점점 상환 부담이 줄어든다. 임금노동자와 기업은 비싼 돈을 반대하는 대신 예금자와 집주인은 돈이 비싸지길 바란다.

예를 들어 어떤 기업이 빚을 졌는데 더이상 기업활동으로 빚을 갚지 못한다고 하자. 이 기업은 물질적 부를 창출하지 못하기 때문에 결국 다른 댓가 없이 새로운 자금을 빌려주어서 생존시키는 방법이 있고, 다른 하나는 "자 끝났소! 이제 환불하시오!"라고 명령할 수도 있다. 돈을 환불하지 못하면 기업은 도산하고 도산과 함께 산업자산의 재배치가 일어난다(이를 슘페터는 창조적 파괴라고 불렀다). 채권자의 질서가 이러한 재배치를 결정한다. 프랑스에는 섬유산업이 없어졌고 저질의 철강산업도 없어졌다. 대신 써비스와 쏘프트웨어 등이 발전하고 있다.

채무자의 질서, 즉 채무자의 입장에서 본 경제질서는 채권자의 질서와 정반대된다. 채권자-채무자의 반목은 총체적이다. 한쪽에 이로운 것이 다른 쪽에는 해롭다. 채권자와 채무자는 산업자산을 놓고 무시무시한 암묵적 투쟁을 펼친다. 채권자의 질서는 어느 부문에서 기업가들이 일하도록 허용할 것인가? 예를 들어 채권자는 인터넷을 향할 수 있는데, 이로써 거대한 거품이 생성되어 비벤디나 프랑스뗄레꼼 같은 기업의 엄청난 채무를 초래했다. 경제사는 이러한 충돌의 역사라고 해도 과언이 아니다. 1976년, 프랑스의 레몽 바르 장관은 역사적 결정을 내렸다. 국가가 채무에 대한 이자를 인플레이션보다 높은 수준으로 지급할 것이라고 했다. 그는 이렇게 밝혔다. "나는 국가가 채권자와 예금자 들에게 봉사하도록 할 것이다. 자본을 깎아먹는 인플레이션은 끝장이다. 채권자 만세!" 임금노

> "인플레이션이 나타나면 채권자는 망하고 채무자는 돈을 번다. 돈을 빌린 사람은 가격이 상승하고 자신의 임금이 동반상승하면 점점 상환 부담이 줄어든다. 임금노동자와 기업은 비싼 돈을 반대하는 대신 예금자와 집주인은 돈이 비싸지길 바란다. 채권자와 채무자는 산업자산을 놓고 무시무시한 암묵적 투쟁을 펼친다."

동자와 기업가의 질서는 끝장나고 영광의 30년도 끝장이다. 화폐의 강세 현상이 발생하고 실업은 증가하고 임금은 정체되고 금리가 다시 살아난다. 2003년, 국민생산의 분배는 채권자 위주로 이루어졌다. 국내총생산의 10%가 이윤과 금리로 가버린 것이다.

하지만 채무자(기업가와 봉급자)를 숨막히게 하는 것이 채권자에게는 이로운가? 확실치 않다.

병에다 지폐를 잔뜩 넣고 마당에 파묻어보라. 그리고 일년 뒤에 돌아와 보라. 잘해보았자 원래의 지폐를 되찾을 수 있다. 뭐 불어난 돈도 없다. "잠자면서 새끼치는 돈"은 환상일 뿐이다. 인간과 기계를 일하게 하는 돈이 아니면 아무것도 가져오지 못한다. 노동과 그 '비용'을 깎으려고만 하고, 구조조정과 해고를 양산하는 인수합병 속에서만 '가치'를 나타내기 위해 노동을 파괴하는, 저축만을 지향하는 정책(병에 돈넣기)은 집주인이나 채권자, 돈의 보유자 자신을 위해서도 장기적으로는 재앙적 정책이다. 다른 사례를 들어보자. 당신이 건물 주인이다. 만일 세입자가 없다면 당신은 무엇인가? 물론 아무것도 아니다. 만일 세입자가 모두 실업자가 된다고 가정하자. 누가 당신을 밥먹여줄 것인가?

채권자와 채무자는 서로 투쟁한다. 자본가와 노동자처럼. 하지만 상대방이 사라져버리면 무엇 때문에 투쟁한단 말인가. 어떤 의미에서 세계화는 경제가 채권자, 주식 투자자, 집주인, 금융가들의 이윤 쪽으로 기울어버리는 현상을 의미한다.

시장경제가 분리해버린 노동과 화폐

카를 폴라니는 토지와 노동과 화폐라는 세가지 기본적 재화를 지적하면서, 시장경제가 이들을 넓은 의미에서 사회적인 것 즉 사회·정치·종교와 그 상징적 표현——예를 들면 유통되는 화폐에 새겨진 군주의 세력 등——으로부터 '유출'해냈다고 설명했다. 이 세 차원의 유출을 통해 경제영역은 사회에서 '끄집어'내졌고 구분되었다. 옆에 따로 떼어놓인 경제는 지배적인 입장에서 사물과 인간의 기준이 되어버렸다.

인간의 노동은 언제나 정치와 종교(예를 들면 길드라는 조직을 통해서)와 밀접한 관계를 맺어왔다. 그러나 자유롭고 유연하며 계약이 지배하는 노동시장이 생겨나면서 이런 관계는 단절되었다.

토지 역시 오랫동안 대부분 집단적이고 공적인 재화였지만 개인적 소유화(영국의 '인클로저'운동이 대표적인 사례인데, 이 진정한 부르주아 반(反)혁명으로 집단적 토지인 '꼬뮌'이 분배되어 수천의 프롤레타리아화된 농민들은 런던의 빈민촌으로 이주할 수밖에 없었다. 오늘날 국제무역 개방이 안데스산맥의 농민들을 리마의 빈민촌으로 내쫓은 것과 마찬가지다)가 토지의 '시장'을 형성하면서 그 성격이 변했다.

그리고 화폐가 있다. 화폐는 두말할 나위 없이 물물교환에 종지부를 찍고 교역을 장려하는 상업적 발명이었다. 모든 것을 물물교환하기는 어렵기 때문에, 다시 말해 동시에 교역을 하기는 어렵기 때문에 아마도 화폐는 인류의 역사만큼이나 긴 역사를 지녔을 것이다. "돈과 인류의 동시대성은 단어에서 찾아볼 수 있는데, 히리브어에서 피를 의미하는 담(dam, 여기에 접두사 a를 더하면 인간인 A-dam이 된다)의 복수 다밈(damim)은 돈을 의미한다."[4]

화폐는 물물교환을 단절한다

여섯명의 교환자 A, B, C, D, E, F가 있다고 가정하자. 토마토와 밀을 교환하는 물물교환체계는 이 제도 아래에서는 축적이 불가능하기 때문에 (축적 가능성은 자본과 돈의 특징 중 하나다) 동시에 직접적인 개인적 관계를 강요한다. A는 B C D E F와 각각 관계를 가진다. 또 B는 C D E F와 관계를 맺는다. 그리고 C는 D E F와 등등. 결과적으로 아래 도표에서 볼 수 있듯이 15개의 개인적 관계가 존재한다.

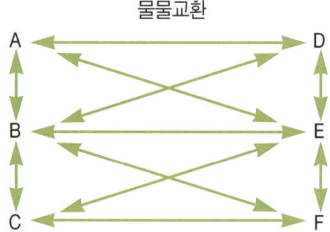

이제 세번째 재화를 교환한다고 가정하자. 이 체계는 더욱 복잡해지는데, 토마토와 밀의 교환은 토마토와 생선의 교환과는 다르기 때문이다. 이는 적어도 45개(3×15)의 물물교환 관계를 의미한다. 여기서 화폐를 발명한다. 각자 조개껍데기나 금속 또는 다른 어떤 것이건 교환의 댓가로 인정한다고 치자. 그러면 관계의 수는 다음 그림에서와 같이 6개로 줄어든다.

그런데 화폐의 발명은 악마 같은 성격을 지녔다! 그 자체로 자본주의의 싹을 내포한다. 나는 화폐를 통해서 물물교환 관계를 종결시켰다. 이로써 구매행위와 판매행위를 돌이킬 수 없는 방식으로 단절시켰다. 나는

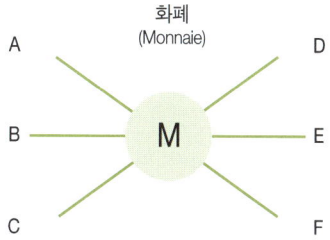

오늘 팔 수도 있고, 조금 더 기다렸다가 내일 살 수도 있다. 그리고 나로 하여금 내일 살 수밖에 없도록 하는 요소도 존재하지 않는다(물물교환에서는 사는 것과 파는 것이 동시에 이루어져야 했다). 나는 나의 구매력을 사용하지 않고 보존하는 결정을 내릴 수 있다. 여기서 화폐의 결정적인 기능을 만나게 된다. 바로 가치의 보존 기능이다. 달리 말해서 그것은 케인즈가 아름답게 표현한바 '현재와 미래의 다리'다.

  그 결과는 엄청나다. 경제에 화폐가 존재하면 자동적으로 불균형을 생성한다. 쎄이의 법칙은("재화와 재화는 서로 교환된다" 따라서 "공급은 스스로 수요를 창출한다") 무효가 되어버린다. 왜냐하면 쎄이의 법칙이란 내가 파는 동시에 산다는 물물교환의 법칙을 단순화시킨 것에 불과했기 때문이다. 화폐가 개입되면, 나는 팔지만 사지 않을 수 있고 사지만 동시에 팔지 않을 수 있다. 케인즈는 진정으로 생산의 화폐이론을 수립하려고 했는데, 그 과정에서 쎄이의 법칙으로 대표되는 스미스와 쎄이와 발라의 체계 및 시장체계는 단순히 물물교환체계를 달리 부른 것에 불과하다는 사실을 간파했다. 그는 "화폐는 교역에 시간을 도입한다"라고 말했다. 시간을 도입함으로써(시장경제학자들이 시간을 얼마나 싫어하는지는 살펴본 바 있다) 경제의 균형은 깨진다. 따라서 경제는 선험적으로 불균형하다. 수요와 공급이 균형을 이룬다는 것은 자유주의자의 뇌 속에서만 일어나는 일이다.

게오르크 짐멜(Georg Simmel)[5]은 물물교환이 화폐로 단절된다는 사실에서 근본적 결론을 내렸다. 구매행위와 판매행위를 구분함으로써 화폐는 판매자와 구매자가 서로 얼굴을 맞대지 않아도 되도록 했다. 물물교환에서는 교환하는 물건뿐 아니라 사람을 쳐다보아야 했는데 화폐로 물건을 사면 그럴 필요가 없어진다. 돈이 생겨남으로써 나는 나를 다른 사람과 연결하는 가족적, 우정적, 봉건적, 심리적 관계를 깰 수 있다. 모스가 묘사한 선물의 주고받기(주기, 받기, 돌려주기) 체계[6]에서 유지되던 관계도 깨질 수밖에 없다. 시장과 계약은 돈 없이는 상상하기 어렵다. 돈은 모든 세력관계, 위계질서나 주종관계를 깨고 계약 참여자들을 평등하게 하기 때문이다. 물론 이 평등성에도 예외가 있는데 돈을 만드는 권리가 있는 사람 또는 자신이 통치하는 영토 내에서 도장을 찍어 화폐에 권위를 부여하고 가치를 보장하는 세력을 가진 사람이다.

군주가 화폐의 가치를 결정한다

샤를르 드골(Charles de Gaulle)은 "프랑은 프랑스다"라고 말했다. 화폐에 대한 명목주의적인 사고가 이 문장에 그대로 담겼다. 결국 군주가 화폐의 가치를 결정한다는 뜻이다. 중세 메로빙거왕조 시절에는 884개의 도시, 지역 또는 군주가 화폐를 찍었다. 프랑 이전에 마르(marc), 드니에(denier), 쏠(Sol), 에뀌(écu) 등의 화폐가 발행되었다가 평가절하되었는데, 일부 군주는 이런 과정에서 평판이 하락했다. 필립 르벨(Philippe le Bel)은 '위조화폐 생산왕'이라는 별명을 얻었는데, 자신의 화폐에 들어가는 귀금속의 양을 줄이는 경향이 있었기 때문이다. 뚜르 파운드*의 가치는 1513~36년에 절반으로 줄었고, 1636~1726년에 또 절반으로 줄었다(1726년에는 천재적인 스코틀랜드인 존 로우John Low가 지폐를 발명했다). 실제로 이런 '변화'(평가절하)는 오랫동안 세금의 역할을 했다(1445년 따이유taille라는 토지세가 프랑스에 도입되기 이전까지는 지속적이고 정기적인 세금이 없었다). 프랑스 왕국의 화폐 통일은 루이 14세 때가 되어서야 이루어졌다.

1726년 뚜르 파운드화는 안정되어 금과 은의 일정 가치로 보장되었다. 혁명력 11년의 7번째 달 17일에는 '제르미날 프랑'이라는 화폐가 제조되었는데 그 가치는 거의 파운드의 가치와 동일했다. 프랑이 금의 가치로 규정되지 않게 된 것은 1936년 인민정부 시절이다. 달리 말해서 제르미날 프랑은 136년 동안 사용되었다! 물론 이 화폐는 자주 평가절하되었는데 1914~38년에 가치의 9/10가 사라졌고, 다시 프랑화는 1938~67년 9/10의 평가절하를 경험했다.

1960년 앙뚜안느 삐네(Antoine Pinay)는 '신프랑' 또는 '무거운 프랑'을 제조했다. 드골이 다시 말하길 "오랜 프랑스 프랑의 가치상실은 우리의 시련을 표현하는 것이며, 우리는 다시 존경할 만한 내용을 담아야 한다"고 했다. 재무장관 지스까르 데스땡(Giscard d'Estaing)은 "프랑은 이제 견고하고 안정적인 화폐다. 프랑은 다른 위대한 화폐들처럼 센티미터가 아니라 미터로 측정할 수 있게 되었다"고 자랑했다. 놀랍지 않은가, 이처럼 화폐의 표면적 가치에 굳건한 믿음을 가졌다니 말이다. 이들의 생각은 납 1킬로그램이 깃털 1킬로그램보다 무겁다는 생각이다! 1킬로그램짜

---

* 뚜르 지역에서 발행된 뚜르 파운드는 1203년 빠리 파운드를 대신하여 프랑스 앙시앵 레짐에서 사용되기 시작하였다. 이 화폐는 1795년 프랑이 프랑스의 화폐로 등장할 때까지 사용되었다—옮긴이.

리 1프랑이 1000그램짜리 1프랑보다 무게가 더 나간다는 생각이다! 이처럼 화폐에는 국가의 세력과 군주의 힘이 표현된다. 바로 여기에 달러라는 현대 우수 화폐에 대한 신앙과 믿음의 설명이 있다. 미국은 화폐를 찍어내면서 화폐발행의 기반에 대해서는 크게 걱정하지 않는다. 이것이 그들의 특권이다. 그들은 속국 일본과 유럽에 무슨 일이 있건 간에, 달러가 강하건 약하건 간에, 그들의 저축을 맡길 것이고 따라서 미국의 세력을 보장할 것이라는 데 확신이 있다. 케인즈는 1944년 브레튼 우즈(Bretton Woods) 회의에서 신세계 질서를 규정하는 과정에서 '방꼬르'(bancor)라는 화폐를 제안했는데(오르or는 프랑스어로 금을 의미한다), 얼마나 이 화폐에 금의 가치를 연계시키려 했는지를 보여준다.[7] 제2차 이라크전쟁 뒤 미국은 점령세력으로서 달러를 이라크의 화폐로 강요하는 문제를 심각하게 고려했다.

신용화폐

화폐의 발명은 교역을 수월하게 했지만 화폐발행은 오랫동안 제한되었다. 화폐발행이 한계를 극복하고 경제성장이 귀금속 생산에 대한 종속에서 벗어나기 위해서는 신용화폐라는 완전히 비물질적인 화폐의 발명을 기다려야 했다. 사실 선수금 지급이나 자본과 보험을 필요로 하는 국제무역이 지역무역(단순한 물물교환) 이전에 존재했던 것과 마찬가지로, 비용(billon)이라 불리는 소규모 지역화폐 이전에 신용화폐는 아주 오래전부터 존재해왔다. 고대 수메르문명에서도 상인 간의 신용거래와 실제 어음교환이 있었음이 입증되었다. 신용, 즉 신용에 대한 단순한 기록은 상품의 유통이 반대급부인 귀금속의 유통(이는 상당히 위험하다) 없이도 가능하도록 한다. 하지만 교역에 참여하는 사람들이 상품이나 저장된 금 대신 종잇조각을 받아들이기 위해서는 '신용'이 있어야만 한다.

무엇이 '신용'——경제에서 틀림없이 가장 이해하기 어려우면서 가장 중요한 개념——을 만들어내는가? 아마도 어음을 보장하는 상인의 '명성'일 것이다. 나는 상품의 교역에 관한 이 어음이 앙베르의 대상인이 서명한 것이고, 리옹의 다른 대상인이 보증한 것이기 때문에 거기 쓰인 액수가 보장되었다고 믿는다. 그들의 명성은 보장성을 가지며 보험과도 같다. 따라서 상인 중 일부는 그 명성 덕분에 실질적인 은행가가 된다. 그들은 사람들이 자신에게 귀금속을 맡기면 그대신 신용장을 만들어주는데 물론 무료가 아니라 일부의 이자를 받는다. 이들은 귀금속 상인이다. 화폐를 측정하고 환전해주는 사람으로서 이들은 금을 저장하면서 그에 대한 소유권을 제공하고, 이 소유권이 유통되도록 하는 관행을 만든다. 점차적으로 이들은 신용, 즉 이자를 받고 남에게 돈을 빌려주는 활동을 전문적으로 펼친다. 이 첫번째 은행사업은 처음에는 국가의 통제를 받지 않는다. 하지만 교역의 평화는, 교역을 보호해주고 도로의 안전이나 분쟁이 생겼을 때 법원의 적절한 운영을 보장하는 군주를 필요로 한다. 그렇다면 자신의 도장을 화폐에 새기고, 그 가치를 자신의 권위로 보장하며, 이로써 화폐의 공공성을 제공하고 공공 건축물과 동상으로 자신의 권위를 내세우던 군주는 어떻게 신용을 통제할 수 있었을까? 은행의 은행이라고 할 수 있는 중앙은행의 통제를 통해 가능했다.

1800년 나뽈레옹이 프랑스의 중앙은행을 창립했다. 미국에서 중앙은행이 설립된 것은 훨씬 뒤인 1913년의 일인데 예금자 보호가 목적이었다. 미국은 녹색 지폐로 통일되기 전에는 수많은 색상의 화폐들이 존재했다. 미국의 모든 주 은행들이 각각 화폐를 발행했다. 1860년에는 모두

1600개 은행이 1만종의 화폐를 발행했다! 은행들은 대개 잉여분을 뉴욕에 예치하곤 했다. 때때로 뉴욕 은행들의 도산은 다른 연쇄적 도산을 초래했다. 그러면 다른 은행이 다시 생겼는데 이것이야말로 슘페터식의 '창조적 파괴'였다. 결국 켄터키나 다른 지역의 예금자 보호를 위해 '연방준비제도(Federal Reserve System)'가 생겨났다. 은행의 은행, 즉 중앙은행은 은행제도의 보험이고 보장인데 그 자체를 보장하는 것은 세금이다. 1980년대 미국 정부는 컨티넨탈 일리노이(Continental llinois)와 퍼스트 리퍼블릭(First Republic) 은행, 그리고 특히 민간 상호저축회사를 보호하기 위해 수천만 달러를 투입했다. 같은 시기에 프랑스 정부는 크레디 리오네를 구원했다. 미국의 적자에 대해 밀턴 프리드먼은 "우리의 적자는 달러로 표시되어 있다. 프랑이나 파운드가 아니다. 그러므로 우리는 누구에게도 빚진 것이 아니다. 돈을 찍어내면 그만이다"라고 말했다.[8] 이야말로 정치권력에 대한 훌륭한 발표가 아니겠는가? 왕은(이 경우 미국의 대통령) 우수한 화폐를 만든다. 경제는 결국 정치일 뿐이다.

돈의 출생지

아무것도 아니고, 빈 공간에서 만들어진다. 은행이라는 창조자의 권력에서 비롯된다. 물론 어떤 사람이 은행에 금을 맡겼다고 상상할 수 있다. 하지만 그것이 신용의 진정한 근원은 아니다. 은행이 신용을 만들 수 있는 이유는 자신이 빌려준 신용으로 경제활동이 벌어지고 따라서 '금'이 결국에는 돌아올 것이라는 사실을 알기 때문이다. 은행이 예상하는 '금'은 물건과 재화에 대한 단순한 소유권일 뿐이다. 은행은 예측한다.

그래도 은행이 손으로 만질 수 있는 실질적인 금을 가지고 신용을 창출한다고 가정하자. 은행은 금의 가치를 지닌 화폐를 발행한다. 상인은 교역하는 데 금을 유통시키기보다는 덜 위험한 화폐를 유통시키는 것을 선호한다. 게다가 화폐에는 은행의 보장을 표명하는 서명이 있고, 언제든지 화폐를 금과 교환할 수 있다는 믿음이 있다.

결국 화폐는 채권으로서 재화에 대한 권리다. 치즈나 빵 또는 변호사의 써비스를 살 수 있는 권리다. 화폐란, 이 화폐를 인정하는 국가에서 생산된 부에 대한 불특정적 채권인 셈이다. 동시에 화폐는 교환에서 발생한 채무로부터 '해방'될 수 있는 수단이다. 나는 너에게 노동을 제공하고 너는 나에게 댓가를 주어야 한다. 그래서 화폐로 이를 지불함으로써 너는 부채로부터 해방된다.

그렇다면 화폐는 왜 원래의 귀금속과의 연결로부터 독립했는가? 금을 보관하던 은행은 다음과 같은 결론을 내렸다. 상인이나 교역자는 손에 지폐를 쥐더라도 금으로 바꾸러 은행에 오지 않는다. 그들은 다만 은행에 이런 이야기를 한다. "나는 손에 100짜리 지폐가 있으니 내 계좌에 100이라고 기록하시오. 나는 이 돈이 금 100을 의미한다는 것을 알지만 그것을 금으로 바꿀지는 두고 봅시다. 일단은 확실한 당신에게 금을 남겨두는 게 좋겠군요." 나는 은행가로서 신용을 만들어내는데 이 신용 창출의 작은 부분만을, 예를 들면 20%만을 금으로 지출해야 한다는 사실을 알고 있다. 그 이유는 일부 사람들이 지폐보다는 직접 손으로 만질 수 있는 금으로 교역하는 것을 선호하기 때문이다.

그럼 계산을 좀 해보자. 우리 은행에는 맡아놓은 금화 100개가 있다. 그 가치는 100플로린(florin)*이다. 거래의 20%만이 1플로린짜리 금화로

---

*13세기 피렌쩨에서 사용되던 금화로 프랑스를 비롯한 유럽 여러나라에서 쓰이던 화폐이름—옮긴이.

이루어질 것을 알고 있다면(사례 1) 얼만큼의 지폐를 발행할 수 있는가? 답은 500플로린이다. 사실 500플로린 지폐를 발행하면 그중 20%만이 금화 플로린으로 교환될 텐데, 그러면 100플로린 지폐를 금화로 바꿀 수 있기에 나는 이에 대처할 수 있다. 나는 실제 이만큼을 창고에 보관하고 있기 때문에 원하는 사람에게 바꾸어줄 수 있다. 반면 금화와 지폐의 지불 관행이 50대 50이라고 가정하면(사례 2), 나는 지폐 200플로린만 발행할 수 있다. 또 지불 관행이 10~90(금화 10에 지폐 90)이라고 하면(사례 3), 1000플로린을 발행할 수 있다. 그중 900은 지폐로 유통될 것이고 나머지 100은 언제든지 금화로 제공할 수 있기 때문이다.

화폐의 창출과 파괴

이것이 화폐발행의 기본적인 원칙이다. 내가 100이라는 지폐 신용을 만들고 그중 상당수가 다시 나, 은행에게로 돌아올 것이라는 사실을 알고 있으면, 나는 가지고 있는 금의 양보다 훨씬 많은 신용을 만들어낼 수 있다. 사례 1에서 나의 '신용 배수'는 5이고, 사례 2에서는 2이며, 사례 3에서는 10이다. 이 메커니즘은 "융자가 저축을 가져온다"는 표현에 담겨 있다. 신용이 저축을 가져오고 돈을 만드는 것이지 그 반대가 아니다. 저축하면 돈이 생긴다고 생각하는 사람들이 주의를 기울여 들어야 할 대목이다. 이 얼마나 놀라운 일인가! 우리가 기억해야 하는 것은 화폐발행이 경제세력, 즉 노동, 천연자원, 발명, 기술, 생산, 소비, 그리고 경제활동에 대한 예측 등을 모두 뒤흔들어놓는다는 점이다.

원래 화폐발행은 상품이나 금속, 금이나 은 같은 것으로 보장되었다. 철금속을 통한 보장인 셈이다. 하지만 화폐발행의 진정한 보장은 생산과 소비의 주기라는 경제활동의 예측이다. 물론 이 예측이 건전한 것이어야 한다. 건전한 화폐발행은 언제나 그에 해당하는 화폐의 파괴로 귀결된다. 예를 들어 나는 자동차 회사에 돈을 빌려준다. 신용하기 때문이다. 이 자금으로 회사는 노동자를 고용하여 자동차를 만들게 하고 임금을 준다. 노동자는 임금으로 자동차를 산다. 돈은 자동차 회사로 돌아오고 자동차 회사는 은행에 돈을 갚는다. 만들어진 돈이 다시 돈을 파괴하니 건전한 과정이다. 신용과 상환이라는 건전한 과정 말이다.

두번째 사례를 들어보자. 나는 은행가로서 신(新)경제, 예를 들면 인터넷이 되는 휴대전화의 성공을 예측한다고 치자. 나는 이런 기술에 투자하는 기업에 자금을 댔는데 아무도 새로운 전화기를 사려고 하지 않는다. 나는 사람들에게 물건을 만들라고 돈을 지불했는데 사람들은 이 물건을 사려 하지 않는다. 따라서 자금의 상환은 불가능해지고 채무는 없어지지 않는다. 화폐발생이 파괴로 연결되지 않아 채무가 질질 끌려다닌다. 마치 일본이 거대한 부동산 거품 이후에 채무를 안고 있는 것이나, 프랑스뗄레꿈이 경제활동을 잘못 예측하여 거대한 빚더미에 올라앉은 것, 인터넷에서 방문객이 하나도 없는 싸이트에 투자하여 채무를 끌고 다니는 비벤디, 또는 국제통화기금이 잘못 빌려준 돈으로 결과를 창출해내지 못해 국제통화기금에 빚을 지고 있는 아르헨띠나와 같은 경우다.

우리는 움직이는 채무(발행 은행에 대한 채권)라는 화폐의 성격을 더 잘 알아볼 수 있다. 채무가 건전한 것이라면 경제활동을 통해 자신의 상환을 실현할 수 있어야 한다.

오늘날 화폐는 모든 물질적 기반으로부터 독립되어 무한정 창출해낼 수 있다. 왜 경제학자들은 오랫동안 화폐가 금속의 보장에서 벗어나는 것을 방해했는가? 리카도의 예를 들 수 있다. 그는 필(Peel) 법안의 근원에 자리잡고 있는데, 1844년에 제정된 이 법안은 장기간 영국 은행정책의 기본 틀로서 모든 지폐는 확실한 금의 보장이 뒤따라야 한다고 못박았다.[9] 그 이유는 경제학자들이 경제활동을 예측할 수 있는 은행의 능력을 믿지 못했다는 데 있다. 프랑스에서 로우(Law)가 자행한 은행의 도산은 일세기 동안 프랑스인들로 하여금 지폐를 신용하지 못하게 만들었다. 로우는 스코틀랜드 은행가로서 프랑스와 첫번째 식민지, 특히 루이지애나와의 무역 발전으로 보장된 지폐를 발행했다. 하지만 사람들이 이 무역에 참여하는 기업들의 성공 가능성에 대해 의심을 갖게 되자 로우가 만들어 놓은 신용체계도 동시에 무너졌다. 모두가 '로우 은행'이라고 도장찍힌 화폐를 돌려주고 금을 받기를 원했다. 결국 전체적인 도산이 발생하여, 프랑스 텔레콤이나 엔론에서 볼 수 있듯이 언제나 맨 나중에 기회를 포착하고 들어와 제일 먼저 골탕을 먹는 소규모 예금자들의 파산을 가져왔다. 이로써 공적 혼란을 초래했지만 씨스템의 실패를 냄새맡은 투기세력은 부도덕한 부의 축적을 이룰 수 있었다.

프랑스은행

프랑스은행은 원래 200명의 대주주가 참여하는 이사회가 있는 민간은행이었다. 빠리 증권시장에서 가장 막강한 200명의 대주주는 '200대 가문'이라는 신화를 낳았다. 이들은 프랑스의 자금을 통제하는 200대 부르주아 가문으로서 진보적 정부들이 매번 부딪칠 수밖에 없는 벽, '돈의 장벽'으로 뭉친 집단이었다. 프랑스은행의 지도부는 이런 200대 가문에서 선출되었는데 말레, 베른느, 로칠드, 오땡제, 방델 가 등을 들 수 있다. 혁명 11년 제르미날 법은 금과 은이라는 두가지 귀금속에 대하여 프랑의 환율을 정했고, 프랑스은행은 규정에 따라 화폐발행의 양을 조절하면서 프랑의 가치를 보호해야 했다. 대략적으로 은행은 '1/3'의 원칙을 적용했다. 경제에 제공되는 신용량은 은행 금고에 있는 금과 은의 총량의 3배 정도였다. 이것은 매우 조심성 있는 관리방식이었으며 제르미날 프랑은 1929년의 공황에도 성공적으로 저항했고 1936년까지 금과의 태환성을 유지한 모든 화폐 중 가장 강한 화폐였다고 할 수 있다. 파운드와 달러, 마르크는 이미 태환성을 일찌감치 포기했었다.[10] 하지만 프랑스은행 이사회의 은행가와 산업가 들은 신용을 통제함으로써 어떤 방식으로든 프랑스의 정책을 통제했다. 예를 들어 정부는 제1차 세계대전이 끝나고 거의 파산 상태였다. 재건을 위한 지출이 커다란 부담이었다. 실업률은 높아지고 식민정책 역시 많은 비용을 요구했다. 사회적 성격의 지출들이 고개를 들기 시작했고 교육 비용도 만만치 않았다. 1924년 정권을 획득한 좌파연합은 예산을 편성하기 위해 프랑스은행에 선불을 요청했다. 프랑스은행이 정부, 즉 재무부에 선불을 지급한다는 것은 대중적인 표현을 빌리자면 '돈을 마구 찍어낸다'는 의미였다. 프랑스은행 총재 모로(Moreau)는 이를 거부했다. 좌파연합 정부 수상 에리오(Herriot)는 사임했다! 프랑스은행이 정부를 실각시켰다! 좌파는 돈의 장벽에 머리를 깬 것이다!

1934년의 삐에르 라발(Pierre Laval) 수상과 특히 1936년 인민전선 정부의 레옹 블룸(Léon Blum) 수상은 프랑스은행을 공공기관의 감시 아래 두었다. 인민전선 정부의 뱅쌍 오리올(Vincent Auriol) 재무상은 "은행은 낟아버리고 은행가는 가누어버릴 것이다!"라고 말했다. 그는 프랑의 태환성을 중지시켰다. 프랑스은행의 대표들을 이사로 임명하고 정부가 부이사들을 임명했다. 그리고 1945년, 드골 임시정부 수상은 프랑스은행을 국영화시켜버렸다. 게다가 3대 시중은행인 크레디 리오네, 빠리국립저축

은행(CNEP), 국립상공은행(BNCI) 등[11]도 국영화되었다. 이로써 신용이 공공관할 하에 들어갔다. 국가는 화폐에 대한 권위를 회복했지만 오래가지는 못했다.

화폐발행권의 재민영화

1945~93년은 거의 반세기로 신용이 공공관할에 놓인 시기다. 실제로 국가는 1983년 사회당 정부가 강세를 보이는 마르크화에 프랑을 연동시키면서 유럽 내에서 프랑스를 안정화시키고, 다시 한번 화폐발행과 신용통제를 프랑스은행에 일임함으로써 신용통제권을 포기했다. 결국 국가가 신용을 통제한 것은 1934~83년까지 정확하게 50년간이다.

1993년, 정부는 12월 법안으로 프랑스은행의 독립성을 확인했다. 이로써 은행 총재는 정부가 임명하지만 그를 '사임시킬' 수는 없게 되었다. 또한 은행은 정부의 예산적자에 자금을 지원해줄 수 없는데, 달리 말해서 돈을 임의적으로 찍어내는 권한이 없어졌다는 말이다. 국가는 돈이 필요하면 빌렸다가 나중에 갚아야 한다! 은행의 새로운 규정은 제1조에서 이 사회의 멤버로 하여금 "정부 또는 그 누구의 명령도 요청하거나 수용하는 것"을 금지한다. 그렇다. 이로써 정치권력은 종속된다. 집주인의 독재가 승리한 셈이다. 프랑스은행의 규정은 강한 화폐의 수호신인 독일연방은행의 것을 그대로 베끼거나 어떤 의미에서는 '악화'시켰는데 이를 다시 유럽중앙은행이 활용했다. 유럽에서는 채권자의 질서가 수립된 것이다. 미국에서는 그 반대다. 연방준비은행은 의회에서 책임을 진다. 임의적 화폐발행은 늘 유지된다. 미국은 초강대국의 지위를 이용하여 세계의 새로운 저축 중 2/3를 매년 빨아들이는데 주로 유럽지역이나 일본에서 온다.

미국은 세계의 군주로서 화폐발행의 주권적 원칙을 최대한 활용하는 것이다. 다음은 경제학자가 던져야 할 중대한 질문들이다. 누가 우리의 삶을 가능하게 하는 돈을 만드는가? 누구를 위해 만드는가? 어떤 경제활동을 위해 만드는가? 1945~76년까지 프랑스 정부는 재건을 위해 그 다음에는 성장을 위해 돈을 만들었다. 그리고 이 짧은 자본주의에 대한 제약의 시기가 끝나고 민간이 다시 자신의 권한을 회복했다.

국제통화체계

유럽은 강한 화폐를 의미한다. 2002년 금리소득은 1914년 이전과 마찬가지로 프랑스인의 소득에서 다시 한번 중요한 부분(10% 이상)을 차지하게 되었다. 산업자본은 약세를 보이고 금융자본이 돌아온 것이다. 1945년에 국영화된 대규모 시중은행들이 하나하나 민영화되었다. 이로써 은행은 국가의 통제에서 벗어났는데 국가의 통제라는 것도 믿을 만한 것이 못되었다. 예를 들어 국영은행 크레디 리오네 사건을 보면, 재무부나 프랑스은행이나 담당 부서인 이재국이나 그 누구도 통제할 능력이나 의지를 보여주지 못했다. BNP나 쏘시에떼 제네랄 같은 대규모 시중은행들은 이제 국제시장에 돌입했다. 이들은 독립적으로 화폐를 발행하고 영토 밖에 위치한 '역외(域外)' 국제통화시장에 참여하며 투기적 펀드에 투자한다. 그들의 자금 이동의 많은 부분이 '회계 밖'에 자리잡았으며 국가의 공공통제에서 벗어났다. 미국을 제외하고 신용은 이제 완전히 국가의 권한에서 벗어났다.

2001년 유로의 도입은 금리생활자 모델의 승리를 확인했다. 유럽중앙은행은 그 누구로부터도 명령받지 않으며, 공공개입은 '안정화 협약'으로 제약받고 예산 적자는 통제받고 인플레이션과 채무는 줄여야 하는 엄격한 경제정책을 강요한다.[12] 국가가 다시 종속되고 경제의 통제를 받는다.[13] 다시 19세기 초로 되돌아가는 것이다.

19세기는 평화의 세기였다. 워털루의 대포와 마르느의 대포 소리 사이에서 국제교역의 화폐인 금의 지배 아래 자본주의가 꽃을 피웠다. 모든 화폐는 금이나 은으로 교환 가능했다(프랑의 경우 두가지 모두 가능했다). 1차 세계대전 이후 국가자금이 얼마나 막대하게 필요했는지 신용화폐가 금속화폐를 대체하게 되었다. 그러나 화폐 중에 진정 우수한 화폐가 존재하는 것은 아니어서 파운드, 프랑, 달러는 비슷한 수준이었다. 제2차 세계대전이 끝나갈 무렵, 1944년 미국과 영국의 협상으로 브레튼우즈 체제가 탄생했는데 프랑스와 러시아가 참여했다.[14] 케인즈는 영국은행의 이사로서 영국을 대표해 협상에 참여했다. 미국을 대표하는 사람은 재무부장관 화이트였다. 브레튼우즈에서는 고정환율제도가 수립되었는데, 화폐 간 환율은 국가들이 결정하고 이를 바꾸려면 엄격한 기준을 충족시켜야 했다. 그 가치는 금에 기초했다. 그중 한 화폐가 금의 보유고 덕분에 그리고 특히 미국의 거대한 경제와 군사력 덕분에 특출했는데 바로 달러였다. 금 1온스는 대략 34달러였다. 실제로 화폐들(프랑, 파운드, 리라, 마르크, 뻬제따 등)은 달러로 바꿀 수 있고, 달러는 그 자체를 금으로 바꿀 수 있었다. 사실상 미국은 세계의 은행이 되었다. 일부 화폐는 과거 프랑스 식민지 국가의 화폐들처럼 프랑으로 태환 가능했고, 이는 다시 달러로 태환 가능했으며, 달러는 금으로 태환 가능했다.

1969년까지는 이 제도가 별탈없이 운영되었다. 미국은 달러를 만들고 달러는 세계 성장을 가능하게 했다. 물론 달러 발행은 포트 녹스(Fort Knox)에 저장된 미국연방은행의 금 보유고가 보장할 수 있는 수준을 훨씬 넘어섰다. 주로 미국이 비용이 매우 많이 든 한국전과 베트남전에 자금을 제공했기 때문이다. 이 기간 동안 유럽과 일본의 경제가 발전하여 미국 경제와 경쟁하기 시작했다. 비행기와 자동차, 텔레비전, 약품 등이 미국 제품을 제치고 시장에서 성공을 거두었다. 따라서 미국은 불편한 상황을 맞이하게 되었다.

르노와 뿌조라는 자동차를 생산하는 두 기업을 상상해보자. 둘은 서로 경쟁관계다. 그런데 르노가 자동차 만드는 데 만족하지 못하고 뿌조에게 자금을 대주어야 한다고 하자. 그러기 위해서는 은행가들에게 이자를 내야 하고 또 강한 화폐를 보유해야 한다. 뿌조는 르노에게 신용을 요청하고 르노와 경쟁하면서 자금상환만 하면 된다. 반면 르노는 은행에 이자뿐 아니라 임금도 지불해야 하고 세계통화시장에서 위험부담도 져야 한다. 다시 말해 어떻게든 강한 화폐를 유지하고 높은 이자율을 유지하며, 자신과 경쟁하면서 통화정책 걱정이 없는 뿌조에 자금도 대주어야 한다! 르노는 어떻게 할 것인가? 은행인가, 산업인가? 1925년, 영국은 이런 선택 앞에 놓였다. 처칠은 고민했다. 케인즈는 평가절하를 충고했다. 하지만 영국은 금융을 선택하여 파운드의 금 태환성을 재도입함으로써 기축통화를 유지했다. 영국의 산업활동은 이로써 종말을 맞이했다. 반대로 오늘날까지 런던은 거대한 금융시장으로 기능하고 있다.[15]

달러, 화폐의 제왕

1969년, 정치 천재 닉슨(Nixon)은 올바른 선택을 했다. 그는 금융보다 산업을 선택했는데 어쨌든 미국의 강력한 군사산업 세력이 달러를 뒷받침할 것이라고 생각했다. 그는 달러의 변동환율을 허용하여 브레튼우즈

체제를 붕괴시켰다. 1971년, 달러의 금 태환성은 사라졌다. 이것이야말로 대단한 도박이다! 이 도박은 미국의 서명만으로, 그리고 미국이 자신의 규모와 세력으로 얻는 신용만으로도 화폐의 가치를 보장하는 데 충분할 것이라는 도박이었다. 도박은 성공했다. 미국은 이제 자신이 원하는 만큼 화폐를 발행할 수 있고 자국 산업에 충분한 자금을 제공할 수 있게 되었다. 이제는 다른 국가들이 자유로운 외환시장에서 매일, 나날이, 자기네 화폐의 달러 태환성을 요구한다. 유로가 강하다고? 이건 좋은 일이다! 미국의 수출이 폭발한다! 유로가 약하다고? 이 또한 좋은 일이다! 자본이 미국으로 몰려들고 투자와 생산성이 증가한다! 이것은 화폐의 주권적 기능이 회복되었다는 것을 의미한다. 달러가 우수한 화폐인 이유는 미국이 우월한 세력이기 때문이며 미국은 세계의 군주다. 미국은 엄청난 적자를 수용할 수 있는데 노벨상 수상자 밀턴 프리드먼은 달러로 만들어진 적자를 보고 웃었을 뿐이다. 여기에 비하면 유럽중앙은행장 무슈 트리셰(Trichet) 씨는, 마치 구멍가게 주인이 윈도우즈(Windows)를 켜놓고 그 옆에서 동전을 세고 있는 것처럼, 채무를 계산하고 있는 모습이 불쌍해 보인다. 밀턴 프리드먼은 훌륭하고 멋있으며 제왕 같은 선언을 했다. "내가 진 빚은 내 돈으로 되어 있다. 그 때문에 나는 빚진 것이 없다. 당신에게 진 빚이 하나도 없다."

예를 들어 당신이 가게에 가서 물건을 사고 '1000 홍길동 유로'(당신의 이름은 홍길동이다)라는 수표에 서명을 해서 지불한다고 치자. 그리고 가게 주인은 당신이 위대한 홍길동, 강한 홍길동, 겁나는 홍길동, 부자 홍길동, 미사일 많은 뽀빠이 홍길동이라는 사실을 알기에 흔쾌히 그 수표를 받는다. 가게 주인이 당신의 실질적 가치를 아는지 모르는지는 중요하지 않다. 당신은 위대한 홍길동이니까. 미국이 바로 그렇다. 코소보와 이라크는 미국이 얼마나 강한지를 보여줄 기회를 제공했다.

일본의 저축 전부와 유럽 저축의 상당부분은 미국에 투자하기를 꿈꾼다. 당신, 홍길동이 가게에 가서 홍길동 유로로 컴퓨터를 샀는데 가게 주인이 덧붙여서 자기 저축도 좀 가져가달라고 한다는 말이다! 끝내주는 일 아닌가?

1976년, 자메이카에서는 금을 국제기축통화로 완전히 묻어버리는 조약들이 서명되었다. 지스까르 데스땡은 매우 기뻐하며 서명했다. 그는 금의 시대에는 그래도 무엇인가, 특정 국가가 다른 국가를 지배하는 것을 방지하고 다른 경제를 지배적 세력에 복종시키는 것을 막는 상위의 화폐가 존재한다는 사실을 이해하지 못한 듯하다. 단일화폐가 사라진 것은 물론 달러라는 지배적 화폐 아래 수천의 민간화폐가 폭발했다. 이제 국가들은 진정한 신용 통제권을 잃게 된 것이다. 유럽, 일본, 아시아, 아메리카의 은행들은 자신의 화폐를 창출하기 시작했고 이를 국제통화시장에서 매일 교환하게 되었다. 이것은 서부시대다! 1860년대 제각각의 1만 달러짜리 돈이 유통되던 시대와 같다. 국가가 개입할 여지 없이, BNP가 만든 화폐(이 은행이 제공한 신용)가 독일은행의 화폐(이 은행이 제공한 신용)와 그리고 쏘시에떼 제네랄, 씨티뱅크, 보스턴의 크레디트 스위스, 싸우디아라비아은행 등이 만든 화폐와 경쟁하는 상황이다. 국제금융이 완전히 민영화되었다. 민영화되었을 뿐 아니라 국가의 영토와 정치권력의 통제권에서 완전히 벗어나 '역외'화되었다.

민간의 화폐발행은 완선히 왜곡된 것인가? 물론 완전히 그런 것은 아니다. 은행들도 일종의 규율을 적용한다. 예를 들어 브레튼우즈에서 국제통화기금과 세계은행과 함께 창립된 국제결제은행(BIS)은 전세계의 민간은행에 SEC 위원회 위원장 이름을 딴 '맥도너(McDonough) 비율'을 적용하는데 이는 다른 은행가의 이름을 딴 쿠크(Cooke) 비율의 뒤를 이었다. 비율의 내용은 "은행가들이여, 여러분의 신용 중 8%는 유동성이어야 합니다. 또는 거의 유동성의 형태여야 합니다. 즉 신속하게 달러나 유로나 엔 같은 화폐로 전환할 수 있는 채권들 말입니다. 다 조심성의 원칙이라고 할 수 있지요"라는 것이다. 하지만 우리가 쉽게 이해할 수 있듯이 맥도너 비율의 적용이 달러와 엔과 유로의 발행을 정말로 제한하지는 못한다. 왜냐하면 현실은 자동차의 속도계에 나타나는 숫자를 계속 높이면서 자동차가 속도를 제한하리라고 믿는 것과 같기 때문이다!

금융시장, 주식과 채권의 증권시장, 그리고 특히 파생상품시장(환율변동이나 이자율의 변동에 대한 보험상품)의 폭발로 진정한 반대급부 없이 유통되는 화폐의 양은 대폭 증가했다. 예를 들어 나는 프랑스의 무기 장수다. 나는 유로와 달러의 환율변동 관련 보험을 들고 싶다. 왜냐하면 내 계약은 달러로 되었는데 내 아랍 구매자가 10년 뒤—그때까지 그가 살아 있다면—돈을 다 지불했을 때 달러의 가치를 알 수 없기 때문이다. 나는 보험을 드는데 그 의미는 파생상품시장에서 계약을 맺는다는 것이다. 나에게 보장상품을 판 사람은 다시 파생상품시장에서 보험을 드는데 그것은 파생에서 파생된 상품이다. 이 모든 과정에서 이자와 중개료로 많은 비용이 든다. 그렇다면 적어도 확실한 계약인가? 그렇지도 않다. 보험자가 다른 보험자에게 보험을 들었다. 그런데 후자는 누가 보장해주는가? 그는 세번째 보험자에게 보험을 들고 세번째는 다시 첫번째로 갈 것이다. 마치 뱀이 자기 꼬리를 무는 것처럼.

규칙의 부재는 누구에게 이로운가? 힘을 가진 사람에게. 화폐의 해방은 힘과 자유를 동시에 가질 수 있던 유일한 화폐, 즉 달러에게 득이 되었다. 그런데 화폐의 해방은 거대한 화폐의 거품을 생성한 것처럼 보이며 이는 증권의 거품 다음으로 터질 가능성이 높다. 무엇이 투기의 동기인가? 흥분이다. 이 모든 것은 흥분을 자아내지 않는가.

"규칙의 부재는 누구에게 이로운가? 힘을 가진 사람에게. 화폐의 해방은 힘과 자유를 동시에 가질 수 있던 유일한 화폐, 즉 달러에게 득이 되었다."

| 원문 읽기 |

■ 미셸 아글리에따, 앙드레 오를레앙

토지는 화폐와 마찬가지로 상품이 아니다

우리는 한 사회가 상업적 관계라는 인공적이고 왜곡된 틀 속에 전통적 관계를 끼워맞추기 위해 동원하는 집중적인 노력을 관찰함으로써 역으로 그 현상을 잘 파악할 수 있다. 그것은 '교환되는 것'을 전통적으로 둘러싸고 있는 밀접하고 꽉 짜여진 사회적 관계로부터 도출하여 하나의 무기력하고 과거도 없고 자유롭게 주고받을 수 있는 소유권으로 전환시키는 것이다. 이것은 애초부터 폭력적인 성격의 과정이라고 할 수 있는데 지금까지 교환에 뿌리내린 권리와 관습을 제거하는 것을 목표로 하기 때문이다. '교환되는 것'을 비인격화해야 하고 비사회적인 것으로 만들어야 하며 그것이 중심이던 여러 관계를 제거해야 한다.

이 과정에서 고통과 범죄는 필연이다. 예를 들어 영국에서 토지를 단순한 상품으로 전환하는 '인클로저 운동' 과정에서 필요로 했던 사회적 폭력을 생각해볼 수 있다. 맑스는 '농촌 인구에 대한 토지권 박탈'에 관해 『자본론』 제27장에서 묘사했고, 폴라니는 『거대한 변환』에서 이를 잘 보여주었다. 그들은 토지가 지금은 비록 농업을 위한 생산요소가 되어버렸지만 그 성격상 무기력한 대상으로서의 상품이 아니라는 점을 강조했다. 반대로 전통사회에서 토지는 사회적 씨스템의 중심에 자리잡고 있다. "토지에 관한 권리는 사회조직에 깊이 뿌리내리고 있다. 토지에 관한 상부 권리는 인간에 대한 권리를 동반한다." 폴라니가 지적했듯이 "토지는 봉건질서의 핵심적 요소로서 군사, 사법, 행정 및 정치 제도의 기초였다. 토지의 위상과 기능은 사법적이고 관습적인 규칙에 의해 규정되었다. 토지의 소유권이 이전 가능한 것인지, 가능하다면 누구에게 어떤 제약 안에서 가능한지는 소유권리에 명시되었다. 이 모든 문제는 구매와 판매의 조직에서 벗어난 것이었고 전혀 다른 제도적 규칙에 종속되어 있었다." 봉건사회에서 토지는 다양한 개인적 종속관계의 특별한 기초였고, 중세 말기에 나타나는 이런 것들의 파괴가 상업적 관계의 발전과 확산에 필수적인 조건으로 등장했다. 토지를 상품으로 만들기 위해 조상으로부터 물려받은 이러한 관계를 제거한다는 것은 대다수의 농민들에게는 다만 자신의 전통적 권리의 단순한 박탈 외에 의미하는 바가 없었다.

— 『폭력과 신용 사이의 화폐』

■ 에밀 졸라

토지와 돈 : 빠리에 금비가 내린다.

"와, 저것 좀 봐." 싸까르가 아이처럼 웃으며 말했다. "빠리에 20프랑짜리 금화비가 내리고 있네!"

앙젤 역시 금화들이 줍기 어렵다고 하며 웃기 시작했다. 그런데 그녀의 남편은 일어나서 창가에 팔꿈치를 기대고 섰다.

"저기 빛나는 것이 방돔 기둥이 맞지? 이쪽 조금 더 오른쪽에는 마들렌느 성당이고. 이 훌륭한 동네에서는 할일이 많아. 아, 이번에는 전부 타오를 거야, 알겠어? 마치 동네가 어떤 화학자의 증류기 속에서 끓는 것 같아."

그의 목소리는 굵고 감동적으로 변했다. 그는 자신이 찾아낸 비유에 무척 놀라워했다. 그는 부르고뉴 포도주를 마시며 자신을 잊고는, 옆에 와서 역시 기대고 섰는 앙젤에게 팔을 펼쳐 빠리를 보여주며 계속해서 말했다.

"맞아, 맞아, 내가 이야기했듯이 많은 동네가 녹아버리고, 그릇을 데워 흔드는 사람들의 손가락에는 금이 잔뜩 남을 거야. 이 거대하고 순수한 빠리! 그 얼마나 드넓은지, 얼마나 부드럽게 잠드는지 보라구! 이 대도시는 바보 같아! 어느날 아침 곡괭이 든 사람들이 자신을 공격할 것이라고는 생각도 하지 않지. 앙주 가의 건물들도 만일 3~4년 뒤에 부서져버릴 것을 알게 된다면 석양빛에 그렇게 반짝반짝 빛나지는 못할 거야."

─『쟁탈전』

■ 장 보드리야르

"시간은 돈이다"(Time is money)

　'우리 시대'를 분석하는 데 시간과 돈의 비유는 근본적이다. 게다가 노동시간과 자유시간의 중대하고 의미있는 구분은 소비사회에 있어 근본적인 선택의 기초를 이룬다는 점에서 결정적인 구분이라고 하겠다.
　"시간은 돈이다." 레밍턴 타자기에 화석화되어 있는 이 문구는 '시간-예산'이라는 점차 중요해지는 관념 속에서 일상의 종속된 시간을 의미하며, 공장의 입구에도 쓰여 있다. 여기서 우리에게 흥미로운 점은 이 관념이 여가와 자유시간마저도 통제한다는 것이다. "시간은 돈이다"는 빈 시간을 규정하고 해변의 해시계에도 바캉스 클럽 입구에도 자리잡고 있다.
　시간은 교환가치의 법칙에 종속된 소중하고 희소한 재화다. 사고파는 노동시간에 있어 이는 명확하다. 하지만 자유시간도 '소비'되기 위해서는 직접 또는 간접적으로 구매되어야 한다. 노만 메일러(Norman Mailer)는 냉동되거나 액체 상태로 배달되는 오렌지 주스의 생산비용계산을 분석했다. 냉동 주스가 더 비싼데 그 이유는 냉동하는 데 필요한 2분의 절약된 시간이 가격에 포함되기 때문이다. 자신의 자유시간이 이처럼 소비자에게 팔리는 것이다. 이것은 무척 논리적이다.

왜냐하면 '자유'시간은 '번' 시간이고 추가로 벌 수 있는 자본이며 잠재적 생산력이기에 그것을 갖기 위해서는 다시 살 수밖에 없기 때문이다.

―『소비의 사회』

■ 알랭 꼬따

채권자의 질서와 채무자의 질서

케인즈의 처방 중에서 과거에 가장 효율적이지만 가장 회피했던 방안이 인플레이션이었다. 제2차 세계대전 동안 그리고 그 이후에 인플레이션은 소득분배의 상황을 완전히 바꾸어버렸다. 유럽 국가의 금리생활자들은 안락사되었다! 그리고 이들의 시체 위에는 이윤과 임금이라는 두가지 형태의 소득이 승승장구했다. 금리는 오랫동안 죽은 듯했다. 1980년대 초반까지 인플레이션은 나라마다 다른 비율을 나타냈지만 어디서나 높은 수준에서 기승을 부렸다. 프랑스에서는 10%에 달했는데 아무도 조절하지 못할 듯이 보였다. 실질 이자율은 마이너스였으며 이로써 당시 모든 종류의 노동자들은 혜택을 보았다.

디플레이션이 시작된 지는 이제 20여년이 되었는데 마스트리히트(Maastricht) 조약과 유로화 창설과 완전히 조화를 이룬다. 이전에 독일연방은행에서 그랬던 것처럼 유럽중앙은행의 규정에도 통화안정―제로 인플레이션 또는 2% 미만의 물가상승―이 하나의 교리가 되었다. 유로의 강세나 약세에 대해 논의를 벌이기 이전부터 막 출범한 유럽화폐당국은 안정적인 화폐가 강한 성장을 보장해준다는 말을 인용하며 낮은 물가 상승률을 정당화했다. 그런데 유럽중앙은행이 긴축적인 통화정책을 정당화하기 위해 사용하는 이 관계는 실제로 역사적 진실과는 정반대다. 성장률과 인플레이션율이 정비례하는 관계는 단기간이건(19세기와 20세기 상반기 정기적인 경기변동에 따른 주기적 확장 기간) 장기간이건(영광의 30년 및 꼰드라찌예프 주기라고 불리는 유명한 반세기 주기의 상승기) 간에 자본주의 국가의 역사에서 언제나 확인할 수 있다. 하지만 경제학자 지망생에게조차 가르치지 않는 경제사가 무엇이 중요하랴! 정책 담당자는 무엇이든 떠들어댈 수 있다. 아니 정확하게 말하자면 자신에게 유리한 무엇이든 말할 수 있다. 왜냐하면 아무도 또는 대부분이 그들의 경제적 주장의 의미를 이해할 수 없으며 그 논리적 기반을 확인하는 것은 더욱 어렵기 때문이다. (…)

행복한 베이비 붐 세대

가장 저축할 능력이 있는 사람은 요즘 노인들이다. 이들은 인생에서 삶의 우연으로 두번이나 승자가 될 수 있었기 때문이다. 첫번째는 그들이 영광의 30년 동안 저렴한 비용으로 부동산을 샀고 당시 이자율은 마이너스였으며(인플레이션 때문에) 소득은 연 6% 정도로 성장했고 따라서 이들은 자기 주택의 소유주이며 결국 집세(노동인구 소득의 10~15%)를 부담하지 않아도 된다. 두번째는 그들이 퇴직했을 때 인플레이션의 종결이 기대하지도 않던 수준으로 이자율을 높여버렸기 때문이다. 그들은 금융자산을 보유한 부동산 주인이 되어 연금 혜택자의 장점과 적절한 때 부동산 자산을 취득한 장점을 동시에 누리게 되었던 것이다. 게다가 금융시장 폭락 직전에 죽은 사람들은 그야말로 멋지게 살았다고 할 것이다!

금융 운이 최고로 좋은 사람은 1923년에 태어나 1943년부터 1983년까지 일하고 60세에 은퇴하여 2001년 '신경제' 폭락 직전 78세에 사망한 사람이다. 물론 그가 35세에 주택을 구입하고 50세에 빚을 모두 갚고 조심스런 투자이긴 하지만 정기예금보다는 좀더 복잡한 투자를 했다고 가정했을 때 최고의 운이 될 것이다. 그의 아이가 하나뿐이라면 상속자로서 축하받을 만하다. 게다가 그는 비슷한 운명의 상속자 '부인'을 만난다면 금상첨화다. 오늘날 이 행복한 사람은 70세인데 만일 프랑스 사람이기까지 하다면 세계에서 가장 높은 저축률을 자랑할 것이다

(물론 모든 상속을 다 받은 싸우디아라비아의 상속자의 경우를 제외한다면 말이다). 우리의 전체 저축률이 17%——이 수치는 독일보다 7%, 영국보다 11%, 그리고 미국보다 14% 높은 수치다——에 달하기 위해서는 우리 노인의 저축 노력은 그 두배 즉 40%에 가까워야 한다. 오늘날 우리 노인들은 지난 19세기 말 부르주아보다 훨씬 많이 저축할 것이다. 게다가 오늘의 노인들은 나이가 훨씬 많은데, 과거 부르주아는 이들을 부러워했겠지만 대부분 이 나이에 도달하지는 못했다. 그런데 이정도의 나이가 되면 위험도 싫어하고 사치도 그다지 좋아하지 않는 경향이 있다. 그들의 저축 중에서 위험한 투자는 아주 적은 부분에 불과하다(물론 이런 유혹을 완전히 소멸시킬 수는 없다). 이런 투자는 대개 채권이나 생명보험 같이 확실한 용도의 형태를 띠고 있다. 이 보험은 결국 죽음에 대한 금융적 접근이며 죽음의 세속적 대리인인 세무당국을 잊어서도 안될 것이다. 물론 반드시 인식할 필요는 없지만 노인들은 이런 방식으로 정권교체와 상관없이 지속되는 예산적자를 메워주고 있다.

—『영광의 정체』

■ 삐에르 뛰이에

이윤숭배, 돈숭배

우리는 물론 이 첫걸음을 순수히 '종교적'인 것이라고 보는 데에 망설일 수 있다. 돈의 승리를 보장하면서 서양은 자신이 종교적 계획을 실현한다고는 의식하지 못했다. 하지만 이윤숭배가 기독교 신앙을 대신하게 되었다. 그것은 신의 죽음을 예시했고 결국 끼네(Quinet)가 생각하던 의미의 종교사의 한 부분이었다. 끼네는, 예언자에게는 "신의 죽음이 민족의 죽음을 예시하는 것이었다"고 썼다.

따라서 상인의 문화가 종교처럼 기능했다는 일반적인 관찰에 멈추어서는 안된다. 이 과정에서 서양이 인간 삶의 전체적이고 완전히 새로운 구상을 만들어냈다는 사실을 이해하는 것이 핵심이다(우리는 감히 새로운 정신성이라고 말하지는 못한다). 마르쎌 모스(Marcel Mauss) 식으로 말하면 경제숭배로의 개종은 전체적인 사회현상이었다. 생산과 교역의 조직에 관한 것만이 아니라, 적어도 장기적으로 본다면, 예술과 도덕, 정치와 형이상학을 포함하는 문화 전체에 관한 것이었다. 아마 서양의 비극은 새로운 지배계급이 편협한 공리주의 때문에 자신이 사회생활의 모든 부분에 행사할 영향력에 대해 인식조차 하지 못했다는 데서 비롯된다고 할 수 있다. 하지만 현실에서는 이런 방식으로 진행되었다. 점진적으로 인간의 모든 활동과 모든 사고를 경제적인 고려와 계산에 종속시킴으로써 새로운 지배자들은, 일반적으로는 자신도 모르는 사이에, 과거에 '종교적' 또는 '철학적'이라고 불렸던 영토를 식민지화하게 되었다. 이런 의미에서 그들은 자신도 모르는 교육자였으며, 당연히 무척이나 무능한 교육자였다. 예를 들어 20세기 말 그들이 삶과 사랑과 죽음에 대해 구상하던 방식이나 그들이 '사회적 성공'이라고 부르던 것에 대해 생각해보라. 거대한 내파 이전의 근대 서양은 뒤뺑(Dupin) 교수가 정신적 삶이 제로 수준이라 말한 것에 도달한 것이 거의 확실하다.

—『거대한 내파』

■ 빠트릭 비브레

돈의 숭배

돈을 갖지 못했거나 아주 조금 갖고 있는 다른 많은 사람들에게(예를 들어 30억 인구는 은행씨스템에 접근조차 하지 못한다!) 화폐는 교역의 장애물로 느껴진다. 여기서 무척이나 역설적인 반전이 일어나는데, 교역을 하고 활동을 전개할 능력과 의지를 가지고 있는 인간들이 화폐적 수단이 없기 때문에 이를 실천할 수 없는 상황이다. 자끄 뒤부앵(Jacques Duboin)이 많이 고민한 이 문제를 맑스가 이론화했다. 그것은 인간 사이의 교환의 가치를 화폐 자체로 이전하는 '물질숭배'의 과정에서 발생한다. 물질숭배가 강할 수밖에 없는 이유는 화폐의 물질이 귀금속이어서, 아담 스미스가 비판한 중상주의가 주장했던 대로 화폐 자체가 부라고 믿었기 때문이다. 여기서 화폐의 이중성이 드러난다. 즉 화폐는 교환의 수단이기보다는 지배의 수단이 된다. 화폐는 지배적 위치의 행위자가 인공적으로 희소성을 창조하여 피지배자로 하여금 자신의 교역과 활동의 잠재력 중 작은 부분만을 사용하도록 제약한다.

고전적 화폐에서 교환을 경쟁과 수탈로 이끄는 것은 이자다. 그 때문에 혁명 이전의 기독교를 포함한 대부분의 거대 종교들은 제공된 써비스를 초과하는 과다한 이자율로 돈을 빌려주는 행위를 죽음의 죄 중에서 가장 심각한 것으로 여겼다. 왜냐하면 '돈이 스스로 일할 수 있다'는 가능성은 시간의 유일한 지배자인 신과 (신학적 논지) 인간들에게(인간의 가치를 파괴하는 화폐-돈의 물질숭배) 모두 부정적이었기 때문이다.

화폐가 지배 그리고 더 나아가 폭력을 내포한다는 사실은 공식적 화폐가 교환의 성격과 목적에 대해 무관하다는 점에서 확인할 수 있다. 이것은 '더러운 돈'이라 불리는 화폐가 세금없는 천국을 중심으로 활발하게 유통되고 있는 문제와 밀접하게 연관되어 있다.

특정 목적을 위해 만들어진 화폐는 바로 이 두가지 요소에 개입한다. 우선 이자가 없는 화폐이기 때문에 투기 수단이 되지 않는다. 또 개인이나 집단을 위해서 긍정적인 기능을 수행한다고 미리 규정한 활동이나 관계에 사용되도록 한정되어 있다.

이 두가지 특성이 화폐로 하여금 평화적 기능을 행사하도록 한다는 근본적인 목표에 봉사하고 있다는 사실을 기억하는 것은 무척 중요하다. 이런 의미에서 공식적 화폐를 대체하는 화폐가 아니라 보완적 화폐로서 교환이라는 화폐의 원래 기능을 되살리는 한편, 공식 화폐가 사회적 폭력(마피아나 테러리즘적인 활동을 포함하는)의 수단보다는 '부드러운 교역'(오늘날은 '공정한 무역'이라고 할 것이다)의 수단이 되도록 압력을 행사한다.

—『경제주의로부터의 탈출』

■ 장 마리 아리베

죽음을 속이는 화폐

나는 왜 소유의 폭식증에 걸렸는가? 인류는 왜 자본 축적의 꺼지지 않는 갈증에 시달리며, 특히 가장 많이 축적한 사람들에게서 심각한가? 권력의 의지인가? 그렇다면 이유는 무엇인가? 프로이트의 가설에 의하면 죽음에 대한 공포다. 싫증나도록 물질적 재화와 그에 연관된 상징들을 소유한다는 사실은 영원의 대용물로서 안정을 가져온다. 하지만 이 눈가림이 갈증난 사람들을 오랫동안 속이지는 못한다. 따라서 이것이 기능하기 위해서는 다수의 민중과 거리를 두고 소수 계층만이 자본을 소유해야 한다. 나는 소유하고 너는 없으면 나는 너보다 더 존재한다(적어도 나는 더 존재한다고 믿는다). 자본의 갈증은 인간이 자신의 조건에서 탈출하고자 하는 절망적 시도 또는 거기서 도피하고자 하는 시도를 표현한다. 돈으로 해결하는 부의 열정을 통해 죽음의 그림자를 멀리하고 없애버린다. 그들은 모두 같은 운명에 처했기 때문에 공포에 사로잡힌 자들은 서로 다른 사람의 것을 빼앗으며 안정감을 회복한다.

화폐는 사회적 대립의 반영이며 동시에 인간 사회에 존재하는 폭력을 지탱할 수 있을 만큼 궤도 위에 올려놓는 완화의 수단이다. 누구나 경험하는 죽음의 공포를 종교적 광신주의나 권력 정복보다는 덜 폭력적인 방식으로 발전할 수 있는 부의 갈증으로 안내하는 것이다. 화폐는 제사의 대체물이며 식인 관습의 흔적으로 인간의 인간에 대한 수탈이라는 의미다.

—『자본의 치매』

■ 미셸 아글리에따, 앙드레 오를레앙

아르헨띠나 경제의 달러화가 낳은 위기

강한 연계 또는 완전한 달러화는 무척이나 해로운 통화체제다. 통화의 주권이 폐기된다는 것은 최후의 채권자가 사라진다는 의미다. 이것은 내부 금융시장에서 은행 파산과 투기의 가능성을 엄청나게 확대시킨다. 1998년 8월 러시아에서 그랬듯이 은행의 유동성이 바닥나거나, 이러한 사태를 막기 위해 은행이 내부신용을 목졸라 결국 성장을 숨막히게 해버린다. 이 경우 취약성은 공공재정 분야로 옮겨간다. 그것이 은행이건 재정이건 취약성의 근원은 하나다. 즉 국내 행위자들이 달러로 빚을 지고 있다는 사실이다. 과도한 부채는 채택된 환율제도와 상관없이 왜곡된 금융 자유화에서 비롯된다.

2001년 말 아르헨띠나 환율체제의 최종적 위기는 통화위원회제도(Currency Board System)를 완전히 불신하게끔 했다. 이론적으로 제3장에서 규정한 위기의 두 유형을 아르헨띠나는 놀랍게 재현했다. 10년 사이에 아르헨띠나는 통화체계가 두번이나 완전히 붕괴되었다. 1991년에는 국가 화폐의 완전한 거부를 초래한 하이퍼인플레이션(hyperinflation)이 있었다. 2001년에는 화폐의 극심한 부족 현상과 국내시장 거래를 마비시킨 디플레이션(deflation)이 있었다. 하이퍼인플레이션을 종결시키고 신용을 회복하려는 화폐개혁이 너무나 경직되었기 때문에 결국은 금융의 취약성을 초래했다. 아르헨띠나 경제가 발전하고 성장하는 몇년 동안 잠재적이고 눈에 띄지 않던 취약성은 1995년 멕시코에서부터 반복된 외부 금융 위기의 영향으로 악화되었던 것이다.

2001년 페소의 최종적 위기로 연결된 과정은 무척 단순하다. 하지만 2001년 12월 사회적 폭발 속에서 경제 전체가 파괴되는 위기의 지속은 아르헨티나 정치지도자들의 고집이 그 원인이다. 통화위원회제도에서 탈피하여 훨씬 일찍 유연성을 도입할 수 있었다. 이 비극에서 강조되는 것은 신용의 함정이다. 하이퍼인플레이션이 파괴한 신용을 회복하기 위해 아르헨띠나 정부는 페소와 달러 간에 불변할 것이라고 주장하는 환율을 결정했다. 중앙은행은 자본 보유자들을 만족시키기 위해 임의적 통화정책을 주도할 수 있는 모든 수단을 사용해버렸다. 통화위원회제도 하에서는, 중앙은행이 오로지 외환보유고 범위내에서만 화폐를 발행할 수 있다. 따라서 외환보유고가 줄어들면 자동적으로 화폐량이 줄어든다. 모든 화폐량의 축소는 중앙은행이 어려움에 처해 있는 은행들을 도울 수 있는 능력을 축소시킨다. 그리고 은행들은 도산을 피하기 위해 자신의 자산을 유지해야 하고 따라서 국가 경제에 빌려주는 것을 자제하게 된다. 이처럼 신용을 목졸라버리자 경제는 침체로 빠져들었다.

—『폭력과 신용 사이의 화폐』

8장

증권시장과 금융시장

당신들은 왜 모든 주식이 끊임없이 오르는지 아나요? 기업 이익, 배당금, 주식의 가격 사이에는 어떤 관련성이 있어야 하지 않나요?

그루초 막스 『그루초와 나』

증권시장만큼 자본주의를 상징하는 장소는 아마 없을 것이다. 1968년 5월, 시위대는 증권 또는 '금융 자산' 즉 주식과 채권을 중개인들이 사고 파는 '바구니'가 있는 브롱니아르(Brongniart) 궁에 불을 질렀다. 졸라의 작품 『돈』(L'Argent)에는 금융업자 싸까르가 꽁빠니 위니베르쎌에 투기 했다가 빠리 증권시장에서 '상승세력'과 '하락세력'의 무서운 싸움 끝에 거대한 폭락을 맞게 되는 부분이 있다. 상승에 걸고 투기를 하면 '황소스러운 것'(bullish)이고, 하락에 걸고 투기하면 '곰스러운 것'(bearish)이다. 물론 증권시장의 성격은 황소 같다고 할 수 있다. 하지만 곰 같은 현실이 지속될 수도 있다. 1929년의 대공황은 한 세대가 그 댓가를 치렀다.

발라에 의하면 증권시장은 자유롭고 경쟁적인 시장의 본보기다. 감시인의 눈 아래 진행되는 수요자와 공급자의 경매가 가격을 결정한다. 케인즈 역시, 증권시장의 성격이 특수한 것이기는 하지만, 신용과 재계 인사들의 미래에 대한 판단이 형성되는 자본주의의 핵심적 장소로 본다.

증권시장은 중고시장이자 투기시장이다

특정 장소에 경매시장만큼이나 증권시장이 많다고 할 수 있는데, 일반적으로 '증시' 또는 주식시장이라고 하면 그것은 금융시장을 의미한다. 여기서는 주식시장, 채권시장 그리고 '파생상품'(주식과 채권의 기본 시장에서 파생되었다는 뜻)이라 불리는 상품의 시장을 의미한다. 주식은 소유권 증서이며 기업자본의 일부분이다. 채권이란 민간 또는 공공기업 그리고 공공단체의 채무를 인정하는 증서다. 즉 신용이나 융자의 증서들이다.

역사적 경향은 증시의 집중현상이다. 19세기 프랑스에는 기업을 평가하는 증시가 빠리, 리옹, 보르도, 뚤루즈 등 여러 곳에 있었다. 지금은 빠리에 주식회사의 형태로 법적으로 자리잡은 증시가 하나 있다. 오늘날 빠리 증시는 유로넥스트(Euronext)를 통해 암스테르담과 브뤼셀 증시와 연합하여 런던 증시(조금 더 크다), 프랑크푸르트 증시(조금 더 작다), 밀라노 증시와 경쟁한다. 장기적으로는 유럽에 하나의 증시만 남을 것이다. 인터넷과 통신수단의 발전으로 인해 이제는 세계의 모든 증시를 대상으로하여 '실시간'(즉시)으로 직접 '투기'를 즐길 수 있다.

증시는 여러 시장을 포괄한다.

1) 제1의 시장은 일정 규모의 증시 자산(자본가치로서 기업의 증서 수를 증서의 가치로 곱한 결과)을 가진 프랑스와 외국 대기업을 포함한다.[1] 제1의 시장에서 CAC40이라는 지수가 결정되는데, 시장의 경향과 추세를 나타내는 40개의 가장 커다란 기업의 가치를 표시하는 증시지수다. 여기서 공채(채권) 공급이나 주식 공모(새로운 기업의 상장이나 자본 증식), 주식 공개 매수(한 기업이 다른 기업의 주식을 사겠다는 공개 인수 제의), 주식 공개 교환('인수-합병'이라 불리는 작업을 위해 한 기업이 합병을 원하는 기업과 주식의 교환을 공개적으로 제의) 등이 이루어진다. 그러나 특히 제1의 시장에서는 상장된 회사의 주식과 기존의 채권 들을 매일 사고판다. 달리 말해서 증시란 대부분 중고시장을 의미한다.

2) 제2의 시장은 1983년에 창립됐는데 더 작은 규모의 기업들이 상장가능하다(1200만 유로이며 자본의 10%만이 내중에게 공개되었나).

3) 신시장은 미국의 나스닥을 모델로 창설되었는데 혁신적 기업이 상장한다(인터넷 거품을 만든 기업들).

4) 마지막은 파생상품시장으로 행위자가 환율의 변동, 이자율의 변동

또는 주식 자체 가치의 변동 등에 대해 위험'보험'을 들어 변동의 위험을 보험자에게 이전시킨다. 파생상품시장은 증시 자체와는 달리 기간제 시장이다. 여기서는 소유하지 않는 상품을 팔 수도 있고 지불할 수 있는 현금 없이도 상품을 살 수 있다. 파생상품시장은 순수한 투기의 시장이다. 예를 들어 나는 르노 주식을 미래의 구매자에게 파는 계약을 맺는다. 나는 오늘 돈 없이 융자로 주식을 사고 일주일 뒤 그 주식을 되팔아 이윤은 챙기고 융자는 갚는다. 얼마나 간단한 일인가. 내가 만일 하락세에 투기를 한다면 오늘 가지고 있지도 않은 주식을 팔고 일주일 뒤 더 낮은 가격에 다시 사들인다.

증시는 초대규모의 기업들이 참여하는 자본주의의 매우 특수한 부문이다. 빠리 시장에 상장된 비금융회사[2]는 250개다. 250개 기업 중 85%는 1만명 이상의 직원을 고용하고 있다. 그런데 프랑스 민간기업의 99%는 500명 미만의 직원을 두었으며, 민간고용의 90%를 차지하고, 이에 상응하는 민간자본의 비중을 차지한다. 빠리 지하철공사나 프랑스 철도공사, 프랑스 전기, 프랑스 가스 등 대규모 공기업들은 상장되지 않았다. 따라서 증시의 자본은 국가 전체 자본의 아주 작은 부분에 불과하다.

자금 공급은 증권시장의 역할이 아니다

그렇다, 적어도 프랑스 증시는 경제와 성장, 축적에 자금을 제공하는 역할을 수행하지 않는다. 주요 자금은 자체 조달(기업이 이윤을 다시 투자하는 방식)이나 기업의 채무를 통해 공급된다. 그렇다면 프랑스는 증시를 통해 소비자의 저축을 직접 흡수하지 않고 성장에 필요한 자금을 공급하려고 아직도 은행제도에 의존하는 '후진'적 국가인가? 아마도 유럽은 프랑스처럼은 하지 않겠지? 아니, 유럽도 마찬가지다. "유럽 시장 전체를 놓고 볼 때, 주식발행 수지 즉 발행된 주식의 액수에서 주주들에게 분배된 배당금과 주식의 액수를 뺀 수지는 오래전부터 마이너스다. 배당금은 주식발행 액수와 비슷한 수준인데 이는 달리 표현해서 기업이 주주에게 배당금을 주기 위해 주식을 발행한다는 뜻이다."[3] 그리고 이러한 상황은 변하지 않았다.

그렇다면 확장적 자본주의의 조국인 미국은 어떠한가? 미국도 아니다. 유명한 경제학자 패트릭 아터스(Patrick Artus)는 1985년 이후 주식발행 수지의 변화를 연구했다. 1991~4년이라는 짧은 시기에 주식발행 수지가 매년 500억 달러 정도의 흑자를 기록한 것을 제외하면(이것은 무의미할 정도로 작은 수치다) 나머지 기간에는 오히려 증시가 자본을 파괴하는 역할을 했다. 증시가 자본을 발행하는 것이 아니라 빼돌린 셈이다. 예를 들어 2001년 주식발행은 주식파괴로 타격을 입었고 증시 자본의 발행 수지는 종합적으로 마이너스 3300억 달러였다.[4] 증시는 자본을 파괴한다는 것이 확인되었다.

그 이유는 무엇인가? 기업이 자사 주식을 자주 매입함으로써 자산을 파괴하기 때문인데, 이런 방법으로 자산대비 이윤의 비율을 기계적으로 높이곤 한다. 이런 것을 물타기와 반대되는 뜻에서 '소금타기' 효과라고 부른다. 1998년 7월 1일부터 프랑스 기업에게도 자사 주식을 사들일 수 있도록 허용되었다. 기업은 자산의 10%까지 파괴할 수 있게 된 것이다. 이런 구매의 일부분은 기업의 간부들을 위한 주식의 옵션 즉 스톡옵션으로 간다. 나머지 부분은 자동적으로 자산대비 이윤율을 높이는 데 사용된다.

자기자본이익률을 높이고 회계자료를 요청하는 이사들과 연금기금을 유혹하려고 분석가와 신용평가회사 그리고 기업들은 빚을 진다. 그들의 자산은 같은 수준인데 다만 활동량이 많아지기에 자기자본이익률은 다시 한번 자동적으로 불어난다. '지렛대'효과다. 그 결과는 일시적으로는 좋지만 인플레이션이 부채의 자산가치를 줄여주지 못하는 요즘 같은 세상에서 기업의 미래는 어두워질 뿐이다. 특히 요즘은 화폐가치를 높이 유지하기 위해 이자율도 높고 이에 따라 결국 부채 상환금의 수준도 매우 높기 때문이다.[5]

> **자기자본이익률** 기업에 투자된 자본으로 얼마의 수익을 경영자가 창출하는지를 보여준다. 수치가 높을수록 자본을 효율적으로 사용하여 많은 이익을 산출하는 기업을 뜻하며 따라서 투자지표로 활용된다.
> **지렛대 효과** 타인으로부터 빌린 차입금을 지렛대 삼아 자기자본이익률을 높이는 것으로 예를 들어 100억 원의 자기자본으로 10억 원의 순익을 올리면 자기자본이익률은 10%가 되지만, 자기자본 50억 원에 타인자본 50억 원을 차입하여 10억 원의 순익을 올리게 되면 자기자본이익률은 20%가 된다.

이처럼 증시는 성장에 기여하지 못한다. 우리가 자꾸 반복해서 이야기한다고? 맞다, 그래도 끊임없이 반복해야 한다. 증시는 저축을 집어삼킨다. 그래서 구매력은 소비에서 달아나 투자로 간다. 이것이야말로 제로섬 게임이 아닌가? 내가 르노 주식을 사기 위해서 르노 자동차를 사지 않는다면 이것이 모순 아닌가? 거대한 모순이라고 할 수 있다. 축적자금의 성격에 대해 생각해보자. 성장이 존재하기 위해서는 반드시 화폐발행이 있어야 한다. 화폐량이 똑같을 경우 소비에서 저축으로 돈이 옮겨간다고 성장이 생기는 것은 아니다. 언제나 성장을 예측하는 융자 행위가 있어야 하고 사후적으로 성장의 실현이 융자를 해결해야 한다. 만일 르노사에서 기업의 규모를 늘리려고 저축이 필요하다면 사실상 내 주식 발행을 위해

은행에서 융자를 받는다는 것과 같은 의미다. 비벤디가 타임워너를 인수하기 위해 공개 주식 교환 제의를 했을 때 은행이 이 제의를 보장했다. 실질적으로 비벤디가 화폐를 찍어내는 것과 같은 의미다. 비벤디는 커다란 기업으로서 비벤디 화폐를 창출하는 것이고 이를 대규모의 투자은행이 보장하는 것이었다. 이것은 가장이 소비를 하지 않고 모아놓은 저축과는 전혀 다른 성격의 돈이다.

경제학자들은 프랑스와 같이 기업이 축적을 위해 드러내놓고 은행에서 융자를 받는 경제를 '채무'경제라고 부르고, 축적이 증시를 통해 이루어질 때 '금융시장'경제라고 부른다. 영국과 미국은 금융시장경제다. 프랑스는 채무경제이다. 그러나 결과는 똑같다. 미국에서도 채권시장을 통하는데 이는 기업채권시장이고, 경우에 따라서는 은행이 보장하는 주식 발행에 의존하는데 결국은 이도 은행 융자와 마찬가지라는 이야기다.

노동자의 연금기금이 노동자를 해고하는 아이러니

그렇다면 증시는 무슨 역할을 하는가? 아무런 역할도 없다는 말인가? 불행히도 그렇다. 증시의 역할은 지배자에게 경제철학과 교리를 제공하고 시민에게는 이데올로기를 세뇌하는 데 동원된다. 프랑스는 1983년 삐에르 베레고부아가 빠리 시장이 런던 시장만큼 중요해지기를 꿈꾸며 프랑스국제기간시장(Matif)을 세우고 옵션협상시장(Monep)의 기초를 설립한 뒤로(이 두 시장은 모두 순수하게 투기적인 시장이다) 증시 신화 속에서 살고 있는데, 최근 '신경제'의 증시 폭락은 이를 상대화시키고 있다. 이 신화는 돈을 쉽게 벌고, 누구나 억만장자가 될 수 있고, 젊은 투기꾼 '골든 보이즈'들이 위험부담을 감수하는 용기를 찬양하며 노동과 국가 개입을——그 개입이 소리없이 진행될 때는 제외하고——경멸하는 신화다.

이 이데올로기가 얼마나 치명적인지, 이제는 사람들이 증시가 연금기금을 통해 임금노동자들을 보호한다고 믿게 되었다. 연금기금은 상당부분 공공부문의 퇴직자들을 위해 관리하는 주식의 집합이다. 예를 들어 가장 규모가 큰 캘퍼스(Calpers)는 캘리포니아 공무원 연금기금이다. 연금기금의 이익은 회원의 자본이 늘어나는 것이다. 자본의 이윤은 공무원의 연금을 지급하는 데 쓰인다. 만일 이윤이 없다면 기금의 일부분을 팔아야 한다. 연금기금은 주주의 민주주의를 꿈꾸는 '주주자본주의'의 핵심이다. 아니면 솔직히 자본 민주주의라고 부르자. 소규모 주주가 기업 간부에게 풍족한 배당금을 요구하는 민주주의 말이다. 연금기금의 간부는 자신이 주식을 보유한 기업에게 15%의 이윤을 창출하라고 요구한다. 순이윤 15%라. 어떻게 할 것인가? 모든 것이 문제없이 돌아갈 때 간신히 3~4%씩 성장하는 기업에게 15%의 순수 이윤을 남기라니 어떻게 해야 하는가? 다른 기업과 합병할 수도 있고, 생산의 한 부분을 없앨 수도 있다. 생산을 전문화하고, 노동력이 완전히 착취당하는 나라에다 생산 하청을 주고, 다른 지역으로 공장을 이전시킨다. 자사 주식을 사들이기도 하고, 미슐랭(Michelin)이 한 것처럼 이윤이 상승하는데도 노동자를 해고함으로써 증시에 불을 붙이는 '강한' 신호를 보낼 수도 있다. 간단히 말해서 반(反)경제적인 행위를 통해서다. 특히 노동을 유연하게 하고 노동을 언제나 내버릴 수 있는 조정의 변수로 만드는데, 유연한 노동이 비생산적이라는 사실을 의식하지 못하는 행태다. 봉급자는 수천 킬로미터 밖의 다른 봉급자(연금기금의 주인)가 내린 결정에 따라 운명이 좌우되는 나사가 되어버리고, 연금기금의 봉급자는 자신이 올라서 있는 가지를 자른다는 사실을 의식하지 못한다. 왜냐하면 노동이 없는 자본은 아무것도 아니기 때문이다.

연금기금의 정책은 단기적이다. 그들은 언제나 이윤을 쫓아다니기 때문에 한 기업의 자본에 오래 머물지 않는다. 그들의 정책은 시간을 필요로 하는 기업가의 정책과는 완전히 다르다. 르노가 빌보르드 공장 문을 닫고 브라질 꾸리띠바에 공장을 세우면 공장 벽은 15년 이상 어쩌면 50년 이상 지탱하도록 만든다. 하지만 르노는 수단과 방법을 가리지 않고 신속하게 15%의 이윤을 내라고 요구하는 주주의 압력으로 아직 페인트가 다 마르지도 않은 빌보르드 공장을 폐쇄했다. 예를 들어 한 농민이 트랙터를 사고 과일나무를 심었다. 그런데 6개월마다 아니 심할 경우 매달 증시쟁이가 와서 "난 돈을 빼야겠소, 당신은 이윤을 내지 못하지 않소! 트랙터 돌려주시오!"라고 소리치는 셈이다. 증시는 투기와 순간적 결과를 향하고 있기 때문에 무엇인가 반경제적이고 심각하게 반생산적인 차원을 내포한다. 1950~60년대 유럽의 자본주의가 특히 발전하던 시기에 증시는 그럭저럭 운영되었고, 별 역할도 없이 오히려 조금 하락세였다. 그리고 경제는 성장했다.

뷰티(Beauty) 경연대회

> 인간은 개인적으로 보았을 때 웬만큼 이성적이고 합리적인 존재다.
> 그러나 군중 속에 들어가면 곧바로 바보가 된다.
> ―프리드리히 폰 쉴러

증시는 어떤 의미에서도 성장에 도움을 주지는 못하지만 경제 여론과 분위기를 결정한다. 증시는 매일 아침 노래를 부른다. "조심조심, 자본이 행복하지 않아요." 또는 "트랄랄라 자본은 기뻐요." 하루종일 증시지수가 춤춘다. 우리는 실업률이나 임금의 수준, 빠리나 다른 곳의 공해 수준, 출국당한 이주노동자의 수나 사라져가는 동물 종의 수, 또는 말하는 사람이 없어 하루에도 40개씩 사라지는 인류의 보물인 언어의 수에 대해 관심을 가질 수도 있다. 그런데 사회에서 들리는 것은 증시 소식뿐이다. 게다가 그레고리안 성가처럼 오르락내리락 한다. 국가 자본의 작은, 아주 작은 부분인 중고시장이 국가 전체의 분위기를 좌우한다. 이것이 시장의 음악인데 여기에 달러 시세(올라간다고! 큰일 났군! 내려간다고! 큰일 났군!)와 석유 시세, 인플레이션율과 성장률이 가세한다.

그렇다면 증시의 가격은 어떻게 결정되는가? 누가 시장을 지배하는가? 우리로 하여금 자신을 사랑하고 섬기라고 명령하는 그 유명한 '시장'은 도대체 무엇이란 말인가(시장은 브라질의 룰라 대통령 선출을 지지할 것인가, 시장은 아르헨띠나의 새 대통령을 받아들일 것인가, 시장은 뿌찐Poutin 또는 다른 지도자의 정책을 인정할 것인가)? 시장의 확인, 시장의 기분, 시장의 침울함, 시장의 환호, 시장의 제약, 시장의 대응……신처럼 손에 잡히지 않고 전지전능하며 매우 신경질적이거나 매우 섬세한 모든 시장은 대략 증시와 비슷하게 기능하는데, 증시는 '증시 여론'과 '재계의 분위기'를 결정하고 미래에 대한 믿음을 좌우한다.

케인즈는 그 작동 방식을 『일반이론』의 가장 유명한 장 중 하나인 제13장 「예측 상태」에서 환상적으로 묘사했다. 공급하고 수요하는 증시 참여자로서 나는 어떻게 특정 주식과 가치를 공급하거나 수요하는 결정을 내리는가? 케인즈는 뷰티 경연대회를 상상한다. 경쟁자들은 사진을 가지고 아름다운 여인을 골라야 한다. 이기는 사람은 경쟁자 전체의 평균적 선택에 가장 가까운 사람이다. 이 경우 계산은 무척 복잡하고 전략적으로 변한다.

(1) 나는 나 자신의 의견에 따라 선택할 수 있다.

(2) 또는 다른 사람들의 선택이라고 믿는 것에 따라 선택할 수 있다.

(3) 또는 다른 사람들이 나와 그외 사람들의 선택이라고 생각하는 것에 따라 선택할 수 있다.

(4) 또는 일부가 개성을 발휘하여 어떤 종류의 특수한 얼굴을 고를 것이라고 도박할 수도 있다, 등등.

케인즈의 결론은 "투기자의 문제는 그가 군중 속에 있으면서 군중이 무엇을 할 것인지 예측해야 한다는 점"이라고 지적한다. 만일 군중이 내일 팔 것을 알고 있다면 나는 싯가가 폭락하기 전에 오늘 팔아야 하는 것이 이상적이다. 만일 군중이 내일 살 것을 알고 있다면 싯가가 오르기 전에 오늘 내가 먼저 사야 하는 것이 이상적이다. 하지만 내가 군중 한가운데 있는데 어떻게 군중의 움직임을 예측할 수 있단 말인가? 이것이 바로 뷰티 경연대회의 패러독스다. 시장이란 진정 모방과 따라하기, 미치기, 겁먹기 등의 군중적 움직임이다. 모두가 사고팔고, 들어가고 나온다. 시장보다 떼거지 근성을 가진 것은 없다. 따라서 항상 케인즈의 말마따나 "내가 세울 수 있는 유일한 가설은 추세가 지속되는 것을 기대하는 것이다." 올라간다? 계속 올라가길 기대하자! 내려간다? 계속 내려가길 기대하며 팔자, 아니면 또 틀릴 테니까. 그러므로 군중의 움직임을 예상하여 그 반대로 행동하는 것이 이상적이다. 대포소리에 사고 승전보에 파는 것이다. 조지 쏘로스(George Soros)를 비롯한 증시의 대부들은 군중의 움직임을 예측한다고 수장하며 자신들의 부를 이로써 설명한다. 하지만 그들의 부는 빠른 속도로 성장한 만큼 빠른 속도로 몰락하며(쏘로스를 보라), 그들이 예측한다고 하는 주장은 사실 내부정보인 경우가 더 많다. 그들은 다른 사람들이 아직 모르는 것을 알고 있을 뿐이다. 케인즈는 대단한 투기꾼이었다. 부자가 되었다가 망했고 또다시 부자가 되었다. 그는 영국 재무부 안에서의 지위로 내부정보를 가지고 있었는가? 아니기를 바랄 뿐이다. 아무튼 증시에서 내부정보 보유자는 언제나 승리한다. 마치 테이블 밑에 카드를 한 장 더 가지고 도박하는 것과 마찬가지다. 그러나 증시 투자자의 대부분은 군중 속에 있을 뿐이다.

케인즈는 이상한 말을 덧붙였다. "군중과 함께 틀리는 것이 혼자서 맞는 것보다 낫다." 이것이야말로 군중의 "움직임을 따라야 한다"는 의미이며, 앙드레 오를레앙(André Orléan)[6] 같은 근대 경제학자들이 표현했듯이 "비이성적인 것이 합리적이다"라는 말이다. 설명하자면, 만일 당신이 개성을 드러내고 싶다면 증시꾼과 투기꾼 들의 공동체와 달리 행동하라는 것이다. 그러면 당신은 검은 양이 되어 공동체에서 축출당할 것이다. 그들은 당신을 싫어하게 되어 결국 당신의 가죽을 벗길 것이다(예를 들어 일부 대투자자는 너무 튀려고 하고 너무 많은 내부정보를 사용하거나 부패했다. 그럴 경우 이들은 증시 참여가 금지된다[7]). 장기적으로 당신 증시꾼은 결국 증시 안에 계속 있어야 한다. 즉 군중 속에 있어야 한다는 의미다.

시장을 주도하는 10만의 문맹자들

> 투기의 흥분과 예정된 폭락을 발생시키는 주요 요인은
> 돈과 지능이 관련있다는 환상이다
> ─존 케네스 갤브레이스

상황이 정말 모방의 법칙에 따라 진행되는가? 그렇다. 알랭 맹끄(Alain

Minc)는 "시장을 결정하는 10만의 문맹자들"로 표현했는데 맞는 말이다. 증시와 환율시장, 자원시장 등에서 일하는 10만여명 정도가 '세계의 여론' '기분' '믿음'을 결정한다. 알랭 맹끄를 전적으로 인용해보자. "나는 시장의 금융 전체주의가 달갑지 않다. 하지만 나는 그것이 존재한다는 것을 알며 그 사실을 모든 엘리뜨들이 알기를 바란다. 시장이 올바르게 생각하는지는 모르겠지만 시장과 역행해서 생각할 수는 없다는 것도 안다. 나는 우박을 싫어하지만 현실을 받아들일 수밖에 없는 농민 같다. 시장을 결정하는 10만의 문맹은 당신이 교회의 규율만큼이나 엄격한 그들의 규율을 지키지 않을 경우 한 나라의 경제를 날려보낼 수도 있다. 전문가들은 적어도 이러한 현실의 선전원들이다."[8] 자 여기 교회와 교회의 규율, 선전 같은 단어가 있다. 이것은 종교이고, 이 종교를 믿도록 선전하는 개종주의다. 규율은 무엇인가? 긴축, 노동의 유연성, 국가의 다이어트, 세금 인하, 통화의 힘? 만능의 규율은 존재하지 않으므로 그것은 중요하지 않다. 시장은 아이들처럼 언제나 더 원한다. 특히 더 많은 사랑을 원한다. 만일 아르헨띠나가 긴축정책을 펴면 시장은 그 나라의 상황이 자신이 상상하던 것보다 더 나쁘다고 해석하여 제약을 가할 것이다. 당신이 무엇을 하건간에 언제나 제재당할 수 있다. 프랑스는 무척이나 강한, 독일보다도 강력한 긴축정책을 썼는데도 20여년 동안 제재당했다. 결국 유로가 생겨난 다음에야 제재가 사라졌는데, 구체적으로 프랑은 마르크에 비해 더 높은 이자율('위험부담'이라고 불리는)을 지급해야 했다.

'10만의 문맹'이라는 표현은 더더욱 흥미롭다. 좀더 마음을 써서 군중 속에 길잃은 10만의 장님이라고 하자. 맹끄가 하는 말은 "시장이 제자리에서 맴돈다"는 의미다. 뒤뽕이 사니까 나도 산다. 뒤뽕은 뒤랑한테 전화를 걸어보고 산 것이다. 그런데 뒤랑은 나한테 전화를 걸어 묻길래 나는 뒤뽕이 하는 것을 보고 살 것이라고 대답했다. 시장의 원(圓)은 '자기실현적 예언'을 만들어낸다. 자기실현적 예언은 경제학자들이 분석한 위대한 현상으로, 애초에는 완전히 의미없는 정치인의 발언이나 다른 이의 침묵, 걱정과 공포에 따라 증시 거품을 만들어낸다. 나는 네가 하는 것을 따라한다. 그런데 너는 나를 따라한다. 왜냐하면 너도 내가 너를 따라하는 것을 알기 때문이다. 거울 효과이자 투기현상이고 투기다. 꼭또(Cocteau)는 명확하게도 "거울은 물건 중에 가장 반사를 잘하는 물건"이라고 말했다. 투기꾼보다야 더 잘하겠지.

유행이 낳은 증시 거품

이제는 '증시 거품'이라고 불리는 현상에 우리의 바늘을 대보자. 1929년에는 엄청난 거품이 있었고 터져버렸다. 그런데 '신경제'의 거품은 1929년보다 더 커다란 폭락을 가져와 지금도 지속되고 있다. 이를 통해 세계 증시는 1996년 수준으로 돌아갔는데 참고로 증시가치는 1982~96년에 6배로 늘어났다. 프랑스에서 프랑스뗄레꼼의 주가는 1999년 초 125유로였는데 2002년 9월에는 7.82유로가 되어 이 기업은 700억 유로의 부채를 자랑하게 되었다. 비벤디의 주식은 2000년 초 150유로였는데 2000년 9월에는 12.5유로가 되어 '단지' 400억 유로 정도의 부채만 떠안게 되었다.

왜 모두 다 증시로 가서 부자가 되려고 했는가? 1990년대에 단순히 봉급만 받고 생활하는 것은 '구식'으로 보였기 때문인가? 아니면 야후!, 아마존 닷컴 같은 인터넷이나 인터넷이 연결된 휴대전화 등의 '신경제'가 나타났기 때문인가? 그 이유는 바로 유행이고, 돈이 생길 거라는 기대다.

증시에서는 부자가 되고 싶으면 부자가 되었다. 주식을 사들이면 주식 가격이 올라갔다. 그리고 기업은 빚을 지면서 "보세요, 우리의 가치가 올라갑니다. 현금을 더 주세요!"라고 소리쳤다. 기업은 현금으로 신경제를 더욱 선전했고 바보들은 날뛰면서 주식을 계속 샀다. 그리고 어느 순간 사람들은 이것이 아무런 기반도 없다는 것을 발견했다. 이동통신의 수요는 이미 포화상태인데다 인터넷은 더 확산되지 않고, 사람들은 여전히 대리점에 가서 자동차를 구입했다. 게다가 인터넷이 생겼음에도 불구하고 사람들은 보유하는 자동차를 늘리지 않고, 일년에 자동차 굴리는 거리를 크게 늘리지도 않는다는 사실을 발견했다. 이것은 '폰지(Ponzi)게임' 현상이다.

폰지게임

'폰지게임'은 투기와 거품 또는 연금의 문제를 이해하는 데도 중요하다. 폰지는 사기꾼으로 캘리포니아의 부동산 거품을 이용해서 자신의 이름을 딴 씨스템으로 부자가 되었다.

> **폰지사건** 미국에서 개발붐이 한창이던 1925년 플로리다에서 찰스 폰지라는 사람이 막대한 배당금을 약속하며 투자자를 모집한 사기극을 말한다. 늦게 투자한 사람의 돈으로 먼저 투자한 투자자의 배당금을 지불하다가 결국 투자가 끊기면서 사기극이 들통난 사건이다.

알바니아는 '폰지게임'의 좋은 사례다. 이 나라는 1995년 자국 국내총생산에 해당하는 12억 달러짜리 사기를 당했다. 세명의 천재적인 사기꾼이 조직한 것이었다. 메씨에, 봉, 츄룩[9]과 같은 나리들은, 이렇게 불릴 자격도 없지만, 이들은 단순히 스톡옵션에만 관심을 가지고 기업의 살을 빼서 주식가치를 높이기만 했기 때문이다. 이제 다시 위의 세 사기꾼으로 돌아가보자. 한 여자와 두 남자였는데 그들의 별명은 각각 '집시' '하사관' 그리고 '기계공'이었다. 이들은 알바니아은행이 3%의 이자를 제시할 때 100%의 이자율을 지급하겠다고 제안했다. 100%라는 것은 당신의 자본이 두배가 된다는 의미로 100을 빌려주면 200을 돌려준다는 뜻이다.

바보가 당신에게 100을 맡긴다. 당신은 그다음에 오는 바보 둘에게서 각각 100씩 받아 첫번째 바보에게 200을 준다. 이 둘에게는 "정말 100%를 벌 수 있어! 내가 받았다니까!"라는 소문을 듣고 신나서 달려오는 네 명의 바보에게서 받은 400을 준다. 그리고 이것이 계속된다. 물론 처음에 돈을 돌려받은 바보는 기쁜 마음으로 게임에 다시 동참한다. 이러한 현상이 눈덩이처럼 커지면서 점점 많은 사람들이 폰지게임에 들어온다. 집시와 하사관과 기계공은 물론 이렇게 들어오는 돈에서 커미션을 받아챙겼다. 게임은 바보들이 기하급수로(2,4,8,16······) 불어나는 한 지속된다. 만일 연쇄 고리가 절단되면, 돈을 번 사람이 돌아오지 않으면, 저축이 말라버리면, 거품은 터진다. 마지막으로 들어간 사람들만 멍청이다. 알바니아 국민의 빈약한 저축 중 많은 부분이 지딴 일행 때문에 완전히 메말라버렸다. 이는 프랑스에서 봉, 메씨에, 츄룩이 프랑스 국민의 저축을 가지고 한 짓과 비슷하다. 그리고 피해가 여기서 그친 것이 아니다. 알바니아에서는 뒤늦게 자신의 돈을 돌려달라고 요구하는 사람들의 항의로 1600명이 죽고 6000명이 다쳤다. 오늘날 미국에서는 거품이 터지고 난 다음에 할아버지와 할머니들이 70세에 다시 일을 하기 시작했다.

누가 승자인가? 제때 배에서 뛰어내리는 사람이다.* 즉 타이태닉(Titanic) 씬드롬이다. 배가 빙하에 부딪힌다. 첫 구명보트에는 거의 반이

비었다. 사람들은 얼어붙은 바다 위를 빈약한 배를 타고 떠나고 싶어하지 않아서다. 오히려 침몰하지 않는다고 소문난 배가 안전을 표상한다. 그러나 소문이 뒤바뀐다. 도망가야 해! 패닉이 일어나고 싸우고 가장 늦게 배에서 떠나려는 사람은 망한다. 멍청이여 안녕.

스톡옵션, 자본주의의 새로운 국면을 알리는 징후

기업이 되사들인 주식은 반 이상이 고위 간부들에게 지급 예정된 소득 즉 스톡옵션으로 제공된다. 스톡옵션이란 주식인데 그 권리는 일정 기간, 일반적으로 5년 후에 행사할 수 있다. 한 기업의 주식이 오늘날 100유로라고 치자. 나는 좋은 가격(예를 들면 80유로)에 직원에게 주식의 옵션을 준다. 직원은 한푼도 내지 않고 다만 권리를 가질 뿐이다. 만일 5년 뒤에 옵션을 선택하면 그는 이 가치에 대해 소득세를 내지 않는다(높은 간부이기에 소득세는 45~50% 정도 될 것이다). 그는 주식가치의 상승분에 대한 세금만 지불하면 된다(미국에서는 25%, 프랑스는 40% 그리고 새로운 기업이면 25%). 만일 5년 뒤에 주식이 80유로 이하이면? 그러면 직원은 주식을 사지 않는다. 만일 주식가가 80유로 이상이면 옵션을 이용하여 80유로에 산다. 주식의 가치가 14년 동안 6배나 늘어나면서 증시가 강세를 보이던 기간 동안 기업의 경영진과 간부들은 옵션제도를 통해 소득세를 내지 않으면서 거대한 부를 축적할 수 있었다. 증시의 약세 기간 동안에는 옵션이 계속 하락하지만 결국 이 제도는 어떤 위험부담도 없다.

---

* 제라르 뒤뿌이(Géard Dupuy)는 『리베라씨옹』지에 증권시장에 동참하라는 훌륭한 칼럼을 실었다. "그것은 기차와 같아서 빠른 속도로 움직이는데 들어가서 득을 보면 된다. 물론 너무 늦지 말고 제때에 뛰어내려야 한다!"

스톡옵션은 두가지 측면에서 사악하다. 우선 이 제도는 경영진으로 하여금 수단과 방법을 가리지 않고 주식의 '가치'를 추구하도록 한다. 인수합병을 종용하며, 기업의 살을 빼고, 이윤을 높이려고 임금을 삭감하고, 기업을 전문화하고, 사업의 한 부분을 판매하는 등 상품이나 노동의 질과는 무관한 순수한 금융 작업으로 말이다. 1999년 말 알까뗄(Alcatel)은——물론 다른 기업들도 많이 했지만——12만에 달하는 직원 전체를 위해 180만 주의 옵션 계획을 수립했다. 이것은 직원 한 명에 한 주가 조금 넘는 꼴이었다. 그와 동시에 경영진은 3백만의 옵션을 부여받았는데 이는 경영진 한 사람당 1000주에 해당하는 것이었다. 물론 경영진 중에서도 고위층은 1000주가 아니라 10만주에 가까운 옵션을 받았다. 스톡옵션 제도는 엔론과 프랑스 대기업 경영진에게 거대한 부의 형성을 가능하게 했다. 그런데 많은 고위급 간부들이 떡의 분배에 동참하여 증시 거품의 소용돌이에 동참했다. 옵션을 제공하는 기업도 이득을 보는데, 사회적 부담금을 줄이고 임금을 줄일 수 있게 해주기 때문이다.

또한 스톡옵션제도는 임금가치를 깎아먹기 때문에 사악하다. 이 제도에 따르면 소득은 자신이 제공한 노동이 아니라 증시에서 결정된다. 이는 소득이 노동과 노동 계약에 따라 결정되지 않고 기업의 기대수익에 따라 결정된다. 간부들도 사장처럼 이윤에 기대를 품게 된다. 물론 대부분은 계속 중간간부, 노동자, 사무원, 근로빈곤자(working poors), 최저소득자 등으로 남아 있겠지만. 그러나 옵션이 널리 인기를 끌면서, 노동의 가치는 떨어지고 증시 수익이 정당한 소득의 한 방편으로 떠오른다. 노동에 대한 댓가로 지급되는 임금과 다르게 스톡옵션은 기업에 어떤 비용도 들지 않는다. 다만 회계상 자본에서 선불로 계산된다. 스톡옵션을 임금처럼 관련 사회 부담금과 비용으로 함께 계산되게끔 최근 드디어 한 법안이

제출되었다. 하지만 이는 최근의 일이다.

1998년 처음으로 금융 언론이 옵션에 대한 조사를 발표했다. 이를 통해 사람들은 로레알(l'Oréal)의 경영진 9명이 옵션의 27.4%를 자신들에게 부여하여 개인당 1337만 유로의 소득을 올렸다는 사실을 알 수 있었다. 악사(Axa)의 최고 경영진 소득은 1024만 유로뿐이었고, 비벤디는 651만 유로였지만 경영진은 자신의 실력으로 회사를 망하게 하고 400억 유로 규모의 부채를 남겼다. 미국에서 2000년 스톡옵션 규모는 증시 자본의 10% 즉 1조 달러에 이르렀다. 미국에서 가장 소득이 높은 경영진 10명은 각각 400만 달러 정도의 옵션을 가지고 있었다.

2002년까지 프랑스의 제도는 완전히 불투명했다.* 다행히도 증시의 폭락이 일시적으로 메커니즘을 중지시켰다. 이 메커니즘은 자본주의를 카지노게임으로 변환하고, 노동과 중산층과 저임금 노동자의 가치를 축소하고, 노동과 자본의 관계를 재규정했다. 이제 노동자는 노동을 먼저 제공하고 주식의 가치로 표현되는 향후 기업의 이윤에 따라 소득을 기대해야 하는 처지가 되었다. 역사적으로 이것은 단절이다. 맑스와 리카도는 언제나 자본가가 선불을 지급하고(맑스는 임금을 '유통되는 자본'이라고 불렀다) 임금노동자는 노동을 제공한다고 가르쳤다. 우리는 노동이 계속 가치를 상실하여 결국 모든 것이 스톡옵션이 되는 상황, 달리 말해 노동의 댓가로 이윤의 기대만을 받게 되는 상황을 상상할 수도 있다. 노동을 통해 이윤을 실현하되 노동의 가치를 파괴하고 노동의 의지를 상실케 하는 것이야말로 자본주의의 새로운 국면인 듯하다.

---

* 주요 간부들의 임금과 스톡옵션계획 공개를 의무화하는 '신경제규제' 법이 2001년에 통과됐다.

임금노동자가 스스로를 착취하는 신세계

이 얼마나 편하겠는가! 투쟁도 사라지고 떡을 분배하는 분쟁도 사라지고, 모두 함께 이윤의 뒤에 서서 모두 똑같은 소유자 입장에서 인적 자본의 소유자와 자본적 자본의 소유자가 힘을 합치면 말이다. 2000년 증시 거품의 절정기에서 기업들은 모든 직원에게 스톡옵션을 제안함으로써 이 제도를 정당화하려 했다. 직원들은 한 주나 두 주 또는 세 주에 경영진은 1000주나 1만 주에 옵션을 걸 수 있었다. 알까뗄은 위에서 언급한 대로 180만 주의 스톡옵션을 제안했다. 부이그(Bouygues)는 '부이그 신용' 이름으로, 비벤디는 '페가수스'(Pégase) 이름으로, 수에즈 리오네즈(Suez-Lyonnaise)는 '스프링'(Spring) 이름으로 그외의 회사들은 각기 다른 이름으로 똑같이 했다. 필립 마니에르(Philippe Manière)는 『증시의 맑스』(*Marx à la corbeille*)에서 맑스주의자가 아님에도 불구하고 이렇게 제도를 비판한다. "임금노동자에 있어 이것은 해방의 요소가 아니라 수탈의 요소다. 임금노동자의 직접 주식 보유는 위험하다. 이 제도는 당사자들을 정신분열증에 시달리게 한다. 예를 들어 유나이티드 에어라인의 승무원은 기업의 생존을 위해 자신을 스스로 해고해야 하는 상황이 되었다. 특히 임금노동자는 기업이 도산이라도 할 경우 직장과 저축을 동시에 상실하는 위험을 떠안게 된다."[10]

스톡옵션제도는 계급투쟁을 철폐하고, 해고하는 기업주를 모든 책임으로부터 해방시켜준다. 이제 임금노동자가 스스로를 해고한다. 여기서 책임과 죄책감이 이전되는 것을 볼 수 있다. 노동이 잘못되어가면 그 책임과 잘못은 노동에 있다는 식이다. 이런 노래는 이미 들어보았다. "실업이 생기는 것은 노동자들이 너무 많은 임금을 받기 때문이야. 당신은 부끄러워해야 해. 당신의 탐욕으로 다른 노동자들을 해고하게 하고 스스로의 특권은 버리기를 거부하니까." 이제는 "당신들도 우리처럼 하란 말이야. 지면 스스로를 원망하면 되지" 식이다.

연금기금과 임금저축, 스톡옵션은 임금 이후의 사회 또는 소유자들만 있는 사회의 등장을 알린다. 모두 사장님, 정확히 표현하자면 모두가 집주인이 되는 셈이다. 왜냐하면 주주도 결국은 자신의 소유증서로 소득을 올리는 소유주일 뿐이니까. 괴팍한 논리의 비상으로 피착취자가 착취하는 집주인이 되어버린다! '주주자본주의'는 시민들이 평등한 진정한 공화국에서 멀리 떨어진, 소유의 민주주의 또는 주주 공화국을 만들려고 한다. 주주자본주의에서는 '1인 1표'가 '1주 1표'로 돌변해버린다. 임금노동자가 주주가 되면 정치경제의 근본적인 문제인 분배의 문제는 사라진다. 모든 것이 미래 이윤의 분배가 되어버린다. 따라서 연관된 착취의 문제도 사라진다. 그러고 나서 오는 것은 스스로의 착취, 동의하는 노예가 되는 것이다.

"스톡옵션제도는 계급투쟁을 철폐하고, 해고하는 기업주를 모든 책임으로부터 해방시켜준다. 이제 임금노동자가 스스로를 해고한다. 여기서 책임과 죄책감이 이전되는 것을 볼 수 있다."

| 원문 읽기 |

■ 존 케네스 갤브레이스

금융의 혁신이란 존재하지 않는다.

이제는 투기 이야기의 특징에 대해 논의해보자.

일관되게 이런 사건에는 세상에 정말 새로운 것이 나타났다는 아이디어가 있다. 앞으로 살펴보겠지만 새로운 것이란 참 다양한 것일 수 있다. 17세기에는 서유럽에 튤립이 들어왔는데 다음 장에서 상세히 살펴볼 것이다. 그다음에는 오늘날 주식회사라고 부르는 회사 형태의 표면적인 훌륭함이었다. 보다 근래에는 미국에서 1987년의 대폭락 이전에(이를 부드럽게 합병이라고 부르곤 하는데) 금융시장이 자유기업 활동을 위한 로널드 레이건의 위대한 목적을 알게 된 것이다. 그의 목적은 경제를 국가의 무거운 감시로부터 벗어나게 하고 국가가 강요하는 세금이나 반독점법 적용과 규제에서 해방시키는 것이었다. 이 과정에 기여한 것은 과거의 모든 경우와 마찬가지로 어김없이 정기적으로 등장하는 '지렛대'의 재발견이었다. 이번에는 정크본드 즉 '썩은 채권'이라고 불리는, 위험이 높은 채권이 기적을 일으켰는데 이를 통해 LBO(leveraged buy-out) 즉 '지렛대를 통한 기업 인수'의 공격자와 전문가로서 젊은 세대들이 능력을 마음껏 발휘할 수 있었다.

모든 투기의 이야기는 금융도구나 투자기회라는 차원에서 언제나 겉으로는 새로운 발명이며 엄청나게 이윤을 남길 만한 자랑거리의 요소를 포함한다. 이것을 만든 개인이나 기관은 일반인에 비해 멋지게 시대를 앞서간다고 소개된다. (…) 하지만 새로운 금융도구라는 문제에 있어서는 경험이 도출해낸 아주 견고한 룰이 있다. 경제 문제에 있어 이것보다 더 중요한 것도 드물지만 실제로 이것만큼 잘못 이해되는 것도 별로 없다. 법칙은 금융거래에서 혁신이라는 것은 존재하지 않는다는 것이다. 주기적으로 혁신이라는 이름으로 지칭하고 축복하는 것은 예외없이 기존의 전통적 주제에 약간의 변화를 준 것이며, 그 특수성은 금융사에 대한 기억이 무척 짧다는 데서 기인한다. 금융의 세계는 항상 바퀴의 발명에 환호하는데 대부분 점점 더 불안한 버전으로 간다. 모든 금융 혁신은 어떤 형태가 되었건간에 실질적 자산으로 어느정도 보장된 채무를 만드는 것이다.

—『갤브레이스가 들려주는 경제학의 역사』

■ 엠마뉘엘 또드

'신 금권정치'는 기생충을 초래한다.

이윤율의 상승은 상류계층의 소득을 증가시키지만 부풀어난 소득은 어떤 경우에도 물리적인 현실을 갖지 못한다. 이윤의 막대한 규모는 추상적인 금융 수치이며 화폐로 표시되는 기호의 집합이고 소유자는 자신의 소비를 위해서만 지출할 수 있다. 이들은 많은 사람을 고용하여 지출할 수 있고, 약탈한 소득의 한 부분을 써비스에 지출하여 사회의 아래 계층으로 재분배할 수 있다. 이러한 메커니즘은 이미 미국에서는 매우 중요한데, 써비스산업의 발전이 근대적 3차산업이 아니라 과거 귀족사회의 오래된 인간 사치로의 복귀가 되었다. 당시 귀족들은 부의 소유자로서 집안일이나 전쟁에 고용된 많은 사람들을 부렸다. 신흥부자는 변호사와 회계사와 개인 경호원의 써비스를 산다. 이런 종류의 재분배 메커니즘의 가장 훌륭한 관찰자는 아마도 18세기 말, 자신의 눈앞에서 수많은 하인을 부림으로써 부를 사회의 아래 계층으로 재분배하는 현상을 경험한 아담 스미스 같은 영국의 초기 경제학자들일 것이다. "인간은 수많은 노동자를 고용함으로써 부자가 된다.

그리고 수많은 하인을 거느리면서 가난하게 된다."

―『제국 이후』

■ 존 케네스 갤브레이스

꽃잎의 거품 혹은 튤립의 공황

　희귀종 튤립에 대한 수요가 1636년 내내 얼마나 증가했는지 튤립 판매를 위한 정기적 시장이 암스테르담과 로테르담, 하를렘, 레이드, 알크마르, 후른, 그리고 또다른 도시의 증시에 생겨났다. (…) 처음에는, 도박의 광기에 빠지면 으레 그러듯이, 모두 믿음을 가졌고 누구나가 돈을 벌었다. 튤립 전문 상인들은 튤립 재고의 상승과 하락에 투기하여 가격이 떨어질 때 사들이고 가격이 올라갈 때 파는 방식으로 막대한 이윤을 남겼다. 많은 사람들이 갑자기 부자가 되었다. 황금 덩어리 같아 보이는 매혹적인 미끼가 코앞에 매달리자 사람들은 앞다투어 튤립시장에 달려들었는데 마치 파리들이 꿀단지에 몰려드는 것 같았다. 모두 튤립을 향한 정열이 영원할 것이라고 믿었고, 전세계의 부자들이 사람들을 네덜란드로 보내서 얼마가 요구되건간에 지불할 것이라고 생각했다. 유럽의 모든 재산이 쥐더르지 강변으로 집중되고 행복한 네덜란드의 하늘에서 가난은 추방당할 것이라고 믿었다. 귀족과 부르주아, 농민, 기계공, 선원, 하인, 식모 그리고 청소부와 중고 옷장수까지 튤립증시에서 투기를 즐겼다. 모든 지위의 사람들이 재산을 현금으로 바꿔 꽃에 투자했다. 집이나 토지가 우스운 가격으로 팔리거나 튤립시장의 계약에서 담보로 책정되었다. 외국인들도 이러한 광기에 휩쓸려 사방에서 네덜란드로 돈이 몰려들었다. 생필품의 가격은 그래도 점진적으로 올랐다. 집과 토지, 말과 마차, 모든 종류의 사치품도 함께 올라서 몇달 동안 네덜란드는 플루토스 부국의 대기실에 있는 것 같았다. 튤립 관련 무역거래가 얼마나 규모가 거대해지고 얼마나 복잡해졌는지 당사자들을 돕기 위해 특수한 법전을 만들어야 한다고 판단하기에 이르렀다. (…) 증시가 없는 작은 도시에서는 주요 술집이 일반적으로 '무대'로 선택되어서 부자와 가난한 사람들이 모두 모여 튤립을 흥정하며 진수성찬에 계약을 맺고는 했다. 이런 식사에는 때로 2~3백명이 참여했는데 식사하는 동안 눈요깃거리로 식탁과 찬장 사이에 정기적으로 활짝 핀 튤립이 담긴 커다란 항아리들이 놓였다.

정말 환상적인 일이었다. 그들의 역사에서 네덜란드인들이 이렇게 좋은 지위를 차지해본 것은 처음이었다. 이들 이야기를 지배하는 변치않는 법칙에 따라 매번 가격이 오를 때마다 더 많은 사람들이 투기에 동참하게 되었다. 이로써 이미 동참한 사람들의 희망은 정당성을 확보하게 되었고, 더 많은 거래와 가격상승이 이어져 무한대의 부의 창출이 더욱 가능하게 되었다. 사기 위해 사람들은 빚을 졌다. 작은 봉우리들이 거대한 빚의 '지렛대'가 되었다. 종말은 1637년에 왔다. 여기서도 기초적인 규칙이 게임을 이끌었다. 이유는 알 수 없지만 지혜로운 사람들과 심약한 사람들이 거리를 두기 시작했다. 다른 사람들도 떠나버리고 팔기 위한 움직임은 공포가 되었다. 가격은 낭떠러지 아래로 추락했다.

—『갤브레이스가 들려주는 경제학의 역사』

■ 조지프 슘페터

경제가 만일 단순한 군중 현상이라면?

19세기 후반기 동안 하나의 동질적인 단위로서 그리고 행동의 첫번째 동기로서 특정한 의지를 가진 인간의 개념은 지속적으로 후퇴했다. 떼오딜르 리보(Théodule Ribot)나 지그문트 프로이트 시대보다 훨씬 이전이다. 특히 이런 생각은 사회과학 이론가에게서 점점 가치가 없어져갔다. 이들은 빠레또의 『사회학』

(*Mind and Society*)이 보여주듯이 초합리적이고 비합리적인 요소들이 우리의 행태에 엄청난 영향을 미친다는 사실에 항상 많은 관심을 기울여왔다. 합리성의 가설을 부정하는 증거의 수많은 근원 중에서 나는 두가지만을 지적할 것이다.

첫째는 언제나 군중심리의 첫번째 이론가라고 할 수 있는 귀스따브 르봉(Gustave Le Bon)의 이름과 연관되어 있다. 물론 그뒤에 훨씬 체계적인 작업들이 진행되었지만 말이다. 과장되기는 했지만, 인간이 뭉쳐 있을 때 그 영향으로 인해 나타나는 행태의 현실──특히 홍분의 영향으로 도덕적 제약과 생각하고 느낄 수 있는 문명적 제약이 사라져서 야만적이고 유아적이며 범죄적인 충동과 경향이 난폭하게 폭발하는 현상──을 보여줌으로써 저자는 모두 알고 있었지만 아무도 정면으로 쳐다보기를 원치 않던 현실 앞에 우리를 밀어놓았다. 이는 고전적 민주주의 이론과 혁명의 민주적 신화를 바탕으로 하는 인간의 특성에 대한 생각에 심각한 타격을 입혔다. (…) 모든 의회나 위원회, 열두어명의 60대 노인 장군이 참여하는 전쟁 참모회의는 군중이 거리로 내려갔을 때 노골적으로 보여주는 양상을 완화된 형식으로 보여주는데, 책임감 의식이 줄어들고 지적 에너지도 사그라들며 비논리적 영향에 더 노출된 상황이라고 하겠다. 게다가 이러한 현상은 물리적으로 많은 사람들이 모였다는 의미의 '군중'에 더 많이 적용되는 것은 아니다. 신문 독자나 라디오 청취자, 정당의 지지자 들은 물리적으로 어깨를 부비고 있지 않더라도 그들을 심리적인 군중으로 만들어 이성적 논리로 설득을 시도하면 그들의 짐승 같은 열정만 자극해 광적 상태로 돌변시키는 것은 무섭게도 쉬운 일이다.

내가 여기서 언급하고자 하는 또다른 실망스러운 증거의 근원은 더 제한적이다. 거기서는 피가 흐르는 것이 아니라 림프액만이 흐른다. 경제학자들은 자신의 연구 현상을 자세히 들여다보면서 소비자들이 매일 일상적 행동을 할 때 정치경제학 교과서들이 생각하던 것과는 전혀 다른 방식으로 행동한다는 사실을 발견하게 되었다. 우선 그들의 필요는 전혀 정해진 것이 아니며 필요에 대한 그들의 반응은 신속하거나 이성적인 것이 아니다. 다른 한편, 소비자는 광고나 다른 설득 방법에 얼마나 쉽게 넘어가는지 생산자는 소비자에 이끌려가기보다는 자신의 의지를 보다 빈번하게 강요하는 듯하다. 효율적 광고 기술은 특히 많은 교훈을 준다. 물론 광고는 거의 언제나 어느정도 이성에 호소한다. 하지만 반복되는 단순한 구호가 이성적 논리보다 강하며, 무의식에 대한 직접적 호소가 더 효율적으로 사용되기도 한다. 무의식을 자극하기 위해서는 초합리적이거나 아주 빈번하게 성적 즐거움에 대한 연상을 자극하고 만들어내는 시도 같은 형식을 취한다.

―『자본주의, 사회주의, 민주주의』

■ 에밀 졸라

"부와 욕망에 미친 도시" 혹은 빠리에 대한 투기

하지만 싸까르의 부는 이제 절정에 다다른 것 같았다. 그의 부는 빠리 한가운데서 기쁨의 기둥처럼 불타고 있었다. 그것은 열정적인 사냥으로 개 짖는 소리, 채찍질 소리 그리고 불꽃이 타는 소리로 숲의 한 구석이 가득 차는 시간이었다. 고삐 풀린 식욕이 6개월만에 무너져버린 동네의 소리와 그 위에 세워진 엄청난 부의 광경에 오만한 승리로 만족해했던 것이다. 도시는 이제 엄청난 돈과 여자들로 난장판이었다. 악은 이제 위에서 내려와 개울물을 흘러 저수지에 퍼지고 정원의 분수로 다시 올라와 지붕에 가늘지만 뼈저리게 내리는 비 같았다. 그리고 밤에 다리를 건널 때면, 쎈느 강이 잠든 도시의 한가운데서 도시의 쓰레기, 테이블 밑에 떨어진 빵부스러기, 쏘파에 놓아둔 레이스 달린 머리띠, 마차 속에 잊혀진 머리카락, 가슴에 넣어준 지폐, 욕망의 난폭함과 본능의 즉흥적 만족이 부수어버리고 더럽힌 다음 거리로 던지는 것들을 실어나르는 것 같았다. 그러면 빠리의 열에 들뜬 수면 속에서, 대낮에 숨차게 달릴 때보다 더 잘 느낄 수 있는 것은 뇌가 부수어지는 듯한 느낌, 자신의 부와 욕망에 미쳐버린 도시의 황금빛으로 매혹적인 악몽이다. 자정까지 바이올린이 노래 불렀다. 그리고 창문에 불빛이 꺼지고 그림자가 도시에 드리웠다. 마치 마지막 촛불을 불어 꺼버려 마지막 수줍음을 가리운 거대한 규방 같다. 어둠속에는 이제 성나고 지루한 사랑의 커다란 신음만이 남았다. 그사이에 뛸르리 공원은 마치 커다란 포옹을 하는 것처럼 물가에서 어둠을 향해 팔을 벌렸다.

—『쟁탈전』

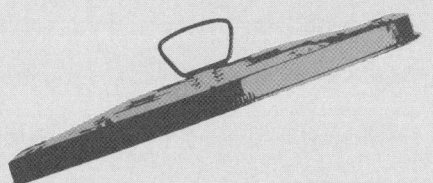

9장

분배

> 부자는 가난한 사람에게 일과 빵을 줄 능력이 없다. 따라서 가난한 사람은 자연 이치대로 부자에게 아무것도 요구해서는 안된다.
>
> — 맬서스

우리는 이 문제로 시작했어야 했는지도 모른다. 왜냐하면 경제학의 모든 문제는 결국 이 질문으로 귀결되기 때문이다. 누가 떡의 얼마만큼을 차지하는가? 누가 칼자루를 쥐고 있는가? 누가 떡을 나누어주는가? 혹시 스스로 몫을 차지하는 사자인가? 우리가 앞서 지적했듯이 리카도는 '국민소득의 분배'가 정치경제학의 근본적 물음이라고 생각했다. 그의 생각은 정확했다. 우리는 결국 국민의 떡을 만들기 위해 경제활동에 참여한다. 우리의 몫은 얼마일 것인가?

계약 혹은 절도

정통 시장경제학자들은 우리의 몫이 계약에서 규정한 몫이라고 말한다. 그리고 계약이란 절도나 약탈, 착취, 강도 그리고 어떤 형태이건 폭력을 통한 탈취(예를 들면 노예제는 다른 사람의 자유를 노동으로 활용하는 제도다) 같은 부의 분배 방식과 비교했을 때 훨씬 우월한 근대적 형태의 분배로서, 윈-윈(win-win)식 분배라는 점에서 엄청난 장점이 있다. 계약에 참여하는 양쪽 당사자 모두 승자다. 시장이 다른 부의 분배 방식과 다른 점은 제로썸 게임이 아니라는 데 있다. 제로썸 게임이란 네가 가진 만큼 나는 갖지 못하는 게임이다. 내가 계약을 맺으면 나는 그 혜택을 보고 상대방도 마찬가지다. 미국의 경제학자들은 "탱고를 추려면 둘이 있어야 한다"고 말한다. 그리고 둘 다 만족해한다.

아르노 아모리(Arnaud Amaury)가 "그들을 모두 죽여! 신은 자신의 자식을 알아볼 거야!"라고 소리치는 동안 씨몽 드 몽포르(Simon de Montfort)가 베지에(Béziers)를 약탈하여 그는 부자가 되고 도시는 가난

막대기 결투, 프랜씨스코 고야(F. Goya)의 1820~3년 작품.

해졌다. 이것은 약간 폭력적인 부의 축적 방식이었는데 한 사람이 얻는 것을 다른 사람이 잃는 형식이다. 시장을 통하면 모두가 승자다. 왜? 떡의 크기가 커지기 때문이다. 자본가와 노동자의 계약은 떡을 크게 만든다. 노동자가 버는 것을 사장이 잃는 것이 아니며 그 반대도 마찬가지다. 그들은 계속 커가는 떡을 나누어먹기 때문이다. 경제는 정태적이지 않으며 시간이 성장 속에 개입한다. 그래서 둘 다 승자가 될 수 있다. 증거는 노동자가 부를 축적하고 사장도 부를 축적하고 국가의 평균 국민소득도 올라간다는 사실이다. 강조하지만, 떡의 탄력성(elasticity)은 자본주의 경제에 시간이 개입함으로써 생겨난다. 자본주의 경제는 생산우회의 경제인데 여기서 시간은 생산하는 것의 양을 늘리기 위해 저축된다. 축적의

> **탄력성(elasticity)** 원인 변수의 값이 1% 변할 때, 그 영향을 받는 변수가 몇 %나 변하는지를 나타내는 척도로서 수요의 가격탄력성, 수요의 소득탄력성, 공급의 가격탄력성 따위가 있다.

기적이 바로 여기에 있다. 자본이란 합쳐진 시간이다(합쳐진 노동의 시간). 생산은 융자를 필요로 하고 융자는 무한대로 탄력적이다. 따라서 떡의 잠재적 크기는 무한대로 성장할 수 있다. 축적 만세, 아멘!

이것은 틀린 말이 아니지만 한가지 지적할 것이 있다. 성장과 분배는 그래도 칼로 하는 것이고 따라서 피가 흐른다. 그렇다. 우리는 결국 둘 다 조금 더 얻을 것이다. 하지만 그 순간 내가 얻는 것을 너는 잃게 된다. 계약보다는 분쟁, 세력관계가 분배를 결정한다. 그리고 오늘날 우리는 적어도 세력 관계가 임금노동자 쪽으로 기울지는 않았다고 말할 수 있다.

임금, 이윤, 지대(地代)

리카도는 소득의 분배를 커다란 세 범주로 생각했다. 산업을 주도하는 사업가, 당시 토지를 보유하던 소유주 그리고 임금노동자.

그의 이론은 대단했다. 임금노동자는 생존하고 재생산할 수 있는 만큼만 받았다. 그들은 '사회적 생존의 최소한'만 받았다. 왜? 인구압이 그들의 머리가 숨쉴 수 있도록 간신히 물밖으로 나올 만큼만 허용했기 때문이다. 자본가들은 서로 경쟁했기 때문에 이윤을 얻지 못했다. 그들은 '임금의 기본'을 생산했는데 그것은 임금노동자들이 소비하는 것이었다. 따라서 이 씨스템은 균형적으로 성장할 수 있었다. 점점 더 많은 임금노동자가 옷을 입어야 했고 따라서 점점 더 많은 섬유공장이 생겨났다.

하지만 불행히도 성장에는 토지(식량과 에너지, 석탄을 제공하는)라는 무서운 제약이 있었다. 최종적으로 토지가 희소하기 때문에 소유주는 이득을 누릴 수 있었다. 그들은 토지의 희소성 덕분에 지대를 누릴 수 있었다. 지대는 남은 것이고 잔존하는 것이다. 지주는 기생하는 존재이며, 그가 지대를 누릴 수 있는 것은 우연히 특정 장소에서 태어났기 때문이지 자신의 노동이나 지능 덕분은 아니다. 예를 들어 빠리에 토지를 가진 지주의 사례를 보자. 프랑스에서 토지의 평방미터당 평균가격은 열배나 낮은데, 그가 자신의 빠리 토지를 팔아서 1백만 유로를 챙기면 그중 90%는 지대라고 할 수 있다. 리카도는 이런 지주들을 좋아하지 않았다.

케인즈도 마찬가지다. 그는 지주들을 안락사시켜야 한다고 생각했다. 그는 상속제도를 없애야 한다고 주장했는데, 상속은 입에 금수저를 물고 태어난 아이들이 누리는 잘못된 지대라고 보았고 그 때문에 가난한 아이들은 그 무엇도 얻을 수 없다고 생각했기 때문이다. 그러나 케인즈의 지주는 리카도가 생각하던, 단순히 토지의 소유주로서의 지주보다 훨씬 넓은 개념이다. 비즈니스에서 자신의 재화를 위험에 노출하는 고귀한 사람으로서 자본가나 사업가와 달리 케인즈의 지주는 일도 하지 않고 투자도 하지 않고 상상도 하지 않는 주인일 뿐이다. 주식과 채권, 토지와 건물의 주인들은 안락사시켜야 할 지주들이다. 다행히도 사람들은 케인즈를 읽지 않는다.

1914년 이전 프랑스 국민소득의 많은 부분이 지대로 구성되어 있었다. 건물 임대료, 국채에 투자한 소득 등이 12% 이상이었다. 1914년 공공지출은 국민소득의 8%에 불과한 시대였다! 정말 낮은 수준이었다. 게다가 당시 공공지출은 대부분 군대에 사용되었다. 그옆에 그나마 중요한 지출의 민간부문은 교육이었다. 그뒤에는 언제나 군주의 관심을 끌던 도로와 교통이라는 지출 항목이 있었다. 그런데 전쟁과 그로 인한 인플레이션으로 지주들은 망해버렸다.

2003년 지대는 다시 국민소득의 10%에 가까워졌다. 지주들이 돌아왔는데 그들은 주식과 채권 그리고 과거와 마찬가지로 건물의 소유주들이다. 그들의 소유권은 그들에게 국가의 부에 대한 권리를 제공한다. 과거에 다리나 여울의 소유주가 강을 건너는 사람들의 부를 부분적으로 가져갔듯이 말이다.

지주의 복귀는 화폐의 가치를 유지하고 인플레이션을 방지하며 채권이나 주식 소유자들에게 좋은 보상을 보장하는 높은 이자율로 설명할 수 있다. 이러한 변화는 1970년대와 80년대에 일어났다. 동시에 임금이 국민소득에서 차지하는 비중은 줄어들었다. 이윤과 지대는 1975년 국내총생산의 30%를 차지했고 임금이 70%였다. 2003년 임금의 비중은 60%에 불과하다. 비중은 작아졌는데 반대로 임금노동자의 수는 많아졌다. 대부분의 여성은 이제 노동을 한다. 자유업과 수공업자, 농민의 수는 줄어들었다. 따라서 노동소득에서 엄청난 부분이 지대와 이윤으로 이전되었다는 것은 확실하다(여기서 이윤이라는 것은 법인세의 대상이 되는 회사들의 '소득'이다).

불평등의 폭발, 전쟁

> 더 많은 세금을 부자에게 부과하는 것은 투자를 약화시킨다.
> 동시에 가난한 사람에게 더 많은 혜택을 주는 것은 그의 노동 의욕을 없앤다.
> ―조지 질더

자본주의의 역사는 시장을 사회가 그대로 내버려두었을 경우에 불평등이 폭발하게 된다는 점을 잘 보여준다. 1815~1914년까지 한세기 동안 자본주의는 평화를 경험했다. 물론 1870년의 전쟁과 식민주의 등등이 있었다. 하지만 서구 전체로 보았을 때 이것은 상대적으로 작은 분쟁에 불과하다. 평화와 세계화의 일세기 동안 금본위제의 지배 아래 불평등은 폭발했는데, 자본주의 국가 내부에서뿐 아니라 자본주의와 전자본주의 국가들 간에도 마찬가지로 나타났다. 두 차례의 전쟁과 소득 및 재산에 대한 거대한 세금으로 불평등은 완화되고 공공소유라는 개념을 재발명하게 되었다. 하지만 1970~80년대부터 다시 자본주의와 세계화는 고삐가 풀려 불평등을 강화했다. 21세기 초, 미국의 숙련공은 제2차 세계대전 이전의 생활수준을 확보했다. 미국의 1인당 국민소득은 1973~95년에 36% 늘어났지만 고용의 대부분을 차지하는 숙련공의 시간당 임금은 14% 낮아졌다. 시간당 임금은 반세기 전의 수준으로 내려갔는데 그 사이 국내총생산은 두배가 뛰었다.[1] 21세기 초, 프랑스에서 가장 부유한 가계 이천 곳은 평균소득보다 300배가 높은 소득을 올리고 있다. 세기말에는 이같은 집단의 소득이 평균소득의 50~60배였다.[2] 전쟁과 때로 몰수의 성격을 지니기도 하는 세금(1930년대 미국에서 고소득자에 대한 소득세는 90% 수준까지 올라갔다)이 불평등을 없앴다. 하지만 1930~45년에 불평등은 다시 증가하는 추세를 보였고, 제2차 세계대전이 발발했다.

프랑스에서 20세기에 임금노동자의 구매력은 5배 증가했다. 제2차 세계대전 이후 불평등의 상황은 크게 변하지 않았다. 프랑스는 미국이나 영국보다 훨씬 불평등한 국가였는데 이제는 실제로 더 평등한 국가가 되었다. 특히 임금의 불평등은 안정적인 양상인데, 가장 많은 임금을 받는 10%가 가장 낮은 임금을 받는 10%보다 3배 정도(정확하게는 3.2배) 더 많이 번다. 임금의 불평등 또는 위계질서는 1950~68년에 3.2에서 4.2로 높아졌다가 1985년 다시 3정도로 떨어졌고 그후 거의 움직이지 않는다.[3]

사회불평등을 완화하는 의무 부담금

> 세금의 크기는 자유와 직접적으로 비례해야 한다.
> 따라서 민주주의에서 세금은 다른 체제에서보다 더 클 수 있다.
> 왜냐하면 각각의 시민은 세금을 자기 자신에게 지불하는 돈으로 생각하기 때문이다.
>
> ―달랑베르

같은 기간 동안 사회 부담금과 공공지출도 폭발적으로 증가했다. 1914년 사회 부담금은 10% 정도였다. 케인즈는 이것이 일종의 한계라고 생각했다. 그 이상으로 가면 사회가 '사회주의화'되어 국가의 독재 또는 경제적 자유의 상실로 이어진다고 인식했다. 1973년 발레리 지스까르 데스땡은 부담금이 40% 수준이기에 사회주의라는 한계에 도달했다고 말했다. 오늘날 사회 부담금은 45%이고 1984년 최고치일 때는 50%였다.

세금에도 불구하고 중앙값(median) 임금의 2/3 이하를 버는 빈곤한 노동자층이 늘어나고 있다. 중앙값 임금이란 노동자의 50%가 그 이상을 벌고 다른 50%가 그 이하를 버는 수준을 의미한다. 고소득에 집중되어 있어서 중앙값 임금은 평균임금보다 낮다. 1980년 프랑스에는 10% 정도의 '빈곤 노동자'가 있었다. 1995년에는 18.4%, 2001년에는 재분배정책이 빈곤의 상승을 완화시켜서 16.6%가 되었다.[4] 물론 빈곤의 통계가 과소평가의 가능성을 안고 있지만[5] 그래도 자유주의 국가보다는 훨씬 낮다고 할 수 있다. 유럽연합과 비교했을 때 미국은 빈곤선 아래 있는 사람이 32%나 더 많으며, 프랑스와 비교해서는 60%나 더 많다.[6] 이런 결과는 프랑스 재분배제도의 긍정적 효과라고 하겠다. 특히 최저참여보조금(RMI)

과 고용 관련 보조금은 불평등 현상의 심화를 막아준다. 프랑스에서 재분배 이전에 14%의 가계가 빈곤선 아래 있지만 재분배 이후에는 7%로 줄어든다. 재분배가 가장 빈곤한 사람들에게 도움이 되는 것이다. 그러나 충격적인 사실은 1990년 이후 평균소득이 3%나 줄어들었다는 점이다. 이는 중산층이 재분배의 혜택을 입지 못한다는 사실에서 그 설명을 찾을 수 있다. 따라서 불평등 강화 현상은 은밀하게 진행되고 있음을 알 수 있는데, 라파랭(Raffarin, 프랑스 총리를 2002~5년까지 역임했다―옮긴이) 정부가 추진하는 소득세 감세 정책은 이런 결과를 더욱 심각하게 할 것이다.

> **평균값 vs. 중앙값** 평균은 자료의 전체 값을 모두 더한 다음 자료의 개수로 나눈 값인 반면 중앙값은 자료들을 크기 순으로 일렬로 나열했을 때, 가운데에 위치하는 자료의 값, 즉 등수가 가운데인 자료값을 중앙값이라고 한다.

소득은 복지의 정도를 불완전하게 측정할 뿐이다. 복지에는 의료나 교육에 대한 접근의 용이함 등이 포함되는데 남부 국가의 경우 물에 대한 문제도 있다. 유엔은 여기다 식량부족이나 정보에 대한 접근 등을 추가한다. 그리고 불평등에 대해 논의할 때 남북간의 불평등에 대해 말해야 한다. 암의 고통을 완화하는 약품의 80%를 부국 열곳에서만 사용하고 있다. 아프리카는 에이즈로 죽어가는데(남아프리카공화국의 경우 인구의 10%인 4백만명이 에이즈에 감염되었다) 아프리카의 구매력을 감안한 에이즈 약품 시장은 35억 달러에 불과하다. 참고로 미국은 1690억 달러 유럽은 1000억 달러 규모의 시장을 보유하고 있다. 북부가 남부에 지원하는 돈의 규모는 점점 줄어든다(미국은 국내총생산의 0.2%, 프랑스는 0.5%). 게다가 1달러가 사하라 이남 아프리카로 들어가면 1.6달러가 다시 나온다. 가장 빈곤한 아프리카가 자본을 수출하는 셈이다.[7]

분배란 결국 힘의 문제 즉 법이라는 표면 뒤에 숨어 있는 힘의 문제다. 정치적 결정에 따라 '재분배'는 부자 혹은 빈자에게 유리하며, 기업 또는 임금노동자 또는 금리생활자에게 유리할 수 있다. 임금 자체를 시장의 가격이라고 하기는 어렵다. 평균적으로 임금노동자 봉급 명세서에 적힌 것의 30%는 재분배의 결과이며, 결국 사회적이고 정치적인 내용을 포함한다는 뜻이다.

행복은 성장순인가

> 나는 모든 것의 가격은 알지만 그 어떤 것의 가치도 모른다.
> ―아르투어 쇼펜하우어

> 가격이 있는 모든 것은 가치가 없다.
> ―프리드리히 니체

전쟁 뒤에는 전리품을 분배한다. 그런데 무엇이 부인가? 이것이야말로 경제학자에게 가장 위험한 질문 중 하나다. 하지만 안심하시라, 이 질문이 얼마나 불편하고 불건전한지 경제학자는 이런 질문을 결코 하지 않는다. 아니 그보다는 경제학자에게 한 사람의 부는 그가 가지고 있는 모든 물건의 양 그리고 시장의 가격으로 계산된 그 물건들의 가치에 의해서 결정되는 것이 너무나 당연하기 때문에, 그러한 것은 질문이라고 생각지도 않는다고 표현하는 것이 정확할 것이다. 경제학자에게 있어 한 국가의 '부'는 국내총생산 즉 매년 시민들이 만들어낸 부가가치의 총액이다. 한 개인의 부 역시 그의 부가가치다. 그의 임금에다가 다른 사람의 노동에서 벌어들인 돈 즉 아파트 월세나 주식 배당금, 채권 이자 같은 이윤들을 더한 것이다.

화폐적 기준으로 보면 국내총생산 1조 달러의 국가가 1백억 달러의 국가보다 당연히 부자일 것이다. 100배 부자일까? 누가 알겠는가? 우선 국내총생산이 무엇을 포함하고 포함하지 않는지를 알아야 한다. 오늘날의 국가들은 2세기 전의 국가들보다 훨씬 부자다. 오늘날의 국가에서는 이미 사라져버린 발리(Bali) 호랑이는 볼 수 없지만 새로운 것들, 예를 들면 텔레비전 프로그램을 볼 수 있다. "오늘날 각각의 프랑스인과 각각의 유럽인은 루이 14세의 생활수준보다 높은 생활수준을 누린다고 할 수 있다. 이들은 더 높은 평균수명을 가지고 태어난다. 각자가 누리는 치료와 식품, 위생적 안락, 교통수단, 자연 재해에 대한 보호 및 문화적 소비는 양과 질에서 모두 더 높다."[8] 이러한 상품의 엄청난 축적은 인류 일부분(일부분이라는 사실을 강조해야 한다)에 있어 더 커다란 복지를 반영한다고 하겠다. 하지만 '복지'라고 해야지 '행복'이라고 해서는 안된다. 나의 수도꼭지에서 물이 나오고 의료 혜택으로 내가 지구에서 보내는 시간이 길어지는 것은 분명 복지의 지수를 높여주지만, 내가 그로써 더 행복한지는 알 수 없다. 행복의 문제는 철학자가 다루어야 하지 않겠는가.[9] "무엇이 부인가?"의 문제는 "무엇이 성장인가?"라는 문제와 연결된다. 어떤 부를 늘려야 하는가? 북부 또는 OECD 국가의 국내총생산이 증가하더라도 이 성장은 많은 공해를 일으킨다. "세계자원연구소(WRI, World Resources Institute)의 2000년 12월 보고서에 따르면 매년 사용되는 천연자원의 절반 내지 3/4은 그 이듬해 쓰레기로 자연에 버려진다. 이산화탄소의 발생이나 광산 쓰레기, 토지의 침식, 토양의 오염, 오염된 침전물 등 각종 쓰레기가 절대적으로 늘어나고 있다. 1975~96년에 이같은 쓰레기의 양은 미국에서 28%, 독일에서 24% 그리고 일본에서 20% 늘어났다."[10] 남벌(濫伐)로 숲은 줄고 토지는 '도로로 포장'되고 지하수는 더러워지고 전체적인 종의 멸종위기 등 생태계의 빈곤화는 지속되고 있다. 세계자연기금(WWF)은 지난 30여년간 생태계의 상태가 1/3 정도 나빠졌다고 평가했다. 우리는 우리가 남긴 원자력, 농약, 건축자재, 대기오염, 다이옥신 등이 암 같은 분야에서 미래의 세대에게 어떤 영향을 미칠지 잘 모른다.

"자동차의 가격에다가 그것을 사기 위해 일해야 하는 시간을 모두 더하고, 내가 자동차로 달린 거리를 교통정체로 막힌 시간뿐 아니라 이 비용을 지급하기 위해 일한 시간까지 합해서 나누어보면 속도의 개념이 무척이나 달라진다. 결국 20세기의 인간은 18세기에 비해 조금 빨리 움직일 뿐이다."

성장이란 단순한 개념이 아니다. 영국의 국내총생산은 1990~2000년에 20% 증가했지만 같은 기간 동안 영국의 빈곤인구(최저임금의 절반 수준을 빈곤수준이라 하는데 그 이하에서 생활하는 인구)는 백만명이나 늘어났다. 성장이란 불평등의 심화를 의미하기도 한다. 인류의 절반은 아직도 하루에 2달러 미만으로 생활한다. 물론 사하라지역에서 2달러와 맨해튼에서의 2달러는 같다고 할 수 없지만, 남반구와 북반구의 격차는 줄어들지 않는다. 따라서 전체적으로 인류의 '부'는 증가하고 있지만 빈자의 수와 그들의 고통 역시 증가하고 있다. '부'는 공해라는 개념을 포괄하지 않기 때문에 현재 중국 같은 나라에서는 대규모의 공해가 동반되는데도 불구하고 성장을 자본주의를 정당화하는 도구로 활용하고 있다. 부와 성장의 내용에 대해서 조금 생각해보자. 변호사의 써비스가 늘어나는 것은 알래스카에서 석유를 생산하는 것과 마찬가지로 강한 공해라고 할 수 있는가? 물론 그렇게 말하기는 어렵겠지만, 변호사들은 자동차 그것도 대개 대형 자동차를 탄다. 이들이 직·간접적으로 사용하는 에너지의 양은 엄청나다. 이반 일리치(Ivan Illich)는 재미있는 계산을 한 적이 있다. 만일 자동차의 가격에다가 그것을 사기 위해 일해야 하는 시간을 모두 더하고, 이 아름다운 물건의 비용으로 매달 들어가는 400유로를 벌기 위해 소비한 시간을 더하고, 그리고 내가 자동차로 달린 거리를 교통정체로 막힌 시간뿐 아니라 이 비용을 지급하기 위해 일한 시간까지 합해서 나누어보면 속도의 개념이 무척이나 달라진다. 그래도 일리치는 인간이 20세기에 18세기보다는 조금 빨리 움직인다고 했다. 아주 조금 말이다.

공해와 파괴는 국내총생산량을 증가시킨다?

> 마지막 나무를 자르고, 마지막 강을 오염시키고, 마지막 생선을 낚은 이후 사람들은 돈을 먹고는 살 수 없음을 깨닫게 될 것이다.
> ―인디언 부족장

> 오늘날 사람을 죽이는 것이 범죄이듯이 언젠가는 동물을 죽이는 것이 범죄가 될 것이다.
> ―레오나르도 다빈치

때때로 정치인들은 국내총생산을 넘어선 부의 평가에 관심을 보이기도 한다.[11] 질문은, 과연 교통사고가 프랑스인의 부의 축적을 돕느냐는 것이다. 물론 빠트릭 비브레는 그렇다고 답한다. "광우병에서 에리카

(Erika)¹²까지, 석면문제에서 교통사고까지, 1999년 12월 대폭풍의 결과에서 2000년 가을 유가파동까지 대부분의 문제에서 우리가 신기하게도 잊어버리는 것은 이런 재앙이 우리의 국내총생산을 위해서는 축복이라는 공통점을 가졌다는 사실이다." 이것은 정확한 분석인가? 아니다. 물론 유가 인상은 지출을 증가시키는데, 저축과 소비라는 두 부분으로 구성된 국내총생산을 기계적으로 증가시킨다. 한 시간을 교통정체로 서 있으면 내 자동차는 움직이지 않지만 내 지출은 늘어나기 때문에 국내총생산을 증가시킨다.¹³ 나는 스트레스도 늘어나기 때문에 결국 약품 지출도 늘릴 것이다. 풍경이 내 차에서 나오는 가스로 파괴되는 것은 중요하지 않다. 그러면 교통사고의 경우를 살펴보자. "교통사고의 직접비용(간접비용은 그것의 3배 정도 된다) 1200억은 우리 국내총생산 성장에 기여한다."¹⁴ 그러나 이러한 주장은 틀렸다. 예를 들어 사람이 30세에 사망하면 그 이후 벌었을 30년간의 추가 소득이 집단의 입장에서 볼 때 사라져버리는 것이기 때문이다. 그의 임금에 30을 곱하면 그를 병원에 옮겨 치료하는 비용보다 훨씬 많을 것이다. 비브레의 주장을 따르자면 "대기오염으로 인한 1700억의 의료지출은 마찬가지로 국내총생산에 기여한다." 위에서 지적한 이유로 이것 역시 틀린 주장이다. 따라서 우리는 투자의 지출과 소비의 지출을 구분하는 것이 중요하다(소비란 어떤 효용을 댓가로 파괴하는 것인데, 예를 들어 동물 밀가루*의 파괴는 소비가 아니라 순수한 파괴로 마치 폭탄으로 건물을 부수는 것과 마찬가지다).

반대로 우리는 다음과 같이 말하는 철학자에게 동의를 표할 수밖에 없

---

* 동물 밀가루란 가축 도살장에서 남은 찌꺼기를 이용해 만든 밀가루로 단백질을 많이 함유하고 있어서 동물 사료를 만드는 데 사용되었다. 불행히도 이는 광우병 같은 병의 발생에 결정적으로 기여했다 — 옮긴이.

다. "이와 동시에, 특히 1901년 시민단체 구성에 관한 법에 따라 비영리적 협회들이 주관한 봉사활동의 일환으로 오염된 해변을 청소하거나 장애인을 공짜로 도와주는 활동은 그 재앙을 부분적으로 치유하는 데 기여했지만, 부의 창출에는 기여하지 못했다. 아니 오히려 영리적 활동이 아닌 비영리적 활동을 강화하여 국내총생산의 수치를 낮추었을 것이다." 완벽한 논리다. 화폐적이지 않은 것은 계산되지 않는다. 그런데 10장에서 살펴보겠지만, 진보는 대개 연구나 교육처럼 비화폐적이고 집단적인, 즉 시장을 통하지 않는 집단행동을 통해서 이룩된다.

예방과 치료의 딜레마를 살펴보자. 예방의학의 비용은 매우 낮은 데 반해 치료의학은 많은 비용이 든다. 그렇다면 전자는 후자와 달리 국부에 계산되지 않는다는 것이 정확한 말인가? 담배를 피우지 않도록 하는 예방조치는 국가지출에 포함되지 않지만, 반대로 병원에서 환자의 치료는 계산된다. 하지만 예방을 통해 환자가 줄어들고 일부 사람들은 계속 경제활동을 할 수 있었다. 사실 비교를 하려면 환자의 치료비용과 그가 병들지 않고 건강하게 노동활동을 해서 제공할 수 있는 노동시간을 비교해야 할 것이다. 물론 병이 없어 제공될 수 있던 노동은 국내총생산의 계산에 포함된다! 암에 걸리지 않은 노동자나 기술자의 노동은 국부에 포함된다. 결국 예방도 간접적 효과를 통해 국내총생산의 계산에 들어간다. 반면 치료의학은 '낭비'와 '수선'에 대한 보너스라고 할 수 있다. 일회용품에 대한 보너스인 셈이다. 우리 사회는 예방과 숙고의 사회라기보다는 '낭비'의 사회(사물의 가치는 금방 없어지고 자연을 파괴하는 사회)임에 틀림없다. 이처럼 단기에 집중하는 쓰레기 사회는 시간에 관심을 보이는 사회에 비해 더 빈곤하다. "더 많이 낭비하고 더 많이 대체하고 그래서 나는 더 부자다"라는 사고는 잘못된 것이다. 그러나 이것이 상업적 경제 마인

드다. 정치경제학과 자본주의의 탄생은 개인과 계산—호모 에코노미쿠스의 계산적 이성—그리고 모든 것의 동기라고 여겨지는 개인적 필요의 승리다. 바로 이런 과정을 거쳐 국내총생산은 '개인적 부'의 합계가 되었고, 자연이나 인류의 재산이라고 할 수 있는 언어 같은 공동의 또는 집단적 재화로부터 완전히 격리된 개념이 되어버렸다.

우리가 언급한 낭비는 파괴일 뿐이다. 달리 말해서 단순한 소비다. 오스트리아 출신 경제학자 조지프 슘페터가 '창조적 파괴'라는 용어를 사용하는 것은 노동의 재배치를 통한 노동생산성의 향상과 관련된 혁신과 기술적 발전을 의미한다. 예를 들어 낫으로 벼를 베는 사람, 소모(梳毛) 직공, 삽으로 땅을 일구는 사람 같은 특정 직업의 파괴로 노동의 거대한 잠재력이 해방되었다는 것이다. 여기서 언급하는 것은 인간의 사회적 노동의 변환으로, 위에서 언급한 단순한 파괴인 '낭비'와는 전혀 다른 것이다.

인간발전지수(HDI)

인간발전지수(Human Development Index)는 유엔개발프로그램(UNDP)이 만들었다. 이것은 경제와 윤리의 상호관계를 회복을 지향한다. 유엔개발프로그램은 성장과 인간의 발전 간에는 필연적인 관계가 존재하지 않는다는 사실에서 출발한다. 1990년 이후 인간발전지수라는 복합적 지수가 빈곤의 축소와 환경보호 같은 요소들을 포함하려고 노력한다. 재화는 그 자체로서 평가되는 것이 아니라 건강과 지식, 자신감, 공동체 생활에 적극 참여하는 능력 등 특정 잠재력에 대한 도구로서 평가된다. 그렇다면 어떻게 지식을 '측정'할 것인가? 학위로 측정할 것인가? 또 자신감은 어떻게? 인간발전지수는 평균수명과 교육수준과 소득을 포함한다. 또한 빈곤이나 성차별, 주택, 교육, 여성 진학률, 영아 사망률, 범죄, 폭력 등과 관련된 특정 기준들을 매우 실천적인 방식으로 포함하고 있다. 인간발전지수는 사회보호가 대체적으로 좋은 제도라는 것을 보여준다. 스웨덴이나 노르웨이처럼 사회보호가 강한 나라들이 미국이나 영국 같은 '자유주의' 국가들보다 더 좋은 결과를 얻는다.

1996년, 세계은행은 제3세계에서 얻은 실패에 자극받아 자본과 노동이라는 생산요소에 환경이라는 자연적 자본요소를 더함으로써 기존의 성장 지수를 개선했다. 이 접근법에 따르면 화폐적 자본은 전체의 16%에 불과하고 자연적 자본이 20%, 그리고 인간 자본이 64%를 차지한다. 노벨상 수상 경제학자 제임스 토빈(James Tobin)은 '순국민복지'(NNW, Net National Welfare) 개념을 통해 국내총생산에서 환경에 입힌 손상을 뺀 순수 성장을 측정하려 했다. 자본주의사회가 창출하는 폭력을 보상하기 위해 지출된다고 볼 수 있는 경찰 비용의 일부도 국내총생산에서 제외되었다. 다른 부분은 국내총생산에 더해졌는데 예를 들면 공공설비가 제공하는 써비스들이다. 그뒤로도 언제나 유엔의 주도하에 몇몇 생태학적 회계의 시도가 있었다. '그린 국민총생산'(Green GNP)은 천연자산의 손상 정도, 토지의 이용, 종의 멸종, 쓰레기로 인한 환경파괴 등을 감안한 지수다. 미국의 한 연구팀에서는 우리의 어머니인 지구가 자율적 환경씨스템과 기후씨스템, 식량씨스템 및 미적 쾌락까지 포함하여 우리에게 제공하는 '써비스'를 계산하겠다고 제안하기도 했다! 매우 야심찬 계획이

그린GNP 기존의 GNP가 자원과 오염문제에 따른 사회적 비용을 반영하지 못하는 문제를 개선하려고 도입한 것으로 환경요소를 합산한 국민경제의 새로운 지표다.

다. 물론 우리가 지구에 지고 있는 빚을 제대로 계산하지는 못하겠지만, 그래도 내 자동차가 사용하는 기름 1리터(내 자동차 안에 있는 내 기름 1리터)를 부의 유일한 지수로 삼는 제약에서 벗어나려는 훌륭한 시도로 볼 수 있다.

윤리적 관심도 성장에 포함시켜야

우리는 흐루시초프(Khrushchov)의 러시아를 상기해볼 필요가 있다. 그때 성장률은 8%였고 미국을 곧 따라잡을 추세였다. 그러나 이 시기에 아랄 해는 사라져가고 정치범 수용소는 가득 차 있었다. 따라서 소련이 규정한 성장은 야만적이고 생산주의적이라고 할 수 있으며, 정부가 정의한 대로 계산된 행복이라는 개념은 무척 주의해야 할 것이다. 그렇다면 상업적 행복은 어떻게 생각할 수 있는가? 어쨌든 화폐적이고 따라서 상업적인 축적, 공산주의 축적의 자유주의적 판이라고 할 수 있는 시장이 인정하고 가치를 부여하는 축적은 결국 인간의 정열을 제재할 수 있는 좋은 수단이다. 주민이 대부분 고통만 받는 것보다는 적어도 주민에게 강요하는 '행복'이 더 훌륭하다. 케인즈는 "한 개인이 다른 시민들에 대해서보다는 자신의 은행계좌에 대해 독재를 하는 것이 낫다"고 말했다. 앨버트 허쉬만(A. Hirschmann)은 이에 동의하면서, 모든 정열 중에서 부와 사물에 대한 정열이 인간에게는 가장 덜 비극적인 것이라고 했다.[15] 하지만 다른 사람의 행복을 너무나 바라는 인간을 우리는 조심해야 한다! 그들은 대개 잔인한 방법으로 행복을 강요하기 때문이다. 1960년대 모든 사람들이 거대한 아스완댐을 찬양했지만 그것은 환경적 재앙이었다.

그러면 무슨 말인가? 계획된 행복, 아니면 상업적 행복? 하지만 이것은 잘못된 딜레마다.[16] 우선 자본주의는 민주주의에 별 관심이 없다. 이익과 탐욕, 부의 축적은 언제나 전제주의와 잘 지내왔다.[17] 게다가 부의 모든 정의는 어느정도 사회적이며 우리가 국가회계에서 살펴보았듯이 정치적 의지를 반영한다. 그렇다면 이 의지가 민주적일 경우 윤리적 관심을 반영하는 부의 정의도 가능할 것이다. 기업은 점점 '윤리적 헌장'에 관심을 보이는데 자신이 아동을 착취하지 않으며, 인간을 살상하는 지뢰를 만드는 기업과 아무런 연관이 없다는 것을 보여주려 한다. 게다가 '사회적'인 기업들이 훌륭한 결과를 창출해낸다는 사실을 실증적으로 알 수 있다. 회계가 정치적 의지를 반영하는 만큼 정치권력에게 성장의 측정에 있어 윤리적 관심을 포함하라고 요구하는 것은 무척 당연한 일이다.

관객을 아이로 여기는 바보 같은 전세계 광고의 연간 지출액은, 기아를 물리치고 모두에게 마실 물을 제공하며 주요 질병과 투쟁하는 데 필요한 돈의 열배나 된다. 복제약품 현상은 '인간의 건강이 항상 시장 규칙을 따르는 것은 아니다'라는 점을 잘 보여준다. 광고로 비싸진 특허약품에 비해 복제약품은 인류의 입장에서 보면 무척 생산적일 수 있다. 하지만 결과가 즉각적이지는 않다. 특허약품을 팔면 약품 소비를 부추기는 바보스러운 광고비가 국내총생산에 더해지지만, 반면 적은 수의 환자만을 치료할 것이고 따라서 노동력의 경제효과는 작아질 것이다. 결국 특허약품 판매는 내일의 건강한 사람들이 제공할 국내총생산을 희생하여 오늘의 국내총생산을 불리는 효과를 낳는다. 경제에 윤리가 복귀하는 것은 기뻐할 일이지만 효율성의 이름으로 윤리를 주장해서는 안된다. 이 경우에는 단기적 시각을 지진 바보들이 언제나 승리하기 때문이다. 효율성의 입장에서 본다면 한국에 자동차산업이 필요 없던 것과 마찬가지로 인터넷의 존재 이유도 없었다. 효율성이 윤리를 뒤따르는 것은(예를 들어 자유로운 노동자에 비해 노예의 생산성이 낮다) 가능하며 좋은 일이다. 하지만 효율성이 윤리적 헌장을 규정해서는 안된다. 윤리는 비상업적이고 그 어떤 이유에서도 시장에 복종할 이유가 없다. 1870년 전쟁 이후 프랑스 군인들은 프랑스 군대가 독일 군대보다 교육 수준이 낮다는 데서 자신들의 패배 요인을 찾았다. 이처럼 군인에게조차 지식은 효율적일 수 있다!

부는 오로지 농업에서만 온다

> 나는 너무 조금 살았기 때문에 죽지 않을 것이라고 생각하는 경향이 있다. 인간의 삶이 그렇게 아무것도 아닌 것으로 축소될 수 있다는 사실이 믿어지지 않는다. 사람은 언젠가 무엇이 일어날 것이라고 생각하곤 한다. 그러나 그것은 무척 잘못된 생각이다. 인생은 공허하고 짧을 수도 있기 때문이다.
>
> ─미셸 우엘벡

인생에는 값이 없다. 아마도 사랑이나 우정, 명예도 마찬가지일 것이다. 때로 '핏값'[18]이나 '프레씨움 돌로리스'(precium doloris)* 같은 개념이 이런 생각을 흔들지만 말이다. 다른 경우에도 종종 그랬지만, 사업가와 경제학자 들이 가치라는 단어를 독점하여 지난 몇년간 증시가 기적적인 활황일 때는 '가치 창출'(증시에서 특정 기업의 주식가격을 높이는 작업)이 가장 유행하는 구호였다.

'가치'라는 단어처럼 인간성을 내포하는 단어는 없을 것이며, 어쩌면 '부'도 비슷한 종류로서 인간성과 관련이 깊다. 미구엘 데 우나무노

---

* 라틴어로 고통의 가격이라는 의미인데 현재는 법적 용어로 위자료를 뜻한다 ─옮긴이.

(Miguel de Unamuno)는 "정치경제학에서 가치와 부와 소득과 자본같이 삶에 자리하고 있지만 원죄로 부패해버린 잘못된 용어들을 내버려둘 수만 있다면!"[19]이라고 한탄했다.

아리스토텔레스에 의하면 제품의 가치는 필요를 충족시키기 위해 사용할 수 있느냐에 따라 결정된다고 했다. 따라서 가치의 핵심은 '사용가치'이지 '교환가치'가 아니다. 가치란 사물에 대한 인간의 필요를 표현한다. 예를 들어 다이아몬드보다 물이 훨씬 커다란 사용가치가 있다는 것은 명백하다. 하지만 물의 교환가치는 훨씬 작다. 디오게네스가 샘에서 물을 손에 담아 마시는, 비교할 수 없이 소중한 물의 교환가치는 그 풍요로움으로 인해 제로라고 할 수 있다. "만일 우리가 아무것도 필요로 하지 않거나 다른 것만을 필요로 한다면 교환은 없을 것이다."[20] 아리스토텔레스는 도시 안의 인간의 욕망에 관련되고, 물건의 본질보다는 필요에 기초한 가치의 심리적 이론[21]을 예시했다.

이 이론에는 아직 기준이 존재하지 않았는데 중농주의[22]가 그 본질적 기본을 제공했다. 중농주의자들은 부가 노동에서 오지 않는다고 생각했다. "농업만이 생산적인데 그 이유는 농업만이 자신이 소비하는 것보다 더 많은 것을 생산하기 때문이다."[23] 그들은 공업이나 상업은 비생산적이라고 했다. 그 이유는 그들의 소득이 지출보다 많지 않기 때문이다. 부는 물질인데 상업은 물질을 생산하지 않는다. 그리고 노동도 마찬가지다. 목수는 테이블을 만들 때 나무를 생산해내지 못하는 반면 대패질하거나 잘라낸 쓰레기를 생산한다. 하지만 농부는 한 알의 밀알을 뿌리면 열 알을 거두어들인다. 따라서 자연만이 생산적이다. 이 극단적인 주장이 흥미로운 것은 노동과 상업, 공업이 그 무엇도 생산해내는 능력이 없다고 보기 때문이다. 공업은 단순히 변환할 뿐이다. 결국 얼마나 세련된 것일지는 몰라도 인간의 모든 활동의 기초에는 모성 같은 자연이 있어서 자신의 재생산 주기로 인간을 부유하게 만드는 능력을 발휘한다. 야생의 종들이 사라지고, 지구의 취약화와 빈곤화가 심화되며, 대기와 물의 오염이 진행되고 있는 이 시기에 우리의 모성 지구가 부의 근원이라는 점을 상기할 필요가 있다.

노동가치

> 인간은 많은 노동자를 고용하면 부를 축적하지만,
> 수많은 하인을 거느리면 빈곤해진다.
> ―아담 스미스

공기나 (과거의) 물 또는 아주 오래전 수렵채취 사회에서 자연으로부터 얻은 물건이 가치(value)가 없는 이유는 너무나 풍부하기 때문이다. 사람이 자연과 투쟁하는 것이 아니라 단순히 손을 뻗어 과실을 얻으므로 필요는 충족되고 물건은 가치를 지니지 못한다. 하지만 자연이 적대적으로 변하고 물건이 희소해지면 인간의 노동만이 필요를 충족시킬 수 있다. 스미스, 그뒤에 리카도, 맬서스, 밀 그리고 특히 맑스는 노동을 상품가치의 기초로 만들었다. 재화의 가치는 그것을 얻거나 생산하기 위한 필요노동과 정비례하여 증가한다. 잘 알려지지는 않았지만 케인즈 역시 노동가치의 신봉자였다. "우리는 노동이 모든 것을 **생산**한다는 고전주의 이전 시기의 이론을 선호한다. 노동은, 과거식 표현으로 재주나 요즘식 용어로 기술이라 부르는 요소의 기여, 천연자원의 기여 그리고 자본 재화의 기여로 생산하는 것이다. 여기서 자본 재화는 과거의 노동이 만들어낸 결과라고 할 수 있다. 자본 재화도 그 희소성이나 풍요에 따라 가격이 변동한다. 따라서 사업가와 그를 돕는 간부들의 개인적 써비스까지 포함하는 의미의 노동이 유일한 생산요소라고 보는 것이 바람직하다."[24] 그렇다면 노동이 모든 것을 측정한다고 할 수 있는가?

대부분의 경우 가격이, 사용되었거나 기여한 노동의 상대적 양을 반영 못한다는 사실은 명백하다! 기업 간부의 천문학적 임금과 그 밑에서 일하는 직원의 임금을 비교해보면 알 수 있다! 어떻게 이 차이를 설명할까? 바로 난폭한 현상, 부의 독점, 상업관계의 불투명성과 관련된 약탈행위 때문이다. 그리고 교환에서 비롯되는 수탈적 조항 때문이다. 맑스는 노동을 기준으로 하는 이론을 창안했는데, 모든 노동의 핵심(essence)인 '사회적 필요노동'은 '노동강도와 숙련도의 사회적 평균치'[25]로서 거대한 자

> **사회적 필요노동** 어떤 사회의 정상적 생산조건 하에서 평균적 기술 수준과 평균적인 노동강도를 기준으로 할 때 어떤 사용가치를 생산하는 데 필요한 노동을 뜻한다.

본주의 기계를 움직이는 작동 원리다. 측정단위로서의 노동은 노동력 수요의 역사에서 한 단계에 해당하는데, '사회적 생존 최저수준'으로 '프롤레타리아'(그의 유일한 부는 아이들이다)가 재생산함으로써 노동자 대중을 지속시킬 수 있도록 하는 수준이다.

아니면 가치란 순전히 모방적인 욕망으로서 다른 자가 가진 것과 비교해서 존재할 수도 있다.[26] 프로이트는 인간 행동을 이해하는 열쇳말은 충동과 모방주의라고 상기시키면서 "인간은 근본적으로 전염적 동물"이라고 멋지게 표현했다. 케인즈는 프로이트의 메씨지를 잘 수용하여 자신의 증시이론과 화폐이론에 적용했다. 군중과 여론은 결국 맑스의 사회적 노

동이 아니겠는가? 설명하자면, 소위 여론이 집단적이고 무척 신비한 방식으로 사물에 가치를 부여한다는 것이다. 맑스는 기준을 찾고 있었는데, 사회적 노동은 사물을 측정하는 집단적 기준으로 특정 순간의 그 사회내 세력관계의 결과이자 상반된 집단적 세력의 균형점으로 보았다. 그것을 우리는 생산관계라 부를 수 있다. 이것이 여론과 그렇게 먼 개념인가? 우리가 가치이론을 선택해야 한다면, 아마도 인간의 의식을 초월하여 인간의 열정을 어떤 특정한 상품이나 활동으로 이끄는 집단심리 쪽으로 기울 것이다.

돈은 시간을 지배한다

돈에는 가격이 있어서 사람들은 마치 돈이 부동자본인듯 돈의 '임대료'(이자율)라는 표현을 사용한다. 케인즈는 이자율 이론에서 '불확실성에 대한 심리적 가격'으로 이자율을 규정했는데, 절제나 포기한 소비에 대한 댓가라고 보는 고전주의 또는 자유주의 인식과는 전혀 다르다. 불확실성은 집단적이며 소비자와 사업가 집단이 미래에 대해 가지는 공포심이나 안정감을 반영한다.

이것이 바로 집단심리에 기초한 가치의 사회적 인식이다. 노동기준 옆에는 화폐기준과 시간기준이 존재한다. 이 세가지가 가치를 결정한다. 화폐기준과 시간기준은 서로 특별한 관계가 있다. 시간이란 돈과 공포인데, 공포는 돈을 소유함으로써 벗어날 수 있다. "경제학자들이 가치이론에 대해 언급하는 경우 가격이 수요와 공급에 따라 결정된다고 가르쳐왔다. 우리가 보기에 가치이론과 분배이론 그리고 화폐이론을 구분하는 것은 잘못된 듯하다."[27] 이 말은 1) 화폐가 대표적인 사회적 관계로서 가치의 핵심에 있다는 것이고 2) 경제 문제의 핵심에는 이자율이라는 분배의 문제가 자리잡고 있다는 뜻이다.

'적정한 가격'이라는 개념은 이자율 문제에 좋은 출발점이다. 돈이 이자율이라는 가격을 가졌다는 사실은 돈이 '시간의 가격'이라고 부를 수 있는 그 자체로서의 가치를 가졌다는 뜻이다. 그런데 스콜라철학에 의하면 시간의 주인은 신이기 때문에 이를 인정할 수 없었다. 1179년 라트랑(Latran) 종교회의에서 교회는 신부들에게 고리대금업자의 성금을 받지 못하도록 금지했다. 중세는 성경을 뛰어넘어 이자를 받는 빚에 반대하는 모세의 법칙을 되찾은 셈이며, 돈을 축적의 수단으로 사용하는 것에 반감을 보였던 아리스토텔레스의 결론에 도달한 것이다.

빚과 이자 그리고 시간의 가격이라는 문제는 자본(지속되는 재화)과 이윤의 가치의 문제로 연결된다. 돈에 대한 이자율은 자본과 채권의 가치 자체를 정의하는, 자본과 기계의 이윤율에 해당한다. 스콜라철학은 원칙적으로 이자를 받는 융자를 금지하는 경제적 이론을 만들어냈다. 이 이론은 죄악과 자선이라는 관념을 중심으로 단순한 도덕적 비난을 넘어서 무척이나 세련되고 광범위한 이론이다. 필요에 의해 돈을 빌리는 사람에게 이자를 요구한다는 것은 타인의 가난에 투기하는 행위라는 것이다. 따라서 자본을 대고 생산에서 사람들의 시간을 조정하는 자본가의 이윤은 정당화될 수 없다. 결국 가장 비난받아 마땅한 것은, 아리스토텔레스가 말했듯이, 돈이 돈 그 자체로서 보다 더 많은 가치를 얻게 되는 현상이다. 왜냐하면 탐욕은 바로 돈의 축적이기 때문이다.

아리스토텔레스가 없었다면 빌 게이츠는 존재했을까?

자만에 찬 우리 사회는 자신을 무척 부자라 생각하면서 원시적이라 불리는 과거 사회의 검소함을 멸시한다. 하지만 우리는 동·식물의 파괴, 생명의 다양성의 돌이킬 수 없는 상실 아니 그냥 다양성의 상실, 언어의 멸종 같은 반인류적 죄악들을 무시하고 있다. 우리는 불행이나 스트레스, 슬픔도 모르는 척하면서 절망적 존재의 평균수명 연장에 푹 빠져 있다. 자기희생이나 이타주의에서 비롯되는 수천가지 활동은 결코 계산되지 않는다(화재가 발생했을 때 봉사자들의 희생이나 가정에서 일하는 여성의 노동을 어떻게 계산할 것인가, 엄마가 아이에게 글자를 가르치는 것은 어떻게 셈할 것인가). 우리 사회는 마치 비영리적인 것은 모두 체계적으로 과소평가해버리려는 듯하다.

재미있는 대화나 우정이 싹트는 것은 어떻게 평가할 것인가? 더 나아가서 인류가 호메로스 이후, 아니 벨라스께스(Diego Velázquez)의 붓질만큼이나 순수하게 그려진 쇼베(Chauvet) 동굴의 말〔馬〕 그림 이후 인류가 우리에게 물려준 그 모든 것이 없었다면 우리는 지금 무엇이겠는가? 호메로스의 인류에 대한 공헌을 어떻게 평가할 것인가? 스위스 국가 전체보다 부자인 빌 게이츠는 과연 아리스토텔레스가 없었다면 존재했을까? 지식이란 돈으로 살 수 있는 사치품인가, 아니면 측정 불가능한 인간 영혼의 구성요소인가? 빠스뙤르의 발견이 가져온 가치를 화학산업의 매출액으로 그리고 라씬느의 연극 작품의 가치를 출판 매출액으로 따진다는 것은 무엇인가 올바르지 못한 것 같고, 결국은 그들의 가치를 훼손하는 짓이다.

절대적 잣대로 삼는 국내총생산에 우리가 파손하는 것을 계산하기 시작하면 우리는 갑자기 무척이나 가난해질 가능성이 높다! 결국 우리 사회가 생산하는 부와 가치는 우리가 그토록 자랑스러워하는 평균수명 연장을 통해 정당화되곤 하는데, 과연 우리의 인생이 과거 더 짧은 삶을 살았던 고대 사람들의 삶보다 더 가치있는 것인지는 알 수 없다. 그리고 특히 무척이나 길게 느껴지는 삶이 삶이라기보다는 생존에 가까운 사람들을 생각해보라. 또는 아프리카에서처럼 평균수명이 짧아지는 사람들을 생각해보라.

"자기희생이나 이타주의에서 비롯되는 수천가지 활동은 결코 계산되지 않는다. 우리 사회는 마치 비영리적인 것은 모두 체계적으로 과소평가해버리려는 듯하다."

| 원문 읽기 |

■ 미셸 우엘벡

보편적 공허의 느낌

규칙은 복합적이고 다양한 형태다. 일하는 시간 이외에 물건들을 사러 다녀야 하고 자동인출기에 가서 돈을 빼내야 하는데 그곳에서도 대개는 기다려야 한다. 특히 당신 삶의 다양한 측면을 관리하는 기관에 다양한 돈을 지불해야 한다. 게다가 당신이 아프기라도 하면 비용이 들어가는 것은 물론 새로운 절차를 밟아야 한다.

그래도 자유 시간이 남는다. 무엇을 할 것인가? 어떻게 쓸 것인가? 다른 사람에게 봉사하는 데 쓸까? 그러나 따지고 보면 다른 사람은 당신의 관심 밖이다. 음반을 들을까? 한 방법이긴 하지만 시간이 흐를수록 당신은 음악이 점점 덜 감동적으로 다가온다는 사실을 인정할 수밖에 없다.

집수리나 가구 만들기 등이 그 넓은 의미에서 하나의 길을 열어주기는 한다. 하지만 실로 그 어떤 것도 당신의 절대적인 고독과 보편적 공허의 느낌 그리고 당신의 존재가 고통스럽고 최종적인 파괴에 다가가고 있다는 예감의 순간들이 점점 더 자주 몰려와서 당신을 진정한 고통의 상태로 빠뜨리는 것을 막을 수 없다.

그리고, 그럼에도 불구하고, 당신은 여전히 죽고 싶지 않다.

— 『투쟁영역의 확장』

■ 프레데릭 벡베데르

너는 이 인공적 불행을 원치 않았다.

상품의 지배란 그것을 마구 팔아대는 것을 의미한다. 네 일은 소비자들로 하여금 가장 빨리 소모되어버릴 물건을 선택하도록 설득하는 것이다. 산업가는 이를 '소모를 계획하다'라고 부른다. 사람들은 너에게 눈을 감고 네 의문들을 계속 품고 있으라고 부탁할 것이다. 그래 모리스 빠뽕(Maurice Papon)*처럼 너는 몰랐다고 계속 주장하면서 너를 변호하거나 또는 달리 할 방법이 없었다든지 또는 과정의 속도를 줄이려고 노력했었다고 그리고 너는 솔직히 영웅이 되어야만 하는 이유는 없었다고 강변할 것이다. 문제는 10년 동안 매일같이 너는 그 어떤 불만도 없이 살았다는 것이다. 네가 없었다면 일들은 조금 다른 방식으로 진행되었을 텐데. 우리는 물론 사방을 지배하는 포스터가 사라진 세상을 꿈꿀 수도 있고, 모든 것을 흉측하게 만드는 간판이 없는 마을이나 패스트푸드가 없는 거리 또는 사람 자체가 없는 거리를 상상할 수도 있을 것이다. 서로 이야기하는 사람들 말이다. 삶이 이렇게 조직되어야만 할 필요는 없었다. 너는 이 모든 인공적 불행을 원치 않았다. 교통정체로 움직이지 않는 자동차를 만든 것은 네가 아니다(2050년에 지구상에는 25억대의 자동차가 있을 것이다). 하지만 너는 세상을 다시 장식하기 위해 아무것도 하지 않았다. 성경의 십계명에는 다음과 같은 말이 있다. "너를 위하여 새긴 우상을 만들지 말고, 아무 형상이든지 만들지 말며, 그것들에게 절하지 말며……" 따라서 너의 죄는 죽음의 죄로서 이세상 전부와 같이 들키고 만 것이다. 그리고 신의 처벌은 우리가 잘 알고 있듯이 네가 살고 있는 지옥이다.

—『9,900원』

---

* 빠뽕은 나찌 점령 때 유태인 체포와 수송에 관여한 반인륜적 범죄자로, 21세기 들어 죗값을 치렀다——옮긴이.

■ 도미니끄 메다

부유한 사회란 무엇인가?

단순히 국내총생산이 높은 사회인가? 즉 상업적 교환이 엄청나게 발달한 사회인가? 소비력이 무척이나 잘못 분배되고 소득의 격차가 매우 크더라도, 기초적 재화에 대한 전체의 혜택이 보장되지 않더라도, 극소수의 대단히 부유한 사람들과 점증하는 빈자들이 서로 무시하며 공존하더라도, 폭력이 확산되어 부자들이 게토(ghetto)화된 지역에 숨어들더라도, 수많은 재화와 써비스가 점점 유료화되고 교통이나 생활환경, 물리적 안전 같은 일상생활의 조건이 점점 악화되더라도, 인종혐오증이 강화되고 전체의 이익이라는 단순한 아이디어가 사람들을 비웃게 하더라도, 상업적 교환만 많아지면 부유한 사회인가? 답은 물론 '아니요'다.

—『부란 무엇인가?』

■ 아르망 파라시

축적의 엔진으로서 자동차

자동차 운전보다 힘의 환상을 잘 충족시켜주는 것도 없다. 자동차는 하나의 신전이자 숭배물이며, 엔진을 장착한 개인주의의 표시이며 상징이기보다는 상상의 체계다. 하지만 사람들은 이런 크롬 금속과 장식품들이 어떤 현실을 감추고 있는지 잘 안다. 소음과 악취는 따지지 않더라도 자동차는 매년 전세계적으로 40만명의 사망자와 1200백만명의 부상자를 낳는다. 자동차는 세계의 모든 풍경과 도시를 뒤바꾸어놓고, 공기를 더럽게 하고, 오존층을 파괴하고, 기후를 변동시키고, 질병을 확산시키고, 영토를 차별화했으며 그곳에서 생활하던 동물들을 멸종시켰다. 그 피해는 수백억 프랑에 달하는데, 그 비용은 자동차 보호나 선전을 위해 들이는 비용과 엇비슷하다. 이 정도 수준이면 세계전쟁과 생태적 재앙 그리고 반복되는 금융위기를 합한 결과라고 할 정도다. 하지만 자동차에 관련된 사항이기 때문에 우리는 다만 경기 활성화, 성장, 발전, 편리함에 대해서만 말할 뿐이다. 게다가 자동차 회사들의 표면상 목표는 새로운 시장을 정복하여 '차량 총수'를 증가시키는 것인데, 이렇게 되면 아마 호흡에 문제가 있는 사람들을 위한 산소 무역이 만개할지도 모를 일이다. 우리 모두가 평균시속 10km로 1킬로미터당 평균 10프랑을 지출하며 이동할 수 있게 하기 위해서 그리고 이를 통해 모두의 부동성과 숨막힘에 기여하기 위해서, 우리는 신나게 인류와 지구에게 최후의 종말이라는 더 이상 환상이 아닌 위험을 부담시키고 있다.

—『지구의 적들』

■ 장 보드리야르

풍요와 전시

축적과 풍요야말로 가장 눈에 띄는 특징이라고 할 수 있다. 통조림, 의류, 식료품, 제과품 등으로 가득 찬 백화점은 풍요의 원시적 풍경이자 기하학적 장소다. 그리고 거리 전체에는 가득 차고 흘러넘치는(상품을 그 가치 이상으로 보여주는 광선은 그중 으뜸으로 흘러넘치는 것이라고 할 수 있다) 쇼윈도와 정육점 선반, 그들이 연출하는 모든 식량과 의류의 축제는 함께 환상적 욕구를 자극한다. 축적에는 상품의 합계 이상의 그 무엇이 있다. 잉여의 증거, 희소성의 마술적이고 결정적인 부정, 꼬까뉴(Cocagne) 나라*의 모성적이고 사치스러운 자만이 담겨 있

---

* 꼬까뉴 나라(pays de Cocagne)는 서구에서 풍요의 고장을 상징하는 전설적 나라다—옮긴이.

다. 우리의 시장과 상가, 슈퍼마켓은 엄청나게 풍요로운 되찾은 자연을 흉내낸다. 이들은 우리의 가나안 계곡으로서 젖과 꿀 대신 네온싸인이 케첩과 플라스틱 위로 흐르는데, 아무러면 어떤가! 충분치 못한 것이 아니라 너무 많이, 모두를 위해서도 너무나 많이 있을 것이란 폭력적인 희망이 여기에 있다. 당신은 굴, 고기, 배나 깡통에 든 아스파라거스를 조금씩 사지만 결국 무너질 듯한 피라미드를 쌓아가지고 간다. 당신은 부분을 사지만 전체를 사는 것이다. 그리고 소비할 수 있는 물질과 상품에 대한 반복적이고 환유적인 담론은 그 과잉성 덕분에 커다란 집단적 비유를 통해 선물의 이미지와 축제에서나 볼 수 있는 무제한의 눈부신 풍요의 이미지를 띠게 된다.

— 『소비의 사회』

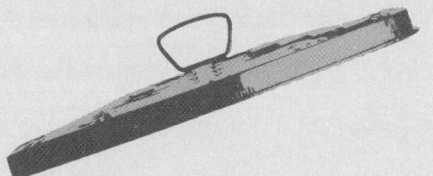

10장

성장

인간은 지구를 더이상 살지 못할 장소로 만들어놓고 자멸하도록 운명지어진 듯하다.

라마르크

인간이 서로 교환하는 많은 것들은 경제나 시장에 포함되지 못한다. 그러나 이런 것들은 경제와 성장에 영향을 미치고, 경제는 이들을 양심없이 삼켜버린다. 사람들은 시간, 아이디어, 말, 만남을 서로 주고받는다. 또한 '배우기'도 한다. 그들은 다른 사람의 활동을 관찰한다. 그리고 많은 말을 한다. 언어는 핵심적·무상적·집단적인 교환수단이다. 언어는 대중적 현상으로서 그 언어를 사용하는 사회와 떼어놓고 생각할 수 없는 사회의 고갱이다. 이는 사회가 공통의 집단적 제도 없이는 존재 불가능함을 명백히 보여준다. 의심스러운가? 당신은 어느날 우리가 사용하는 단어의 댓가로서 돈을 받는 일을 상상할 수 있겠는가? 이렇게 인간이 하는 교환의 엄청난 무상성은 무상의 원칙이라고는 전혀 무관한 상업 경제에 막대한 결과를 가져다준다. 이번 장에서는 '성장'과 '발전'이라는 개념을 중심으로 바로 이러한 결과를 검토한다.

지속가능한 발전

장 밥띠스뜨 쎄이(Jean-Baptiste Say)는 "천연자원은 무한대"라고 주장했다! 오늘날 이런 주장을 하는 사람은 하나도 없다. 왜냐하면 우리는 태양마저도 50억년 뒤에는 사라져버릴 것을 알고 있기 때문이다. 그러나 사람들은 마치 자원이 무한대인 것처럼 행동한다고 할 수 있다. 사람들은 자신의 '성장'을 위해 지구를 파먹고 있다.

1992년 리오(Rio) 정상회담에서는 1987년 브룬트란드 보고서(Brundtland Report)에서 규정된 지속가능한 발전이라는 개념이 등장했다. "지속가능한 발전이란 자원의 개발과 투자의 방향 그리고 기술적, 제도적 변화가 서로 조화롭게 진행되어 인간의 필요를 충족시킬 수 있는 현재와 미래의 잠재력을 강화하는 변화의 과정이다. 다시 말해서 미래 세대가 자신들의 필요를 충족할 수 있는 능력에 우리가 악영향을 미치지 않으면서 현재의 필요를 충족한다는 것이다."[1] 지속가능한 발전은 원칙적으로 미래 세대의 복지를 흔들지 않는다. 우리는 지구의 채무자이고 지구를 우리 아이들에게 넘겨주어야 한다. 우리는 아이들에게 우리가 발견한 대로의 지구를 남겨주어야 한다. 마치 발꿈치를 들고 지나간 것처럼.

'강한 지속성'은 우리가 이어받은 자연의 부를 그대로 남겨놓는다는 말이다. 물론 이런 제약은 경제학자나 자동차 장수들이 받아들이기에는 너무 강하다. 이들은 '약한 지속성'을 선호하며 시간이 지나면 '기술적 발전'이 미래 세대의 복지를 향상시켜줄 것이라는 도박을 한다. 약한 지속성에서는 지구의 '개발이윤'을 계산한다. 개발이윤이란 천연자원의 판매가격과 개발비용의 차이다. 간단히 말해서 개발이윤은 사실상 자원의 판매가격이다. 예를 들어 석유의 '이윤'은 석유의 가격이고 현 세대가 지구에게서 빼앗는 것이다. 이윤의 총액은 반드시 체계적으로 대체자본 속에 재투자되어야 한다. 예를 들면 새로운 에너지 개발이나 에너지 절약을 가능케 하는 연구에 말이다.

공해산업은 저발전 국가로

부정적 외부효과는 좋은 부문도 있다. 예컨대 공해 해소시장의 창설을 들 수 있다. 쓰레기 처리는 베올리아나 수에즈 리오네즈 같은 수자원 대기업들의 가장 중요한 활동 중 하나다. 쓰레기는 어떤 사람들에게는 '부정적' 재화이지만 다른 사람들에게는 고용과 이윤을 창출할 수 있는 긍정적 재화다. 게다가 적절한 '공해권' 분배제도는 공해를 최적의 방법으로 분배해준다.

> **외부효과(external effect)** 어떤 사람의 행동이 다른 사람에게 의도하지 않은 혜택을 주거나 손해를 끼침에도 이와 관련해서 댓가를 받지도 지불을 하지도 않는 현상을 말한다. 혜택을 주는 긍정적 외부효과와 손해를 끼치는 부정적 외부효과가 있다.

예를 들어 프랑스가 프랑스 영토에 있는 기업에 온난화 가스 배출량을 정해준다고 가정하자. 어떤 기업은 과잉공해를 배출하고 다른 기업은 과소공해를 배출한다. 어떤 소비자는 공해의 피해를 본다. 어떤 기업은 공해를 배출하지 않는다. 이 모든 사람들에게 배출권을 나누어주면 그리고 이들이 자유롭게 흥정하도록 내버려두면 결국은 수요와 공급의 법칙에 따라 공해권이 효율적으로 분배될 것이다. 노벨상 수상자 로널드 코즈(Ronald Coase)가 이 적절한 '외부적 효과의 내부화'를 발견했는데, 부연하자면 공해자와 공해피해자 사이에 공해를 최적 분배하는 제도다.

'공해시장'의 원칙은 공해 활동의 지역 선정에 있어서 무서운 결과를 낳는다. 로런스 써머스는 세계은행의 간부였으며 클린턴 대통령 수석경제보좌관이었고 그후 하버드 대학 총장이 된 사람인데, 그는 1991년 다음과 같이 썼다. "아프리카의 인구밀도가 낮은 국가들은 별로 공해가 없다. 그곳 공기의 질은 로스앤젤레스에 비해 불필요할 정도로 좋다. 따라서 공해산업이 미발전 국가로 이동하는 것을 장려해야 하며, 1000명당 200명의 아이들이 5세 이전에 사망하는 나라에서보다는 사람들이 충분히 오래 살기 때문에 전립선암에 걸릴 가능성이 있는 나라에서 발암공해 문제에 대해 더욱 걱정을 해야 할 것이다. 나는 임금이 가장 낮은 지역에 독성 쓰레기 덩어리를 갖다버리게 하는 경제적 논리가 완벽하다고 생각한다."[2] 인간의 가치는 무엇인가? 연간 임금에 생존기간을 곱하면 된다. 따라서 인간의 가치는 짐바브웨에서는 낮고 뉴욕에서는 높다. 뉴욕의 죽음은 인류에게 무척 커다란 비용이고 뉴델리에서는 아무것도 아니다. 그러니 죽음의 공해요인을 북부에서 남부로 옮기자.

온난화가스 축소 협상에는 두 부류의 국가가 있다. 한편에서는 유럽 국가들이 제한을 원하고, 미국과 남반구의 국가들은 이를 반대한다. 미국은 자국의 생활수준을 낮출 수 없다는 주장이고, 남반구는 발전은 공해를 수반한다는 명분으로 반대한다. 유럽이 산업혁명을 했으니 이제 남반구 차례가 되었다는 것이다! 이들 국가는 지속가능한 발전의 개념을 자신의 생산을 제약하는 '불공정 경쟁'의 요소로 본다. 마찬가지 이유로 자신들에게 노동자의 사회보호를 강요하는 것은 불공정 경쟁 현상이라고 본다.

성장률과 사랑에 빠지지 마라

예를 들어 쎄르주 라뚜슈[3] 같은 경제학자들은 1970년대 메도우스(Meadows) 보고서와 로마클럽 보고서가 주장한 '제로 성장'의 전통을 따라, 존재 조건의 파괴 자체로 여겨지는 성장을 거부한다. 그렇다면 어떻게 삶의 조건을 향상시킬 것인가? 국내총생산을 거부하고, '양적인 것'을 거부하고 '질적인 것'으로 바꿈으로써 가능하다. 갤브레이스도 거의 이런 생각을 공유했다. 도미니끄 메나는 환경에 미치는 피해를 넘어서 성장의 '숨겨진' 비용을 지적한다. 예를 들면 유연화의 비용이다.[4] 노동시장의 재탄생, 작업밀도의 강화, 스트레스 증가, 노동의 고통, 수많은 변화와 실업의 위험에 대한 공포, 불필요한 교육에 대한 투자, 곧바로 폐기되어야 하는 졸업장, '쓸모없는' 노동 들은 모두 중대한 사회적 비용을 의미하고, 더욱이 정부의 실업과 빈곤 대책에 등장하는 중대한 지출 예산으로 그 비용을 측정할 수도 있다. 대통령은 "실업자 한 명에게 최저임금 정도의 돈이 든다"라는 주제로 캠페인을 벌였을 정도다. 정확한 지적이다. 우리는 노동자가 잃는 것을 소비자가 벌게 된다고 답할 수 있다. 숨막히는 생산공정, 재고 없음과 환경의 파괴는 소비자가 낮은 가격에 물건을 살 수 있게 한다. 노동자이자 자신이 일하는 기업의 주주인 사람이 자본의 가치라는 이름으로 스스로를 해고하듯이, 소비자이자 노동자는 저질 상품으로 뒤덮인 슈퍼마켓에서 일하는 내내 받은 엄청난 스트레스를 댓가로 값싼 물건을 구입할 수 있다. 이 불쌍한 정신분열증 환자에게 '성장'은 '혁신적' 상품을 제공하는데, 상품의 사용기간은 점차 줄어들고, 고양이 음식같이 잘라서 냉동한 물건을 주며, 가격은 3분의 2 이상이 불필요한 마케팅과 광고 지출로 메워진다. 독일 젊은이들이 "성장률과 사랑에 빠지지 않는다"는 구호를 내세운 적이 있다. 불행하지만 그렇다.* 성장은 인간을 필요에서 해방시키는가? 아니다. 그렇지 않아도 요즘에는 더 많이 일하라고 한다. 그렇다면 성장을 거부해야 하는가? 아니면 질적인 성장으로 대체해야 하는가?

'모든 것을 알고 있는 아줌마' 존 스튜어트 밀[5]은 정태적이었다. 그는

---

* 2003년 5월 6일 『레제꼬』(Les Echos)지는 영국의 국내총생산이 프랑스의 국내총생산을 앞질렀다는 머리기사를 실었다. "2002년 경제세력의 순위. 영국은 다시 프랑스를 앞질렀다." 영국에 14세 미만 아동 노동인구가 4백만이나 있다는 사실, 영국의 빈곤계층의 수가 프랑스의 두배라는 사실, 의료체계가 사라져버려 영국 보건부 장관이 프랑스에 가서 치료를 받으라고 할 지경에 이르렀다는 사실, 임금노동자들은 더이상 연금을 받지 못했고 기차는 탈선하며 교육은 침울한 상태에 빠진 사실은 무시한다. 단지 영국의 성장이 더 높을 뿐이다. 어디가 문제인가. 성장이란 무엇인가? 금융상품일 뿐이다.

인류가 생존을 위한 투쟁과 필요의 제약에서 벗어나 드디어 진정한 진보, 도덕적이고 문화적인 진보에 정진할 수 있을 것이라고 생각했다. 박식한 자의 꿈 같은 루소주의적 입장인가? 그럴 것이다. 밀은 지대를 벌지 않은 잉여(unearned increment)라고 보아 국가는 모든 부동산의 부가가치를 몰수해야 한다고 주장했다. 그는 또 상속을 강력하게 제한해야 한다고 주장했다. 결론적으로 그 역시 축적을 반대하는 투쟁을 했으며 임금노동과 협동조합제도의 일반화를 상상했다. '대안적 경제'가 그리 멀지 않았다.

기술발전이 진정한 성장 동력

뒤로 잠깐 돌아가서 아주 임시적으로 성장의 내용은 잊고 성장의 요인들을 찾아보자. 무엇이 성장을 만들어내는가? 노동과 자본과 기술의 발전이 경제학자들의 답변이다. 노동의 시간, 기계 그리고 노동과 기계의 조직이 성장을 만들어낸다는 것이다. 이 마지막 요소는 바빌로니아 사람들이 사용했던 회계와 어음부터 인터넷과 분자 가속기를 포함하여 번역 쏘프트웨어까지 인간의 특별한 발명을 전제로 한다.

경제학자는 기술적 발전과 그다지 친숙하지 못하다. 어디서 발전이 오는 것일까? 1960년대 성장 모델에서 이야기했듯이 '하늘의 양식'처럼 하늘에서 내려오는 것인가? 최근에는 성장 자체에서 오는 것이라고 주장하여 환원적인 '회로' 현상으로 이해하기도 했다. 성장은 발전을 가져오고 발전은 다시 성장을 가져온다는 말이다. 이 흥미롭게 자체 생산되는 '내재적 성장'을 살펴보기에 앞서 경제학의 시초와 가치이론의 시초로 되돌아가 강조할 필요가 있다. 경제학이 존재하는 이유는 희소성 즉 가격이 존재하기 때문이다. 그리고 성장이란 무엇보다 노동, 자본, 토지(자연),

기술이라는 생산요소를 동원하여 희소성에 대해 투쟁하는 것이다.

희소성에 반하는 기술적 발전

합리적 계산의 또다른 측면이라고 할 수 있는 희소성의 이데올로기는 모든 결정(예를 들면 소비라든지 레저 대신 노동을 선택한다든지)이 기회비용을 갖는다는 데서도 드러난다. 기회비용이란 한 결정으로 인해 우리가 포기해야 하는 다른 모든 효용의 집합이다. 이것은 경제학 이론의 기초로서 배타성의 원칙이다. 나는 버터와 버터를 살 수 있는 돈을 동시에 가질 수 없다.

리카도, 맬서스, 밀 같은 고전주의 경제학자들은 자연(특히 토지)의 희소성 때문에 경제는 결국 언젠가는 정지할 것이라고 믿었다. 그러나 그들의 견해는 기술적 발전을 감안하지 않은 것이었다. 발전은 노동의 생산성을 증가시켜 인간이 간신히 아이를 재생산*할 수 있는 이상으로, 생존을 위한 최소한의 것 이상으로 소비하고 잉여를 실현할 수 있도록 해주었다. 잉여는 표면적으로 불필요해 보이는 서사(書士)나 지식인 같은 계급을 유지하는 데 사용되었는데, 이들은 장기적으로 발명을 가능케 하는 계급으로 무척이나 필요한 사람들이었다. 하지만 고전주의 경제학자들은 거대한 혁신을 믿지 않았다. 그들은 인류가 물에서 고개를 간신히 들자마자 다시 물속으로 침체할 것이라고 생각했다. 인류가 조금의 복지 혜택이라도 누리게 되면 곧바로 아이들을 낳아 인구는 증가하고 결국은 배급과 전쟁, 기아와 질병이 이들을 다시 수면 바로 밑에서 생존을 위한 최소한의

---

* 이것이 프롤레타리아의 어원인데, 아이가 유일한 재산이라는 뜻이다.

것만을 갖게 만들 것이라고 말했다.

역사는 적어도 이 부분까지는 고전주의 경제학자들이 틀렸다는 것을 보여주었다.

장기 주기

혁신이 성장에 미치는 영향력을 이해하기 위해서는 1930년대 포로수용소에서 사망한 위대한 러시아 경제학자 꼰드라찌예프와 오스트리아 경제학자 슘페터를 기다려야 했다. 꼰드라찌예프는 수확이 처음에는 체증하다가 나중에는 체감하고 경제는 주기에 따라 움직인다고 보았다. 즉 커다란 발명과 관련된 성장의 단계가 있고 그뒤에는 정체의 단계 그리고 이어서 위기와 침체의 단계가 있다는 것이다. 하지만 위기와 침체의 단계는 다시 새로운 기술적 발명으로 경제를 앞으로 주동하는 단계로 연결된다. 주기는 50년 단위인데, 두 세대에 해당하는 기간이다. 꼰드라찌예프는 세 주기를 제시했다.

1) 증기 기계의 주기로 1789~1814년은 성장, 1815~47년은 침체.
2) 철도의 주기로 1847~66년은 성장, 1867~96년은 침체.
3) 전기의 주기로 1897~1920년은 성장, 1921~40년은 침체.

우리는 여기에 자동차의 주기로 1940~80년의 성장과 1981~2005년의 침체 또는 적어도 그 이전 영광의 30년에 비교했을 때 상대적 정체를 더할 수 있다. 영광의 30년은 전형적인 주기에서 상승 단계였다.[6] 다음 주기는 인터넷 거품이 꺼진 다음에 어쩌면 컴퓨터와 나노 및 바이오 기술의 주기가 될 수 있을 것이다. 성장의 주기 옆에는 같은 규모의 가격 주기가 동시에 존재한다.[7]

우리는 여기서 인간의 삶의 주기와 관련된 경제성장의 근본적 설명을 손으로 만져볼 수 있다. 왜 꼰드라찌예프의 50년인가? 크게 보아서 25년 차이의 두 세대가 문제이기 때문이다. 경제에서 젊은이와 노인의 비중이 경제활동을 결정하기도 한다. 인구 다수가 젊으면 일반적으로 쉽게 자산 특히 부동산을 획득하게끔 인플레성 정책을 채택하는 경향이 있다. 노인이 많아지면 자신의 자산을 보호하기 위해 디플레성 정책을 강요한다. 채무자의 독재에 이어서 채권자의 독재가 오는 것이다! "1789년혁명이 가격의 하락 이후에 발생한 것이 우연일까? 그리고 59년 뒤 1848년혁명 역시 가격의 하락 이후에 발생했는데 이것도 우연일까?"[8]

슘페터는 혁신이 창조적 파괴 현상을 초래한다고 말했다. 오래된 산업은 죽어가고 새 산업이 탄생한다. 직물기계는 직공과 실 짜는 사람들을 쫓아버린다. 하지만 혁신이 혼자서 오지는 않는다. 혁신은 집단적인 발명의 산물이기 때문이다. 상대성은 아인슈타인에게 있는 만큼 드브로글리(de Broglie)에게도 있고, 컴퓨터는 튜링(Turing)과 폰 노이만에게 모두 있다. 슘페터의 이론에서 흥미로운 것은 희소성의 초월에 대한 설명이다. 혁신 자체는 희소성과 투쟁하도록 하지 않는다. 노동은 여전히 희소하고 토지도 마찬가지다. 그렇다면 무엇이 혁신과 발명으로 하여금 경제를 상위의 단계로 밀어붙이게 하는 것인가? 그 어느때도 희소하다고 말할 수 없는 요소 즉 돈이다. 혁신을 지원하여 인류로 하여금 엄청난 생산성의 증가로 부족함에서 벗어나게 하는 것은 금같이 눈에 보이거나 또는 자연적인 댓가가 존재하지 않는 신용(슘페터는 '순수 신용'이라고 한다)의 풍요라는 말이다. 신용이란 시간의 경제, 시간의 단축에 대한 도박이다. 신용은 새로운 축적을 가능하게 한다. 결국 인류가 변화시키는 것은 아마도 에너지일 뿐이며 은하계의 가장 아름다운 딸인 지구도 자신이 가진 것만을 제공할 수 있다. 하지만 혁신과 신용은 우리에게 이 에너지를 제공하라고, 마르틴 하이데거가 적절히 표현한 것처럼 지구에게 '명령'하고 지구로 하여금 '행동'하게 하는 셈이다.

희소성을 깨뜨린 케인즈의 천재성

신용이라는 것은 이자율 즉 돈의 가격과 연결된다. 이자율이 높으면 사업가와 혁신자 들이 요구하는 신용의 양은 적을 것이다. 이자율은 저축과 소비 사이의 분쟁을 반영한다. 정통경제학자들은 이자율이 높으면 저축이 높아질 것이고 따라서 축적이 이루어진다고 말한다. 반대로 소비는 약해지는 것이 사실인데 어떻게 할 수 없는 일이다. 여기서 다른 형태의 희소성에 부딪치게 되는데, 높은 이자율을 통한 신용의 희소성이다. 케인즈는 신용의 희소성을 금리생활자와 예금자 들이 원하고 만들어낸 가짜 희소성이라고 부른다.

이것 또한 신용이라는 현상을 완전히 이해하지 못한 것이다. 신용은 저축이나 소비 중 어느것도 아니다. 신용은 현존하는 유로를 소비에 사용하는 동시에 무(無)에서 유로(Euro)를 창조하여 투자와 축적에 사용한다. '무'에서 화폐를 창조해내면 모순은 사라져버린다. 단순히 이자율을 아주 낮게 만들면 저축과 소비의 딜레마는 해결된다. 사업가는 물건을 만들 것이고 물건은 풍요롭게 소비될 것이다. 그렇다. 케인즈는 이자가 시간의 가격이며 사회가 소비를 절제한 댓가라고 말한다. 그러면 시간을 무척 싸게 만들면 시간을 창조하고 많이 벌게 될 것이라는 설명이다.

케인즈의 천재성은 소비와 저축의 경쟁을 부수어버린 데 있다. 그는 "소비하라, 그러면 활동이 만들어지고 소득이 생기며 저축이 생기고, 저축이 활동에 자금을 댈 것이다"라고 말한다. 신용을 만들어 소비하라. 케인즈의 경제학은 풍요의 경제학이다. 정통경제학은 희소성의 경제학이다. 프리드먼은 "나는 저축하기 위해 소비에서 돈을 빼낸다"고 말한다. 케인즈는 "나는 소비나 투자에 돈을 더하는데, 동시에 저축에도 더한다"고 말한다.

아주 단순하게 국민소득 Y는 소비(C)와 투자(I)로 구성된다.

$Y = C + I$

소비는 국민소득의 한 부분이다.

$C = cY$

따라서 소득은 투자의 함수다.

$Y = cY + I$ 결국 $Y = (1/1-c)I$

예를 들어 사업가에게 dI라는 투자의 증가를 허용한다고 하자(은행에서 돈을 찍어낸다).

$dI(1/1-c) = dY$는 $dI = (1-c)dY$로 정리 가능하다.

그럼 $(1-c)dY$란 무엇인가? 그것은 $dY - cdY$ 즉 소득의 증가에서 소득 증가분 중 소비 부분을 뺀 것인데, 달리 말해서 저축의 증가다. 결론은 화폐를 찍어내서 추가로 투자한 dI가 소득의 증가 dY를 통해 추가 저축을 만들어내고, 이 저축이 다시 투자를 가능케 한다는 것이다! 환상적이지 않은가? 마술 같지 않은가? 아니다, 이것은 단지 불변하는 스톡이라는 화폐 정의와 화폐 희소성의 벽을 허물어버리면 쉽게 도출되는 논리적 결과일 뿐이다. 즉 화폐가 미래에 대한 어음으로서 부의 창출을 실현하리라는 데 기대를 거는 것이다.

자기실현적 두 예언자, 케인즈와 프리드먼

케인즈와 프리드먼이라는 상반된 두 사람을 관찰해보자.

케인즈는 낙관적 성장이데올로기에 따라 생각한다. 쾌락적이고 지출을 좋아하는 케인즈는 다음과 같은 예측을 한다. 강한 투자는 활동을 자극하고 이는 미래에 대한 낙관주의를 의미하며, 경제활동이 돈의 가치를 좌우하기 때문에 다시 낮은 이자율을 만들어내고, 낮은 이자율은 높은 투자를 창출한다. 원이 그려진 것이다.

프리드먼(또는 삐네, 바르 또는 그 어떤 사람)으로 말하자면 개미처럼 저축하는 사람이다. 그는 돈은 돈이고, 돈은 희소하고 비싸야 하며, 이자율은 높아야 한다고 생각한다. 결국은 선택의 문제로, 소비할 것인지 저축할 것인지, 노래할 것인지 곳간에 넣어둘 것인지 골라야 한다. 그의 예측은 다음과 같다. 투자가 약하면 활동이 약해지고, 이는 비관주의를 의미하며 돈의 가치를 보장해야 하는 필요성을 만들어낸다. 따라서 이자율은 높아지고 높은 이자율은 다시 낮은 투자를 초래한다. 원이 그려졌다!

프리드먼, 삐네, 베레고부아와 강한 프랑은 두번째 경우에 속한다. 케인즈, 레이건, 클린턴, 부시, 미국은 첫번째에 속한다. 미국인들은 자기네 화폐의 가치를 걱정하지 않는다. 그들은 그 가치가 자기네 경제력에서 온다는 것을 알고 있다. 한편에는 낮은 균형이 있고(삐네) 다른 편에는 높은 균형(케인즈)이 있다. 여기서 하이에크나 리카도 같은 근본주의적 통화주의(화폐를 만들면 안된다)나 프리드먼 같은 온건적 통화주의(만들지만 조금만 만들어야 한다)의 폐해를 찾아볼 수 있다. "실질적으로 화폐의 희소성—그리고 이와 상응하는 예산의 절감—은 경제적 예측을 아주

빠르게 낮은 균형점으로 재조정한다."⁹

자 이제 응용으로 돌입해보자. 실패로 자신의 존재이유를 확인해준 새로운 경제적 이데올로기는 어떻게 설립되는가?

1980년 유럽에서, 특히 프랑스에서는 강한 인플레이션 경향 때문에 구제도와 단절하기로 결정했다. 구제도에서는 크레디 리오네나 쏘시에떼 제네랄 같은 대규모 신용은행이 중앙은행에서 싼값에 돈을 구해 기업에 자금을 제공해왔다. 이제는 저축이 기업에 자금을 제공하길 바란다. 따라서 이자율은 올라가고 신용은 통제된다. 빌려주는 것은 가지고 있는 돈뿐이다. 이는 내일 얻을 것을 오늘 빌려주는 제도에서 나온 것이다. 인플레이션은 폭락하고 투자는 축소된다. 실업도 폭발한다. 돈의 희소성이 자리잡는다. 희소성 지지자들은 기뻐서 결론짓는다. "봤지? 저축은 희소해! 따라서 저축을 존중하는 정책, 저축을 장려하는 정책이 필요하다고! 희소하고 비싼 돈 만세!" 희소성은 거의 금본위(金本位)시대와 마찬가지로 '자연스럽고' 필연적인 것처럼 소개된다. 가진 돈만 빌려줄 수 있잖아, 안 그래? 바로 이런 방식으로 영광의 30년 경제가 저축과 실업의 경제로 돌변한 것이다. "고전주의적 이데올로기가 경제정책의 길잡이가 되어 성공했다. 고전주의적 이데올로기는 케인즈와 슘페터의 개념에서 바라던 채무관계의 '비자연화'를 다시 '자연화'하는 데 성공했다. 투자의 도박은 이제 은행신용으로 보장되지 않는다. 투자가가 갖는 위험부담은 이제 은행이나 국가 또는 국제기구 같은 집단적 성격의 기관들이 보장하는 사회화된 위험부담이 아니다. 결과적으로 투자계획에 대한 수확의 결과에서 '집단적' 부분 역시 불가피하게 소멸되었다. 다시 말해 무엇보다 새로 발생한 추가 저축이 사후적으로 투자금으로 되돌아오는 것이 사라졌다는 뜻이다."¹⁰ 이것이 바로 저축의 희소성이 낮은 성장으로 인해 자신이 주장한 저축의 희소성 이론의 정당성을 확인하는 방식이다!

수확체증을 낳는 '내재적 성장'의 모델들

1990년대에는 일명 '내재적 성장' 모델이 다수 등장했는데, 이는 1960년대 미국 NBER[11]의 통계학자들 특히 경제학자 데니슨(Denison)이 제시한 성장의 '기타 요소'에 대한 오래된 질문에 답하기 위해서였다. 데니슨의 관찰에 의하면 성장은 언제나 노동과 자본으로 설명이 가능했지만 항상 설명할 수 없는 기타 요소가 남았다. 폴 로머(Paul Romer)[12]의 아이디어는 이 발전을 수확체증을 통한 성장과정 그 자체에서 원인을 찾는 것이었다. '수확체증'이란 긍정적 외부효과의 한 형태, 다시 말해서 **시장을 통과하지 않는 경제적 관계**이며 경제에 좋은 효과를 가져오는 것으로서 조직의 발전을 의미한다. 예를 들어 기업은 성장하지만 그 행정규모는 정보화 덕분에 그대로다. 이 기업의 크기에 따른 규모의 이익은 늘어난다.

로머의 수확체증은 네트워크의 효과이며 한 기업에서 다른 기업으로 전달되는 긍정적 외부효과다. 예를 들어 한 기업의 연구개발은 다른 기업이 모방하고 이윤을 취하고 또 추월을 위해 노력하게 하므로 그 다른 기업에도 도움이 된다는 말이다.

인터넷의 예를 들어보자. 1958년 미국방성이 창설한 첨단연구기획청(ARPA)은 신정보기술 연구를 지원했다. 당시에는 카네기 멜론과 MIT 그리고 스탠포드 같은 유명 대학에 자유로운 지원금이 주어졌다. 지원금 덕분에 1969년 캘리포니아의 스탠포드와 UCLA 간에 'ARPAnet' 명칭으로 컴퓨터간 첫번째 연결이 이루어졌다. 연구자들은 자신의 과학적 교류를 위해 네트(Net)를 사용했다. 인터넷이 탄생한 것은 그 어떤 상업적 의지와도 상관없이 일어난 일이다. 따라서 수확체증, 달리 말해 내재적 기술 발전은 시장 밖에서 일어난다는 사실을 이해하는 것이 중요하다. 수확체증은 비영리적이고 집단적인 현상이다. 이 비영리성과 집단성의 두 특징을 강조해야 한다. 그렇다고 자선사업이라는 말은 아니다! 씰리콘밸리의 기업들은 자신의 '통신망'(Network)을 그곳에 둥지를 트는 새로운 기업들이 활용하도록 하는데, 자선사업으로서가 아니라 연구자, 간부, 혁신자, 손님 들의 통신망은 모두에게 득이 되는 특성을 지녔기 때문이다.

초기에 인터넷에는 어떤 영리적 내용도 없었다. 시장은 1969년에 미래에 인터넷이 가질 수 있는 세계적 응용을 예측할 수 없었다(물론 그로 인해 2000년에는 증시 거품 붕괴라는 재앙이 닥치기도 했다). 사람들은 이 발명이 낳은 사회복지의 이득을 평가할 수 있었는가? 아니다. 실제로 발명의 실질적 가치를 발견한 것은 사후적으로 국제 공동체가 이를 채택한 다음이었다. 일단 1969년에 떠돌던 "인터넷이 엄청난 교환의 도구가 될 것"이라는 소문이 예언처럼 실현된 다음이었다. 몇사람의 신념이 군중의 신념을 수반했다.

루카스(Lucas)의 모델[13]은 또다른 내재적 성장 모델로 교육에서 피드백을 강조한다. 인적 자본의 축적으로서 한 개인이 지식을 획득하게 되면 그와 함께 일하는 사람들이 혜택을 본다는 의미다. 한 사회의 교육 수준이 높을수록 구성원들의 상호관계가 더 많은 교육과 지혜를 생산해낸다는 사실은 당연하다.

바로(Barro)의 모델[14]은 또다른 버전인데 국가와 행정기관(교통, 교육, 군대)의 역할에 집중한다. 피드백은 새로운 생산요소의 발전인데, 다름 아닌 민간 생산요소의 생산성을 자극하는 공적 지출을 말한다. 이것도 당연한 결과다. 법치국가, 사법부에 대한 믿음, 제도, 경찰, 민간 평화 등은 숙련된 노동력을 유인하는 강력한 요인들이고 생산의 강력한 요소들이다. 바로는 매우 자유주의적인 『비즈니스 위크』의 칼럼니스트이지만 동시에 공공써비스의 강력한 변호사다.

경제 작동에 대한 보기 드문 심층적 고찰을, 내재적 성장은 제시한다. 핵심 아이디어는 시장 밖에서 사회적으로 일어나는 무엇인가가 없이 강력한 상업적 성장이 이루어질 수 없다는 것이다. 우리는 이미 순수한 이익의 추구가 나쁜 균형 또는 낮은 균형점으로 이끌었던 용의자의 딜레마에서 이같은 결론에 도달했었다. 내재적 성장을 이해하기 위해서는 연구를 생각하면 된다. 연구자는 혼자 또는 팀으로 일하며 그 결과를 학회에서 다른 학자들에게 제시한다. 연구의 원칙은 비영리성이다. 그는 결과를 제시하면서 두가지 사실을 알고 있다. 1) 그는 자신이 알고 있는 것을 잃지 않을 것이다. 왜냐하면 기름 1리터는 뽈이 아니라 뻬에르의 것이라고 할 수 있지만 반대로 피타고라스의 정리는 여러 사람이 공유할 수 있는 것이기 때문이다. 2) 그는 다른 사람에게서도 배우게 되는데, 달리 말해서 무엇인가를 받게 된다. 이것이 수확체증의 현상인데, 무상 교환으로 어떤 비용도 지불하지 않고 모두 부자가 될 것이다.

결국 경제를 밑으로 끌어내리려는 암울한 경쟁의 경향을 상쇄하는 비영리적 현상이 국가 성장을 견인한다. 장소, 재화, 공간을 차지하려는 경쟁에서 비롯된 희소성을 극복하는 데 비영리적 요소들이 도입된다는 의미다.

로빈슨 크루쏘우와 프라이데이

경제학자들은 자주 '토이 모델'(toy model) 또는 자신의 증명을 위해 작은 모델들을 사용한다. 이것은 응용 가치가 없는 단순한 논리적 연습으로서 과학적 진실이라 자처하는 경제학 이데올로기를 해석하는 데는 도움을 준다. 우리가 제시하는 이야기는 내재적 성장에 대한 브뤼노 방뜰루의 훌륭한 책에서 인용한다.[15] 그 철학은 다음과 같다. 경쟁은 일반적으로 협력보다 나쁜 결과를 가져온다. 대부분의 사회적 성공은 '내재적' 성장처럼 암묵적인 협력 현상이며 이 현상들이 경쟁의 부정적 효과를 덮어준다.

로빈슨과 프라이데이를 살펴보자. 프라이데이는 노동자다. 로빈슨은 기계를 통한 발전을 믿는 지식인으로 기계를 산다. 아래 도표에서 한쪽(가로 좌표)에는 프라이데이라는 인적 자본이 있고 다른 쪽(세로 좌표)에는 물질적 자본이 있다. 프라이데이는 자신의 질을 높이고 교육을 받기로 결심하고, 로빈슨은 투자하고 축적하여 프라이데이가 자신의 기계에서 일하도록 한다. 로빈슨과 프라이데이 사이에는 긍정적 관계가 존재한다. 로빈슨은 점점 더 높은 숙련도를 가진 프라이데이를 일하게 함으로써 자신의 기술적 자본에서 얻을 수 있는 이윤을 예상한다. 곡괭이만 있으면 아무것도 필요없거나 조금만 필요하다. 트랙터에는 기사가 필요하고 컴퓨터가 있으면 쏘프트웨어를 구상할 수 있는 엔지니어가 필요하다. 프라

로빈슨 크루쏘우의 모험,
루이스 뷔뉘엘(L. Bunuel)의 1952년 영화.

이데이가 인적 자본을 축적할수록 로빈슨이 구입하는 자본은 많은 이윤을 남길 것이다.

우리의 두 친구는 섬의 국민생산(national product)을 생산한다.

프라이데이의 입장에서 보면 생산이 늘어날수록 그는 기술적 자본에 비해 상대적으로 더 많은 인적 자본을 사용하게 된다. 인적 요소의 '독립적' 수확은 체감하므로 곡선의 형태는 위쪽으로 볼록하다. 로빈슨은 그 반대다. 여기서 경제학의 오래된 '법칙' 또는 오래된 '이야기'를 접하게 되는데, 다른 것을 움직이지 않고 한 요소에 전문화할 때 그 효율성은 떨어진다는 것이다. 하나의 트랙터에 점점 더 많은 노동을 더하면 장기적으로 효율성은 점점 체감한다.

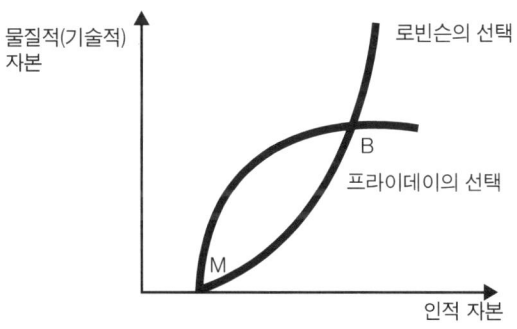

로빈슨-프라이네이의 경제는 잠재적으로 M과 B라는 두개의 가능한 균형을 제공한다.* M에서 프라이데이는 도구나 교육 없이 일한다. 생산

* 경제학자들은 '합리화 가능한'이라고 표현하는데, 동태적 모델은 결국 두개의 '흡인점'이 있다는 의미. 하나에서 다른 하나로 어떻게 이동할 것인가? 그것이 바로 문제다!

은 제로지만 프라이데이는 존재한다. 그의 인적 자본은 0이 될 수 없다. B 에서 프라이데이는 인적 자본을 축적했고 로빈슨은 물적 자본을 축적했다. 각자가 상대방의 투자로부터 득을 보며 경제의 생산은 높다. 미개발 경제의 균형 M과 발전경제의 균형 B가 모두 가능한 균형이라는 말이다. 물론 '시장'은 언제나처럼 나쁜 균형을 선택할 것이다.

인간의 인간에 의한 착취

예를 들어 로빈슨과 프라이데이가 모두, 상대방이 축적할 것이고 B 지점에 도달할 것으로 예측하고 스스로 축적하기를 선택했다고 가정하자. 그리고 로빈슨은 프라이데이를 착취할 것을 결정한다. 그는 더 많이 투자하기 위해 국민생산의 한 부분을 착취하기로 한다. 그리하여 프라이데이의 같은 양의 노동에 더 많은 기계를 투입하고 따라서 노동 생산성은 기계적으로 증가할 것이며, 결국 국민생산도 증가할 것이라고 생각한다. 프라이데이가 제공한 같은 노동에 대해 로빈슨의 곡선은 위로 이동한다.

로빈슨은 B1 균형점을 꿈꾼다. 그러나 와장창! 이 지점은 프라이데이의 계산에서는 존재하지 않는다. 그에게 새로운 자본의 곡선을 제안하면 프라이데이는 B2 지점으로 내려가는 반응을 보인다. 로빈슨(시장)의 이기적 태도는 더 약한 균형점으로 이동시켰다. 하지만 프라이데이가 이런 공격성에 대해 자신도 로빈슨을 골탕먹이겠다며(노동 곡선을 낮추는 방식으로) 반응하는 것도 상상할 수 있다. "나를 착취한다고? 그래 좋아, 나도 더 적게 생산할 거야! 나를 유연하게 만들고 하나 대신 두대의 기계를 관리하라고 강요한다면, 너는 내 노동 조건을 견딜 수 없게 만드는 거야. 그럼 나는 일을 더 적게 할 거야!" 이제 실망한 로빈슨은 더욱더 과잉

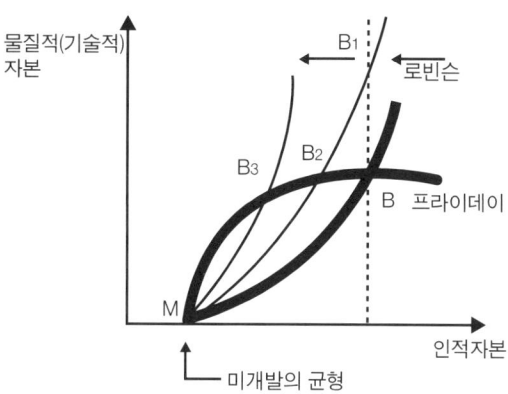

투자하여 노동자 없는 공장을 만들고 프라이데이를 더욱더 과잉 착취하려 한다! 이런 암울한 다이내믹의 결과는 미개발의 균형점 M이다. 이것이 바로 이윤을 향한 경주가 이윤을 죽이는 방식이다. 케인즈는 이 이야기를 잘 알았고 맑스도 마찬가지다. 그렇다면 이런 하향성 다이내믹에서 어떻게 탈출할 수 있는가? 새로운 시장을 개발하거나 민영화할 새로운 공공장소를 물색함으로써 가능하다. 또는 집단적이고 사회적인 것을 창출함으로써 가능하다. 아니면 미개발 지점으로 반드시 돌아갈 것이다.

 M 지점은 자유시장의 균형이고, 스스로 강요되는 자연적 균형이며, 행위자들간의 사회적 관계의 존재를 무시하고 상호교환보다는 각자의 이익만을 추구할 때 만들어지는 균형이나. 그럼 어떻게 M에서 B로 가는가? 행위자들 사이에 단순히 계산으로만 상호작용하는 상업적 관계와는 다른 관계가 존재해야 한다. M은 행위자의 분자화된 상태와 독립성을 의미한다. B는 사회적 믿음을 필요로 한다. 로빈슨과 프라이데이가 단독 행동을

중단한다면 미개발의 함정에서 탈출할 가능성이 있음을, (예를 들어 국가 같은) 바로 제3자가 각각을 설득해야 한다. 그들을 성장의 선택으로 향하게끔 조율해야 한다.

참고: 프랑스 경제계획의 작은 이야기

사람들은 프랑스식 '자율적 경제계획'을 러시아의 고스플란(Gosplan)을 베낀 관료적 경제 통제라면서 빈정거리곤 했다. 그러나 사실은 그 반대였다. 그것은 성장을 함께 생각하는 로빈슨과 프라이데이의 이야기였다.

프랑스의 경제계획은 제2차 세계대전 이후 독학한 산업가 장 모네 (Jean Monnet)에 의해 추진되었다. 계획은 5년을 기간으로 작성됐다. 자율적 경제계획의 아이디어는 행위자들(기업, 노조, 상공회의소, 소비자협회 그리고 재경부와 담당부서 등)이 참여하여 커다란 활동 부문별로 성장률을 결정하도록 하는 것이었다. 사람들은 집단적으로 목표와 계획 그리고 이를 달성하기 위한 수단을 결정했는데, 특히 국가가 통제하는 에너지나 교통 같은 부문에서는 더욱 그러했다. 그리고 계획은 일반적으로 5~6%나 되는 높은 성장률을 목표로 정하곤 했다. 그러나 가장 중요한 것은 협력과 자기실현적 예언이라는 측면이었다. 기업과 사회적 행위자들은 이런 목표를 계산에 넣었는데, 그 목표는 사후적으로 달성되었다. 경제계획의 절정은 제6차 계획이었다. 100여개 위원회에 4000여명이 참여했는데 꽤 많은 인원이다. 우리는 이러한 협력의 정신이 사회에 전파되고 따라서 예측의 실현 즉 예측의 자기실현에 기여한다는 것을 상상할 수 있다.

1973년의 위기는 계획경제의 퇴진을 의미했는데, 발레리 지스까르 데

스땡이 과거 드골 장군이 '필수적인 의무'라고 부르던 것을 반대로 '침만 낭비하는 부서'라고 부르면서 어느정도 침몰시켰기 때문이기도 하다. 점차 계획경제는 폐쇄적인 예측학자들의 싱크탱크로 돌변하여 국가의 살아있는 세력들은 더이상 그 과정에 참여하지 않았다. 장 모네는 첫 계획이 하나의 '분위기' 즉 낙관주의와 확장의 분위기를 창출했다고 말했다. 뒤이은 세 계획에 대해서도 마찬가지 표현을 사용할 수 있는데, 당시는 공공자금 지원이 실제로 중요했다. 계획경제와 그 긍정적 자기실현적 예언의 종말은 다른 예언들에게 자리를 넘겨주었다.

IMF가 꿈꾸는 '똥차' 세상

> 국제통화기금이 폭동을 불러일으킨 것은 처음이 아니었다. 그런데 만일 그들의 충고를 더욱 대대적으로 따랐더라면 더 많은 폭동이 일어났을 것이다.
> ―조지프 스티글리츠

자 이제는 방화범 소방대원을 개입시켜보자. 국제통화기금이 섬에 상륙한다.

로빈슨은 융자로 기계를 샀는데 그 상품을 파는 데 어려움을 느낀다. 이것이 바로 국제수지의 위기다. 자본이 로빈슨에게 와서 그로 하여금 다른 기계를 사지 못하게 한다. 달리 말해서 금융시장은 상업적 불균형을 인정하시 않는다.

그리고 국제통화기금의 전문가들이 온다. 그들은 희소성을 기본적 경제원칙이라고 믿으며 경쟁을 신봉한다. 그들의 머릿속에서 성장은 '자연적' 요소들과 관련된다. 국가의 인구(로빈슨과 그의 숙련도) 그리고 국가가 아무것도 할 수 없으며 하늘에서 떨어진 것처럼 받아들일 수밖에 없는 '기술'이 그 요소다. 국제통화기금 사람들은 자연을 가장 효율적으로 개발할 수 있는 경쟁적 체계를 어떻게 만들 것인가 고민한다. 각각의 행위자는 자신의 생산성에 따라 보수를 받아야 한다. 생산성이 높으면 임금을 많이 받고 생산성이 낮으면 임금을 적게 받는다. 그런데 어떻게 생산성을 측정하는가? 그리고 어떻게 임금이나 보수가 생산성의 좋은 지표가 되도록 만들 것인가? 그들은 소득 이전의 모든 체계나 연대적 체계, 사회적 재분배의 체계, 마을 보호 체계 등을 제거한다. 이 모든 것이 제거된 뒤에 독립된 노동이 독립된 임금을 받는 것은 당연하다.

국제통화기금의 경제학자들은 사회적 관계를 긴장되게 한다. 로빈슨이 잘못되었다고? 그의 융자를 끊어버리자. 로빈슨은 기계를 줄이고 프라이데이는 노동을 줄인다. 경제는 미개발의 균형을 향하고 자본의 이윤은 0이다(당연한데 왜냐하면 로빈슨이 하는 일이 이윤을 창출하지 못하기 때문이다). 프랑스식 계획경제가 경제를 M에서 B로 끌어당기는 역할을 했다면 국제통화기금의 행동은 생산요소를 '독립'시켜 각각의 생산성에 따라 보상하겠다는 명목하에 경제를 B에서 M으로 끌어내리는 경향이 있다. 국제통화기금은 협력을 파괴한다. 러시아에서 국제통화기금의 바보들은 공산주의체제가 남겨놓은 거대한 사회적 자본(교육, 보건)에 의존하기보다는 파괴하도록 방치했다. 아르헨띠나에는 이런 사회적 자본이 없어 그들은 그저 시체를 무덤에 밀어넣었을 뿐이다. "실행된 구조조정계획은 결국 사회적 관계를 '완화'하기보다는 '긴장'시킨다. 결국 각자가 자신의 노력의 필요성을 인식하도록 하기 위해, 분배 분쟁을 완화하기보다는 오히려 부가가치 분배를 놓고서 사회집단간의 투쟁을 강화시킨다."[16]

국내총생산에는 상업적 재화 즉 시장에 속하고 따라서 희소한 재화의 양적 변화만이 계산된다. 다른 비영리적 변화 이를테면 질적 변화, 사회관계적 변화, 문화적 변화 등은 잊혀진다. 예를 들어 인터넷이 제공하는 써비스를 어떻게 측정할 것인가? 단순한 연대의식이 가져다주는 써비스는? 결국은 까이싸르 시장에 속하지 않은 것을 주는 것과 마찬가지다. 이 돌려줌을 실현하기 위해(이것이 성장의 외양을 보여주기는 하지만 사실 시장은 성장에 아무런 역할도 하지 않았으며 했어도 아주 조금 했을 뿐이다) 경쟁과 한계생산성에 기초한 보수를 강요한다. 마치 개인의 경제적 행동이 독립적으로 고려될 수 있다는 듯이 말이다. 시장과 희소성의 예언은 공유되는 이데올로기로 돌변하면서 자기실현적 성향을 보인다. 사회적이고 집단적인 것이 해가 된다는 생각이 퍼진다. 정치 불신이 확산되고 정치는 시장과 경쟁에 분배 해결을 맡기고 사임한다.

그렇다고 항상 경쟁을 부정해야 하는가? 아니다, 경쟁이 좋은 분화를 초래한다면 말이다. 그린란드의 온실에서 파인애플을 재배한다거나 꼬뜨디부아르에서 스키 장비를 생산하는 것은 무의미할 것이다. 그러나 오늘날 상품의 기술적 내용과 숙련노동 내용을 감안한다면 대부분의 비교우위는 자연적 환경에서 결정되지 않는다고 할 수 있다. 캘리포니아가 전자칩과 정보산업에 좋은 이유는 태평양의 모래 때문이 아니라 인력 때문이다. 프랑스가 비행기에 강한 이유는 하늘이 맑아서가 아니라 노동의 질 덕분이다.[17] 1970년 한국이 생산한 최초의 자동차는 매우 비경쟁적인 것이었다. 한국에 파견된 국제통화기금 전문가는 무엇이라고 했을까? "피식! 경쟁의 관점에서 보았을 때 한국에서 자동차를 생산하는 것은 바보같은 짓이다"라고 했다. 그를 약간 돕자면, 그는 수확체증이나 학습효과 그리고 공공지원자금이 장려한 씨너지를 어떻게 예상이나 할 수 있었겠는가? 한국 자동차의 높은 가격체계를 보고 그는 "황당하군. 비경쟁적이야"라고 내뱉었을 것이다. 그런데 여기서도 다시 한번 창조와 생산은 시장을 만들어냈다. 그리고 우리의 전문가는 1969년 캘리포니아의 인터넷을 보고 무엇이라고 했겠는가? "장난치지 맙시다!"라고 했다.

러시아에서 국제통화기금 전문가들은 희소성의 도식을 선택했다. 인플레이션 투쟁을 전개해야 했고, 외부 자본을 유인하려고 강한 화폐를 강요해야 했으며, 따라서 높은 이자율을 장려해야 했다. 이자율이란 시간의 집단적 인식이다. 국제통화기금의 시간은 희소하고 비싼데 그 이데올로기의 기본은 희소성이다. 하지만 희소성은 중립적이지 않으며, 금리수익을 추구하는 약한 성장을 의미한다. 러시아가 대표적 사례인데, 공공의 자본을 약탈한 마피아가 바로 금리생활자 계급이다.

국제통화기금의 전문가들은 대부분 정치를 생산적이지 못하고 '약탈적'이라며 무시한다. 전문성과 경제주의는 정치를 약화시킨 냉소주의를 탄생시켰다. 공공선택학파의 냉소주의자들(부캐넌, 스티글러)에게 있어 정치인은 역시 냉소적인 인간으로 자신의 이익밖에 모르며 그런 인간으로 취급되어야 한다고 주장한. 그리고 유권자와 정치인의 관계는 단순한 시장적 관계다. 너가 나에게 돈을 주면(이전금을 주든지 세금을 줄여주든지 등) 나는 너를 찍는다. 그리고 시장을 믿자. 시장은 선인을 선택하고 악인을 파괴한다.

그런데 우리는 그레샴(Gresham)과 애컬로프 이후로 상황이 반대라는 것을 알고 있다. 품질에 불확실성이 존재할 때 악화(惡貨)가 양화(良貨)를 구축(驅逐)하며 '똥차'가 좋은 차를 대신한다.

연구, 문화, 자유시간은 미래를 창조하는 선택

> 우리는 거인들의 어깨에 매달린 난쟁이들이다. 우리는 그들보다 더 많이 더 멀리 볼 수 있다. 우리가 더 날카로운 시각을 갖고 있거나 키가 더 크기 때문이 아니라 그들이 우리를 공중에서 지탱해주며 우리를 그들처럼 거인 같은 높이로 올려주기 때문이다.
>
> ―베르나르 드 샤르트르

연구한다는 것은 미래에 대한 선택인데 시장은 결코 이런 선택을 하지 않는다. 시장은 당장의 이윤을 갈망하며, 보다 일반적으로 '이성적인' 사람들은 이런 선택은 하지 않는다. 독학자 하인리히 슐리만(Heinrich Schliemann)이 호메로스를 읽고 1870년 트로이를 찾아 떠났을 때 지식 공동체 전체는 웃음을 참지 못했다. 하지만 슐리만은 트로이의 폐허를 발견했다. 연구란 시장과는 근본적으로 상반된 사고와 작동방식을 가졌다. 내가 연구를 한다는 것은 인류의 문화에 엄청나며 가치를 따질 수 없는 부채를 진다는 것을 의미한다. 피타고라스의 정리에서부터 고야나 라신느가 나에게 선사한 미적 감각 그리고 리만의 기하학까지 문화가 축적한 지식에서 원하는 만큼을 나는 습득할 수 있으며, 선배들이 했던 것처럼 나 역시 내가 발견하는 것을 기꺼이 베풀 수 있다는 것을 뜻한다. 그렇지 않으면 나는 연구자가 아니다.

한 나라에서 연구를 장려한다는 것은 물론 성장과 사회적 관계를 장려하는 것과 같다. 그것은 미래의 현실을 창조한다는 도박이고 그 도박이 오늘의 도박을 사후적으로 유효하게 해줄 것이다. 인터넷은 현실을 만들어낸 예측의 훌륭한 사례다. 인터넷은 아르파네트(ARPAnet)의 추진자들이 정확히 예상하지는 않았지만 "연구의 끝에는 무엇인가 있을 것"이라는 생각을 사후적으로 확인해주었다. 2003년 효율성이라는 명목으로 그리고 다른 상업적 기준으로 연구자금을 30% 축소시킨 연구부 장관은 시장의 말을 들은 것이다. 연구는 비효율적이 될 것이고 사후적으로 사람들은 연구비를 삭감하길 잘했다고 말할 것이다. 마찬가지로 경제적 효과가 엄청나지만 측정하기 어려운 의료 같은 부분에서 예산을 삭감하고는 의료체계가 잘못 작동하면 곧바로 "봐라, 얼마나 문제가 많은지! 예산을 삭감하길 잘했지!"라고 말할 것이다.

연구는 전형적으로 경쟁으로 운영될 수 없는 커뮤니케이션 체계다. 그런데 경제논리는 협력은 거부하고 경쟁을 장려하는 반면 집단을 파괴하고 최소가능한 상호관계만을 추구한다. 이 논리는 자신이 파괴해버린 것을 두고, 되레 비효율적이란 구실을 내세워 사후적으로 자신의 반생산성을 정당화한다. 역설적으로 경쟁은 과다한 개인주의와 냉소주의로 낭비를 조장한다. 결국은 낭비를 조장하는 효율성보다는(예를 들어 노동시장 밖에 많은 노동력을 그대로 유지함으로써), 결과를 측정할 수는 없지만 효율성을 낳는 낭비(예를 들어 연구에 거는 도박은 사치스러운 지출이고 순수한 낭비다)를 선택하는 편이 더 낫다.

고전경제학은 특이한 사고로서 최악의 특이한 현실을 생성한다. 고전경제학은 어떤 의미에서 문화의 부정이다. 왜냐하면 문화란 매우 집단적이고 공통적이어서 조각조각 나눌 수 없기 때문이다. 내가 지적이라고 해서 네가 지적이게 되는 것을 방해하는 것도 아니고, 너와 나는 모두 인류 자산에 빚지고 있는 것이지, 특정한 프랑스어 표현으로 등록된 특허에 빚지고 있는 것도 아니다.

| 원문 읽기 |

■ 삐에르 뛰이예

경제적 진보를 반대하는 몽매주의적이고 과거지향적이고 원초적인 생태주의자

그들은 교회를 비판했지만 마치 교황처럼 행동했다. 예를 들어 우리는 '하이델베르크 호소'라고 불리며 유명해진 흥미로운 자료를 발견했다. 그 자료는 1992년 6월 리오 데 자네이루에서 개최한 지구촌 정상회담 이전에 공포한 회칙 같은 것이었다. 노벨상 수상자 52인을 포함해 다양한 과학자들이 서명한 이 '호소'는 국가원수와 정부수반을 향한 것이었다. 거기서 알 수 있는 것은 생태주의의 활동은 '과학과 산업의 발전에 반대' 된다는 것이다. 따라서 정치적인 의미에서 생태문제는 과학자들의 세밀한 통제하에 놓여야 한다는 것이다. 아니면 이 '비이성적 이데올로기'가 최악을 초래할 것이라고 한다. 이런 개입이 가능하고 마치 정당한 것처럼 생각되는 이유는 소위 선진사회가 아주 오랜 동안 특정한 신화적 사고에 잠겨 있었기 때문이다. 따라서 우리는 근대 서구 특유의 몇가지 '미신'을 살펴볼 필요가 있다고 판단했는데, 특히 진보라는 신화가 그렇다.

—『거대한 내파』

■ 빠트릭 비브레

성장은 무제한이 아니다.

니콜라스 제오르제스쿠 로에젠(Nicholas Georgescu-Roegen)은 인간의 활동이 엔트로피의 법칙에 종속된 우주에서 펼쳐지므로 열역학법칙이 경제에도 적용된다는 것을 처음으로 보여주었다. 물론 지구는 자체적으로 폐쇄된 씨스템이 아니다. 왜냐하면 우리의 지구는 엔트로피에도 불구하고 생명이 다시 재생되고 확산까지 가능하게 하는 태양 에너지의 흐름을 받기 때문이다. 그런데 게오르게스쿠 로젠은 우주를 마치 반복적이고 불변하며 단순한 결정론에 지배받는 것으로 인식하던 시각을 포기시키고 돌이킬 수 없는 변화와 단계라는 개념을 도입했다. 따라서 지구의 경제성장 역시 무제한일 수 없는 것이다.

—「연대사회경제부 보고서」

■ 장 미셸 아리베

국내총생산의 혼란과 시련

나는 생산한다, 국내총생산이 늘어난다.

너는 생산한다, 국내총생산이 역시 늘어난다.

그는 파괴한다, 국내총생산이 늘어난다. 그녀는 고친다, 국내총생산이 또 늘어난다.

우리는 오염시킨다, 국내총생산이 늘어난다.

당신은 오염을 방지한다, 국내총생산이 늘어난다.

그들과 그녀들 (경제학자들)이 국내총생산이 얼마나 늘었는지 계산한다, 국내총생산이 여전히 늘어난다.

경제란 정말 대단하지 않은가? 더하기만 있고 빼기는 없으니 말이다. 이상하지만 그것은 아주 논리적이다. 자본의 존재이유는 성장하고 축적하는 것이다. 축적에 기여할 수 있는 모든 활동은 잠재적으로 자본의 투자대상이다. 가장 물질적인 것에서부터 가장 비물질적인 것까지, 사물에서 상징까지, 식품에서 문화까지,

가장 은밀한 것에서 집단적인 것까지, 장난감에서 의료까지, 교육에서 생식까지, 물에서 공기까지, 만일 이윤이 있다면 모두가 상품이 된다. 필요하다면, 다시 생산하기 위해 파괴하고 오염방지를 위해 오염시킨다. 그러나 문제가 있다. 그것도 많다. 첫째는 모든 것을 상품화해서 돈을 만들기 위해서는 우선 상품을 생산해야 한다. 이를 위해서는 노동력을 임금화해야 한다. 노동에 배고파하고 노동이 쌀수록 자본은 더 번성하기에 임금노동은 세계적 차원으로 계속 확산된다. 자본의 비극은 스스로 만들어내는 것이기도 하다. 세계에서 1억 5천만명이 실업자이고 7억명이 부분고용 부분실업이며 12억명이 빈곤수준 이하이며 적어도 그만큼이 먹는 물에 쉽게 접근할 수 없다. 최고 부자 1%의 소득을 합하면 가장 빈곤한 사람 57%의 것과 똑같다. 세계 최대 부자 225명의 재산은 가장 가난한 사람 25억명의 연간 소득과 같다. 그리고 지구의 모든 빈자들을 제대로 먹이고 입히고 주거하게 하고 교육하고 치료하는 데 필요한 돈은 1년에 800억 달러 미만, 즉 지구 생산의 0.25%에 불과하다.

두번째 문제는 임금 비용을 줄임으로써 자본이 이윤을 창출하고 따라서 더 많은 축적의 능력을 갖게 된다는 것이다. 하지만 과잉생산의 위기가 정기적으로 돌아온다. 상품 판매는 상대적으로 축적된 자본과 비교했을 때 충분한 이윤을 제공하지 못한다. 그것이 바로 1997년 아시아에서 일어난 일이다.

—『자본의 치매』

■ 앨버트 허쉬만

'재물을 넓히는'(chrematistic) 또는 자체적 목적으로서의 축적

몽떼스끼외 역시 축적하고자 하는 열정의 놀라운 지속성과 장기성을 확인했다. "무역은 다른 자에게 연결해준다. 작은 상인을 중간에게 중간을 큰 상인에게 말이다. 그리고 조금이라도 벌려고 그토록 욕망하던 사람은 그렇다고 많이 버는 것을 싫어하지는 않는 상황에 놓이게 된다."

여기서 『법의 정신』의 저자는 돈이 나중에 경제학자들이 한계효용체감의 법칙이라고 부르는 것에서 탈피할 수 있다는 사실에 놀라는 듯하다. 바로 이 문제는 약 150년 이후에 독일의 사회학자 게오르크 짐멜(Georg Simmel)의 관심을 끌었다. 그의 논의는 예리하다. 그는 인간에게서 욕망의 충족이란 보통 원하는 감각이나 사물을 모든 측면에서 친밀하게 안다는 것을 전제한다고 말한다. 이 친숙함으로 인하여 욕망과 충족 사이에 존재하는 그 유명한 괴리가 생겨나는데, 그것은 대부분 실망의 감정으로 표현된다. 이 법칙에는 유일한 예외가 있다. 돈이 지출을 목적으로 하지 않고 축적자체를 목적으로 할 때야 비로소 어떤 금액을 향한 욕망은 충족된다. 왜냐하면 "절대 어떠한 품질도 가지지 않은 사물로서 돈은, 가장 보잘것없는 물건조차 가지는 특성 ─ 놀라게 하거나 실망시키는 성질 ─ 을 보유하지 않기 때문이다."

─『정열과 이익』

■ 아르망 파라시

성장과 '타나토크라시'(thanatocratie)

소련에서는 눈 한번 깜짝하지 않고 바다를 메마르게 해버리거나, 주민에게 경고하거나 이들을 이전시키지도 않고 시간을 벌기 위해 원자폭탄을 동원하여 운하를 파기도 했다. 1966~82년에 소련에서는 원자폭탄 115개가 '평화적' 목적으로 사용되었는데 결국 민간인과 지구를 대상으로 투하되었다는 의미다. '카르파트(Carpates)의 천재' '다뉴브(Danube)와 그 사고(思考)'로 불렸지만 6만 피해자를 초래한 차우셰스쿠(Ceauşescu)는 주민들을 농업도시 '아그로빌'로 이전시키려고 역사적인 도시와 농촌을 체계적으로 파괴한 '체계화'정책을 공식적으로 자랑하곤 했다. 티벳에서 중국인들은 동일하게 힘찬 모습으로 불교사원을 파괴하고 임의적인 사형집행을 했으며, 야생동물을 멸살하고 여인들을 강제로 불임수술 시켰다. 대규모 산업집단과 관료적 국가들은 독재의 이윤을 챙기기 위해 전쟁처럼 약탈과 야만의 경제를 작동시키는데, 마치 자연의 강제수탈이 인간의 억압과 조금도 다르지 않다는 사실을 강조하기 위한 듯이 호전적이다.

가장 미친 듯한 그리고 가장 파괴적인 프로젝트들이 순수 민주주의에서 만든 국제기구의 지원으로 장려되거나 강요된다. 세계은행과 국제통화기금, 일반무역협정과 경제협력개발기구, 세계화 즉 세계의 미국화의 스승들, 영원한 부채의 장인들 그리고 예정된 낭비의 관리자들이 민간부문의 범죄조직보다 이미 훨씬 많은 희생자를 낳았지만 그렇다고 더 후회하는 것도 아니다. 이들에게는 마치 나무와 시냇물에 관심을 갖는 척하도록 도와주는 위원회가 있지만, 사실 인간의 생명을 보호하는 데 그토록 관심이 없는 그 집단이 자연을 더 존중할 이유는 하나도 없다. 타인의 죽음이 길 가는 데 단순히 필수적인 과정이라고 생각하는 대부들이 지도하는 이 경제기술체계는 미셸 쎄르(Michel Serres)가 작명해준 타나토크라시 즉 죽음의 통치라는 이름에 참 적합하다.

―『지구의 적들』

■ 장 보드리야르

호모 에코노미쿠스의 해부

이것은 하나의 꿈뜨다. "옛날옛적 '희소성' 속에서 사는 '사람'이 있었다. 수많은 모험과 경제학을 횡단하는 기나긴 여행 끝에 그는 '풍요 사회'를 만났다. 그들은 결혼했고 많은 것이 필요하게 되었다." A. N. 화이트헤드(Whitehead)는 "호모 에코노미쿠스의 아름다움은 그가 추구하는 것이 무엇인지를 우리가 확실하게 알고 있다는 점이었다"고 말했다. 이 황금기의 인간 화석은 인간의 본성과 인권의 행복한 근대적 만남으로 탄생했는데 그를 지탱해주는 강력한 형식적 합리성을 포괄한다.

1. 한순간의 망설임도 없이 자신의 행복을 추구할 것.
2. 자신에게 최대한의 만족을 주는 대상을 선호할 것.

소비에 관한 세속적인 또는 학술적인 담론은 모두 꽁뜨의 신화적 부분과 연관된다. 인간은 자신에게 만족을 '주는' 대상으로 자신을 '이끄는' 필요를 '안고' 있다. 하지만 인간은 결코 만족하지 못하기에(이 때문에 질타받기도 하는데) 똑같은 이야기가 오래된 우화의 사라진 확실성을 지닌 채 끊임없이 다시 시작된다.

일부는 곤혹에 가까운 심정이 된다. "관심있는 모든 미지수 중에서 경제학이 가장 강력한 미지수가 필요하다."

—『소비의 사회』

■ 미셸 우엘벡

성장을 잊은 사람들

2월 25일 『피가로』 신문에서 나는 빠드깔레(Pas-de-Calais)에 관한 흥미로운 통계를 발견했다. 국립통계경제연구소의 수치에 따르면 인구의 40%가 빈곤 수준 이하의 생활을 한다는 것이다. 그들 10가구 중 6가구는 소득세를 면제받는 수준이다. 사람들이 생각하는 것과는 달리 극우 민족전선은 그곳에서 낮은 지지율을 보여준다. 이주 인구가 지속적으로 줄어드는 것도 사실이다(반면 그곳의 출산율은 아주 높으며 전국 평균보다 훨씬 높다). 실제로, 국회의원인 깔레 시장(市長)은 공산당원이며 당에서 프롤레타리아 독재를 포기할 때 유일하게 이에 반대한 특이하고도 재미난 사람이다.

깔레는 놀라운 도시다. 일반적으로 이 정도 크기의 지방도시에는 역사적 중심지가 있고 토요일 오후에 사람들이 붐비는 보행자 거리가 있다. 깔레에는 그런 것이 전혀 없다. 이 도시는 제2차 세계대전 때 95%가 파괴되어 토요일 오후 거리에는 아무도 없다. 그저 폐허 같은 건물과 텅 빈 거대한 주차장이 이어질 뿐이다(아마 프랑스에서 가장 주차가 쉬운 도시일 것이다). 토요일 밤은 조금 더 즐거운 분위기인데 아주 특별한 즐거움이다. 거의 모든 사람이 술에 취한다. 선술집들 사이에는 도박기계가 늘어선 카지노가 있는데 깔레 사람들이 자신의 최저참여보조금(RMI)을 날리러 그곳에 온다.

—『개입』

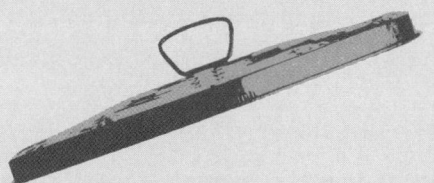

11장

대안경제

우리 사회체계의 결함은 쾌락과 산업을 병행할 줄 모른다는 점이다.

사를르 푸리에

드디어 우리는 자본주의 경제 연구의 종착역에 도달했다. 한번 자본주의의 죄를 증언하는 수많은 비판을 열거해보자.

자본주의 경제의 악착스러운 생산주의는 점증하는 공해를 낳고, 온난화를 초래하고, 기후를 변하게 하고, 지구를 거대한 쓰레기장으로 만들고, 바이러스와 질병의 전염을 강화한다.

불평등은 괴물처럼 증가하고 대중의 빈곤과 실업이 거대한 부와 동시에 존재한다.

가족, 교육, 운동, 문화 등 모든 인간관계에서 펼쳐지는 경쟁과 상업화는 사회적 관계를 총체적으로 파괴한다. 개개인은 광고에 조작당하고 우둔한 대중매체에 순종하며, 최고 행복을 추구하다가 일중독과 스트레스에 빠져서 자신은 소외되며, 자신의 삶 일부를 상실한다.

보편화된 부패가 자리잡고 마피아와 이익집단 들이 지배하며 오래된 명예와 봉사, 고귀함의 가치는 탐욕과 세속성에 자리를 내주고 사라진다.

그러고도 이러한 불행의 목록은 한참 계속될 수 있다.

변호의 말〔言〕

"모든 나라에서 평균수명이 늘어난다. 과거에 비해 문화는 더 확산되고 보건도 좋아졌다. 문맹 역시 사라져간다. 물론 일부 국가가 다른 국가들보다 더 운이 좋기는 하다. 하지만 인도와 중국 같은 나라를 보면, 특히 인도가 영양실조라는 구조적 문제를 거의 해결한 것을 보면, 내일은 희망차다고 예측할 수 있다."

그렇다. 자본주의는 파괴하는데, 대부분 돌이킬 수 없는 방식으로 파괴한다. 하지만 곰과 늑대의 멸종은 인간의 평균수명 연장으로 충분히 보상되는 것이 아닌가? 게다가 대부분 우리가 전혀 모르는 동물과 식물 들인데(이들의 상당 부분은 아마존 강 유역에 있다) 이들이 좀 사라진다고 무엇이 대수인가? 우리 조상들은 물속에 들어가지 못했기에 해저식물은 의미가 없지 않았는가? 물론 기후가 나빠지고 있지만 미래의 발전이 자신이 파괴한 것들을 되돌려놓을 것이다. 알다시피 적극적인 정책으로 오존층의 구멍이 작아지고 있지 않는가. 끝으로, 당신은 자본주의가 폭력과 고독을 만들어낸다고 이야기하는데, 당신은 정말 고대 로마사회가 폭력적이지 않았다고 믿는 것인가? 당신은 알비주아(Albigeois) 십자군에 대해 들어보았는가? 알렉산더 대왕의 페르시아인 학살에 대해서는? 또는 쌩 바르뗄르미(Saint-Barthélemy)에 대해서는? 당신은 꾸바와 서인도제도의 인디언을 멸종시킨 에스빠냐 사람들의 행동을 '자본주의자'들의 행위였다고 생각하는가?

다행히도 우리의 증인은 완벽히 다른 논리를 내세운다. "진보, 지식, 문화, 발명, 예술, 문명은 인류의 비영리적 부분이다. 인류가 발전할 수 있는 것은 상업적 파괴에도 불구하고 비영리적으로 반응하기 때문이다. 인류는 1720년 마르쎄이유의 페스트 이후에 예방법을 발명하고, 에리카 침몰 이후에 오염된 해변을 청소하기 때문이다……"

"다행히도 영리와 비영리의 변증법에서 결국은 비영리가 승리한다." 하지만 우리는 영원토록 탐욕이 만들어내는 피해를 바로잡고 극복하기만 할 것인가?

많은 사상가들이 더 훌륭한 경제조직 문제에 대해 연구했다. 푸리에(Fourier), 쌩씨몽(Saint-Simon), 바자르(Bazard), 앙팡땡(Enfantin), 프루동(Proudhon), 씰비오 게젤(S. Gesell), 자끄 뒤부앵(J. Duboin) 같은 유토피아 사회주의자들이다. 그들의 작품은 프리드먼이나 부캐넌의 작품과는 다르게 흥미롭다. 그들은 때때로 '유토피아'와 '가장 훌륭한 세상'을 제안했다. 하지만 '가장 훌륭한 세상'은 감옥이 될 수 있기 때문에 조심해야 한다. 예를 들어 푸쿠야마가 시장은 더이상 초월할 수 없다고 할 때, 그는 당신이 영원히 이 감옥에 들어가 있다고 생각하는 것이다. 당신은 시장을 넘어설 희망을 전혀 가질 수 없다는 말이다.

하지만 우리의 포부는 '가장 훌륭한 세상'을 생각하는 것이 아니다. 이런 일은 파놉티콘(Panopticon)을 구상하는 사람들에게 남겨놓아도 된다. 보다 단순하게 자유주의 모델의 엄청난 힘과 이를 제한하는 집단적 세력을 바탕으로 영리적 경제와 공존할 수 있는 비영리적 경제 형식의 지속가능성을 생각해보자. 그다음은 도덕적인 문제다. 각자가 공포에 찬 어린이들이 땀 흘려 생산한 제품을 살지, 농민들이 독성 물질을 사용해 재배한 음식을 먹을지, 도심에서 자전거를 탈지 아니면 SUV 자동차를 탈지를 선택하면 된다.

대안경제

그렇다면 인류는 삶의 전리품을 포기하고 자본의 그늘로 들어가 존재를 소유의 제단에 바칠 것인가. 호르크하이머(M. Horkheimer)나 아도르노(T. W. Adorno)가 생각했듯이,[2] 인류는 물질적 재화에 파묻혀 다른 형태의 야만에 빠져버릴 것인가. 여기서 야만이란 일반화된 몽롱한 상태로서 공상의 젖에서 흐르듯이 흘러나와 일상적 마약을 제공하는 엔터테인먼트와 텔레비전, 세뇌의 칵테일들—'로프트',[3] 오락영화, 억지로 웃기는 씨트콤, 미국 참모부의 눈으로 본 걸프전 그리고 다른 훌륭한 방송들──에 의한 것이다. 진정 대안경제는 존재하는가? 영원한 축적을 지향하는 시장경제에 대안이 될 수 있는 경제 말이다. 경제학이 존재한 이래로 철학자(맑스), 독학자(푸리에), 엔지니어나 사업가(쌩씨몽, 게젤) 등이 대안경제를 상상해보았다. 그들은 때로 팔랑스떼르(phalanstère, 푸리에가 주창한 공동생활 집단숙소──옮긴이)나 쎌스(Sels, 지역교환체제)에서 대안경제를 실천해보려고 했다. "세계는 상품이 아니다"라는 씨애틀이나 제노바의 대안세계주의자들의 구호는 이미 하나의 프로그램이다. 그것은 인생의 댓가를 치르더라도 삶을 상인들의 독재에 종속시키기를 거부하는 것이고, 특히 작은 가치라도 도출해내기 위해 끊임없이 나사를 조여대듯 세계를 쥐어짜는 다국적기업들에 이 세상을 바치는 것을 거부하는 것이다. 자유주의에 대한 유일한 경제적 대안은 1917년 10월혁명부터 1991년 베를린장벽의 붕괴까지 70년 동안 지속되었다. 그리고 야만적이고 마피아적인 극단적 자유주의로 내파(內破)되었다. 출발점으로 돌아온 것이 아니라 더 후퇴한 셈이다.

아이디어의 수준에서 바라본다면 대안세계주의자나 대안경제학자 들은 훌륭하다. 이처럼 "인간 활동의 다양한 성격을 인정"하는 것은 노동 이외의 활동이 존재하는 것을 인정하는 것이며, 노동이 모든 삶의 양식을 판단하는 기준이 되는 것을 포기한다는 의미다. 예를 들어 퇴직자를 부양하는 것은 일하는 사람 즉 노동자다. 퇴직자의 삶의 가치는 일하는 사람이 그에게 부여하기를 원하는 노동시간만큼이다. 도미니끄 메다는 아리스토텔레스를 인용하여 "생산이 아닌 행동하는 삶"이라고 표현하면서 이번에는 한나 아렌트(Hannah Arendt)와 위르겐 하버마스(Jürgen Habermas)에서 영감을 얻어 다음과 같이 덧붙인다. "활동에는 네 종류가 있다. 우정과 가족과 사랑의 활동, 개인과 사회적 삶의 조건을 확대해서 재생산하도록 하는 생산활동, 비영리적인 자신의 교육과 배움 등의 문화적 활동 그리고 정치적 활동이 그것이다."[4] 삶의 시간에 대한 다양한 활용을 왜 같은 수준에서 판단하지 못하는 것인가? 모두에게 고귀하고 다양한 활동을 인정한다는 것은 하나의 지배적이고 포괄적인 이성, 계산적이고 기계적인 이성만을 인정하는 것을 포기하고 드디어 상식적인 것이 합리적인 것을 대신하는 것이다.[5] 부르주아혁명에서 교직자와 귀족을 없앤 이유는 그들을 기생계층이라고 보았기 때문이다. 오늘날 경제적 이성에 복종하지 않는 사람들은 다시 '신(新)기생계층'으로 평가되고 있지 않는가? 예를 들면 공무원, 경찰, 판사, 교사의 소득은 시장이 아니라 신분에 따라 결정되기 때문이다. 상업적 이성이 강요하는 계산적이고 극단적인 개인주의는 아마도 인간 해방과는 정반대라고 할 수 있으며, 모든 자유와 모든 우연의 죽음, 각자가 가격과 브랜드와 광고 구호의 영원한 음악에 종속되는 것을 의미한다. 그리고 우리는 햄스터처럼 우리의 '노동시간' 동안 쳇바퀴를 돌리며 시간을 상품으로 만들면서 시간을 죽이는 데 삶을 소비할 것이다.

경제란 결국 빠스깔식의 '오락' 즉 죽음을 잊는 방법일 뿐인가? 9월 11일 월드 트레이드 쎈터에서 피해자들은 죽기 전에 구매주문을 하기보다는 가까운 사람에게 전화를 걸어 그들에게 사랑한다고 전했다. "죽음 앞에서 가장 강력한 두가지 정열은 부와 권력이 아니라 감각(그리고 지식)과 사랑(또는 인정받기)이다. 시련이 닥치면 베푸는 것이 인간들의 연대의식을 가장 잘 표현하는 것이다." 경제는 마치 베풀기라는 인류학의 근본적인 개념을 야금야금 갉아먹으면서 제거하는 기능이 있는 듯하다.

대안경제는 연대하는 경제다. 대안경제는 시장경제와 공존할 수 있지만(오늘날 지역교환체제 같은 협회가 이런 방식이다) 궁극적으로는 소유의 욕망을 존재의 욕망으로 바꾸면서 점차 시장경제를 대체한다. 반면 대안경제는 공공경제와 아주 잘 공존한다. 폴라니의 표현을 빌리자면 대안경제는, 대안경제학자들이 즐겨 사용하듯이, 경제를 제자리에 즉 사회 속의 뿌리내린 자리에 다시 가져다놓는 데 유용하다.

예를 들어 공정무역은 모든 국가의 노동권을 존중하는 무역이다. 공정무역은 나무는 물론 노동자에게까지 살충제를 뿌리는 농장에서 생산된 바나나와 아이들이 생산해낸 섬유제품 같은 모든 것을 거부한다. 공정무역은 집단적이고 상호적인 기초에서 수공업자들과 그들의 협회, 조합, 사회써비스협회(진료, 보건, 노인 써비스) 등을 장려한다. 대안경제는 화폐와 분배 그리고 소유 자체와 맞부딪쳐 싸워야 한다.

축적되지 않는 '녹는' 돈과 지역교환체제

지역교환체제(Sel : système d'échange local, 영어권에서는 Lets : local exchange trade system), 이딸리아의 타임뱅크, 라틴아메리카의 다차원 상호물물교환 네트워크 등은 상업사회 주변에 있다. 프랑스에서는 320여 지역교환체제에 대략 3만명이 참여하고 있다. 지역교환체제는 회원의 재화와 써비스를 공동으로 운영하는 실질적 협회들이다. 회원들의 수요와 공급이 쓰여 있는 일람표가 정기적으로 공개된다. 지역교환체제에서는 회원들이 새로운 화폐를 만들어냄으로써 보육, 수리나 농사 등 없었던 활동들이 생겨난다. 일반적으로 이 화폐의 기준은 노동시간이다. 이딸리아에는 타임뱅크가 300개 있는데 수십명의 사람들이 중앙 목록에 자신의 이름을 기재하고 자신의 능력과 필요를 써놓는다. 미국에는 '타임달러' 제도가 있는데 한 사람이 오늘 다른 사람들에게 써비스를 제공함으로써 이들에 대한 '시간 채권'을 얻게 된다. 아르헨띠나에서는 위기로 인해 많은 지역 공동체에 지역교환체제식으로 운영되는 다양한 지역 화폐와 8000여 물물교환 클럽이 생겨났다.

이러한 화폐 창출은 프랑스은행 같은 화폐당국의 불만스러운 눈총을 받는데, 중앙은행은 이것을 일종의 위조지폐라고 보지만 교환의 취약성을 감안하여 눈감아준다. 하지만 이 화폐는 무척이나 특별하다. 이 화폐는 '녹는 돈'으로서 교환에만 사용될 수 있다. 이 돈은 축적될 수 없으므로 이자를 생산하거나 빌려주거나 노동을 착취하는 데 사용될 수 없다. 근본적으로 지역교환체제는 단순한 물물교환의 양자주의를 탈피할 수 있는 교환의 단순화를 가져온다. 녹는 화폐는 성장을 엄청나게 제한하는데 이것이야말로 좋은 일이다. 이 화폐는 미친 듯한 노동으로 축적을 초래하기보다는 제한된 공간에서 이미 존재하는 잠재력을 활동하게 할 뿐이다. 지역교환체제는 낭비를 피한다. 자끄 뒤부엥이 지적했듯이, 생산하고 교환하려는 욕구가 있고, 이를 뒷받침하는 재료가 있으며, 이를 실현할 기술도 있는데 단순히 돈이 없다는 이유로 이 모든 것이 이루어지지 않는 것처럼 황당한 일이 있겠는가. 화폐의 희소성 그리고 너무 가난하거나 신용할 만하지 못하다고 판단되는 일부 사람들에게 화폐가 없기 때문에 이 근접성에 기초한 융자가 발생하는 것이다.

특정화폐

'목적성' 화폐 또는 '특정'화폐란 식당권이나 문화상품권, 써비스 티켓이나 전화카드처럼 특정한 사용에 한정된 지불수단 전체를 의미한다. 이 화폐들은 대부분 제한된 사용 기간(예를 들어 식당권은 1년이다)이 있으며 저축하거나 투기할 수 없다. 특정화폐는 사회경제에서 밝은 미래가 있을 것으로 보인다. 빠트릭 비브레[6]는 이런 유형의 화폐를 일반화할 것을 제안하면서 더 나아가 특정거래를 할 수 있도록 전자칩을 사용한 카드의 제작을 제안했다. 예를 들어 카드의 내용은 지역적으로 규정하고 지역 주민들이 참여적으로 예산을 확정할 수 있을 것이다. 또한 인터넷을 통해서 유통할 수 있는 특정화폐를 상상할 수 있는데, 이 화폐는 "공정한 무역과 사회적·연대적 경제의 상품이나 써비스에 접근하도록"[7] 할 수 있다. 쏠(Sol) 계획은 보건 및 보험 협동조합과 연대경제의 행위자들이 작업하는 그룹에서 발생했다. 구체적으로 시민들은 사회적·연대적 경제부문과 공정한 무역의 상품들을 구매하거나 파괴를 축소하는 경향의 시민적 행태에 대한 댓가로 쏠을 받는다. 쏠은 폐쇄경제에서 기능하며 다른 화폐로 전환이 불가능하다.

자끄 로뱅(Jacques Robin)의 아이디어도 같은 방향인데, 그는 대안경제로 가기 위한 세 종류의 화폐를 제안했다. 축적 가능한 장기적 화폐는 영리적 부문의 교환과 투자의 수단으로 남을 것이다(예를 들어 신중한 금융조절의 조건에 놓인 유로화). 다음은 유효기간이 짧고 축적 불가능한 화폐로 그 목적은 즉각적인 소비로서 각자가 풍족한 생활을 하고 보편적으로 나누어주는 '시민권의 소득'[8]의 장점을 가질 것이다. 끝으로 연대적 경제의 화폐로서 이 화폐는 '인간 생산 부문'이나 '관계적 재화 생산'에 사용될 것이다.

최소한의 보편적 소득

화폐 다음에는 분배가 문제다! 대안경제는 "모두에게 아무런 조건 없는 최소소득의 배급을 보장"해야 한다고 믿는다.[9] 이 '보편적 소득'의 문제에 관해서는 많은 아이디어들이 경쟁하고 있다. 앙드레 고르즈(André Gorz)가 속한 대안경제 부문은 이를 지지한다. 존 롤스(John Rawls)나 필립 반 빠리스(Philippe Van Parijs) 같은 자유주의 철학자들이 이 아이디어를 선호한다. 다른 '좌파' 경제학자들은 보편적 소득의 아이디어를 받아들이지 못한다. 왜냐하면 실질적으로 인류의 일부분이 노동과 사회로부터 소외될 것이기 때문이다. 앙드레 고르즈의 입장은 매우 흥미로운데, 그는 오랫동안 존재의 무조건적 소득에 반대하다가 결국은 찬성으로 돌아섰기 때문이다.

그의 반대 이유는 노동이 가지는 '사회화'의 기능 때문이다. 노동은 우리를 고독으로부터 끌어내고, 시민권의 한 차원으로 작용하며, 사회가 필요로 하는 것을 할 수 있다는 느낌을 준다. 노동은 강력한 집단적 차원을 동반한다는 말이다. 하지만 제공하는 노동의 시간이 줄어드는 것은 물론, 노동 자신이 가지는 강한 비물질적 차원, '측정' 불가능한 차원 때문에 그 가치를 따지기도 점점 어려워진다. 시간당 보상받는 노동고용은 후퇴하고 있다. 하지만 롤스가 말하는 근본적 자유(교육, 문화, 주택, 보건, 안전)를 행사하도록 하기 위한 충분한 기초 소득에 있어서 무조건적 권리라는 아이디어는 심각한 반대에 부딪치게 된다. 이 권리는 다른 사람들의 노동으로 살아가는 게으름뱅이 집단을 양산하지는 않을 것인가? 이 다른 사람들은 적어도 게으름을 금지하고 최소의 소득이 최소한의 시민적 의무나 공익성 노동을 동반하도록 강경히 요구해야 할 것이다. 그러면 의무적 노동에는 어떤 내용을 포함시킬 것인가? 우리는 공공영역에서 공익성 노동을 상상할 수 있다. 공익성 노동(TUC)은 그 소득이 공정무역 유형의 수표 형식과 유사하다는 점에서 흥미롭다. 특정인에게 돈을 주는데, 그 사람이 집단의 필요를 충족시키거나 우선적으로 보이는 일을 하도록 하기 위해서다. 보편적 소득이 봉사, 예술, 문화, 가족적 활동의 발전에 기여하기 위해서는 무조건적으로 모두에게 제공되어야 한다. 전형적으로 분배적 연금은 모두에게 댓가 없이 제공된다는 점에서 '보편적 소득'이다.

보편적(universal) 소득은, 맑스를 인용하자면, "지식의 일반적 수준이 주요 생산력"이 되도록 하는 변화 그리고 생산의 우회나 시간의 생산성을 높이는 물질적·지적 투자와 비교했을 때 직접적인 노동시간을 줄이는 변화에 가장 적합한 방법이다. "직접적인 노동시간 한 시간을 위해 사회 차원에서 진행되는 기초교육, 평생교육, 교육자의 교육 등 몇주 몇년이 필요하단 말인가? 비물질의 경제에서 노동자는 노동력인 동시에 지배자다."[10] 노동을 인격으로부터 분리할 수 없다는 말인데, 마차를 끄는 말에서 그 에너지를 구분할 수 없는 것과 마찬가지다. 보편적 소득은 체감하는 노동의 양으로 체증하는 비물질적 '부'의 양을 생산하는 경제에 적합하다. 이런 사회에서는 점점 더 많은 주민들의 구매력이 줄어든다. 실업과 빈곤이 확산될 수밖에 없다. 결국 선택의 여지가 없다. 부는 늘어나고, 노동은 줄어들고, 소외자는 늘어난다. 보편적 소득은 노동을 임금으로부터 완전히 분리할 수 있게 할 것이다. 결국 보편적 소득은 노동 종말을 감안하여 사회적으로 생산된 부의 양에 대한 소비권을 분배할 것이다. 이것은 이미 '사회적 소득'을 언급한 자끄 뒤부엥의 아이디어였다. 사회적 소득은 노동 자체의 '가치'(맑스나 리카도가 말한 노동력의 재생산에 필요한 상품으로서의 생존 최소소득)와는 아무런 상관이 없고 반대로 사회가 충족할 수 있는 필요와 욕망과 희망에 해당하는 것이었다. 뒤부엥에 따르면, 사회적 소득은 저축 불가능한 소비의 화폐를 가정했는데, 즉시 사용해야 하는 재화에 대한 권리의 집합이라고 보면 된다.

보편적 소득은 최저참여보조금(RMI)에 더해지는 부정적 세금이나 조스뺑(Jospin) 정부가 발명한 '고용보너스'와는 무관하다. 사실 이런 보너스는, 최저참여보조금이 추가로 제공하지 못하는 재분배의 약간의 소득들(가족, 주택, 건강의 보조금)을 최저참여보조금 수혜자들이 받으려는, 즉 실업자들이 힘들고 멸시받는 일들을 받아들이게끔 하는 제도다. 이것이 현재 최저활동보조금(RMA)의 기능이며 최저참여보조금에 일주일에 20시간까지 임금 지불을 추가로 가능하게 하는데, 그 결과는 실질적으로 아류 최저임금제를 실시하는 것이다. 최저활동보조금은 자유주의적 개념이다. 실업의 원인은 많은 질 낮은 고용에 정상적 임금이 지불될 경우 이윤 창출을 못한다는 데 있다고 여긴다. 결국 이런 일자리에 보조금을 지불함으로써 살기에 부족한 기초 사회적 소득과 역시 부족한 노동소득을 동시에 누릴 수 있도록 하는 일이다. 결국은 한 손으로 최저임금을 주고 다른 손으로 가져가는 것이다. "이처럼 또하나의 노동시장이 생겨나게 되는데, 이 시장은 저임금 국가의 경쟁에서 보호되지만 동시에 노동법의 조항으로부터 보호되기도 한다."[11] 최저활동보조금은 유연성, 일하는 빈민의 성장, 소외 계층화에 주는 보너스다. 결국 "실업자는 무능하거나 게으른 존재로서 사회가 이들로 하여금 자신의 득을 위해 일하도록 강요하는 것으로 이들에게 굴레를 씌운다. 사회는 이로써 실업의 원인에 대해 안심한다. 원인은 실업자 자신이라고." 결국 최저활동보조금이란 고용주에게 주는 지원금이 아니고 무엇인가?

보편적 소득은 그 반대편에 있다. 보편적 소득은 시민들을 노동시장의 제약으로부터 해방시키는 것을 목표로 한다. 그리고 각자가 자신의 시간을 선택하도록 한다. 보편적 소득은 두가지 씨스템이 존재한다는 가정을 통해 이해되어야 한다. 하나는 특정화폐(예를 들면 문화수표)를 통해 주어지는 교육, 문화, 건강 같은 근본적 재화씨스템이고, 다른 하나는 내 시간을 팔아서 내가 획득하기로 선택하는 말하자면 불필요나 사치성과는 매우 다른 재화씨스템이다.

소유권을 넘어서

> 소유권은 절도다.
> ─삐에르 조제프 프루동

파괴되어야 하는 씨스템의 마지막 기둥은 소유권이다. 인터넷은 소유권에 대한 진정한 도전(복사가 저작권과 출판권에 대한 도전이듯이)이라고 할 수 있는 냅스터(Napster, 음악 파일 공유를 위한 쏘프트웨어) 같은 현상의 발전과 특히 자본주의 경제에서 완전히 이해하거나 인정할 수 없는 프리웨어 같은 현상의 발전을 가능하게 했다.

리눅스(Linux) 같은 프리웨어 지지자들은 대안경제에 자리잡고 있다. 애초에 긱스(geeks)라 불리는 컴퓨터 전문가들이 구(舊)경제의 희소성과 통행료 같은 개념을 중심으로 기능하는 마이크로쏘프트의 독재에서 벗어나려고 인터넷에서 프로젝트를 시작했다. 쏘프트웨어의 향상은 전세계에 퍼져 있는 잠재적 사용자들이 즐거움과 베풀기의 원칙에 따라 운영하는 공동체가 쏘프트웨어 향상을 진행한다. 각자가 쏘프트웨어에 자신의 기여를 하는 것이다. 결과적으로 이런 쏘프트웨어는 마이크로쏘프트가 하듯이 비밀리에 특허의 보호를 받는 쏘프트웨어보다 훨씬 효율적이어서 그 때문에 IBM 같은 대기업이 채택했을 정도다.

프리웨어는 반자본주의의 오랜 골동품인 협동조합과 연결된다. 노동자와 수공업자 들이 힘을 합쳐 재화를 생산하고 그 이윤을 스스로 재분배하는 것이다.

정보는 '재화'인 동시에 '선'(영어 good이나 불어 bien은 경제적 재화와 도덕적 선의 두 의미로 사용된다―옮긴이)으로서 인류를 형성하는 기본 요소라고 할 수 있다. 정보는 나눈다고 소멸하지 않고 환경을 오염시키지도 않으며 무한대로 재생될 수 있다. 희소성과 배제에 기초한 시장경제에서는 받아들이기 힘들겠지만 정보는 제공한다고 해서 줄어드는 것이 아니다. 오히려 정보는 풍요로움과 집단적 소유의 성격을 내포하고 있다.

"대안경제는 연대하는 경제다. 궁극적으로 소유의 욕망을 존재의 욕망으로 바꾸면서 점차 시장경제를 대체한다. 대안경제는 모두에게 아무런 조건 없는 최소소득을 보장한다. 이런 보편적 소득은 시민을 노동시장의 제약으로부터 해방시키는 것을 목표로 한다."

| 원문 읽기 |

■ 자끄 뒤부앵

'사회적 소득'의 세 원칙

우선 우리의 목표를 몇가지 일반적 원칙에 대해 합의하고 다음은 그 원칙이 합리적으로 조직된 경제의 기초가 될 수 있는지 살펴보는 것으로 제한해보자. 우선 첫번째 원칙은 다음과 같다.

* 인간은 삶에 대한 권리를 가진다. 자연의 법칙으로부터 권리를 부여받았기 때문이다. 따라서 인간은 세계의 부에 있어서 자신의 몫에 대한 권리가 있다. 노동을 통해 인간은 자신의 몫을 차지함으로써 밥벌이를 할 수 있다. 하지만 이런 가능성은 점점 줄어든다. 거대한 생산조직으로 인해 매일 인간 노동에 대한 필요를 점점 줄임으로써 노동을 제거해나가기 때문이다. 하지만 기술의 발전은 인간을 점차 물질적 걱정으로부터 해방시켜준다. 그렇다고 해서 생산과정에 인간의 노동이 필요없었다는 이유로 생산된 재화에 대한 권리를 박탈해서는 안된다.

사실, 인간에게 생존수단이 없어지면 생명권은 무의미해지기 때문이다. 하지만 인간이 자기 대신 일하도록 기계를 발명했다면 기계가 인간을 위해 일하는 것이 당연하지 않은가? (…) 우리 시대 인간의 운명은 부를 창출하게 해주는 기술의 효율에 달려 있다. 따라서 우리는 앞서 살던 인간의 발명으로부터 혜택을 누릴 수 있는 권리가 있다. 여기서 두번째 원칙이 나타난다.

* 인간은 오늘날 태어나면서부터 거대한 문화적 자산의 상속자다. 왜냐하면 농업과 산업의 조직은 수세기 동안 인간의 조건을 지속적으로 향상시키려는 목적

으로 암묵적으로 연합한 연구자와 노동자 들의 수많은 집단이 추구해온 공동작업의 결과이기 때문이다. 하지만 인간이 이 소중한 자산의 상속자라면 생산되는 부에 대해서는 단순한 이자 수혜자일 뿐이다. 어떤 형태로 인간은 자신의 몫을 받을 수 있는가? 여기서 합리적 경제에 적합한 질서와는 거리가 먼 선착순의 분배는 포기하자. (…) 근대사회에서 이자의 몫은 구매력의 형태 즉 화폐로밖에 상상할 수 없다. 그것은 채권일 뿐이기 때문이다. 따라서 모든 사람이 숨쉴 공기가 있듯이 모든 사람이 살아갈 수 있는 돈이 있어야 한다. 여기서 세번째 원칙이 도래한다.

* 인간의 자유를 보장하기 위해서 정치적 권리만으로는 충분하지 못하다. 왜냐하면 살기 위해서는 먹고살 것이 있어야 하기 때문이다. 시민의 권리는 소비자의 경제적 권리로 보완되어야 하는데, 요람에서 무덤까지 권리를 가지는 '사회적 소득'이라는 형태로 구체화된다.

—『열린 눈』

■ 라울 바네장

먹고살기 위해 죽기

노동은 인간이 자신의 삶을 낭비하기 위해 찾아낸 일이다. 그는 삶을 위한 지속적인 활기를 발명해야 하는데 반대로 삶을 기계화했다. 그는 인간을 희생시켜 종(種)을 우대했는데, 마치 인류를 지속시키기 위해 자신과 세계의 쾌락을 포기하고 스스로 비인간성을 생산하는 것과 같은 짓이었다.

지구의 초라한 상태는 자연을 죽은 사물로 전환한 결과이며, 앞으로 세워질 구시대적 야만의 박물관에 "절대 일하지 말고 창조하는 것을 배우시오"라는 구원의 구호와 함께 전시되어야 할 것이다.

앙씨엥 레짐의 귀족들은 노동활동을 추악한 것으로 여겼다. 이런 시각은 이유야 잘못되었지만 정확했다.

신이 준 것이라고 주장하는 영주권으로 장식한 왕과 왕자, 신부와 백작 들은 자신들이 고작 땅을 경작하는 데 힘쓰는 지주일 뿐이며, 몸보다는 정신으로 일하는 노동자이고, 경제적 질서와 무질서의 장기판 위에 있는 말들을 움직이는 지적 작업자들이라며 노동을 거부하면서 어느정도 스스로를 보호하려 했다.

부르주아는 자칭 귀족이 던지던 멸시에서 해방되자 노동에 영광의 왕관을 씌워주었고, 프롤레타리아는—또는 적어도 그 대표들은—가장 불행한 피해자임에도 불구하고 이를 덥썩 물어삼켰다. 이러한 오해는 우리가 생각하는 것보다 노동자들의 기나긴 포기 상태에 기인한 바 크다.

—『끊임없이 욕망하는 우리들』

■ 장 보드리야르

시간의 배설물이 된 우리들

자유시간은 그 시간 동안에 하는 모든 재미있는 활동일 수도 있지만, 무엇보다 시간을 잃어버릴 자유이고 시간을 '죽여버리는' 자유이며 순수히 낭비해버리는 자유다(그래서 자유시간은 노동력의 재건을 위해 필요한 시간일 뿐이기에 레저가 '소외'되었다고 말하는 것은 충분하지 않다. 레저의 '소외'는 더 심각하다. 노동시간에 직접 종속되었기 때문이 아니라 자신의 시간을 잃을 수 있는 가능성마저 없기 때문이다). (…)

씨시포스, 탄탈로스,* 프로메테우스 등 '부조리한 자유'의 존재적 신화들은 모

---

* 그리스 신화에서 제우스의 아들로, 신의 음식을 훔쳐 인간에게 준 죄로 천상계에서 추방당했다. 그는 늪에 갇혀서 물을 마시려면 수위가 내려가고 위의 나뭇가지의 과일을 먹으려 팔을 뻗으면 가지가 올라가는 지속적인 갈증과 굶주림의 형벌에 시달린다—옮긴이.

두 '휴식', 무료함, 완전한 일탈, 무념, 자기상실 그리고 결코 도달할 수 없는 시간의 상실을 파괴하려고 절망적인 노력을 하면서 '휴가 보내는 인간'을 잘 묘사하고 있다. 여기서 도달할 수 없는 시간이란 확실하게 객관화된 시간의 차원에 투입된 대상이다.

우리 시대의 사람들은 시간을 벌기 위해 인생을 보내야 하는 운명이다. 그러나 이 운명을 극복하기 위해 시간을 낭비한다고 문제가 해결되는 것은 아니다. 시간은 속옷 벗어던지듯이 버릴 수 있는 것이 아니다. 우리는 돈과 마찬가지로 시간을 죽이거나 잃을 수가 없는데, 둘 다 교환체계의 표현이기 때문이다. 상징적 차원에서 돈과 금은 배설물이다. 객관화된 시간도 마찬가지다. 하지만 실질적으로 시간은 매우 희소하며 현 체계에서는 돈이나 시간을 그들의 '원초적'이고 의식(儀式)적인 배설물의 기능으로 되돌리는 것이 논리적으로 불가능하다. 그것이야말로 상징적인 차원에서 해방되는 것을 의미할 뿐이다. 계산과 자본의 차원에서 본다면 바로 그 반대라고 할 수 있다. 그들에 의해 객관화되고 그들로 인해 교환의 가치로 조작당하면서 우리가 돈의 배설물이 되었고, 시간의 배설물이 된 것이다.

—『소비의 사회』

■ 미셸 아글리에따, 앙드레 오를레앙

희소성은 운명이 아니며, '자연적 요소'는 더더욱 아니다.

희소성은 예를 들면 해당 주민들의 평균 생활수준 같은 객관적 지수로 측정할 수 있는 자연적 요소가 절대 아니라는 사실을 잘 이해해야 한다. 마찬가지로 한 사회가 번영할수록 그곳에는 희소성이 줄어든다는 말처럼 완전히 잘못된 지적도 없을 것이다. 오히려 그와 정반대다. 희소성의 근원은 시장이 제도화한 특수한 조직의 형태로서, 각자의 삶이 다른 사람의 도움을 받을 수 없는 상황에서 각자가 물건을 획득하는 능력에만 의존하게 하는 형태라고 하겠다. 이는 다른 사회에서는 발견할 수 없는 특별한 조직 형태다. 여기서 나타나는 현상은 상업사회가 제도화한 타인에 대한 개인의 자유와 독립성이 고독과 소외의 형식을 띨 수도 있다는 것이다. 한쪽에서는 필요 이상의 것들을 갖고 있는데 다른 쪽에는 부족과 궁핍 또는 기아가 존재한다는 것을 추문으로 보기보다는 오히려 아주 정당한 사회적 조절의 표현으로 분석한다는 것이다. 이것은 존재의 사회적 정체성을 강조하는 데 익숙한 과거 사람들의 눈에는 무척 놀랍고 심지어 충격적인 현실이다.

마셜 쌀린스는 그의 훌륭한 저서에서 이에 대해 멋지게 묘사한다. 구석기시대로 거슬러 올라가 지구의 가장 오래된 사회 중 하나인 수렵채취 인간을 연구하면서 그는 이들 사회가 역설적으로 풍요를 경험한다고 말한다. 물론 생활수준은 무척 낮지만 아무도 굶어죽는 일은 없다. 왜냐하면 그곳에는 분배와 상부상조가 사회생활을 지배하기 때문이다. 이런 사회에서 "물질적 재화의 축적과 사회적 지위 사이에는 아무런 제도화된 관계도 존재하지 않는다." 오히려 공동체의 모든 조직이 "물질적 재화의 소유를 제약하는" 목적을 가졌다고 할 수 있다. 무차별적인 자율적 힘으로서 희소성이 강요되는 것이 우리 사회이며, 개인의 삶을 그들의 사회적 존엄성과 상관없이 지배하는 것도 우리 사회다. 우리들, 우리들만이 종신형 강제노동을 선고받았다. 희소성은 우리 경제가 짊어진 형벌이며 우리 정치경제의 원리이기도 하다. 호모 에코노미쿠스는 부르주아의 발명이다. 모스는 그가 "우리 과거에 있는 것이 아니라 도덕적 인간의 모형으로 우리 미래에 있다"고 말했다. 수렵채취인이 자신의 물질주의적 본능을 없애는 데 성공하지는 않았지만 이는 하나의 제도를 만늘지노 않았다.

—『폭력과 신용 사이의 화폐』

■ 존 메이너드 케인즈

경제가 죽을 때 자유가 탄생한다.

우리는 늙은 가정부가 자신의 무덤 비석에 쓰라고 한 전통적 비문을 알고 있다.
"친구들이여 나에 대해 슬퍼하지 말고 나를 위해 눈물짓지 말지어다.
나는 영원히 쉬러 가는 것이니까."

그것이 그녀의 천당이었다. 다른 사람들이 레저를 희망하듯이 그녀는, 시의 다른 절에서 볼 수 있듯이, 음악을 몰래 들으며 시간을 보내는 것이 얼마나 즐거운 일인지를 상상하고 있었다.

"하늘에는 시와 부드러운 멜로디가 울려퍼질 것이고
하지만 나는 노래를 부를 필요도 없을 것이다."

하지만 삶이란 노래를 부를 수 있는 삶의 조건을 지닌 사람에게만 견딜만한 것이다. 우리 중에 노래부를 수 있는 자 얼마나 될까! 이처럼 인간은 창조된 다음 처음으로 진정하고 영구적인 자신의 문제에 봉착하게 된다. 경제적 근심의 지배에서 해방되면 자유를 어떻게 사용할 것인가? 어떻게 과학과 이익이 합심하여 인간을 위해 획득한 레저를 즐길 것이며, 지혜롭고 편안하게 잘 살 것인가?

―「고용의 일반론」

■ 라울 바네장

생명체가 생명만을 창조할 때

빵점짜리 의미없는 상품의 과잉소비와 그것을 사기 위한 필요의 비공식적 작동원리가 서로 교배하여 잉태한 써비스 부문은 일하는 사회를 금융적으로 빨아먹고 기생하고 쇠약하게 만드는 관료체제를 낳았다.

이에 대한 반대 방향으로의 반응은 우리에게 전통적으로 생존의 문제를 다루는 일차산업으로 돌아오라는 처방을 내린다. 고리대금업 같은 잔혹한 자본주의의 이익이 지금까지 파괴해온 일차산업 말이다.

하지만 본질은 더이상 존재에게 충분하지 않다. 생존은 편안함과 부유함으로 자신의 무료함을 달래려고 했지만 실망했고, 일상에 밀려오는 가짜 부 때문에 오히려 경험적으로는 빈곤의 감정이 생겨났다. 그 빈곤감은 삶을 재발견하고 재창조하기 전에는 없어지지 않을 것이다. 생존의 최소한은 이미 의식주와 이동, 교육, 만남의 수단에 한정되지 않으며, 신자유주의가 우연히 충족시켜주고 있는 부차적인 것들도 포함한다. 생존의 최소한은 화학적 농산물 대신 신선한 채소와 과일을 되돌려줄 것이고, 교외와 학교의 공간 배치에 모델로 사용되는 수용소 축산에 희생당한 젖소들 대신 자연에서 뛰어노는 소의 향기를 돌려줄 것이다. 부동산 이익이 강요한 콘크리트 혹을 풍경에서 제거하여 주거의 예술을 재창조할 것이다. 공기를 화학과 핵물질들로부터 정화시킬 것이다. 스스로를 죽여가는 세상과 함께 사라지기를 거부하는 자들을 불러모을 것이다. 하지만 만일 우리가 지금부터 경제가 우리에게 제공하는 가장 친절하고 무서운 것 중에서 더 인간적인 삶에 대한 우리의 욕망을 끊임없이 갈고닦을 수 있는 것을 찾아내지 못한다면 이 모든 혜택에서 남는 것은 거대한 실망뿐일 것이다. 생명체가 어디서나 생명만을 창조하는 축복의 상황까지.

—『끊임없이 욕망하는 우리들』

■ 미셸 우엘벡

사회주의와 자본주의의 이타적 도덕에 대한 무기력함

이 이야기는 사실이 아닐지도 모르지만 나는 무척 좋아한다. 공화국의 정신에 '박애'를 추가한 사람은 로베스삐에르라는 것이다. 마치 그가 놀라운 직감으로 자유와 평등이 상호모순적 용어라는 것을 느꼈고, 따라서 세번째 용어가 절대적으로 필요하다는 것을 알아차린 것 같다. 그리고 마지막 순간에 절대자의 숭배를 장려하고 무신주의를 타파하기 위한 투쟁을 전개할 때도 그는 역시 직감이 있었다(이 시기는 위험과 기아, 외부전쟁과 내전의 한가운데였다). 거기서 우리는 꽁뜨의 대존재(Grand Être)라는 개념의 전초를 발견할 수 있다. 보다 일반적으로 나는 어떤 종교가 없이는 문명이 오래 지속될 수 없다고 본다(물론 불교의 예가 보여주는 것같이 종교는 무신적일 수도 있다). 이기주의의 이성을 통한 화합은 계몽주의 세기의 실수이고 자유주의자들은 치유할 수 없는 바보스러움 속에서(아니면 냉소주의일 수 있는데 결과는 마찬가지다) 계속 이를 주장하고 있는데, 나에게는 이것이 무척이나 빈약하고 취약한 기반으로 보인다. 당신이 말한 인터뷰에서 나는 스스로를 "공산주의자이지만 맑스주의자는 아니"라고 밝혔다. 맑시즘의 실수는 경제적 구조만 바꾸면 나머지는 따라올 것이라고 상상한 데 있었다. 우리가 보았듯이 나머지는 따라오지 않았다. 젊은 러시아인들이 그토록 빨리 구역질나는 마피아적 자본주의 분위기에 적응했다는 사실은 이전 체제가 이타주의를 확산하는 데 실패했음을 보여준다. 변증법적 물질주의가 자유주의와 마찬가지로 잘못된 철학적 기초 위에 세워졌기 때문에 근본적으로 이타적 도덕에 도달할 수 없었던 것이다.

—『개입』

결론

무상(無償)의 찬양

우리는 이 책을 희소성과 분배의 문제로 시작했다. 이제는 문화와 지식의 풍요라는 낙관주의적 주장으로 마치려고 한다. 물론 10억 이상의 인구가 물에 직접 접근하기 어려운 상황에서 풍요를 말하기란 쉽지 않다! 물의 문제는 경제적 문제가 해결되기에는 아직 갈 길이 멀다는 것을 잘 보여준다.

하지만 언젠가는 인류가 풍요롭게 가질 수 있는 것을 위해 투쟁해야지—결국 이것은 투쟁의 종말이라는 의미인데 사람들은 풍요로운 것에 대해서는 투쟁하지 않기 때문이다—경제활동이 적극적으로 희소하게 만드는 것을 위해 투쟁해서는 안될 것이다. 자본주의는 희소성과 필요 그리고 상실감을 조직한다. 세대가 지나가고 '부자가 되지만'(사물과 쓰레기의 축적), 그들의 상실감과 미래에 대한 공포, 무엇인가 부족하다는 생각은 줄어들지 않은 듯하다. 오늘날 프랑스에서 저축률의 상승은 연금제도 개혁에 겁먹은 늙어가는 세대가 초래한 것이다. 경제학자들은 사회의 운영이 자연적이고, 상업적 교환이 근본적이고 자연적이며, 경쟁 역시 자연스러운 것이고, 시장에 맞서서 승리할 수 없다고 떠들어댄다. 시장이란 것을 '강자의 연합'(분석가, 전문가, 다국적기업, 은행, 신용평가회사, 경제언론인, 정치인)이라고 본다면 맞는 말이다. 하지만 무척이나 특수한 이익을 위해 조직, 창설, 제도화된 시장만큼 부자연스러운 것도 없고, 그보다 비효율적인 것도 없다. 올바른 경제분석은 사실의 역사를 검토하고, 시장과 상품과 발명의 생성과정 그리고 사회학, 인류학, 관습, 심리, 지리, 정치 등과 연결되는 관계를 살펴보아야 한다. 나머지는 모두 이데올로기일 뿐이며, 기껏해야 부적절한 심리학일 뿐이다. 합리성에 대한 끝없는 논쟁은 심리학자와 철학자 들에게 남겨놓아도 된다. 그들은 '비용과 이윤'이라는 편협한 분석에 눈이 먼 경제학자들보다 훨씬 훌륭하게 이 문제에 대해 논의한다.

경제적 현상을 이해하기 위해서는 소위 법칙 같은 것을 만들겠다고 허풍떨지 않는 역사학 같은 분야에 빠져서 살펴보는 것만큼 좋은 방법도 없다. 서구 국가에서 왜 출산율이 하락했는지를 이해하기 위해서는 노벨상 수상자 게리 베커(Gary Becker)의 작품과 그가 열광적으로 설명하는, 아이들의 자질과 수량 사이에서 저울질하는(이것은 나의 주장이 아니라 베커의 이론이다) 부부들의 경제적 계산을 살펴볼 수 있고, 아니면 프랑스에서 출산을 통제하려는 점진적인 움직임에 대한 필립 아리에스(Philippe Ariès)의 훌륭한 역사적 연구를 살펴볼 수 있다. 경제적 문제를 인류학이나 역사학의 거울에 비추어보는 것은 언제나 좋은 결과를 낳는다. 오늘날의 사회보장제도나 실업 또는 노동을 이해하기 위해서는 사회보호와 빈곤 그리고 직업조직에 대한 역사를 살펴보는 것만한 작업은 없다.

이 책에 암시된 커다란 논쟁은 '영리적'인 것과 '비영리적'인 것 또는 '무상'인 것 사이의 대립이다. 인간은 탐욕스럽지도 관대하지도 않다. 두 가지 모두이며 동시에 그 이상이다. 경제는 자유(자유시장)와 평등(소비자의 평등, 주주의 평등, 사장이 노동자를 선택하듯이 노동자도 사장을 선택하는 평등), 틀림없이 복지 그리고 행복 같은 신화 들을 정복하는 데 성공했다. 하지만 무상과 연대라는 두 신화는 경제의 범주 밖이다.

하지만 『무용지물 경제학』을 다 읽고 나서는 기본적으로 비효율적인 경쟁이 있는데도 불구하고 무상과 연대가 성장과 발명과 부를 가져온다는 것을 알 수 있다. 상업경제는 자신이 가질 수 없는 것을 집어삼켜버린다. 연구에는 무상의 정신이 있고 연대를 통해 씨너지와 체증이익이 발생하기 때문이다. 경제는 부당하게 화폐적·상징적 이윤을 취하는 셈이다. 일부 사막의 부족들이 자신들이 완전히 우연히 태어난 나라의 지하자원을 남용하듯이 자본주의는 과거의 지식, 발명과 연구의 정신, 단체 정신, 어려움에 처했을 때의 연대의식, 선물 교환관습 등을 독차지해버린다.

"자본주의가 기능할 수 있던 이유는 그가 스스로 만들지도 않았고 만들 수도 없던 다양한 인간의 유형 덕분이다. 예를 들면 부패하지 않은 판사, 베버식의 정직한 공무원, 자신의 직업에 희생하는 교육자, 최소한의 직업의식을 가진 노동자 들이다. 이런 타입들은 그냥 솟아나거나 솟아나게 할 수 없다. 이들은 정직성, 국가에 대한 봉사, 지식의 이전, 아름다운 작품 같은 전통적이고 확고한 가치를 중심으로 이전 역사 시기에 만들어졌다. 그런데 우리가 살고 있는 사회에서 이런 가치들은 모두가 알다시피 우스운 것이 되어버렸고, 이제 중요한 것은 방법에 상관없이 당신이 주머니에 훔쳐넣은 돈과 텔레비전에 나온 횟수가 되어버렸다."[2] 상업체계가 생존할 수 있는 이유는 무상과 연대의식에서 비롯되는 이익을 훔쳐먹기 때문이다. 경제는 공공재를 독차지하고 돈을 내게 한다. 그리고 공공써비스의 득을 본다. 깨끗한 공공써비스는 부패한 공공써비스보다 훨씬 효율적이다. 하지만 상업적 가치와 경제적 계산의 입장에서 보면, 더 나아가 국가회계의 입장에서 보면, 부패한 공무원이나 규칙을 어기는 사람이 원칙적으로 합리적인 사람이다. "정직함이 나에게 얼마를 가져다주지?"라는 계산을 할 때 빼고는 명예와 충실성, 타인의 존중과 도덕은 경제학자에게 아무런 의미가 없다. 우리는 끊임없이 경제적으로 '당연'하게 여겨지는 모든 것 뒤에 있는 권력관계의 가면을 벗기고, 잘못된 법칙들("오늘의 이윤이 내일의 고용이다" "상업이 부를 가져다준다" "증시가 성장을 이끈다" 등)과 잘못된 주장들("미국은 자유주의 국가다" 아니 반대로 미국은 민족주의적이고 개입주의적이며 특히 연구분야에 있어 엄청난 공공기금을 활용하고 있다)을 모두 홀연히 거부해야 한다.

무상과 연대의식은 경제적 문제가 없어진 내일의 사회가 어떨지를 상상할 수 있게 해준다. 물론 경제적 이데올로기가 종말의 시간까지 우리를 지배할지도 모른다. 오웰과 헉슬리는 푸쿠야마 훨씬 전에 역사적 종말과 경제적 재앙의 영원함을 예견했다.

그러나 우리는 꿈꿀 수 있다. 경제와 경제학자가 사라지거나 적어도 '무대 뒤쪽'으로 물러나면 끊임없는 노동과 자발적 노예화 그리고 인간의 수탈 역시 사라질 것이다. 그러면 예술과 선택하는 시간 그리고 자유가 지배할 것이다. 누가 이런 상상을 했는가? 경제학자 중에 가장 위대한 케인즈다.

"경제와 경제학자가 사라지거나 적어도 '무대 뒤쪽'으로 물러나면 끊임없는 노동과 자발적 노예화 그리고 인간의 수탈 역시 사라질 것이다."

주(註)

서론

1 특히 '계약이론'은 정보의 은폐자들로 하여금 이를 밝히도록 한다고 주장한다. 이 이론은 아주 오래된 보험회사의 관행을 학술적으로 재활용하는 것인데 예를 들면 '위험이 더 많은 범주의 사람들'이라는 보험회사의 인식에 기초한다. 보험회사는 젊은이 집단은 다른 집단보다 자동차 사고를 더 많이 낸다고 인식한다.

2 "Théorie générale de l'emploi," in *Quartely journal of Economy*, 1936, 재수록본 *La Pauvreté dans l'abondance*, coll, "Tel", Gallimard 2002, 240~60면.

3 제레미 벤섬(1748~1832)은 오늘날 유일하게 교육하고 있는, 일명 신고전주의 경제이론의 기원인 '공리주의'학파의 대부다. 간단히 말하자면, 개인은 합리적이어서 자기 소득의 한도 내에서 필요를 충족시키기 위해 자신에게 가능한 가장 많은 효용을 가져다주는 재화를 획득한다는 것이다. 필요와 소득은 어디서 튀어나오는가? 미스테리다. 게다가 경제의 기초는 희소성의 원칙이라면서 소득은 제한되어 있고 필요는 원칙적으로 무한이라고 한다.

4 『세계화와 그 불만』, 세종연구원 2002를 읽어볼 것. 처음으로 한 경제학자가 상아탑에서 나와 자신이 폭동의 원인을 제공했을지도 모른다고 고백했다. 그는 전문가들이 사실은 아무것도 모르며, 정치인에게 조작당하거나 대부분 원시적 이데올로기에 조정당하고 있다고 설명했다.

5 2000년 고등사범대학 출신 젊은이들이 '자폐증과 경제'라는 단체를 창설했다.

6 *APSES* 2003년 5월.

7 Garnier-Flammarion 1993(제1판 1817년). 데이비드 리카도(1772~1823)는 '귀납적' 또는 '분석적' 경제학의 아버지로 불린다.

8 *Âge de pierre, âge d'abondance*, Gallimard 1969.

9 다행히도 모두가 그런 것은 아니다! 예를 들어 삐께띠(Piketty)는 소득의 불평등 문제를

전문적으로 연구했는데, 이는 분배와 관련된 훌륭한 영역이다.

10 Elie Cohen, Jean-Paul Fitoussi et Jean Pisani-Ferry, "L'illusoire taxation du capital," *Libération* 2003년 6월 12일.

11 예를 들면 다음을 참고할 것: Jacques Sapir, *Les Trous noirs de la science économique*, Albin Michel 2000.

12 물론 니콜라스 제오르제스쿠 로에젠이나 자끄 뒤부앵 같은 위대한 사상가들은 경제활동의 내용에 대해 문제를 제기한 바 있다.

제1장

1 ed., Antoine d'Autume et Jean Cartelier, Economica 1995.
2 Malinvaud, 같은 책 13면. 자연이 '항구적'이고 '안정적'이라는, 달리 말해서 자연이 결정론과 인과관계로 구성됐다는 생각은 물론 물리학자의 꿈이지만 양자물리학 이전의 일이다. 수많은 경제학자가 불행히도 질 낮은 양자물리학 이전 세대의 아류들이다.
3 같은 책 15면.
4 "La renonciation à Pythagore," in *Histoire de mes idées philosophiques*, coll. "Tel", Gallimard 1961, 265면.
5 물리학도 과학적이지는 않으나 완벽하게 논리적인 구조를 만들어내기도 했었다. 예를 들어 수력(水力)학이나 유체(流體)역학은 완벽한 귀납적 준과학을 만들어냈지만 현실과는 상관이 없었다. 예수회의 궤변학이나 현학은 수세기 동안 지식인의 머리를 동원해서 만든 완벽한 논리담론의 좋은 사례들이지만 지금은 남은 것 없이 다만 두개의 부정적 형용사(궤변적, 현학적)만이 남아 있다.
6 그는 1877년『순수 정치경제학』(*Éléments d'économie politique pure*)을 출판했다.
7 *Mathematical Psychics. An Essay on the Application of Mathematics to the Moral Sciences*, Kegan Paul 1881.
8 이 이론은 스미스, 맬서스, 리카도, 밀 등 모든 고전주의 경제학에 중요하며 특히 케인즈에게도 매우 중요하다. 케인즈는 그의『일반론』(*Théorie générale*) 1969년 빠요(Payot) 출판사 223면에서 노동가치설을 수용하고 있다.

9 Philip Mirowski, *Plus de chaleur que de lumiére, L'économie comme physique sociale, la physique comme écomomie de la nature*, Economica 2001.

10 같은 책 8면.

11 Philip Mirowski, 같은 책.

12 18세기 후반, 수리론을 태양계의 천체운동에 적용하여 태양계의 안정성을 발표한 프랑스의 천문학자—옮긴이.

13 *La Science économique. Ses problèmes, ses difficultés*, Dunod 1970을 참고할 것. 경제학에서 불가역성 문제에 대해서는 다음을 읽을 것: *Les Figures de l'irréversibilité en économie*, EHESS 1990.

14 *Revue d'économie politique*, vol. 106, No. 6, 1996, 929~42면.

15 요한 폰 노이만(1903~57)은 천재적인 수학자이자 물리학자로서 컴퓨터의 발명자다. 존 내쉬(1928~)는 1994년 노벨 경제학상을 받았다.

16 프랑쑤아 께네(François Quesnay)는 라뽕빠두르 부인의 의사이자 최초의 거대한 경제학파라고 할 수 있는 중농학파의 지도자였다. 이 학파에는 아버지 미라보, 뒤 뽕 드 느무르, 보도 신부, 르 메르씨에 드 라 리비에르(그 유명한 『빠리 지표』(*Tableaux de Paris*)의 저자), 뛰르고 등이 속해 있었다. 께네 박사는 『부의 유통 지표』(*Tableau de la circulation des richesses*, 1758)를 출판했는데, 여기서 그에게 영광을 돌리자면, 이 책에 처음으로 경제의 일반균형이라는 개념이 소개되었다.

17 미로브스키(Mirowski)가 인용한 윌리엄 보몰(William Baumol)은 미국의 유명한 경제학자이며 특히 「의심스러운 시장 이론」(théorie des marchés contestable)을 썼다.

18 "Rational fools," in *Éthique et économie*, PUF 1993.

19 때로는 물리학자들이 경제학을 시도하다가 놀라서는 다시 원래의 학문으로 돌아가는 일도 있다. 막스 플랑크(Max Plank)가 대표적인 경우로 한때 경제학에 관심을 가졌다. 제오르제스쿠 로에젠의 『경제학에 관한 세개의 에쎄이』(*Trois essais sur la science économique*)의 소개글에서 폴 쌔뮤얼슨(1970년 노벨 경제학상 수상자)은 경제학이 '어려워서'—자, 웃지 마세요—막스 플랑크가 그만두었다고 말한다. 인류에게는 다행인 셈이다!

20 이런 잡담스러운 주장들이 원칙적으로 불필요한 것은 아니다. 이들은 이데올로기를 해독하도록 해주기 때문이다. 하지만 이들의 진정한 가치는 단지 우화에 불과하다는 점이다.

아마「구두수선공과 은행가」의 우화에는 자본과 위험과 노동에 관한 수천권의 책에 있는 내용만큼 중요한 지혜가 담겨 있을 것이다. (「구두수선공과 은행가」는 라퐁뗀느의 우화 중 하나인데, 은행가가 선사한 거금 때문에 일상의 즐거움을 잃게 된 구두수선공이 돈을 돌려주며 평소 흥얼거리던 노래를 돌려달라고 하는 이야기다―옮긴이.)

21 Sir John Hicks, *Valeur et Capital*, 1939. 힉스 경은 1904년에 태어나 1989년 세상을 떠났으며 1972년 노벨 경제학상을 받았다.

22 1974년 노벨 경제학상을 수상한 프리드리히 폰 하이에크(1899~1992)는 케인즈의 절대적인 적이라고 할 수 있다.

23 제8장을 참고하라. 증권시장에는 '법칙'과 각종 사교(邪敎) 들이 난무한다.

24 Jacques Sapir, *Les Trous noirs de la science économique. Essai sur l'impossibilité de penser le temps et l'argent*, Albin Michel 2000, 31면.

25 네덜란드에서 실업자에게 붙이는 이름이다.

26 Jacques Sapir, 앞의 책 34면.

27 예를 들면 다음을 참고할 것: Raymond Boudon, *L'Art de se persuader des idées douteuses, fragiles ou fausses*, Seuil 1990. 부동은 다윈주의의 경우를 들고 있는데, 이는 오류화할 수 없으면서도 과학적인 성격의 이론으로 과학사에 있어서 중요한 혁신 중 하나라고 할 수 있다. 광의의 다윈주의를 부정하기 위해서는 선택과정이나 돌연변이가 아닌 기제에서 비롯되는 현상들을 찾아야 할 것이다.

28 다음에서 그의 인터뷰를 읽어볼 수 있다. Arjo Klamer, in *Entretiens avec des économistes américains*, Seuil 1988.

29 Hal Varian, "Á quoi sert la théorie économique?," in *L'Économie devient-elle une science dure?*, Economica 1995, 125면. 경제학 이론은 정말 어디에 필요한 것일까? 별로 필요가 없습니다, 선생님.

30 *Voies de la recherche macroéconomique*, Odile Jacob 1991, 305면. 특히「가설의 확인」(Validation des hypothéses)에 관한 10상을 읽어볼 것.

31 "La science économique et ses modéles," in *L'Économie devient-elle une science dure?*, 앞의 책.

32 *L'Économie devient-elle une science dure?*, 앞의 책 22, 25면.

33 굳이 학술지 이름을 밝히자면『경제학지』(*La Revue économique*)다.「균형과 사법시장

의 조절: 시간 대 간격」(Equilibre et régulation du marché de la justice: délais versus prix) in *La Revue économique*, vol.52, 2001년 9월 5일자, 969면.

아이디어는 무척 간단하다. 사법시장은 소송의 가격으로 조정되며, 사법의 공급과 수요가 있다. 쎅스나 범죄, 마약, 결혼, 자녀, 사랑, 김치의 시장이 있듯이 사법에도 시장이 있다는 것이다.

합의를 제안하는 사법 수요자가 기대하는 이득을 표현하는 데 반 면이 할애된다. 하지만 속아서는 안된다. 그 수학 수준은 중학교를 넘지 못한다. 단지 소송을 하는 것보다 합의를 하는 것이 더 싸게 먹힌다는 뜻이다. 좋은 합의는 나쁜 소송보다 낫다. 논문 저자들의 결론은 다음과 같다: "소송의 비용이나 기간을 통한 사법 수요의 조정은 실천하기에 복잡해 보이며 엄청난 어려움을 나타낸다." 아줌마, 정말 대단한 발견이시군요!

34 앞의 책 121면.

35 개인의 비이성적이거나 불합리한 행동에 대해서는 다음의 훌륭한 저서를 참고할 것: Raymond Boudon, *L'Art de se persuader des idées douteuses, fragiles ou fausses*, Seuil 1990. 이성과 합리성에 대해서는 다음을 참고할 것: Serge Latouche, *La Déraison de la raison économique*, Albin Michel 2001.

36 Malinvaud, 앞의 책 341면.

37 *Entretiens avec des économistes américains*, Seuil 1988.

38 "Le désarroi de la pensée économique," in *Le Monde* 1989년 6월 29일자.

제2장

1 몽크레띠엥 이전에도 아리스토텔레스의 『경제』(*Economic*)와 『정치』(*Politiks*)를 비롯하여 수천권의 경제학 저서들이 존재했다. 세심한 독자는 성경에서도 정치경제학을 발견할 수 있을 것이다. 프랑스에서는 1568년 장 보댕(Jean Bodin)이 집필한, 에스빠냐의 귀금속의 대량 유입에 따른 인플레이션의 문제를 다룬 『말떼트루아의 패러독스에 대한 답변』(*Réponse aux paradoxes de Maltestroit*)이 가장 유명한 것 중 하나다.

2 은밀한 종교적 음모로 그는 암살당했고, 루앙 고등법원은 그의 시체를 절단하고 화장하여 바람에 날려보내도록 명령했다. 부르르! 국제통화기금 경제학자들이 회상하며 덜덜 떠

는 모습이 보이지 않는가?

3 이러한 경향은 오늘날까지 지속되는데 실질주기 이론은 경제 주기의 설명에서 화폐의 역할을 제거하려고 노력한다.

4 *Essais sur les théories de la science*, Plon 1985, 121면.

5 브로시에(Brochier)가 인용: *L'Économie devient-elle une science dure?*, 앞의 책 29면.

6 1995년 노벨상 수상자의 이름을 딴 「루카스의 패러독스」는 실질적으로 같은 이야기다. 각국의 재경부가 예산을 만들기 위해 사용하는 경제정책의 모델은 정치인의 의지와 독립적으로 존재할 수 없다. 프랑스 최고 경제학자 레몽 바르는 "모델은 복화술사다"라고 했다. 모델은 정치권력이 그것으로 하여금 말하게 하고 싶은 것을 말할 뿐이다. 1973년 노벨상 수상자 바실리 레온띠에프(Wassili Léontief)는 같은 말을 좀더 천박하게 했는데, "모델? 쓰레기를 넣어서 쓰레기를 뽑아내는 것"(A model? Garbage in, garbage out)이라고 했다. 그 유명한 국가예산의 지표로 투입과 산출의 표를 발명한 것이 바로 그가 아닌가!

7 물리학의 과학성은 패러다임의 유일성과 실험 가능성에 기초하지만 이데올로기에서 완전히 벗어난 것은 아니며, 따라며 여전히 직업윤리의 대상이다.

8 Robert Clower et Peter Howitt, "Les fondements de l'économie," in *L'Économie devient-elle une science dure?*, 앞의 책 34면.

9 *Le Nouvel Esprit scientifique*, Vrin 1970, 14면.

10 다음을 참고할 것: Jacques Sapir, *Les Économistes contre la démocratie*, Albin Michel 2001.

11 필독서인 다음 책을 참고할 것: 조지프 스티글리츠(J. Stiglitz) 지음, 송철복 옮김 『세계화와 그 불만들』(*Globalzation and Its Discontents*), 세종연구원 2002.

12 앙뚜안느 오귀스땡 꾸르노(Antoine Augustin Cournot, 1801~77)는 수학자, 천문학자, 역사가였으며 과학철학의 대가라고 할 수 있을 것이다. 그는 우리에게 매우 독창적인 우연의 철학을 남겨놓았다. 그는 1838년 『부의 이론의 수학적 원칙에 대한 연구』(*Recherches sur les principes mathématique de la théorie des richesses*)를 출판했다.

13 F. Black, M. Scholes, "The Valuation of Options Contracts and a Test of Market Efficiency," in *Journal of Finance*, vol. 27, No. 2, 1972년 5월.

R. C. Merton, "Theory of Rational Option Pricing," *The Bell Journal of Economics and Management Science*, vol. 4, No. 1, 1973년 봄.

14 케인즈가 다음에서 재인용했다: *Essays in Biography*, in *The Collected Writings of John Maynard Keynes*, vol. X, London: MacMillan Press 1972.

15 앞의 책.

16 La Découverte 2003.

17 *Repenser l'inégalité*, Seuil 2000, 214면.

18 G. S. Becker, *A Treatise in the Family*, Cambridge: Harvard University Press 1981.

19 그는 하이에크가 설립한 몽뻴르랭 쏘사이어티의 회장으로 무정부주의 자유주의자 고든 털락(Gordon Tullock)과 다음을 출판했다. *The Calculus of Consent, Logical Foundations of Constitutional Democracy*, University of Michigan Press 1962. 이책의 주제는 자유로운 인간들의 사회가 만들 '세상에서 가장 훌륭한' 정치조직에 관한 것이다.

20 Gary Becker sévit, "hélas," *Business Week*.

제3장

1 경제학에는 수많은 훌륭한 사전이 존재한다. 예를 들면 Jean-Paul Piriou, *Lexique de sciences économiques et sociales*, La Découverte, coll. Repères, 2001. Jean-Paul Piriou, *La Comptabilité nationale*, La Découverte, coll. Repères, 2003. 다른 한편, 경제'이론'의 팬들에게는 다음책이 교육적 모델이다: Bernard Guerrien, *Le Dictionnaire d'analyse économique*, La Decouverte.

2 프롤레타리아로 변형된 농민들이 노동에 동원되는 흥미롭고 매우 느린 역사는 크로노미터(항해자·물리학자·천문학자들이 사용하는 정밀시계—옮긴이)의 역사이기도 하다. 다음을 참고할 것: Rolande Trempé, *Les Mineurs de Carmaux*, Éditions de l'Atelier, 1970. 또는 *Les Trois Batailles du charbon*, La Découverte 1989.

3 제9장을 참고할 것.

4 채권과 채무를 이해하면 경제학의 나머지 반을 이해한 것이다.

5 또는 국적이 없다고 말해지기도 한다. 미국의 다국적 기업들은 내부적으로 국제무역을 하곤 하는데, 미국이라는 국가와 아주 완벽한 조화를 이룬다.

6 Robert Salais, *L'Invention du chômage*, PUF 1999.

7 Desrosières, 앞의 책 201면.

8 타자기로 작성된 종이 한 장 반이 30년의 영광과 네개의 사회주의적 개념 즉 계획, 국영화, 기업노사위원회, 사회보장제도의 출발점이 되었다.

9 *Quand dire c'est faire*, Seuil 1991.

10 그리스 신화에서 지옥을 지키는 문지기로 머리는 세개에 꼬리는 뱀의 모양을 하고 있다——옮긴이.

11 Desrosières, 앞의 책 412면.

12 이들은 전부 1988년 대선에서 프랑쑤아 미떼랑이「모든 프랑스인에게 보내는 편지」에서 발췌한 비유들이다.

13 Pierre Bourdieu, *Ce que parler veut dire: l'économie des échanges linguistique*, Fayard 1980.

14 같은 책.

15 Alain Pichot, *Comptabilité nationale et modèles économiques*, PUF 1988.

16 OECD의 보고서들은 때때로 너무나 씨니컬하다. 1997년 Les Cahiers de OCDE 13호로 출간된 모리쏭(Morrisson) 씨의 보고서는 사회 공공써비스가 어떻게 '부드럽게' 파괴되는지를 상세히 설명하고 있다.

제4장

1 *Dictionnaire historique de la langue française*, Le Robert.

2 프랑스어로 메르뀌르Mercure와 에르메스Herme는 국내에서 메르쿠리우스와 헤르메스로 번역되는데 둘은 같은 신으로서 전자는 로마식 명칭이고 후자는 그리스식 명칭이다——옮긴이.

3 Robert Graves, *Les Mythes grecs*, 57면.

4 Jean Gabszewicz, *La Concurrence imparfaite*, La Découverte 1994, 3면.

5 그러지 않아도 삐에르 까윅은 '투명성'이라는 단어를 사용하고 있으며 "행위자들은 상품의 가격과 품질에 대해 완벽한 정보를 갖고 있다"고 말한다: *La Nouvelle Microéconomie*, La Découverte, coll. Repères, 1998, 5면.

6 Roger Guesnerie, *L'économie de marché*, Flammarion 1996, 72면.

7 같은 책 55면.

8 Jean Gabszewicz, 앞의 책.

9 그 역시 갑쎄비츠와 같은 이야기를 하고 있다.

10 다음에서 재인용: Olivier Postel-Vinay, "Apologie du doigt mouillé," *Les Échos*, 1987년 1월 2일자.

11 케인즈는 경제학자들이 치과의사들처럼 겸손해야 한다고 생각했지만 아마도 "이빨 뽑는 자들과 같은 거짓말쟁이"라는 프랑스 속담을 몰랐던 것 같다

12 장 밥띠스트 쎄이(1767~1832)는 리옹에서 태어난 프로테스탄트로 1803년 『정치경제학대전』(*Traité d'économie politique*)을 집필했다. 해외를 돌던 나뽈레옹은 그에게 자신이 이집트로 가지고 갈 수 있는 서고를 만들라고 부탁하는 한편 그의 저서에 몇가지 수정을 제안한다. 쎄이가 거절하자 나뽈레옹은 그를 쫓아내고 『대전』의 재출판을 금지시켜버렸다. 그러자 장 밥띠스트는 사업을 시작했다. 마침내 1815년 나뽈레옹이 사라지고 난 뒤 꼴레주 드 프랑스 교수로 재직했다.

13 알레의 패러독스에 관해서는 다음을 참고할 것: "Voies de la recherche macroéconomique," 앞의 책 340면.

14 다음의 베르나르 마리스 논문들을 참고할 것: *Alternatives économiques*, "Le Suicide du libéralisme," No. 211, 2003년 2월; "Mort de l'économie, triomphe du libéralisme," No. 212, 2003년 3월.

15 훌륭한 다음의 책을 참고할 것: Bernard Guerrien, *L'économie néo-classique* 또는 같은 저자의 *Dictionnaire d'analyse économique*, La Découverte 1996.

16 존넨샤인 정리는 1973년에 만들어졌다.

17 J. F. Nash, "Non-Cooperative Games," in *Annals of Mathematics*, vol. 54, 1951, 289~95면.

18 Pierre Cahuc, 앞의 책 21면.

19 Bernard Walliser, *Le Calcul économique*, La Découverte 1990.

20 *Au-delà de la rareté*, Albin Michel 2001.

21 이 실험은 1998년 실제로 8명이 한팀이 되어 두팀으로 이루어졌다.

22 *Social Choices and Individual Values*, Wiley 1951.

23 이 논문은 극단적인 불확실성의 문제가 경제에 치명적인 영향을 미치고 부작용을 강화한다고 주장하는 한편, 무척이나 정치적인 '조심성의 원칙'을 전면에 내세워야 한다고 주장한다. 자유주의 모델에 있어 다른 심각한 상황으로는 일명 '외부적' 효과에 관한 것들과 관련된다. (내가 휘발유 1리터를 사용하면 나는 너에게 공해를 퍼붓게 되고, 네가 자동차를 사면 나도 따라서 자동차를 원한다.)

24 Jacques Sapir, *Le Krach russe*, La Découverte 1999와 *Les économistes contre la démocratie*, Albin Michel 2001을 읽어보라.

25 결국은 즉흥적으로 시장이 반경쟁적 상황을 초래한다는 의미를 갖는데 이는 이미 맑스의 오래된 영감이었다.

26 폴라니의 독자들은 이 사실을 알기 위해 그로스먼과 스티글리츠를 기다리지 않았다. Karl Polanyi, *La Grande Transformation*, Gallimard 1983.

27 Edmond Malinvaud, *Essai sur la théorie du chômage*, Calmann-Lévy 1983.

28 Jacques Ruffié, *Traité du vivant*, Fayard 1982, 13면.

29 같은 책.

30 같은 책 11면.

31 다음에서 재인용: Ruffié, 앞의 책 653면.

32 폰 베르나르디(von Bernhardi) 장군, 다음에서 재인용: Ruffié, 앞의 책 640면.

33 *Le Monde des débats*, 1999년 7~8월.

34 반민주적 반인문주의: "과거 자유주의의 기능은 왕의 권력에 제한을 가하는 것이었다. 미래에 진정한 자유주의의 기능은 의회의 권력에 제한을 가하게 될 것이다." Herbert Spencer, *Le Droit d'ignorer l'État*, Les Belles Lettres 1993, 206면.

35 Claude Hagège, *Halte à la mort des langues!*, Odile Jacob 2000.

36 "La Planète uniforme," in *Le Monde diplomatique* 2001년 2월호.

37 다음에서 재인용: Christian Chavagneux, *Alternatives économiques*, No. 213, 2003년 4월호, 13면.

38 *Recherches sur la nature et les causes de la richesse des nations* 4권 3장, éd. Jaudel-Servet, Economica, 509면.

39 같은 책 1권 2장 20면.

40 "그는 자신의 이득을 추구할 뿐이다. 이 경우 다른 경우와 마찬가지로 바로 보이지 않는

손이 그로 하여금 원래 전혀 의도하지 않았던 목적을 달성하게 한다. 그가 처음 의도하지 않았다는 사실이 반드시 사회에 부정적인 것은 아니다. 그는 자신의 이익을 추구할 때 대부분 사회를 위해 실질적으로 무엇을 한다고 의도했을 때보다 더 효율적으로 사회에 기여하기 때문이다." 같은 책 4권 2장 468면.

41 그는 *Termitenwahn*을 1934년 출판했다: Ruffié, 앞의 책 727~28면.

42 인간은 자신의 식량으로 7~8천여종을 재배했다. 그중 120종이 남았으며, 10여종이 인류의 대부분의 필요를 충족시켜주고 있다: *Le Figaro* 2001년 11월 7일자.

43 Guy Debord, *Commentaires sur la société du spectacle*, éd. Gérard Lebovici, 1988.

44 Jacques Ruffié, 앞의 책 693~4면.

45 George Akerlof, "The Market for Lemons: Quality, Uncertainty and the Market Mechanism," *The Quaterly Journal of Economics*, vol. 84, 1970, 488~500면.

46 *La Nouvelle Microéconomie*, La Découverte, 57면.

47 Bruno Ventelou, 앞의 책 35면.

제5장

1 David Landes *Richesse et pauvreté des nations*, Albin Michel 2000.

2 민음사 1997.

3 앞의 책 98면.

4 "Les chiffres de l'économie," *Alternatives économiques*, 2002년 삼사분기, 56~7면.

5 Paul Krugman, *La mondialisation n'est pas coupable*, La Découverte 1998, 19면.

6 다음에서 재인용: Paul Krugman, 앞의 책 31면.

7 불평등 문제의 훌륭한 분석으로는 다음을 읽을 것: Paul Krugman "Main basse sur l'Amérique," in *Courrier international*, No. 636, 2003년 1월. 크루그먼은 이 연구에서 빠리 고등사회과학원 연구부장인 프랑스 경제학자 또마 삐께띠(Thomas Piketty)의 연구 업적을 인용하고 있다.

8 Bernard Guerrien, 앞의 책.

9 *La mondialisation n'est pas coupable. Vertus et limites du libre-échange*, La

Découverte 1998.

10 같은 책 200면.

11 Christopher Brooks, numéro deux de l'OCDE "Les statistiques économiques en question," *Droit de suite*, Cahier 1, 2001년 하반기: Louis Chauvel "Un nouvel âge de la société américaine," *Revue de l'OFCE*, No. 76, 2001년 1월.

12 Christopher Brooks, 같은 책 22면.

13 *Malheur aux vaincus!*, Albin Michel 2002, 25면.

14 *La Tribune*, 2001년 9월 19일자.

15 아주 근접한 거리에서 이를 관찰한 노벨상 수상자 스티글리츠를 참고할 것: 조지프 스티글리츠(J. Stiglitz) 지음, 송철복 옮김 『세계화와 그 불만들』(*Globalzation and Its Discontents*), 세종연구원 2002.

제6장

1 '국가 대 시장'이라는 옛날이야기는 자유주의나 사회주의 이데올로기에 속한다.

2 *Alternatives économiques* 2002년 5월. 언론 특집을 읽을 것.

3 "L'après-Enron, gouvernance ou démocrate?," *Alternatives économiques* 2002년 4월.

4 2000년, 『포춘』(*Fortune*)지에 의하면 말이다.

5 프라이스워터하우스는 1991년 BCCI 은행 추문에 연루되었고, Deloitte Touche는 크레디 리오네 추문에, KPMG는 1999년 필립 홀츠만의 추문과 파산에 연루되었다. Deloitte Touche는 헤스까르떼루(Gescarteru) 사건에서 에스빠냐 정부로부터 자금 횡령으로 제제를 받았다. 이로써 헤스까르떼루의 회장 뻴라르 히메네스 레이나와 남매간인 에스빠냐 정부의 재경부 장관 엔리께 히메네스 레이나가 사임했다.

6 프랑스 증권감독원 규정(98 07): "모든 발행자는 일러질 경우 해당 증권의 가격에 의미있는 영향을 미칠 수 있는 모든 사실을 가장 빨리 공개해야 한다." 하지만 증권시장의 규정은 기업이 정당한 이익을 얻을 수 있는 경우 이러한 공개를 늦출 수 있도록 허용한다. 인수-합병에서의 정보 유출은 피할 수 없으며 전략적인 목적으로 사용되기도 한다.

7 *L'Express* 2002년 3월 7일자.

8 이것은 빠트릭 아르튀가 제공한 수치이며(*Le Monde* 2002년 7월 19일자) 1994~8년에 5090억 달러에 달하는 엄청난 주식의 구매도 지적했다.
9 ABN-Amro 증권 프랑스 지사 전무 알랭 에르비네(*Le Figaro* 2001년 12월 11일자).
10 Bernard Esambert "Régis Turrini," *Libération* 2002년 2월 20일자.
11 *Le Figaro* 2001년 12월 11일자.
12 프랑스의 언론과 프랑스 재계의 관계는 경제와 금융 커뮤니케이션을 '통제하는' 두 회사가 독점하고 있다. 다음의 앙께뜨를 참고할 것: *Nouvel Observateur*, "La face cachée du journalisme économique," No. 2010, 2003년 5월 17~21일.

제7장

1 J. B. Long and Ch. Plosser "Real business cycles," *Journal of Political Economy*, 1983: 이 이론의 '전주곡' 역할을 한 논문은 다음과 같다: R. Lucas "Econometric policy evaluation: a critique," *Journal of Monetary Economics*, 1976.
2 G. Dostaler et B. Maris "Keynes et Freud," ronéoté, Université de Paris 2003년 8월.
3 Jacques Sapir, *Les Trous noirs de la science économique. Essai sur l'impossibilité de penser le temps et l'argent*, Albin Michel Économie 2000.
4 François Rachline, *Que l'argent soit*, Hachette 1996.
5 게오르크 짐멜 지음, 안준섭 외 옮김 『돈의 철학』(*Philosophie de l'argent*), 한길사 1999.
6 마르쎌 모스 지음, 이상률 옮김 『증여론』(*Essai sur le don*), 한길사 2002.
7 브레튼우즈 협상에 참여했던 미국 재무성 장관 해리 덱스터 화이트는 거절했다. 그는 영국의 정책보다는 러시아의 정책을 추진했다. 결국 아주 뒷날 그가 러시아의 간첩이었다는 사실이 밝혀졌다. Robert Skidelsky et John Maynard Keynes, *Fighting for Britain*, 1937~45, MacMillan 2002.
8 *Le Monde* 1988년 11월 3일자.
9 필 법안의 정책은 통화 원칙(*currency principle*)의 정책이라고 불렸다. 아르헨띠나는 1992년 통화위원회(*currency board*)의 정책을 채택하는데 이로써 아르헨띠나 페소는 완전히 달러로 보장되는 것이다. 이것이 바로 리카도의 정책이었다. 그 결과는 경제적 재앙이었

고 2002년 폭동으로 연결되었다.

10 그때 이미 프랑스는 디플레이션을 초래하는 초강력 프랑 정책을 시행했고 케인즈는 이에 대해 "프랑스 사람들은 금덩어리 위에 앉은 농민들"이라고 말했다.

11 BNCI와 CNEP는 1966년 합병하여 BNP가 되었고, 2001년 BNP는 다시 빠리바 은행과 합병하게 된다.

12 예산적자는 국내총생산 대비 3%, 인플레이션도 3%, 공공채무는 60%로 제한되었다.

13 국가는 물론 그것을 원하고, 금융세력들의 의지를 반영한다.

14 프랑스를 대표하여 협상 테이블에 앉은 사람은 삐에르 멘데스 프랑스(Pierre Mendès France)였다.

15 케인즈는 역사적이고 재앙적인 1925년 4월 28일의 결정이 경기침체를 악화시켜 제2차 세계대전의 원인 중 하나가 되었다고 분석했다.

제8장

1 2003년, 적어도 7억 5천만 유로 이상의 기업을 의미하며 자본의 25% 이상을 공개하는 기업들이다.

2 이들은 은행도 아니고 보험회사도 아닌 엄밀한 의미의 기업들이다.

3 도미니끄 쁠리옹(Dominique Plihon)은 Agcfi의 1999년 1월 4일자 보고서를 다음에서 재인용: *Le Monde diplomatique* 1999년 2월 4일자.

4 Patrick Artus, "Le pouvoir des actionnaires," *Problémes économiques*, No. 2756, 2002년 4월 10일.

5 똑같은 이유로 작은 규모의 부채에도 불구하고(국내총생산의 60%) 국가의 상환금 규모는 매우 높다(예산의 10% 수준).

6 André Orléan, *Le Pouvoir de la finance*, Odile Jacob, 1999.

7 날카로운 독자는 르네 지라르의 '희생양' 이론을 확인했을 것이다. 이는 다음에서 다시 인용되었다: Michel Aglietta et André Orléan, *La Violence de la monnaie*, PUF 1982.

8 *Le Débat* 1995년 5월.

9 이들은 각각 증시 파동으로 타격을 입은 비벤디(Vivendi), 프랑스뗄레꼼(France

telecom), 알까뗄(Alcatel)의 회장들이다.

10 *Le Point* 1999년 10월 22일자.

제9장

1 미국의 상황에 관해서는 다음을 참고할 것: Louis Chauvel "Le nouvel âge de la société américaine," *Revue de l'OFCE* 2001년 1월.

2 불평등의 변화와 관련된 많은 저서와 논문들이 존재한다. Jean-Paul Fitoussi, *Le Nouvel Âge des inégalités*, Seuil 1988; "Les inégalités économiques," rapport du Conseil économique et social, *Documentation française*, No. 33, 2001; "Les inégalités," *Alternatives économiques*, No.196, 2001년 9월. 장기적 종합연구로는 다음을 참고할 것: Thomas Piketty, *Les Hauts Revenus en France au XXe siècle*, Grasset 2001. 상당히 거친 삐께띠의 주장은 불평등이 긴장을 고조시키고 분쟁의 위험을 높인다는 것이다.

3 *Alternatives économiques*, hors-série, No. 54, 4e trimestre 2002, 15면.

4 빈곤의 기준은 개인의 소득이 중앙값 소득의 절반 이하에 있을 때이다. 프랑스에는 5백만명의 빈곤층이 존재하며 영국의 1/3 수준이다.

5 "Une pauvreté sous-évaluée," *Alternatives économiques*, No. 210, 2003년 1월, 31면.

6 *Perspectives pour l'emploi*, OCDE 2001

7 *La Tribune* 2001년 9월 19일자.

8 Bruno Ventelou, *Au-delà de la rareté*, Albin Michel 2001, 11면.

9 정책이 없었던 상황에서 쌩 쥐스트(Saint-Just)는 "행복이란 유럽에서 새로운 아이디어다"라고 말했다. 그의 행복에 대한 개념은 폭력적이었다.

10 Hervé Kempf "La croissance, mais laquelle?," *Le Monde* 2001년 1월 9일자.

11 예를 들어 1988년 수상 미셸 로까르와 2001년 연대 경제부 장관 기 아스꼬에는 빠트릭 비브레에게 평가 임무를 명령했다. Patrick Viveret, *Reconsidérer la richesse*, Rapport au secrétaire d'État à l'Économie solidaire, 2002년 1월.

12 에리카는 대규모 유조선으로 1999년 12월 브르따뉴 해안 지역에서 침몰하여 수천 톤의 석유가 흘러나와 바다를 오염시켰다——옮긴이.

13 앞의 책 3면.

14 앞의 책.

15 Albert Hirschman, *La Passion et les intérêts*, PUF 1984.

16 학술적 경제학자들은 완전경쟁시장과 완벽한 계획씨스템이 같은 최상의 결과를 제공한다는 것을 알고 있다. 그것은 빠레또식의 첫번째 최상 균형의 정리로서 복지 경제의 정리라고 하며 또한 동등성의 정리라고도 한다.

17 동유럽의 관료들이 얼마나 빠른 속도로 훌륭한 자본가로 돌변했는지를 보라!

18 근친이 살해되었을 때 받는 위자료——옮긴이.

19 *L'Essence de l'Espagne*, Les Essais: Gallimard 1967, 31면. 저자가 강조했음.

20 앞의 책 27~8면.

21 Daniel Villey, *Petite Histoire des grandes doctrines économiques*, Litec 1996, 17면.

22 프랑쑤아 께네는 1756년 『백과사전』(*l'Encyclopédie*)에 '농민'에 대해 집필했으며 1758년 『경제표』(*Tableau économique*)를 출판했다. 께네 주위에는 아버지 미라보, 메르씨에 드 라 리비에르, 뒤 뽕 드 느무르, 보도 신부, 르트론 등이 있었다.

23 Daniel Villey, 앞의 책 62면.

24 *Théorie générale de l'emploi, de l'intérêt et de la monnaie*, Payot 1969, 223면. 저자가 강조했음.

25 *Le Capital*, livre 1, coll. Quadridge, PUF 1993, 42면.

26 이와 관련해서는 르네 지라르의 작품 전체를 볼 것이며 특히 다음을 참고할 것: René Girard, *La Violence et le Sacré*, Hachette Littératures 1998.

27 *Théorie générale*, 296~7면.

제10장

1 다음에서 재인용: René Passet, *Une économie de rêve*, Mille et une nuits 2003, 111면.

2 다음에서 재인용: *Courrier International*, No. 1992년 2월 20일자; *Le Monde* 1992년 5월 19일자. 에릭 포또리노(Eric Fottorino)의 사설. *The Economist* 1992년 2월 8일자; *The Financial Times* 1992년 2월 10일자.

3 *La Planète uniforme*, Climats 2000; *La Planète des naufragés. Essais sur l'après-développement*, La Découverte 1991; *Faut-il refuser le développement?*, PUF 1986.

4 *Qu'est-ce que la richesse?*, Flammarion, coll. Champs, 95면.

5 Daniel Villey, *Petite Histoire des grandes doctrines économiques*, Litec 2000. 존 스튜어트 밀이 『정치경제학대전』을 출판한 것은 1848년이다.

6 '아름다운 시대'로 알려진 1883~1913년의 시기 역시 30여년의 상승기다. 마찬가지로 1837~60년의 시기와 1783~1807년의 시기도 강한 성장의 시기였다. 꼰드라찌예프 주기의 훌륭한 서술은 다음을 참고할 것: François-Xavier Chevallier, *Le Bonheur économique*, Albin Michel 1998.

7 같은 책.

8 같은 책 44면.

9 Bruno Ventelou, 앞의 책 68면.

10 같은 책.

11 National Bureau of Economic Research: 통계예측기관.

12 Paul Romer, "Increasing Returns and Long Run Growth," *Journal of Political Economy*, No. 94, 1990; "Endogeneous Technological Change," *Journal of Political Economy*, No. 98, 1990.

13 Robert Lucas, "On the Mechanic of Economic Development," *Journal of Monetary Economics*, No. 22, 1988.

14 Robert Barro, "Government Spending in a Simple Model of Endogeneous Growth," *Journal of Political Economy*, No. 98, 1990.

15 앞의 책.

16 Bruno Ventelou, 앞의 책 107면.

17 같은 책 100면부터.

제11장

1 위베르 리브스(Hubert Reeves)에 의하면 말이다.

2 Th. W. 아도르노·M. 호르크하이머 지음, 김유동 옮김, 『계몽의 변증법』, 문학과지성사 2001.

3 로프트 스토리는 1988년 처음 방영된 후 여러 차례 리메이크된 프랑스 텔레비전 드라마다——옮긴이.

4 Dominique Méda, 앞의 책 153면.

5 Serge Latouche, *La Déraison de la raison économique*, Albin Michel 2001.

6 Philippe Merlant et Patrick Viverte, "La pluralité des moyens d'échange et de paiement," in *Sortir de l'économisme*, Éditions de l'Atelier 2003, 149~54면.

7 Viveret, Pré-Rapport, 같은 책 33면.

8 Merlant, Viveret, 같은 책 151면.

9 Jacques Robin, *Sortir de l'économisme*, sous la direction de Philippe Merlant, René Passet, Jacques Robin, Éditions de l'Atelier 2003, 29면.

10 Gorz, 앞의 책 130면.

11 같은 책 132면.

결론

1 *L'Homme devant la mort*, Points: Seuil 1985; *Essai sur l'histoire de la mort en Occident*, Points: Seuil 1975.

2 Cornélius Castoriadis "La montée de l'insignifiance," tome 4, in *Les Carrefours du Labyrinthe*, Seuil 1996, 68면.

| 옮긴이의 말 |

경제학자가 쓴 이 책의 원제는 '안티 경제학 교과서'(Antimanuel d'économie)다. 도대체 무엇이 한 경제학자로 하여금 이토록 자기부정적이고 지극히 자극적인 제목의 책을 쓰게 한 것일까. 처음 이 책을 받아들었을 때 들었던 자연스런 의문이다. 그리고 책을 읽어 내려가면서 향기에 취하듯이 점차 그 내용에 빠져들어가는 것을 느꼈다. 시간 가는 줄 모르고 마지막 면까지 단숨에 읽어버렸고 우리 독자들과 이 책의 메씨지를 공유하고 싶었다. 기나긴 번역 작업을 하면서 어려움에 봉착할 때에는 기쁨과 홍분 속에 내린 결정을 후회하기도 했지만 드디어 터널의 끝이 보이는 순간에 다다랐다.

베르나르 마리스 작업의 고갱이는 '안티'(Anti)라는 용어에 있다. 그의 비판 대상은 기존의 정통경제학이고, 특히 신자유주의 경제학이다. 그는 경제학 역사를 상기시키면서 경제학이 얼마나 물리학 같은 자연과학을 닮고자 했고 그 과정에서 수학적 도구를 남용했는지를 멋지게 설명한다. 이를 통해 경제학이 가장 과학적인 학문을 자처하고 사회과학의 제왕으로 군림하려 했는지를 분석하고, 과학적 포장을 내세워 사회를 지배하면서 부와 권력을 가진 계층을 위해 봉사하고 있다는 사실을 폭로한다. 또한 프랑스뿐 아니라 유럽, 북미 등 전세계에 막대한 영향력을 발휘하는 경제학의 독재를 혹독하게 비판한다. 이런 의미에서 기존의 경제학은 현실을 이해하고 설명하는 데 무용지물(無用之物)이다.

이 책의 실질적인 의도는 정통경제학의 비판과 부정 못지않게 진정한 경제학의 상을 제안하는 것이다. 그런 점에서 '안티'일 뿐 아니라 대안적 경제학을 보여주고 있다. 저자는 경제를 오롯이 이해하기 위해서는 난해한 방정식과 도표로 일반인을 현혹하기보다 인류학, 역사학, 정치학, 심리학 등 다양한 인문·사회과학적 시각을 동원하여 현실을 분석해야 한다고 주장한다. 그는 또 기존 경제학에서 효율성이 실현된 이상형으로 소개하는 시장이, 사실은 얼마나 특정 이익집단들의 음모가 지배하는 영역인지를 미국의 엔론사태 같은 실례를 중심으로 증명한다. 그리고 참된 대안 경제학은 부와 가치의 생산과 함께 분배의 과정을 역사적으로 드러내고 분석해야 한다고 역설한다. 결국 무용지물인 정통경제학을 극복하는 방법을 제시하는 셈이다.

이 책의 또다른 특징은 교과서의 형식을 띤다는 점이다. 주제별로 구성된 각 장은 저자의 설명과 주장이 담긴 '강의'와 다양한 글이 직접 인용되어 더 넓은 사고를 할 수 있는 '원문 읽기'로 나뉘어 있다. 원문 읽기에 서술된 인용들은 자칫 지루해질 수 있는 서술을 더욱 재미있게 하는 효과가 있다. 경제학을 수학과 계량모델로 무장한 경제학자들의 독점에서 구해내 포괄적인 인간 활동으로 자리매김해야 한다는 주장의 근거로 인용된 저자들은 무척 다양하다. 하이데거나 몽떼스끼외 같은 철학가와 사상가에서 스티글리츠나 갤브레이스 같은 비판적 경제학자는 물론, 모빠상이나 우엘벡과 같은 작가들도 등장한다. 혹 어떤 독자는 각 장의 맨 앞에서 내세우는 주장이 너무 과장되고 독단적이라고 느낄지도 모르겠다. 그러나 길게 인용된 문헌들을 읽다보면 정통경제학에서 무용지물로 속단하던 다양한 사고의 유용성을 명확히 볼 수 있다.

마지막으로 저자는 인간이 경제학에서 편협하게 정의한 이기적이며 계산적인 '호모 에코노미쿠스'가 아니라 훨씬 복합적인 존재라는 사실을 강조한다. 인류의 진보를 이끈 중요한 동력은 이기적 개인들의 경쟁 때문이 아니라 약자를 보호하고 연대의식을 발휘하는 이타적 협력 덕분이라고 역설한다. 문제는 경제학이 대중화되면서, 개인들이 서로를 적으로 여기며 경쟁해야만 사회가 발전한다는 환상을 품고 있다는 점이다. 자본주의 이데올로기는 효율성을 최고의 가치로 내세우지만 실제로 무엇을 위한 효율인지는 누구도 의심하지 않는다. 이 책이 우리에게 던지는 가장 중요한 화두(話頭)는 바로 '무엇을 위해 우리는 효율적이어야 하는가'라는 철학적 질문이다. 효율성에만 몰두할 때 우리는 무용(無用)을 향해 가는 것일 수도 있고, 무용지물로 간주되던 성찰을 통해 진정한 유용(有用)에 도달할 수도 있을 것이다.

이처럼 기존 경제학 비판에서 대안적 접근까지 그리고 올바른 경제학 교육에서 인간 해방을 위한 철학적 문제제기까지 이 책이 다루는 바는 방대하고 깊다. 또다른 특징은 심각하고 자칫 무거울 수 있는 주제를 시사 이슈나 우리네 일상과 같은 구체적 사례로 쉽고 재치있게 설명해낸다는 데 있다. 그 때문에 이 책은 프랑스에서 출판되자마자 대중의 뜨거운 호응을 얻었다. 21세기에 들어 신자유주의적 세계화를 비판하는 움직임이 거세게 등장한 프랑스에서는 이러한 사회운동에 이론적 기틀과 지적 자원을 제공한 덕분일지도 모른다.

저자는 프랑스와 미국을 오가면서 경제학을 가르치고 있다. 그는 빠리 8대학 교수인 제도권 경제학자임에도 상아탑에 안주하기보다는 대중에게 적극 다가가려는 사회 참여적 학자다. 그가 출판한 경제학 책 『우리를 바보로 아는 경제학 대가들에게 보내는 공개서한』(*Lettre ouverte aux gourous de l'économie qui nous prennent pour des imbéciles*) 『신이여!

경제전쟁은 정말 아름답군요!』(*Ah Dieu! Que la Guerre économique est jolie!*)『증시냐 삶이냐』(*La Bourse ou la vie*)의 제목들만 봐도 그 면모를 쉽게 알 수 있다. 그는 또한 프랑스 풍자언론의 대표격인『샤를리 엡도』(*Charlie-Hebdo*)의 경제면을 담당해 시사 문제에 대해 흥미로운 시각과 분석을 제공해왔다. 최근에는 라디오방송에도 정기적으로 출연해 경제뉴스 분석과 해설로도 명성을 얻고 있다. 한편 프랑스 녹색당에서 활동하면서 현실 정치에도 직접 참여한다. 미국이나 한국에서는 다소 생소하게 느껴지겠지만 학자들의 정당 활동이 자연스러운 프랑스에서는 이런 이력이 정치적 성향을 이해하는 훌륭한 지표다. 저자의 케인즈주의적 경제사상과 생태주의적 정치성향이 상충함을 비판하는 논객도 있다. 그러나 그의 작업의 가장 큰 의미는 새로운 체계적 사상이나 학문의 수립보다는 자본주의 사회와 그 이데올로기적 지배에 대한 적실하면서도 치밀한 문제제기에 있을 것이다.

　한국과 프랑스는 무척 다른 두 사회지만 미국 주도의 세계화가 휩쓰는 자본주의 시대를 살아간다는 점에서 상통한다. 한국은 1990년대 말 경제위기를 맞아 휘청거린 이후 역사적으로 전무한 동시다발적 전방위 자유무역협정(FTA) 체결을 국가전략으로 추진해오고 있다. 비교할 만한 사례라면 19세기 후반의 영국이나 20세기 냉전기의 미국 정도일 것이다. 이들은 압도적인 경제력을 바탕으로 국제무역의 자유화를 추진했다. 현재는 자본주의 최대 세력인 미국과 유럽연합도 서로 체결하지 않고 있는 FTA를 한국은 미국, 유럽연합, 중국, 일본을 상대로 모두 체결하겠다는 것이니 어찌 놀랍지 않은가. 그런데 더욱 이상한 것은 이런 전략을 한국인이 받아들이는 현실이다. 개방을 통한 선진화, 경쟁을 통한 실력 강화라는 구호를 외치는 경제학자와 전문가, 관료와 정치인들에게 국가의 운명과 우리의 삶을 송두리째 맡기고 있는 듯하다. 그러나 이 책이 잘 보여주듯이 경제학의 실상은 초라하고 취약할 뿐 아니라 전혀 미래를 예측할 능력도 전혀 없다. 요즘 한국의 일간지에는 "34만개 일자리 창출, 10년간 GDP 6% 상승, 15년간 200억 달러 대미수출 증가, 300억 달러 외국인 투자 유치"라는 FTA 홍보광고가 국민의 세금으로 실리고 있다. 정확한 수치를 내세우며 과학적 예측인양 포장하지만 사실 그 효과나 혜택은 보장 없는 공(空)수표일 뿐이다. 예측이 우연히 맞으면 그것 보라며 으스댈 테지만 틀리면 금방 상황이 바뀌었다고 손쉽게 핑계를 찾아낼 것이다. 이를 '사기'라고 불러야 할지 아니면 최근 유행하는 말처럼 '괴담'이라고 불러야 할지 궁금하다.

  2007년 프랑스에서는 강력한 개혁의지를 지닌 보수주의자 니꼴라 싸르꼬지(Nicolas Sarkozy)가 대통령에 당선되었다. 마치 약속이나 한 것처럼 한국에서도 이명박이라는 개혁적 보수주의자가 2008년에 취임했다. 두 실용주의자들은 잃어버린 세월을 되찾겠다는 강한 의지를 표방하며 경쟁력있는 나라, 효율적 사회, 유능한 국민을 만들겠다고 나섰다. 두려운 계획이 아닐 수 없다. 왜냐하면 이 책에서 여실히 보여주고 있듯이 국제관계에서 브레이크 없는 자유경쟁은 강대국을 위한 이념일 뿐이고 국내에서는 강자를 위한 제도일 뿐이다. 결국 사회조직을 파괴하는 부정적 효과를 낳을 것이다. 또한 고위급 관료나 특권계층이 국민과 국가를 위한 공익 운운하면서 속으로는 자신의 부를 축적해왔다는 사실을 명확히 보여준다. 경제는 물론 의료와 교육까지 경쟁의 논리가 점령해가는 시대에 그 논리적 허구를 지적하고 나아가 대안적 사고도 제시한다는 점에서 필독할 만한 책이다. 어쩌면 이미 대안적 목소리가 상당한 대중적 지지를 확보한 프랑스보다 주류경제학과 자본주의 이데올로기가 무소불위의 기승을 부리는 한국에서 더 긴요할지도 모른다.

  21세기 자본주의 세계화는 강대국과 약소국, 선진국과 후진국 또는 유럽과 동아시아에 전부 강력한 영향을 미치고 있다. 각국의 정치 사정을 보더라도 진보와 보수, 좌와 우를 막론하고 이런 경제 이데올로기의 영향에서 자유롭지 못하다. 『무용지물 경제학』은 인간성을 부정하면서 삶을 총체적으로 상품화하는 자본주의에 대항하는 모든 이에게 유용한 지적(知的) 무기를 선사할 것이다. 또한 세상이 어딘가가 잘못되어 간다는 불만을 느끼면서도 그 정체를 알 수 없었던 많은 독자들에게 시원한 소화제가 되리라 기대한다.

2008년 5월
조홍식

| 참고문헌 |

■ 국내 번역서

기 드 모파쌍(Guy de Maupassant) 지음, 이봉지 옮김 『두 친구』(*Bel-Ami*), 문학과지성사 2002.

로랑 꼬르도니에(Laurent Cordonnier) 지음, 조홍식 옮김 『거지를 동정하지 마라』(*Pas de pitié pour les gueux*), 창비 2000.

몽떼스끼외(Montesquieu) 지음, 하재홍 옮김 『법의 정신』(*De l'esprit des lois*), 동서문화동판주식회사 2007.

미셸 우엘벡(Michel Houellebecq) 지음, 용경식 옮김 『투쟁영역의 확장』(*Extension du domaine de la lutte*), 열린책들 2003.

_____ 지음, 이세욱 옮김 『소립자』(*Les Particules élémentaires*), 열린책들 2003.

아담 스미스(Adam Smith) 지음, 김수행 옮김 『국부론』(*An Inquiry into the Nature and Causes of the Wealth of Nations*), 비봉출판사 2003.

에밀 졸라(Émile Zola) 지음, 조성애 옮김 『쟁탈전』(*La Curée*), 고려원 1996.

장 보드리야르(Jean Baudrillard) 지음, 이상률 옮김 『소비의 사회』(*La Société de consommation*), 문예출판사 1992.

조너선 스위프트(Jonathan Swift) 지음, 송낙헌 옮김 『걸리버 여행기』(*Gulliver's travels*), 서울대출판부 2006.

조지 오웰(George Orwell) 지음, 정회성 옮김 『1984』(*Nineteen Eighty-Four*), 민음사 2003.

조지프 슘페터(J. A. Schumpeter) 지음, 이상구 옮김 『자본주의 사회주의 민주주의』(*Capitalism, Socialism, and Democracy*), 삼성출판사 1999.

조지프 스티글리츠 지음, 송철복 옮김 『세계화와 그 불만』(*Globalization and Its Discontents*), 세종연구원 2002.

존 M. 케인즈(John Maynard Keynes) 지음, 조순 옮김 『고용, 이자 및 화폐의 일반이론』(*General Theory of Employment, Interest, and Money*), 비봉출판사 2007.

존 K. 갤브레이스(John Kenneth Galbraith) 지음, 장상환 옮김 『갤브레이스가 들려주는 경제학의 역사』(*A History of Economics*), 책벌레 2002.

_____ 지음, 이헌대 옮김 『대폭락 1929』(*The Great Crash 1929*), 일리 2008.

카를 폴라니(Karl Polanyi) 지음, 박현수 옮김 『거대한 변환』(*The Great Transformation*), 민음사 1991.

프레데릭 벡베데르(Frederic Beigbeder) 지음, 문영훈 옮김 『9,900원』(*99 Francs*), 문학사상사 2004.

■ 국외 문헌

데이비드 리카도(David Ricardo) 『정치경제학과 과세의 원리』(*Principles of Political Economy and Taxation*), Cosimo Classics 2006.

도미니끄 메다(Domimique Méda) 『부란 무엇인가?』(*Qu'est-ce que la richesse?*), Aubier 1999.

도오겐선사(道元禪師, Maître Dogen)『선불교의 보물』(*Le Trésor du zen*), Albim Michel 2003.

라울 바네겜(Raoul Vaneigem)『끊임없이 욕망하는 우리들』(*Nous qui désirons sans fin*), Le Cherche Midi 1996.

레몽 부동(Raymond Boudon)『설득의 예술』(*L'Art de se persuader*), Fayard 1990.

마르틴 하이데거(Martin Heidegger), ed., 헤르만 하이데거(Hermann Heidegger) 『전통의 언어와 기술의 언어』(*Üerlieferte Sprache und Technische Sprache*), St. Gallen: Erker 1989.

미셸 아글리에따(Michel Aglietta), 앙드레 오를레앙(André Orléan)『폭력과 신용 사이의 화폐』(*La Monnaie, entre violence et confiance*), Odile Jacob 2002.

미셸 우엘벡(Michel Houellebecq)『개입』(*Interventions*), Flammatrion 1998.

베르나르 게리앵(Bernard Guerrien)『발가벗은 경제학』(*L'Économie dévoilée*), Autrement 1995.

빠트릭 베쏭(Patrick Besson)「기자들의 대량학살」,『피가로 마가진』(*Figaro Magazine*).

빠트릭 비브레(Patrick Viveret)「연대사회경제부 보고서」(Rapport au secrétaire d'Économie solidaire et sociale)

_____, ed., 필립 메르랑(Philippe Merlant), 르네 빠쎄(René Passet), 자끄 로뱅(Jacques Robin)『경제주의로부터의 탈출』(*Sortir de l'économisme*), Les Éditions de l'Atelier 2003

뽈 배록(Paul Bairoch)『경제사의 신화와 패러독스』(*Mythes et paradoxes de l'histoire économique*), La Découverte 1999.

삐에르 까윅(Pierre Cahuc) 『신 미시경제학』(*La Nouvelle Microéconomie*), La Découverte 1998.

삐에르 뛰이에(Pierre Thuillier) 『거대한 내파』(*La Grande Implosion*), Fayard 1995.

아르망 파라시(Armand Farrachi) 『지구의 적들』(*Les Ennemis de la terre*), Exils 1999.

알랭 꼬따(Alain Cotta) 『영광의 정체』(*Une glorieuse stagnation*), Fayard 2003.

앨버트 허쉬만(Albert Hirschmann) 『정열과 이익』(*The Passions and the Interests*), Princeton University 1997.

엠마뉘엘 또드(Emmanuel Todd) 『제국 이후』(*Aprés l'empire*), Gallimard 2002.

자끄 뒤부앵(Jacques Duboin) 『열린 눈』(*Les Yeux ouverts*), Geheber 1955.

자끄 제네뢰(Jaques Généreux) 『경제학의 진정한 법칙』(*Les Vraies Lois de l'économie*), Seuil 2002.

장 마리 아리베(Jean-Marie Harribey) 『자본의 치매』(*La Démence sénile du capital*), Éditions du Passant 2002.

존 M. 케인즈(John Maynard Keynes) 「알프레드 마셜」(Alfred Marshall), 『전기(傳記) 에쎄이』(*Essays in Biography*), 『케인즈 선집』(*The Collected Writings of John Maynard Keynes*) 제10권, MacMillan Press 1972.

크리스띠앙 오띠에(Christian Authier) 『성의 신(新)질서』(*Le Nouvel Ordre sexuel*), Bartillat 2002.

프리드리히 폰 하이에크(Friedrich A. von Hayek) 『과학주의와 사회과학』(*Wissenschaft und Sozialismus*), J. C. B. Mohr 1979.

무용지물 경제학
정통경제학의 신화를 깨뜨리는 발칙한 안내서

초판 1쇄 발행 • 2008년 5월 30일

지은이 • 베르나르 마리스
옮긴이 • 조홍식
펴낸이 • 고세현
책임편집 • 김도민
펴낸곳 • (주)창비
등록 • 1986년 8월 5일 제85호
주소 • 413-756 경기도 파주시 교하읍 문발리 513-11
전화 • 031-955-3333
팩시밀리 • 영업 031-955-3399 편집 031-955-3400
홈페이지 • www.changbi.com
전자우편 • human@changbi.com
인쇄 • 우진테크

한국어판 ⓒ (주)창비 2008
ISBN 978-89-364-8542-9 03320

* 이 책 내용의 전부 또는 일부를 재사용하려면
  반드시 저작권자와 창비 양측의 동의를 받아야 합니다.
* 책값은 뒤표지에 표시되어 있습니다.